AI와 데이터 사이언스 API

AI와 데이터 사이언스 API

FastAPI를 활용한 실전 예제로 배우는 파이썬 개발

라이언 데이 지음　이한우 · 김경환 · 장기식 · 정인화 · 허옥 옮김

에이콘

에이콘출판의 기틀을 마련하신 故 정완재 선생님(1935~2004)

앨리슨에게 헌정합니다.

추천의 글

이 책은 데이터 사이언스 커뮤니티에 커다란 기여를 하고 있다. 라이언 데이는 데이터 사이언티스트들이 종종 너무 늦게 배우는 핵심 주제인 '사용자에게 솔루션을 제공하는 방법'을 체계적으로 소개한다. 이 책을 통해 API에 대한 내용을 배울 수 있을 뿐만 아니라, 데이터 사이언스 툴킷으로 사용할 수 있는 12가지 이상의 새롭고 강력한 도구를 얻을 수 있다.

여러분의 전문성 향상을 위해 이 책을 꼭 읽고, 더 뛰어나고 효율적인 데이터 사이언티스트가 되길 바란다!

— **알렉스 거트맨**Alex Gutman, 『대격변 AI 시대, 데이터로 사고하고 데이터로 리드하라Becoming a Data Head: How to Think, Speak, and Understand Data Science, Statistics, and Machine Learning』(책만, 2024)의 저자

이 책은 판타지 풋볼fantasy football이라는 매우 시의적절한 산업을 예로 들어 빈틈없고 명확한 API 구축 로드맵을 제시한다. 이 책은 개인으로서 데이터 사이언스 역량을 강화하거나 조직 차원에서 고객 서비스를 강화하려는 분들을 위한 필독서다.

— **에릭 에거**Eric Eager,
캐롤라이나 팬더스Carolina Panthers의 풋볼 애널리틱스football analytics 부사장이자
『Football Analytics with Python and R』(O'Reilly Media, 2023)의 저자

데이터 사이언스와 AI 분야에서 API의 중요성이 커지고 있는 지금, 이 책은 실용적인 인사이트를 얻기 위한 최고의 지침서다. 이 책은 '사용자의 이해'를 최우선으로 삼아 좋은 API를 설계하고 구축하는 방법을 상세히 소개하며, 실행 가능한 예제와 전문가의

노하우를 제공한다.

— **제임스 고프**James Gough, 『Mastering API Architecture』(O'Reilly Media, 2023)의 저자

이 책은 API를 구축하거나 API를 통해 데이터를 활용하는 데이터 사이언티스트를 위한 필수 지침서다. 매우 실용적이고 재미있게 읽을 수 있으며, 소프트웨어 엔지니어링 역량을 한 단계 높이고자 하는 분께 강력히 추천한다.

— **캐서린 넬슨**Catherine Nelson,
『데이터 과학을 위한 소프트웨어 엔지니어링Software Engineering for Data Scientists』
(제이펍, 2025)의 저자

이 책은 모든 수준의 데이터 사이언티스트를 위해 깊이 있는 기술 전문 지식과 실용적인 전략을 결합한 포괄적인 API 사용법을 제시한다.

— **크리스 로울리**Kris Rowley,
CSBS 최고데이터책임자CDO, Chief Data Officer, 데이터 파운데이션Data Foundation 이사회 멤버

이 책은 기술 서적에서 흔히 볼 수 있는 '실제 활용 맥락과 동떨어진 이론'을 배제하고, 기술이 실제로 사용되는 방식을 소개한다. 저자는 스포츠 데이터를 활용한 재미있는 사례를 통해 단일 API 프로젝트를 여러 각도에서 살펴본다. 데이터 사이언스 분야 종사자라면 누구나 이 책에서 유용한 정보를 얻을 수 있을 것이다.

— **아담 듀벤더**Adam DuVander, 에브리디벨로퍼EveryDeveloper

이 책은 판타지 스포츠의 흥미로운 사례를 통해 더 나은 API 사용자이자 제작자가 되는 방법을 자세히 소개한다.

— **리처드 에릭슨**Richard Erickson, 데이터 사이언티스트,
『Football Analytics with Python and R』(O'Reilly Media, 2024)의 저자

이 책은 초보자부터 숙련된 전문가까지 풋볼 분석 전문가를 위한 필수 지침서다. 이 책은 선수 성적player performance 모델링부터 실시간 판타지 풋볼 애플리케이션에 이르기까지 고급 데이터 워크플로workflow를 지원하는 API를 구축하고 배포할 수 있는 도구를 제공한다. 이 책을 통해 API를 분석 툴킷toolkit에 통합하고 인사이트를 한 단계 더 발전시킬 수 있다.

— **아멜리아 프롭스트**Amelia Probst,
데이터 사이언티스트, 프로 풋볼 포커스Pro Football Focus

이 책을 통해 API 역량을 높이고 효과적인 AI 애플리케이션을 구축하는 데 있어 API가 얼마나 중요한지를 알 수 있을 것이다.

— **제프 프레드릭슨**Jeff Frederickson, 소프트웨어 엔지니어

이 책은 최신 FastAPI 기술을 활용해 강력하고 효율적인 API를 구축하려는 파이썬Python 개발자에게 꼭 필요하다. 명확한 설명과 실용적인 예제를 통해 API 생성부터 배포에 이르는 모든 단계를 소개해 복잡한 주제도 쉽게 접근하고 실행할 수 있도록 도와준다.

— **메건 실비**Megan Silvey, 실베이 솔루션스Silvey Solutions 창립자 겸 데이터 사이언스 컨설턴트

이 책은 끊임없이 진화하는 데이터 중심 세상에서 앞서 나가고자 하는 데이터 전문가와 IT 전문가를 위한 필독서다. 저자는 복잡한 개념을 실전 예제를 통해 설명하므로 이 책에서 배운 내용을 실제 업무나 현장에 바로 적용할 수 있다. 초보자와 숙련된 전문가 모두에게 적극 추천하며, 판타지 풋볼의 재미까지 즐겨보기 바란다!

— **리처드 브라이트**Richard Bright, 기업 데이터 아키텍트architect

지은이 소개

라이언 데이Ryan Day

미국 주립은행 감독관 협의회CSBS, Conference of State Bank Supervisors의 선임 데이터 사이언티스트다. 연방기관 디지털 서비스 부서에서 클라우드, 데이터 사이언스, API 개발을 이끌었으며, FastAPI 프로젝트에서 코드 리뷰와 QA 활동도 하고 있다.

AWS 솔루션스 아키텍트solutions architect 자격증을 보유하고 있으며, 미국 비즈니스 경제학 협회National Association of Business Economics 회원이다. 흥미로운 데이터를 끊임없이 생성하는 판타지 풋볼이 본인이 오랫동안 몰두해 온 주제이기 때문에, 데이터 사이언스 및 코딩 프로젝트에 판타지 풋볼을 적극적으로 활용하고 있다.

옮긴이의 말

회사에서 데이터 수집 및 분석 플랫폼을 구축하고 AI 모델을 개발하는 업무를 수행하다 보면, 늘 반복되는 과제가 있다. 바로 '데이터와 분석 결과를 어떻게 사용자에게 효과적으로 전달할 것인가'이다. 이 질문에 대한 가장 실용적이고 확장 가능한 해결책은 API였다.

업무상 API를 직접 개발하고 기존 시스템에 통합해야 할 필요성이 커지던 시기, 이 책 『AI와 데이터 사이언스 API』를 접하게 됐다. 처음에는 API 기술을 체계적으로 학습할 목적으로 번역을 시작했다. 그러나 번역 과정에서 이 책이 단순한 기술 입문서를 넘어서는 깊이를 지녔음을 깨달았다.

저자 라이언 데이Ryan Day는 판타지 풋볼 데이터를 활용한 프로젝트를 통해 데이터 수집, 모델 학습, API 구축, 클라우드 배포에 이르는 전체 워크플로를 명확히 제시한다. 이는 현재 개발 중인 플랫폼의 아키텍처와 직접적으로 일치해 큰 통찰을 줬다. FastAPI와 SQLAlchemy를 활용한 데이터베이스 연동, Pydantic을 이용한 입력 검증 로직은 대용량 데이터 처리와 모델 안정성을 강화하는 데 즉시 적용할 수 있는 내용이었다. 실시간 예측 모델 배포 시 AWS와 도커를 고민하던 부분에서 CI/CD 파이프라인 예제는 실무적 해결책을 제공했다.

API를 개발하는 측면과 사용하는 측면의 경계를 허무는 접근도 인상적이었다. 2부와 3부에서 1부의 API를 주피터 노트북, Airflow 파이프라인, Streamlit 대시보드와 연동하는 과정은 데이터 서비스의 가치를 구체화하는 데 기여했다. ONNX 모델 변환과 LangChain을 이용한 AI 에이전트 구현은 AI 분석 모델을 서비스로 확장하는 최신 방법을 보여 줬다.

데이터 사이언티스트로서 모델링에 집중하다 보면 소프트웨어 엔지니어링 측면을 간과하기 쉽다. 이 책은 API를 단순 인터페이스가 아닌 분석 결과를 전달하는 연결 고리로 인식하게 한다. RESTful 설계 원칙, OpenAPI 문서화, 인증·인가 메커니즘은 팀 협업을 원활하게 하고 보안 수준을 높이는 데 실질적 도움이 됐다.

번역을 마무리하며, API는 데이터 중심 조직의 핵심 인프라임을 재확인했다. 이 책은 데이터 사이언티스트, 백엔드 엔지니어, IT 아키텍트 등 실무 개발자에게 유용한 지침서가 될 것이다. 원저자의 실전 중심 접근에 감사드린다.

차례

추천의 글 6

지은이 소개 9

옮긴이 소개 10

옮긴이의 말 12

들어가며 23

1부 | 데이터 사이언스를 위한 API 개발

1장 데이터 사이언티스트를 위한 API 만들기 35

데이터 사이언티스트는 API를 어떻게 활용할까? 35
데이터 사이언티스트는 어떤 도구를 사용할까? 37
데이터 사이언티스트를 위한 API 설계 37
1부 포트폴리오 프로젝트 소개 39
모든 API에는 스토리가 있다 40
SportsWorldCentral 회사 소개 40
SWC에 API가 필요한 이유 43
첫 번째 API 제품 선택 44
잠재 사용자 식별 45
사용자 스토리 만들기 46
참고 자료 48
요약 48

2장 API 아키텍처 선택 49

API 아키텍처 스타일 49

상태 전이 표현 ... 50
GraphQL ... 51
gRPC ... 52
우리의 선택: REST ... 53
기술 아키텍처 ... 55
2장에서 사용하는 소프트웨어 ... 57
파이썬 ... 57
GitHub ... 58
GitHub Codespace 시작하기 ... 59
GitHub 계정 만들기 ... 59
1부 저장소 복제하기 ... 60
GitHub Codespace 실행하기 ... 61
Codespace 환경 둘러보기 ... 63
첫 번째 커밋하기 ... 64
참고 자료 ... 69
요약 ... 69

3장 데이터베이스 만들기 71

API 구성 요소 ... 71
3장에서 사용하는 소프트웨어 ... 72
SQLite ... 73
SQLAlchemy ... 73
pytest ... 74
SQLite 데이터베이스 만들기 ... 75
데이터베이스 테이블 만들기 ... 75
테이블 구조 이해하기 ... 78
데이터 불러오기 ... 80
파이썬을 사용해 데이터에 접근하기 ... 82
사용자 환경에 SQLAlchemy 설치하기 ... 82
데이터베이스 접근을 위한 파이썬 파일 만들기 ... 84
데이터베이스 구성 파일 만들기 ... 91
SQLAlchemy 도우미 함수 만들기 ... 93
환경에 pytest 설치하기 ... 98
SQLAlchemy 코드 테스트하기 ... 99
참고 자료 ... 104

요약 105

4장 FastAPI 코드 개발 107

포트폴리오 프로젝트 진행 108
4장에서 사용하는 소프트웨어 108
FastAPI 109
HTTPX 110
Pydantic 110
Uvicorn 111
3장 프로젝트 파일 복사하기 112
Codespace에 새 라이브러리 설치하기 112
API용 파이썬 파일 만들기 113
Pydantic 스키마 정의하기 113
FastAPI Controller 만들기 119
API 테스트 128
API 실행하기 132
참고 자료 134
요약 135

5장 API 문서화 137

신뢰 확보하기 137
좋은 API 문서 만들기 139
핵심 기능 139
추가 기능 140
실제 API 문서 살펴보기 142
Sleeper 애플리케이션 142
MyFantasyLeague 143
Yahoo! 판타지 풋볼 145
API 내장 문서 확인하기 145
4장 프로젝트 파일 복사하기 146
문서화 옵션 1: Swagger UI 147
문서화 옵션 2: Redoc 152
OAS 파일 153
포트폴리오 프로젝트 이어하기 158

OAS info 객체에 세부 정보 추가하기 159
경로 분류를 위한 태그 추가하기 160
개별 엔드포인트에 세부 정보 추가하기 161
쿼리 매개 변수 설명 추가하기 162
Swagger UI에서 변경 사항 확인하기 163
API 회귀 테스트 164
README.md 파일 업데이트하기 164
참고 자료 166
요약 168

6장 클라우드에 API 배포하기 169

클라우드 배포의 장점과 책임 169
장점 170
책임 170
클라우드 호스트 선택 방법 172
프로젝트 디렉터리 설정 173
GitHub Codespace를 클라우드 호스트로 사용하기 173
Render에 API 배포하기 174
Render 계정 만들기 175
새 웹 서비스 만들기 175
API 변경 사항 자동 배포하기 178
도커 컨테이너로 애플리케이션 배포하기 179
도커 주요 용어 정리 179
도커 설치 여부 확인하기 180
도커파일 만들기 180
.dockerignore 파일 만들기 182
컨테이너 이미지 빌드하기 182
로컬에서 컨테이너 이미지 실행하기 184
AWS에 애플리케이션 배포하기 185
Lightsail 컨테이너 서비스 만들기 185
AWS CLI 설치하기 186
Amazon Lightsail 컨테이너 서비스 플러그인 설치하기 187
로그인 자격 증명 구성하기 187
컨테이너 이미지를 Lightsail로 푸시하기 188
Lightsail 배포 만들기 190

API 문서 업데이트 192
참고 자료 193
요약 194

7장 바로 사용할 수 있는 파이썬 SDK 만들기 195

SDK는 사용자와 API의 간극을 메워 준다 196
SDK 개발 언어 선택 전략 200
최소 기능 SDK로 시작하기 201
전문가의 조언: SDK를 쉽게 설치하도록 만들어야 한다 202
전문가의 조언: 일관되고 자연스러운 파이썬 스타일의 SDK를 만들어야 한다 204
다양한 기능을 갖춘 SDK 만들기 207
전문가의 조언: 합리적인 기본값을 사용해야 한다 208
전문가의 조언: 다양한 기능을 제공해야 한다 211
전문가의 조언: 의미 있는 로그를 남겨야 한다 217
전문가의 조언: API의 복잡한 세부 사항은 숨겨야 한다 220
전문가의 조언: 대용량 다운로드 기능을 지원해야 한다 222
전문가의 조언: SDK 문서를 만들어야 한다 226
SDK 테스트 230
전문가의 조언: 모든 API 작업을 SDK로 지원해야 한다 234
1부 프로젝트를 마무리하며 236
참고 자료 238
요약 239

2부 | 데이터 사이언스 프로젝트에서 API 활용하기

8장 데이터 사이언티스트가 API에 관해 알아야 할 것들 243

다양한 API 스타일 활용하기 243
HTTP 기본 사항 247
API를 책임감 있게 사용하는 방법 249
관심사 분리: API 호출 코드 분리와 SDK 활용의 중요성 251
API를 만드는 방법 252

API 테스트 방법 253
API 배포 및 컨테이너화 255
버전 관리 시스템의 중요성 255
2부 포트폴리오 프로젝트 소개 255
GitHub Codespace 실행하기 256
    2부 저장소 복제하기 256
    GitHub Codespace 실행 및 설정 257
로컬에서 SWC API 실행하기 259
참고 자료 261
요약 262

9장 데이터 분석을 위한 API 활용 263

스포츠 분석을 위한 사용자 정의 측정 지표 263
판타지 사용자 정의 측정 지표를 위한 API 데이터 소스 265
샤크 리그 점수 사용자 정의 측정 지표 만들기 267
9장에서 사용하는 소프트웨어 268
    httpx 268
    주피터 노트북 269
    pandas 269
Codespace에 새 라이브러리 설치하기 270
Codespace에서 API 실행하기 270
API 클라이언트 파일 만들기 271
주피터 노트북 생성 및 환경 설정 273
노트북 설정하기 274
API 데이터 활용하기 276
리그 균형 점수 계산 279
라인업 효율성 점수 계산 281
샤크 리그 점수 계산 283
참고 자료 284
요약 284

10장 데이터 파이프라인에서 API 활용하기 285

데이터 파이프라인의 데이터 소스 유형 286
데이터 파이프라인 구축 계획 287

Apache Airflow로 데이터 파이프라인 오케스트레이션하기 287
GitHub Codespace에 Apache Airflow 설치하기 289
로컬 분석용 데이터베이스 만들기 294
Codespace에서 API 실행하기 295
Airflow 연결 설정 295
첫 번째 DAG 만들기 296
공유 함수 만들기 300
DAG 실행하기 302
요약 304

11장 Streamlit 데이터 애플리케이션에서 API 사용하기 305

대화형 시각화로 사용자 참여 유도하기 305
11장에서 사용하는 소프트웨어 306
nfl_data_py 307
Streamlit 307
Streamlit 및 nfl_data_py 설치하기 307
Codespace에서 API 실행하기 308
9장 API 클라이언트 재사용하기 309
Streamlit 애플리케이션 만들기 309
진입점 파일 업데이트 309
Streamlit 애플리케이션 실행하기 311
팀 선수 명단 페이지 만들기 312
팀 통계 페이지 만들기 315
Streamlit 애플리케이션 배포하기 319
2부 프로젝트를 마무리하며 319
참고 자료 321
요약 321

3부 | API로 AI 활용하기

12장 API로 AI 활용하기 325

AI와 API의 접점 325

생성형 AI와 LLM이 사용할 API 설계하기 327
AI의 정의 330
생성형 AI와 LLM 330
에이전트형 AI 애플리케이션 만들기 331
3부 포트폴리오 프로젝트 소개 333
GitHub Codespace 시작하기 333
- 3부 저장소 복제하기 333
- GitHub Codespace 실행 및 설정 334

참고 자료 335
요약 336

13장 머신러닝 API 배포하기 337

머신러닝 모델 학습 과정 339
13장에서 사용하는 소프트웨어 340
- ONNX Runtime 340
- scikit-learn 341
- sklearn-onnx 341

Codespace에 새 라이브러리 설치하기 341
CRISP-DM 프로세스 사용하기 342
비즈니스 이해 343
데이터 이해 344
데이터 준비 346
모델링 347
평가 350
배포 351
참고 자료 360
요약 361

14장 LangChain을 활용해 API 사용하기 363

AI를 사용해 API 호출하기(LangChain 활용) 365
LangGraph 에이전트 만들기 366
- Anthropic 가입하기 367
- GitHub Codespace 실행하기 368

Codespace에 새 라이브러리 설치하기 369

주피터 노트북 만들기 370
LangGraph 에이전트와 대화하기 373
로컬에서 SWC API 실행하기 375
swcpy SDK 설치하기 376
LangChain 툴킷 만들기 377
AI를 사용해 API 호출하기(LangGraph 활용) 381
에이전트와 대화하기(도구 사용) 384
참고 자료 385
요약 386

15장 챗GPT를 사용해 API 호출하기 387

애플리케이션 아키텍처 387
챗GPT 시작하기 388
사용자 정의 GPT 만들기 389
GitHub Codespace 실행하기 392
GitHub Codespace에서 SWC API 실행하기 392
OAS 파일에 서버 정보 추가하기 394
GPT 작업 만들기 395
GPT에서 API 테스트하기 397
사용자 정의 GPT와 대화하기 398
3부 포트폴리오 프로젝트 마무리 400
요약 402

찾아보기 403

들어가며

인공지능AI, Artificial Intelligence 분야에서 성공하려면 먼저 애플리케이션 프로그래밍 인터페이스API, Application Programming Interface에 익숙해져야 한다. AI, 머신러닝machine learning, 데이터 사이언스data science의 비약적 성장으로 인해 API를 활용하는 능력은 그 어느 때보다 중요해졌다.

하지만 이렇게 광범위한 기술을 한꺼번에 배우려면 막막할 수 있다. 어떻게 시작해야 할까? 다행히도 모든 기술을 한 번에 배울 필요는 없다. 실전 예제를 통해 한 번에 한 가지 기술을 차근차근 배워 나가면, 배운 기술 하나하나가 다음 기술을 더 쉽게 익힐 수 있는 디딤돌이 돼 줄 것이다.

이 책에 관해

이 책을 펼친 여러분은 분명히 실력을 쌓고자 하는 열정이 있을 것이다. 나 역시 직접 실습 예제 코딩을 통해 가장 빠르고 깊이 있게 배웠다. 학습한 코드를 공개 저장소에 올리고, 블로그나 SNS를 통해 결과물을 공유하면 다른 사람들에게 도움을 줄 수 있는 지식을 전수할 수 있을 뿐만 아니라, 취업 시 여러분의 전문성을 구체적으로 보여 줄 수 있는 탄탄한 포트폴리오를 만들 수 있다.

이 책의 대상 독자

이 책은 API, AI, 데이터 사이언스의 접점에 있는 내용을 다루는 만큼, 다음 세 가지 유형의 독자에게 특히 유용하다.

데이터 사이언티스트

데이터 사이언티스트data scientist들은 항상 API를 사용하지만, 'REST API 호출은 코드 몇 줄이면 구현할 수 있다'라는 이유로 API 사용에 대해 새로 배울 것이 없다고 생각하기 쉽다. 실제로 REST API는 호출이 간단하며, 그 점이 API 확산의 한 이유가 됐다. 하지만 안정적이고 견고하며 제공자에게 부담을 주지 않는 탄력적인 방식으로 API를 사용하려면 더 세심한 접근이 필요하다.

이 책을 통해 배울 수 있는 핵심 기술은 다음과 같다.

- API 개발 및 배포하기
- 소프트웨어 개발 키트SDK, Software Development Kit 및 API 클라이언트 개발하기
- 파이썬Python 패키지를 만들어 PyPI에 배포하기
- 머신러닝 모델을 API로 배포하기
- Streamlit 기반 데이터 애플리케이션 개발하기
- Airflow 데이터 파이프라인 구축하기
- LangChain과 챗GPTChatGPT를 활용한 생성형 AI 애플리케이션 개발하기

API 개발자 및 설계자

API 개발자와 설계자는 중요한 새 사용자층을 위해 API를 강화하는 방법을 배울 수 있다. 데이터 사이언티스트가 하는 일, 수행하는 작업, 선호하는 API 기능 등을 배우게 된다. 또한 생성형 AI 애플리케이션이 API를 호출하는 방법과 API에 필요한 기능에 대해서도 배울 수 있다.

그리고 실습 예제를 통해 다음과 같은 다양하고 새로운 기술을 배울 수 있다.

- FastAPI, SQLAlchemy, Pydantic을 사용하는 파이썬 API 개발하기
- 도커Docker로 API 컨테이너화하기
- 클라우드 호스트에 API 배포하기

- 파이썬 SDK를 만들어 PyPI에 배포하기
- LangChain과 챗GPT를 사용해 생성형 AI 애플리케이션 개발하기

구직자 및 이직자

위에서 소개한 기술들은 현장에서 많이 필요로 하는 기술이므로, 이 기술을 배우면 데이터 사이언스나 소프트웨어 개발 분야에서 첫 직장을 찾거나 새로운 역할에 도전하는 데 큰 도움이 될 것이다. 이 책은 포트폴리오 프로젝트를 중심으로 구성했다. 이를 통해 구체적인 목표를 달성해 실력을 증명하는 가시적인 성과물을 만들 수 있다.

포트폴리오 프로젝트 만들기

이 책을 공부하는 동안 GitHub 저장소에 게시할 수 있는 3개 포트폴리오 프로젝트를 수행하게 된다. 표 P-1에 각 프로젝트의 목적과 프로젝트에 사용할 수 있는 저장소를 정리했다.

표 P-1 이 장에서 사용된 새로운 도구 및 서비스

프로젝트	목적
1부 포트폴리오 프로젝트	파이썬 API와 SDK 개발하기
2부 포트폴리오 프로젝트	Streamlit, Airflow, Jupyter Notebook을 사용하는 데이터 사이언스 애플리케이션 개발하기
3부 포트폴리오 프로젝트	Scikit-learn, ONNX, LangChain, 챗GPT를 사용하는 머신러닝 API와 생성형 AI 애플리케이션 개발하기

프로젝트를 완료하고 나서 ryan@handsonapibook.com 또는 Linkedin(https://www.linkedin.com/in/ryanday1)으로 알려 주면, 여러분의 성취를 함께 축하해 드리겠다. 여러분의 작품을 기대하겠다.

이 책의 활용법

이 책을 처음부터 끝까지 순서대로 읽기보다는, 배우고 싶은 기술을 먼저 선택하고 해당 기술을 공부하는 것을 권장한다. 빠르게 시작하는 방법은 다음과 같다.

1. API 개발(1부), 데이터 사이언스에서 API를 사용하기(2부), AI에서 API를 사용하기(3부) 중 먼저 시작하려는 주제를 결정한다.
2. 해당 부의 시작 장에 소개한 지침에 따라 GitHub 저장소를 복제[clone]하고 Codespace를 실행한다.
3. 해당 장의 지침에 따라 코드를 실행한다.

각 장은 독립적으로 학습할 수 있도록 구성했다. 한 가지 기술을 배운 다음에, 배우고 싶은 다른 기술을 찾아 같은 방식으로 학습하기 바란다. 이 책의 기술들은 마치 블록 쌓기와 같아 배운 기술 하나하나가 다른 기술을 더 잘 이해할 수 있는 토대가 된다. 모든 기술을 다 배우고 나면 데이터 사이언스와 AI 분야의 API를 폭넓게 이해할 수 있을 것이다.

이 책에서 다루지 않는 내용

이 책은 초보자를 위해 파이썬 문법을 다루지 않는다. 파이썬에 대한 기초 지식이 있어야 코드 예제를 최대로 활용할 수 있다. 각 장의 단계를 따라 하면 코드를 실행할 수는 있겠지만, 파이썬에 익숙하지 않은 독자라면 빌 루바노빅[Bill Lubanovic]의 『처음 시작하는 파이썬[Introducing Python]』(한빛미디어, 2020)과 같은 파이썬 입문서부터 공부하는 것을 추천한다.

또한 이 책은 리눅스[Linux]나 유닉스[Unix]에서 명령줄 터미널[command-line terminal]을 어느 정도 사용할 수 있다는 것을 전제로 한다. 리눅스 관리자 수준의 지식이 필요하지는 않지만, 개발자로서 터미널에서 명령어를 실행하는 것에 익숙해야 한다. 모든 단계를 설명하지만, 해당 환경에 대한 배경지식이 부족하다면 문제가 발생했을 때 어려움을 느낄 수 있다.

이 책에서는 FastAPI, Pydantic, Streamlit, Airflow, LangChain 등 몇 가지 유용한 파이썬 프레임워크를 사용한다. 하지만 보안, 성능, 인프라 등 운영 환경production environment[1]에서 운영하는 데 필요한 상세한 내용은 다루지 않는다. 이 책의 프로젝트를 충분히 즐기면서 공부한 후, 각 장의 끝에서 언급된 참고 자료를 통해 계속 배우길 바란다.

이 책에서 소개하는 서비스와 도구들은 빠르게 발전하고 있으므로, 이 책을 읽는 시점에 따라 일부 단계나 화면 구성, 명령어가 다를 수 있다.

왜 판타지 풋볼일까?

> 사람들이 디테일에 집착하는 취미 순위를 매긴다면, 판타지 스포츠와 소프트웨어 개발은 모두 상위권에 들 것이다. 이 두 취미를 결합하면 가능성은 무궁무진하다!
>
> — 조이 그레코Joey Greco, Leeger 통계 애플리케이션 개발자

이 책의 포트폴리오 프로젝트는 가상의 판타지 스포츠 리그 호스팅 웹사이트인 SportsWorldCentral.com을 중심으로 전개된다. 프로젝트를 진행하면서 데이터를 중요하게 생각하는 사용자를 위한 API를 설계하고 구축한 뒤, 역할을 바꿔 자신이 만든 API를 활용해 데이터 사이언스 및 생성형 AI 애플리케이션을 개발한다.

조이 그레코의 말처럼, 판타지 스포츠는 우리의 학습에 가장 잘 맞는 소재다(그의 이야기는 책의 후반부에서 더 자세히 소개한다). 판타지 스포츠는 데이터 사이언티스트에게 최고의 놀이터이며, 판타지 웹사이트는 다양한 API를 사용한다. 나 또한 지난 몇 년 동안 중독에 가까울 정도로 판타지 매니저로 활동하며 이 두 분야에 깊이 빠져들었다. 판타지 매니저들은 승률을 높이기 위해 2명의 자유 계약FA, Free Agent 선수를 영입하고 선발 출전 선수 명단을 몇 번씩 바꿔 승률을 45%에서 53%로 끌어올리는 등 예측 분석predictive

1 소프트웨어 또는 서비스가 실제 사용자에게 제공되고 운영되는 환경. 즉, 개발이 완료된 애플리케이션이 최종적으로 배포돼 실시간으로 사용자 요청을 처리하고, 실제 비즈니스 가치를 창출하는 단계다. 예를 들어, 웹사이트, 모바일 애플리케이션, API 등이 일반 사용자나 고객이 사용하는 운영 환경이다. – 옮긴이

analytics[2]이나 처방 분석prescriptive analytics[3] 기능에 빠르게 적응한다.

판타지 스포츠는 AI, 데이터 사이언스, API가 만나는 지점에서 즐겁게 몰두할 수 있는 곳이다. 내가 이 책을 쓰면서 느꼈던 즐거움을 여러분도 함께 느껴 보길 바란다.

API, AI, 데이터 사이언스 관련 추가 정보 얻기

이 책의 내용은 이 주제에 대한 탄탄한 기초가 될 것이며, 이 책을 통해 더 많은 것을 배우고자 하는 흥미가 생기길 바란다. 내가 운영하는 사이트(https://handsonapibook.com)의 뉴스레터를 구독하면 이 주제에 대해 더 많은 정보를 얻을 수 있다.

편집 규약

이 책에서는 다음과 같은 편집 규칙을 사용한다.

이탤릭체

새로운 용어, URL, 이메일 주소, 파일명, 파일 확장자를 의미한다.

고정폭

프로그램 목록과 단락에서 변수나 함수 이름, 데이터베이스, 데이터 유형, 환경 변수들, 키워드와 같은 것을 나타낼 때 사용된다.

굵은 고정폭

사용자가 문자 그대로 입력해야 하는 명령, 기타 텍스트를 표시한다.

이탤릭 고정폭

사용자가 제공한 값 또는 콘텍스트에 따라 구분된 값으로 대체해야 하는 텍스트를

2 과거 데이터를 기반으로 통계 모델, 머신러닝 알고리듬 등을 사용해 미래의 결과를 예측하거나 발생 확률을 계산하는 것으로 '무엇이 일어날 가능성이 높은가?'에 초점을 맞추는 분석 방법이다. – 옮긴이

3 예측 분석의 결과를 활용해, 원하는 목표를 달성하기 위한 최적의 행동 방침이나 결정을 추천하는 것으로 '무엇을 해야 최상의 결과를 얻을 수 있을까?'에 초점을 맞추는 분석 방법이다. – 옮긴이

표시한다.

팁이나 제안을 나타낸다.

참고할 만한 내용을 소개한다.

경고나 주의 사항을 설명한다.

보충 자료 다운로드

코드 예제와 연습 문제 등 보충 자료는 각 부별로 다음 3개의 GitHub 저장소에서 다운로드할 수 있다.

- **1부**: https://github.com/handsonapibook/api-book-part-one
- **2부**: https://github.com/handsonapibook/api-book-part-two
- **3부**: https://github.com/handsonapibook/api-book-part-three

기술적인 질문이 있거나 코드 예제를 사용하면서 문제가 발생한 경우 다음 주소(support@oreilly.com)로 이메일을 보내 주기 바란다.

이 책은 여러분의 업무를 돕기 위해 만들어졌다. 이 책에 포함된 예제 코드는 여러분의 프로그램과 문서에 사용할 수 있다. 코드의 상당 부분을 복제하거나 재사용, 또는 코드를 그대로 가져다 쓰는 경우가 아니라면 허락을 구할 필요가 없다. 하지만 출판사 책의 예제를 판매하거나 배포하는 경우에는 허가를 받아야 한다. 이 책을 인용하고 예제 코드를 인용해 질문에 답변하는 경우에도 허락을 구할 필요가 없다. 이 책의 예제 코드 많은 부분을 제품의 문서에 포함시키려면 허가를 받아야 한다.

저작자 표기가 필수는 아니지만 표기해 준다면 감사하겠다. 저작자 표기를 할 때는 다음과 같이 제목, 저자, 출판사, ISBN을 기재한다.

> "Hands-On APIs for AI and Data Science by Ryan Day (O'Reilly). Copyright 2025 Ryan Day, 978-1-098-16441-6."

만약 예제 코드의 사용이 일반적인 범위를 벗어나거나 사용 허가가 필요하다면 부담 없이 permission@oreilly.com으로 문의하길 바란다.

문의

이 책에 관한 의견이나 문의는 출판사로 보내 주길 바란다.

이 책의 정오표, 예제, 추가 정보는 책의 웹 페이지(https://oreil.ly/hands-on-api)를 참고한다. 한국어판의 정오표는 에이콘출판사의 도서 정보 페이지(http://www.acornpub.co.kr/9791161758374)에서 확인할 수 있다.

이 책의 기술적인 내용에 관한 의견이나 문의는 bookquestions@oreilly.com으로 이메일을 보내 주기 바란다. 그리고 한국어판에 관해 질문이 있다면 에이콘출판사 편집 팀(editor@acornpub.co.kr)이나 옮긴이의 이메일로 연락 주길 바란다.

감사의 말

몇몇 분을 빠뜨릴 수도 있겠지만, 지난 1년 동안 기사, 뉴스레터, 발표 등을 통해 이 책의 집필에 참여해 주신 모든 분께 진심으로 감사드린다. 여러분의 피드백 덕분에 더 나은 책이 될 수 있었다. 특히 데이터 사이언스 KC와 데이터 커뮤니티 DC 여러분의 소중한 의견에 감사드린다.

이 책을 집필하는 동안 저를 이끌어 주신 오라일리O'Reilly 팀에 정말 감사드린다. 전체 편집팀에게도 깊이 감사드린다. 나를 믿고 끝까지 책을 완성할 수 있도록 도와준 인수 편집자acquisitions editor 미셸 스미스Michelle Smith와 개발 편집자development editor 코빈 콜린스Corbin

Collins에게 특히 감사드린다. 집필 과정을 전문적으로 처리해 준 크리스 포셔Chris Faucher, 알리야 라만Aleeya Rahman, 토브 이니스Tove Innis 에게도 감사드린다.

이 책을 집필하기 위해 전문가들과 인터뷰하는 과정이 정말 즐거웠고, 그분들의 이야기가 이 책에 담겨 있다. 기술과 데이터에 관한 전문 지식과 열정을 공유해 준 조이 그레코Joey Greco, 카일 보르고뇨니Kyle Borgognoni, 잔 마르칸Zan Markhan, 알렉상드르 에어보Alexandre Airvault, 프란시스코 고이티아Francisco Goitia, 사이먼 유Simon Yu, 로빈 리나크르Robin Linacre, 빌 도어필드Bill Doerrfield, 새뮤얼 콜빈Samuel Colvin, 프랭크 킬커민스Frank Kilcommins, 케이드 할라부자Kade Halabuza, 짐 히긴보탐Jim Higginbotham에게 감사의 말을 전한다. 데이터 사이언스 분야의 기회를 보여 준 키스 맥코믹Keith McCormick에게도 감사드린다.

이 책을 집필하는 과정 내내 든든히 이끌어 준 오라일리팀에도 깊은 감사를 전한다. 편집팀 전원께 감사드리며, 이 책을 믿고 끝까지 함께해 준 미셸 스미스와 코빈 콜린스에게 특별한 감사를 전한다. 크리스 포셔, 알리야 라만, 토브 이니스에게도 전문적인 저작 지원에 감사드린다.

기술 검토를 해준 리처드 브라이트Richard Bright, 리처드 에릭슨Richard Erickson, 제프 프레드릭슨Jeff Fredrickson, 아멜리아 프롭스트Amelia Probst, 메건 실비Megan Silvey에게도 감사의 말을 전한다. 여러분의 전문 기술 지식 덕분에 많은 부끄러운 실수를 줄이고 책 내용의 기술적 정확도를 크게 높일 수 있었다. 특히 책 제안서 작성과 출간 전 과정을 안내해 준 리처드 에릭슨에게 특별히 감사의 말을 전한다.

또한 나를 응원해 주고 책을 쓸 수 있도록 격려해 준 크리스 로울리Kris Rowley, 응옥 부Ngoc Vu, CSBS의 모든 직원에게도 감사드린다.

무엇보다도 명확하게 생각하는 법을 가르쳐 주신 부모님을 시작으로 제게 축복과 기회를 주신 하나님께 감사드린다. 처음부터 끝까지 변함없이 나를 격려해 준 아내 앨리슨Allison에게 감사하다. 사랑과 지원을 아끼지 않은 가족에게도 감사하다. 에단Ethan, 마일스Myles, 샘Sam, 카라Cara, 개비Gabby, 게이브Gabe 모두 사랑한다.

표지 그림

『AI와 데이터 사이언스 API』의 표지 동물은 큰난쟁이여우원숭이Cheirogaleus major다. 이 여우원숭이는 마다가스카르 동부와 북부 지역에서 서식하는 야행성 동물로, 그 지역 생태계에서 매우 중요한 역할을 한다.

큰난쟁이여우원숭이는 다른 여우원숭이에 비해 크기가 작은 편으로, 몸무게는 약 140g에서 600g 사이이고, 통통한 몸통의 평균 길이는 약 24cm다. 반면, 덤불처럼 풍성한 꼬리는 약 48cm에서 55cm 정도로 몸통보다 훨씬 길다. 짧고 빽빽한 털은 회색에서 따뜻한 적갈색까지 다양하며, 커다랗고 둥근 눈 주위에는 진한 고리가 둘러져 있고, 이 눈에는 어두운 밤에도 시야를 확보하는 데 도움이 되도록 빛을 반사하는 층이 있다. 손과 발에는 작고 날카로운 발톱이 나 있어 나뭇가지를 자유롭게 오갈 수 있다.

큰난쟁이여우원숭이들은 주로 숲에 서식하며, 낮에는 나뭇잎, 잔가지, 풀로 만든 둥지나 나무 속 빈 공간에서 잠을 자고, 밤에 활동한다. 주된 먹이는 과일, 꽃, 덩굴잎, 꿀이며, 때로는 곤충을 먹기도 한다. 이처럼 다양한 식물을 먹기 때문에 수분 매개자pollinator 역할을 하기도 하며, 과일을 섭취함으로써 씨앗을 널리 퍼뜨리는 데에도 큰 몫을 한다.

하지만 큰난쟁이여우원숭이는 현재 취약종으로 분류돼 있다. 벌목과 화전 등으로 서식지가 파괴되고, 현지에서 애완동물로 키우기 위해 사냥되거나 포획되는 사례도 적지 않다. 이러한 위협으로부터 이 동물을 보호하기 위해, 서식지 복원과 밀렵 방지 등의 노력이 이어지고 있다.

이 책의 표지 일러스트는 호세 마르잔 주니어José Marzan Jr.가 『English Cyclopedia』에 실린 고전 동판화 이미지에서 영감을 받아 작업했다. 시리즈 디자인은 에디 프리드먼Edie Freedman, 엘리 볼크하우젠Ellie Volckhausen, 카렌 몽고메리Karen Montgomery가 맡았다.

1부

데이터 사이언스를 위한 API 개발

1부에서는 파이썬과 FastAPI를 사용해 API를 개발하고 클라우드에 배포하는 예제 프로젝트를 다음과 같이 단계별로 진행한다.

- 1장: 사용자의 요구 사항을 이해하고 이를 충족할 사용 사례를 선정하면서 포트폴리오 프로젝트를 시작한다.
- 2장: API 아키텍처를 선택하고, 데이터 사이언티스트의 요구 사항을 충족시킬 수 있는 API를 만든다.
- 3장: SQLite를 사용해 데이터베이스를 만들고, SQLAlchemy를 사용해 데이터베이스를 읽는 파이썬 코드를 만든 다음, pytest로 단위 테스트를 수행한다.
- 4장: 이 데이터를 사용하기 위한 FastAPI 코드를 작성하고 REST API를 구현한다.
- 5장: FastAPI의 기본 기능을 사용해 API 문서를 작성한다.
- 6장: Render와 AWS^Amazon Web Services^를 사용해 API를 클라우드에 배포한다.
- 7장: 파이썬 개발자가 API를 더 쉽게 사용할 수 있도록 SDK를 만든다.

1장

데이터 사이언티스트를 위한 API 만들기

API는 데이터 사이언티스트에게 매우 중요하다. 그러나 API 설계자designer나 개발자가 데이터 사이언티스트의 요구 사항을 충분히 고려하는 경우는 드물다. 데이터 사이언티스트는 데이터 준비·정제, 시각화, 모델 학습·배포 등 다양한 분석 작업에서 API를 통해 데이터를 처리하고 분석한다. 데이터 사이언티스트의 요구는 일반 소프트웨어 개발자나 다른 API 사용자와는 분명히 다르다. 따라서 API 제공자가 데이터 사이언티스트의 만족도를 높이고 싶다면 이러한 요구를 충족하는 데 주력해야 한다.

데이터 사이언티스트는 API를 어떻게 활용할까?

아나콘다Anaconda의 '2023 데이터 사이언스 현황State of Data Science' 보고서[1]에 따르면 데이터 사이언티스트들은 주로 데이터 준비preparing 및 정리cleansing(38%), 보고서나 발표 자료 작성 또는 데이터 시각화(29%), 모델 선택, 훈련 및 배포(27%)라는 세 가지 주요 활동을 수행하는 데 대부분의 시간을 보낸다. 이 책에서는 데이터 사이언티스트가 이런 작업을 위해 API를 사용하는 방법을 소개한다.

'데이터 준비나 정리' 작업은 데이터 사이언티스트가 새로운 데이터셋dataset에 대한 탐색적 데이터 분석EDA, Exploratory Data Analysis을 수행해 해당 데이터셋의 내용이나 형식, 패턴 등을 분석할 때 이뤄진다. 또한 여러 데이터 소스에서 데이터를 가져와 데이터의 형

1 https://know.anaconda.com/rs/387-XNW-688/images/Anaconda%202023%20State%20of%20Data%20Science%20Report.pdf

식을 조정하거나 오류를 제거해 데이터 시각화나 보고서, 모델에서 계속해서 활용될 수 있도록 정기적으로 실행되는 데이터 파이프라인data pipeline의 일부 작업이기도 하다. 이런 작업을 전문으로 하는 사람들을 데이터 엔지니어data engineer라고 한다. 9장에서는 탐색적 데이터 분석에서 API를 사용하는 방법을 알아보고, 10장에서는 데이터 파이프라인에서 API를 사용하는 방법을 소개한다.

'보고서 작성 및 시각화' 작업은 데이터에서 얻은 인사이트insight를 전달하고, 조직이 운영 현황을 모니터링하거나 더 나은 의사결정을 할 수 있도록 데이터를 제시하는 중요한 활동이다. 이 작업을 분석analytics이라고도 한다. 데이터 사이언티스트는 다양한 데이터 분석 도구에서 데이터를 사용하기 위해 API를 사용한다. 이런 작업을 전문적으로 하는 사람들을 데이터 애널리스트data analyst라고 한다. 9장에서는 주피터 노트북Jupyter Notebook에서 파이썬을 사용해 데이터를 시각화하는 방법을 소개하고, 11장에서는 파이썬과 Streamlit을 사용해 대화형 시각화interactive visualization를 애플리케이션에 배포하는 방법을 설명한다.

'데이터 사이언스 모델 훈련 및 배포' 작업은 머신러닝이나 다른 수학적 기법을 사용해 예측하고, 데이터를 그룹으로 분류하고, 자연어를 처리하는 등 다양한 작업을 수행하는 활동이다. 여기서 API는 사용자consumer[2]와 생산자producer 두 가지 역할로 사용할 수 있다. 데이터 사이언티스트는 데이터 사용자로서 API를 모델의 입력 소스로 사용하거나 머신러닝 모델의 API를 사용해 작업을 수행한다. 또한 데이터 사이언티스트는 생산자로서 모델을 API 형태로 배포해 다른 사람이 활용할 수 있도록 한다. 이런 작업을 전문적으로 하는 사람들을 머신러닝 엔지니어machine learning engineer라고 한다. 13장에서는 FastAPI와 파이썬을 사용해 머신러닝 모델을 배포하는 방법을 설명한다.

API는 컴퓨터 프로그래밍에서 다양한 의미를 가진다. 이 책에서는 데이터를 검색하거나 명령어를 실행하기 위해 HTTP를 사용해 호출하는 소프트웨어 프로그램인 웹 API에 초점을 맞춘다. API 생산자는 네트워크 내부의 내부 사용자 또는 인터넷의 외부 사용자를 위해 API를 개발하고 호스팅한다. API 사용자는 API에 요청을 보내고, API는 이 요청을 수신하고 응답을 보낸다. 이것이 바로 API 통신이다.

2 여기서는 API를 사용한다는 의미에서 '소비자'가 아니라 '사용자'로 옮겨 적는다. – 옮긴이

데이터 사이언티스트는 어떤 도구를 사용할까?

데이터 사이언티스트는 업무를 수행하기 위해 다양한 상용·오픈 소스 소프트웨어 도구와 상용 클라우드 플랫폼을 사용한다. 2023 데이터 사이언스 현황 보고서에 따르면 데이터 사이언티스트가 가장 많이 사용하는 프로그래밍 언어는 파이썬(58%가 항상 또는 자주 사용)과 SQL(42%가 항상 또는 자주 사용)이다. 이 조사에서 R 언어는 순위가 낮게 나타났지만, 내 경험상 여전히 많은 데이터 사이언티스트가 R을 사용한다. 특히 R은 nflverse[3] 데이터와 R 패키지 모음 덕분에 풋볼 애널리틱스에서 인기가 많다. 이 책에서는 파이썬과 SQL을 모두 사용한다.

데이터 사이언티스트는 리눅스의 배시 셸Bash Shell이나 윈도우Windows의 파워셸PowerShell과 같은 명령줄 도구command-line tool와 같은 개발 환경에 익숙하다. 통합 개발 환경IDE, Integrated Development Environment으로는 VS CodeVisual Studio Code, PyCharm, RStudio 등을 주로 사용하며, 주피터 노트북과 같은 노트북 환경을 통해 코드와 실행 결과를 마크다운Markdown 설명과 함께 한 화면에서 확인하며 작업한다.

또한 독립된 개발 환경을 유지하기 위해 venv나 conda와 같은 가상 환경을 사용한다. 도커는 개발 환경을 패키징하고 애플리케이션을 배포하는 데 중요한 도구다. 개발 컨테이너dev container는 도커를 기반으로 내장된 IDE와 함께 완전한 가상 환경을 제공하는데, 대표적인 예가 이 책에서 사용할 GitHub Codespace다.

데이터 사이언티스트를 위한 API 설계

이제 데이터 사이언티스트가 수행하는 작업과 즐겨 사용하는 도구에 대해 조금 알게 됐으니, 이들이 좋아할 만한 API를 설계하기 위한 몇 가지 팁을 소개한다. 이 절은 파이썬에 초점을 맞추지만, 많은 팁이 R 언어에도 그대로 적용된다.

3 https://github.com/nflverse

API는 항상 JSON 형식으로 데이터를 반환해야 한다.

API 엔드포인트endpoint는 XML보다는 JSON 형식으로 데이터를 반환해야 한다. 파이썬 생태계는 JSON 형식을 강력하게 밀고 있는데, 사람이 읽기 쉬운 계층 구조를 지원하는 경량 데이터 타입이기 때문이다. JSON은 파이썬의 기본 데이터 구조인 리스트와 딕셔너리로 변환할 수 있다. 대부분의 웹 API가 이미 표준으로 사용하는 것도 이 때문이다.

API를 사용하기 위한 SDK를 제공해야 한다.

파이썬 코드에서 API를 직접 호출할 수도 있지만, 데이터 사이언티스트는 `pip`나 `conda`와 같은 명령어를 사용해 라이브러리를 설치하는 방식에 익숙하다. 파이썬 라이브러리를 배포하면 데이터 사이언티스트가 쉽게 작업할 수 있으며, API 호출 방식을 표준화해 좋은 코딩 관행에 적응할 수 있도록 유도할 수 있다.

데이터에 표준 외부 식별자를 제공해야 한다.

데이터 사이언티스트는 시각화나 데이터 파이프라인에서 여러 소스의 데이터를 결합하는 경우가 많다. 산업 표준 식별자industry-standard identifier를 제공하면 서로 다른 데이터 소스들을 쉽게 결합할 수 있다.

데이터는 정의된 데이터 타입을 철저히 준수해야 한다.

데이터 사이언티스트는 API 데이터를 사용해 계산을 수행하고 모델을 만들기 때문에 데이터 타입의 유효성validity이 매우 중요하다. API의 잘못된 문자가 웹 페이지에서는 정상적으로 표시될 수 있지만, 숫자 필드에 잘못된 문자가 들어가면 데이터 사이언스 작업에 사용할 수 없는 레코드를 만들어 분석 파이프라인을 망가뜨릴 수 있다. 따라서 API가 반환하는 데이터는 OpenAPI 명세OAS, OpenAPI Specification에 정의된 스키마schema를 따라야 한다.

일괄 다운로드 방법을 제공해야 한다.

데이터 사이언티스트가 새로운 데이터셋을 분석하거나 머신러닝 모델을 훈련할 때, 전체 데이터를 살펴보는 경우가 많다. 전체 데이터셋이 매우 클 경우, API 호출은 API 서버뿐만 아니라 데이터 사이언티스트의 로컬 환경 모두에 부담을 줄 수 있다.

시간 초과timeout나 메모리 오버플로memory overflow로 인해 분석이 중단될 수 있으므로, API 제공자가 CSVcomma-separated values나 Apache Parquet[4]와 같은 형식으로 일괄 다운로드bulk download 할 수 있는 기능을 제공한다면, 새로운 데이터 파이프라인의 초기 전체 로드initial full load와 분석 작업을 모두 원활하게 할 수 있다.

API는 마지막으로 변경된 날짜를 기준으로 쿼리할 수 있어야 한다.

데이터 사이언티스트는 데이터 파이프라인의 초기 전체 로드를 완료한 후에는 데이터를 정기적으로 업데이트하기를 원한다. 일반적인 데이터 파이프라인 일정은 변경된 레코드, 즉 델타delta를 처리하기 위해 매일 반복 작업을 실행하는 것이다. API가 마지막으로 변경된 날짜를 기준으로 쿼리 매개 변수query parameter를 제공한다면, 이를 통해 데이터 파이프라인은 새로 추가되거나 업데이트된 레코드만 효율적으로 가져올 수 있다.

1부 포트폴리오 프로젝트 소개

1부 포트폴리오 프로젝트를 수행하면서 앞에서 언급한 모든 설계 원칙을 적용해 API와 SDK를 개발하는 능력을 키운다. 이 중 대부분은 선택한 도구가 자동으로 처리해 주지만, 일부는 직접 코드로 작성해야 한다.

프로젝트에서 수행할 작업의 내용은 다음과 같다.

- 1장: 사용자 요구 사항을 파악하고 적절한 API를 선택한다.
- 2장: API 아키텍처를 선택하고 개발 환경을 설정한다.
- 3장: 데이터베이스를 만든다.
- 4장: FastAPI 코드를 개발한다.
- 5장: API 문서를 작성한다.
- 6장: API를 클라우드에 배포한다.
- 7장: API용 SDK를 만든다.

4 https://parquet.apache.org/

각 장에서는 실제 시나리오를 따라 단계별로 진행하며, 각 단계는 이전 단계를 기반으로 진행된다. 이제 내게도 각별한 의미가 있는 판타지 스포츠 시나리오를 살펴보자.

모든 API에는 스토리가 있다

모든 API는 저마다 만들어진 이유가 있다. 어떤 API는 '만들기만 하면, 사용자가 찾아온다If you build it, they will come'는 영화 〈꿈의 구장Field of Dreams〉 속 대사처럼, 사전 조사를 거치지 않고 API를 만든 후에 누군가 사용할 때도 있다. 하지만 많은 경우, 사전 조사를 하지 않고 만든 API는 방치돼 사용되지도, 기억되지도 않는다. 성공적인 API는 실제 사용자의 요구를 충족시켜 오랫동안 살아남는다. 이 책에서 여러분이 구축할 API도 이런 경우다.

SportsWorldCentral 회사 소개

여러분은 SWCSportsWorldCentral라는 웹사이트에서 일하는 소프트웨어 개발자다. SWC는 스포츠 뉴스를 제공하고 판타지 풋볼과 판타지 축구와 같은 판타지 게임도 운영한다. SWC의 고객은 친구들과 함께 리그에 참가하고 실제 선수를 자신의 팀에 영입한다. 고객들은 실제 게임이나 경기를 시청하고, 자신의 팀에 속한 선수가 잘하면 판타지팀이 점수를 얻는다. SWC는 이러한 모든 구단주가 자신의 팀을 관리하고 매주 판타지 매니저의 승패에 따라 실시간 점수를 업데이트해 제공한다.

SWC 판타지 풋볼 웹사이트는 그림 1-1과 같이 전체 판타지 풋볼 리그에 대한 정보를 제공한다.

League Home Stats Matchups Transactions My Team Support

SportsWorldCentral Fantasy Football

Week 6 Matchup

Long Lost Lizards	Proj. Pts 98.7	Win % 42%	Touchdown Teresas	Proj. Pts 104.2	Win % 58%

My Team: Long Lost Lizards

Record: 3-1-1, 2nd

Next Game: Touchdown Teresas, 3-1-1

League Standings: Crazy Rotten Fantasy League

Rank	Team	W-L-T	Points For	Points Against
1	Lincoln Lawyers	4-1-0	527	480
2	Long Lost Lizards	3-1-1	550	522
3	Touchdown Teresas	3-1-1	570	533
4	Fumble Tumble	3-2	490	399
5	Watch Me Whip	3-2	524	455
6	Kick Seven	2-3	501	502
7	Farcical Footballers	2-3	481	492

그림 1-1 SWC 리그 홈페이지

이 웹사이트는 그림 1-2와 같이 개별 판타지팀에 관한 상세 정보도 제공한다.

League Home Stats Matchups Transactions My Team Support

SportsWorldCentral Fantasy Football

My Team: Long Lost Lizards

Roster Spot	Position	Player	Team	Bye	Points Scored
QB	QB	Hurts, Jalen	Phi	4	101
RB	RB	Ekeler, Austin	LAR	3	40
RB	RB	Pacheco, Isaiah	KC	7	77
WR	WR	Brown, A.J.	Phi	4	80
WR	WR	Addison, Jordan	Min	8	37
Flex	WR	Flowers, Zay	Bal	4	42
TE	TE	LaPorta, Sam	Det	6	65
PK	PK	Butker, Harrison	KC	7	48
Bench	QB	Goff, Jared	Det	6	97
Bench	WR	Sutton, Cortland	Den	9	38
Bench	WR	Mims, Marvin	Den	9	37
Bench	WR	Williams, Jameson	Det	6	0
Bench	RB	Elliott, Ezekiel	Dal	10	44
Bench	RB	Edwards, Gus	Bal	4	77

그림 1-2 내 팀 정보 페이지

SWC는 가상의 회사이지만, 판타지 스포츠 산업은 전 세계적으로 매우 활발한 엔터테인먼트 산업이다. 판타지 업계 추산에 따르면 미국에만 약 4,000만 명의 판타지 풋볼 매니저가 활동하고 있는데, 이는 미국에서 가장 큰 판타지 스포츠다. 판타지 축구는 전 세계적으로 수천만 명이 즐긴다. 예를 들어, 영국 프리미어 리그 판타지 리그Fantasy Premier League[5]에는 1,000만 명 이상의 매니저가 활동하고 있다. 실제 판타지 리그 호스트 사이트로는 Yahoo.com, Sleeper, MyFantasyLeague.com 등이 있다.

판타지 리그 사이트 외에도, 판타지 매니저들은 The Fantasy Footballers[6], PFF[7], FantasyPros[8] 같은 판타지 분석 조언 웹사이트에 구독료를 내고 정보를 얻는다. 이 사이트들은 판타지 매니저가 팀을 운영하는 데 도움이 되는 대시보드, 차트, 예측 모델, 추천 엔진 등 고도로 맞춤화된 분석 제품을 제공한다. 판타지 리그 운영 사이트는 판타지 분석 조언 웹사이트가 이런 콘텐츠를 특정 판타지 매니저의 팀에 맞춰 제공할 수 있고, 소비할 수 있는 형태로 API를 제공해야 한다.

API 전문가의 시각: 카일 보르고노니가 말하는 판타지 풋볼 API

카일 보르고노니(Kyle Borgognoni)는 판타지 분석 조언 웹사이트인 The Fantasy Footballers[9]와 팟캐스트의 편집장으로, 인기와 정확성 면에서 다수의 판타지 산업 상을 수상했다. 또한 Fantasy Footballers Dynasty 팟캐스트[10]의 진행자이면서 웹사이트에 글을 기고하고 있다.

웹사이트에서 어떤 종류의 분석 정보를 제공하는가?

판타지 포인트, 타깃(target)[11], 야드(yards)[12], 레드존 기록(red zone number)[13]과 같은 일반 판타지

5 https://fantasy.premierleague.com

6 https://www.thefantasyfootballers.com/

7 https://www.pff.com/fantasy

8 https://www.fantasypros.com/

9 https://www.thefantasyfootballers.com

10 https://www.thefantasyfootballers.com/fantasy-football-dynasty-podcast/

11 쿼터백이 특정 선수(와이드 리시버, 타이트 엔드 등)에게 패스를 던진 횟수. 해당 선수가 공을 잡았든 못 잡았든, 쿼터백이 그 선수를 향해 던졌다면 타깃으로 기록된다. 타깃이 많을수록 공을 받을 기회가 많다는 뜻이다. – 옮긴이

12 미식축구 경기에서 공격팀이 상대방 엔드존을 향해 전진한 거리의 단위. 선수가 패스를 잡고 달린 거리(리시빙 야드(receiving yards)), 직접 공을 들고 달린 거리(러싱 야드(rushing yards)), 쿼터백이 패스로 던진 거리 (패싱 야드(passing yeards)) 등으로 측정한다. 리시빙 10야드당 1점 등과 같이 판타지 점수 계산에 매우 중요한 요소다. – 옮긴이

13 '레드존'은 상대방 골라인으로부터 20야드 이내의 공격 지역으로 터치다운을 넣기 바로 직전의 중요한 지역이다. 레드존 기록은 팀이 레드존 안에 있을 때 특정 선수가 받은 타깃 수, 터치다운 수 등 레드존에서의 활약을 보여 주는 통계다. 터치다운은 판타지 점수가 높기 때문에 레드존에서의 활약이 중요하다. – 옮긴이

통계, 루트(routes)[14], 루트당 타깃(targets per route run)[15], 효율성 지표(efficiency metrics)[16]와 같은 고급 판타지 통계, 일관성 점수(consistency scores), 커리어 성적(career performance), 일정 난이도(strength of schedule)와 같은 성적 기반 통계를 제공한다. 또한 미국프로풋볼리그(NFL, National Football League)의 모든 선수에 대한 예상과 선수 기록 통계(stat line)가 담긴 얼티밋 드래프트 키트(Ultimate Draft Kit), 대학 성적 프로필과 NFL 컴바인(NFL combine)[17]의 지표가 담긴 Dynasty Pass, Daily Fantasy Pass도 제공한다.

제공하는 제품에 대한 모든 데이터를 어떻게 수집하는가?

SportsData와 같은 데이터 브로커나 파트너로부터 많은 데이터를 확보하고, Sleeper와 Yahoo! 같은 웹사이트의 API도 활용한다. 팟캐스트용 데이터는 데이터 스크래핑과 내가 만든 워크시트를 조합해 만든다.

분석 조언 웹사이트가 사용할 수 있도록 API를 제공하면 리그 운영 웹사이트에 어떤 이점이 있는가?

Sleeper 같은 경우 자신들의 플랫폼 비즈니스에 도움이 되기 때문에 API를 제공한다. 데이터를 통해 사람들은 유용한 도구를 만들 수 있으며, 도구를 통해 서비스가 만들어지면 그 주변에 사용자에게 무료로 부가 가치를 제공하는 서비스 생태계가 만들어진다. 사용자가 Sleeper에서 팀을 쉽게 불러와 Sleeper의 평균 드래프트 순위(ADP, Average Draft Position) 등을 확인할 수 있다면 판타지 리그에서 Sleeper를 사용할 가능성이 높아진다. 이것이 바로 사용하기 쉬운 API로 독점 데이터를 무료로 제공하는 이유다. 이는 사용자에게 이러한 도구를 판매하고 있는 비즈니스에 매우 중요하다.

SWC에 API가 필요한 이유

SWC 웹사이트를 관리하는 웹팀은 판타지 풋볼 웹 페이지에 웹사이트의 데이터를 추출하는 컴퓨터 프로그램인 웹 스크래퍼web scraper 트래픽이 증가하는 현상을 확인했다. 현명한 SWC 제품 책임자product owner는 이를 문제라고 생각하기보다는 '사람들이 SWC 판타지 풋볼 데이터를 활용하고 싶어 한다'라는 잠재적 시장의 지표로 해석했다.

14 패스 플레이 상황에서 리시버가 정해진 약속에 따라 달리는 경로. 선수들은 상대방을 피해서 공을 받기 위해 직선으로 달리거나 대각선으로 꺾어 달리는 등 다양한 루트로 달린다. – 옮긴이

15 리시버가 경기 중 뛴 루트 수 대비 쿼터백이 그 리시버를 타깃으로 삼아 패스를 시도한 비율을 나타내는 지표로 해당 리시버가 얼마나 자주 쿼터백의 패스 타깃이 되는지를 보여 준다. – 옮긴이

16 주어진 기회나 투입 대비 얼마나 효과적으로 성적을 냈는지를 측정하는 지표. 단순히 야드나 타깃을 많이 했다는 양적인 수치를 넘어, 얼마나 적은 투입으로 많은 결과를 만들어 냈는지, 즉 질적인 내용을 측정한다. – 옮긴이

17 NFL 드래프트에 참가할 대학 선수들을 대상으로 매년 열리는 기량 평가 행사. 정식 명칭은 'NFL 스카우팅 컴바인(NFL Scouting Combine)'이며, NFL 선수들 중 드래프트 대상자로 선정된 유망주들이 초청돼 NFL 팀의 감독, 단장, 스카우트 등 관계자들 앞에서 자신의 신체 능력과 풋볼 관련 기술을 선보인다. – 옮긴이

제품 책임자는 데이터 접근이나 데이터 공유에 관해 다른 요청이 있었는지 파악하기 위해 회사 전체에 연락을 취했다. 기술지원팀help desk은 많은 분석 조언 웹사이트가 SWC로부터 리그 데이터를 가져올 수 없는지 묻는 수십 개의 고객 문의를 발견했다. 이는 해당 사이트들과 데이터를 공유할 필요가 있다는 것을 의미한다. 또한 데이터 사이언티스트 및 기타 데이터에 능숙한 사용자들이 맞춤형 대시보드와 지표를 만들기 위해 웹사이트의 풋볼 데이터에 직접 접근할 수 있도록 해달라는 요청도 있었다.

모바일 애플리케이션 개발자들도 API가 제공된다면 SWC 사용자용 모바일 애플리케이션을 개발하겠다고 제안했다. 제품 책임자는 API가 회사의 영향력을 확대하고 비즈니스를 성장시킬 기회임을 깨달았다. 문제는 '어떤 유형의 API를 만들어야 하는가?'다.

API가 필요한 경우

조직이 API를 만들어야 하는 이유는 다음과 같다.

- 핵심 제품이나 서비스의 범위를 부가 가치 제품이나 추가 플랫폼과 같이 더 넓은 범위로 확장하는 경우
- 파트너에게 기존 애플리케이션이나 시스템에 접근 권한을 제공하는 경우. 예를 들어, 의료 청구 플랫폼을 운영하는 회사는 병원과 의원들이 청구서를 제출할 수 있도록 API를 만들어 제공해야 한다.
- 사람들이 웹 스크래핑 또는 웹사이트 API 역공학(reverse engineering)을 통해 웹사이트에 접근하고 있는 경우. 이는 API에 대한 수요가 있다는 것을 의미한다.
- 대중이나 파트너에게 제공할 가치 있는 데이터나 분석 자료, 또는 지표가 있는 경우
- 애플리케이션 개발자들과 공유할 생성형 AI 모델을 개발한 경우

첫 번째 API 제품 선택

SWC 제품팀은 기술 지원을 요청한 사람들에게 연락해 추가적인 사용자 조사를 수행한다. 또한 판타지 고객들에게 설문지를 보내고, 상위 5개 판타지 분석 조언 웹사이트에 연락한다. 온라인 게시판과 소셜 미디어를 샅샅이 뒤져 웹사이트와 관련된 불만이나 의견을 찾는다. 그리고 다른 판타지 리그 운영사의 API 제공 현황을 알아보기 위해 경쟁사 분석competitive analysis을 수행한다.

잠재 사용자 식별

조사를 바탕으로 잠재 사용자를 몇몇 그룹으로 좁힌다. 판타지 매니저 고객들은 API를 직접 요청하지 않았지만, API를 통해 제공할 수 있는 기능을 원했다. 이들은 자신의 팀을 판타지 분석 조언 웹사이트로 가져와 팀 관리에 대한 조언을 받고 싶어 한다. 분석 조언 웹사이트 업체는 SWC 리그를 자사의 웹사이트로 가져와 SWC 매니저들이 자사의 서비스를 구독하도록 만들고 싶어 한다. 데이터 사이언티스트들은 웹사이트의 데이터와 다른 공개 소스 데이터를 결합해 분석 대시보드, 차트, 모델을 만들고 싶어 한다. 모바일 애플리케이션 개발자들은 SWC 매니저들이 팀을 관리할 수 있는 모바일 애플리케이션을 개발하고 싶어 한다. 생성형 AI 개발자들 또한 현재 SWC 데이터를 읽고 매니저에게 조언을 제공할 수 있는 챗봇이나 다른 애플리케이션을 만들고 싶어 한다.

표 1-1에 잠재 사용자들이 원하는 작업과 해당 작업을 수행할 때 겪는 문제점pain point을 요약했다.

표 1-1 API 잠재 사용자

잠재 사용자	주요 작업	문제점
현 SWC 팀 매니저	판타지 분석 조언 웹사이트에서 팀 및 리그 확인	SWC 리그 호스팅이 판타지 분석 조언 웹사이트에서 지원되지 않으며, 모바일 애플리케이션도 사용할 수 없다.
분석 조언 웹사이트 제공자	가능한 많은 리그 호스팅을 지원하는 분석 제품을 만들고 조언을 제공. API를 선호하는 방식	API나 다른 방법으로 SWC 데이터에 접근할 수 없다.
데이터 사이언스 사용자	분석 제품 만들기	SWC 데이터에 안정적으로 접근할 수 없다.
모바일 애플리케이션 개발자	SWC 데이터를 사용하는 서드파티 애플리케이션 만들기	모바일 애플리케이션에서 SWC를 사용할 수 없다.
생성형 AI 개발자	SWC 데이터를 사용하는 채팅 에이전트와 LLM 애플리케이션 만들기	현재 SWC 데이터에 쉽게 접근할 수 없다.

잠재적 API 사용자가 많다는 것은 고무적이지만, SWC 제품 관리자product manager는 가장 먼저 만들어야 할 API를 선택해야 한다. 여러분은 제품 관리자와 협력해 이들 사용자의 요구 사항을 충족시킬 수 있는 API가 무엇인지, 이를 지원하는 데 필요한 데이터는 무엇

인지, 기존 웹사이트에 변경해야 할 사항은 무엇인지 파악해야 한다. 제품 관리자는 이 정보를 바탕으로 디자인 싱킹design thinking 방법론 중 하나인 다음 세 가지 기준으로 API 후보를 평가한다.

- **사용자 선호도**user desirability: 사용자가 제품을 원하는가?
- **기술적 실행 가능성**technical feasibility: 기술 환경과 팀이 제품을 만들 수 있는가?
- **경제적 타당성**economic viability: 투자할 가치가 있는가?

사용자 스토리 만들기

이러한 기준을 적용한 후 SWC 제품팀은 웹사이트를 크게 변경하지 않고도 기존 데이터를 활용해 충족할 수 있는 사용자 요구 사항을 파악한다. 만들어야 할 내용을 이해하기 위해 최종 사용자의 관점에서 기능이나 제품을 비공식적인 설명으로 표현하는 사용자 스토리user story를 만든다. 사용자 스토리의 일반적인 템플릿은 다음과 같다.

- (사용자 유형)(으)로서
- (동기 또는 이점)을 얻기 위해
- (목표 또는 의도)를 원한다.

SWC 제품 관리자는 사용자의 요구 사항을 문서로 남기기 위해 다음과 같은 사용자 스토리를 만든다.

1. SWC팀 매니저로서 리그에서 우승하고 친구들을 이기기 위해 판타지 리그와 팀을 분석 조언 웹사이트에 올리고 싶다.
2. 분석 조언 웹사이트 제공자로서 웹사이트 이용 고객 수를 늘리고 광고 또는 구독 수입을 늘리기 위해 현재 시즌 SWC 데이터를 사용해 로스터 조언roster advice[18], 리그 분석, 플레이오프 예측과 같은 분석 제품을 만들고 싶다.

18 판타지 스포츠에서 자신의 팀 선수단(로스터)을 어떻게 구성하고 운영해야 할지에 대한 조언이나 추천을 의미한다. – 옮긴이

3. 데이터 사이언스 사용자로서 데이터 사이언스 기술을 시연하고 연마해, 판타지 데이터에 대한 가설과 직감을 탐구하고, 두 분야 모두에서 명성을 쌓기 위해 SWC 데이터를 사용해 대시보드, 차트, 모델, 측정 지표와 같은 분석 제품을 만들고 싶다.

4. 생성형 AI 개발자로서 SWC 판타지 매니저에게 판타지 관리 조언을 하기 위해 생성형 AI와 LLM을 활용하는 챗봇과 같은 AI 애플리케이션을 만들고 싶다.

축하한다! 여러분이 수행한 사용자 조사를 통해 매우 가치 있는 결과를 얻게 됐다. 여러분의 데이터를 필요로 하는 여러 사용자를 파악하고 이들에게 서비스를 제공해 회사에 새로운 비즈니스를 창출할 수 있는 방법을 찾아냈다. 여러분이 작성한 사용자 스토리는 2장에서 시작할 API 개발을 위한 훌륭한 출발점이 될 것이다.

포트폴리오 프로젝트 확장하기

SWC 포트폴리오 프로젝트 외에도, 이 책을 공부하면서 배운 기술을 사용해 다른 비즈니스 영역에서 여러분만의 포트폴리오 프로젝트를 만들어 볼 수 있다. 자신이 잘 알고 있거나 관심이 있는 데이터 소스를 대상으로 실습해 보는 것은 배운 내용을 실제 업무에 적용할 수 있는 좋은 방법이다. 각 장에서 배운 기술을 여러분만의 또 다른 포트폴리오 프로젝트에 적용할 수 있는 몇 가지 방법을 소개한다.

1장을 기반으로 프로젝트를 확장하는 방법은 다음과 같다.

- API를 통해 이점을 얻을 수 있는 추가 비즈니스나 시장을 파악한다. 잠재 API 사용자를 알아보기 위해 온라인 조사를 수행한다. 사용자 스토리 템플릿을 사용해 사용자의 유형, 주요 작업, 문제점을 문서로 정리한다.
- 대안: 디자인 싱킹[19], 린 스타트업[20], APIOps 사이클[21]과 같이 정형화된 기법의 도구를 조사하고 사용해 사용자를 문서로 정리하는 것도 좋다.

1부의 나머지 부분을 진행하면서 배운 API 개발 기술을 활용해 이런 사용자 스토리를 기반으로 맞춤형 API를 만들 수 있다.

19 https://designthinking.ideo.com/

20 https://theleanstartup.com/

21 https://www.apiopscycles.com/

참고 자료

API 제품 관리에 대해 더 자세히 알고 싶다면, 다니엘 제이콥슨Daniel Jacobson, 그렉 브레일Greg Brail, 댄 우드Dan Woods가 쓴 『APIs: A Strategy Guide』(O'Reilly, 2011)와 메디 메자위Mehdi Medjaoui, 에릭 와일드Erik Wilde, 로니 미트라Ronnie Mitra, 마이크 애먼슨Mike Amundsen이 쓴 『Continuous API Management』(O'Reilly, 2021)를 추천한다.

디자인 싱킹과 사용자 중심 디자인human-centered design에 대한 자세한 내용은 IDEO Field Guide to Human-Centered Design[22]을 추천한다.

요약

1장에서 많은 내용을 다뤘다. 이제 API 개발의 진짜 재미를 만끽할 차례다. 지금까지 배운 내용은 다음과 같다. 몇 가지 잠재 고객을 파악한 결과, 데이터 사이언스 사용자와 조언 웹사이트라는 두 가지 잠재 고객을 찾을 수 있었다.

- 데이터 사이언티스트가 수행하는 작업과 사용하는 도구에 대해 알아봤다.
- 데이터 사이언티스트가 선호하는 API를 설계하는 방법을 배웠다.
- 다양한 잠재 사용자를 파악하고 바로 지원할 수 있는 두 그룹, 데이터 사이언티스트와 판타지 분석 조언 웹사이트를 선별했다.
- API 개발을 시작하기 위해 사용자 선호도, 기술적 실행 가능성, 경제적 타당성에 초점을 맞춰 세 가지 사용자 스토리를 만들었다.

2장에서는 1장에서 파악한 요구 사항을 충족하는 API 개발을 시작한다. 당연히 이 API는 데이터 사이언티스트와 AI가 좋아할 만한 API가 될 것이다.

22 https://www.designkit.org/

2장

API 아키텍처 선택

행복한 도시에는 행복한 건축물이 있다.

— 르 코르뷔지에Le Corbusier, 『건축을 향하여Towards a New Architecture』(동녘, 2007)

1장에서는 사용자 요구 사항을 알아보고, 이를 충족하는 사용 사례를 선정하면서 포트폴리오 프로젝트를 시작했다. 이러한 초기 작업은 실제 고객의 요구 사항을 충족하는 제대로 된 제품을 만드는 데 매우 중요한 단계다. 2장에서는 첫 번째 API를 만드는 데 사용할 아키텍처를 설계한다.

API 아키텍처 스타일

가장 중요한 결정 사항 중 하나는 사용할 API 아키텍처 스타일을 선택하는 것이다. 우리는 사용자 중심의 프로세스를 따르고 있으므로, 잠재 사용자들이 많이 선호하는 스타일을 선택하는 것이 첫 번째 목표다. Postman 2023 API 현황 보고서2023 State of the API Report[1]에 소개된 API 기술 상위 여섯 가지 API 아키텍처 스타일은 다음과 같다.

- REST: 86%
- Webhooks: 36%

1 https://www.postman.com/state-of-api/2024/

- GraphQL: 29%
- SOAP(Simple Object Access Protocol): 26%
- WebSockets: 25%
- gRPC: 11%

설문 조사 결과에서 볼 수 있는 것처럼 REST의 압도적인 인기는 대부분의 공개 API에서도 그대로 확인할 수 있다. REST는 현재 API에서 가장 널리 사용되는 일반적인 스타일이다. 프로젝트에 참고한 실제 판타지 풋볼 리그 웹사이트의 모든 API는 REST 방식이다.

데이터 사이언스 및 AI 관련 상황에서도 유용하게 사용할 수 있는 다른 API 스타일이 몇 가지 있다. 여기서는 REST를 포함해 GraphQL과 gRPC에 대해 설명한다.

상태 전이 표현

상태 전이 표현REST, Representational State Transfer은 로이 필딩Roy Fielding의 박사 학위 논문 'Architectural Styles and the Design of Network-Based Software Architectures'[2]에서 공식적으로 정의됐다. 실제로 모든 REST 스타일 API가 이 학술적 정의를 엄격하게 따르지는 않지만 REST의 핵심 아이디어를 따라 구현한 API를 실용적 REST 또는 RESTful이라고 한다. 주요 특징은 다음과 같다.

- **리소스 중심 설계**: REST API는 데이터를 리소스resource로 표현한다. 팀이나 선수 등을 개별 리소스로 모델링하고, `/teams`, `/players` 같은 고유한 URL로 접근한다. 사용자(클라이언트)가 HTTP 메서드method `GET`, `POST`, `PUT`, `DELETE` 등을 사용해 자원에 요청을 보내면, 생산자(서버)가 응답을 반환한다. 이것이 클라이언트/서버 모델이다.
- **일관된 응답 구조**: 생산자가 응답의 스키마를 정의하며, 모든 사용자는 동일한 형식의 데이터를 받는다. 예를 들어, `/teams` 요청 시 팀 정보가 똑같은 구조의 JSON 형

2 https://ics.uci.edu/~fielding/pubs/dissertation/fielding_dissertation.pdf

식 데이터를 받는다.

- **JSON 기반**: 주로 JSON 형식으로 데이터를 주고받으며, 드물게 XML을 사용한다. JSON은 가볍고 읽기 쉬운 데이터 타입으로, 파이썬의 리스트나 딕셔너리로 바로 변환할 수 있어 데이터 사이언티스트가 분석에 활용하기 좋다.
- **상태 비저장**: 각 요청은 독립적이어서 서버는 이전 요청의 상태를 유지하지 않는다. 각 요청에는 필요한 모든 문맥 정보를 포함해야 하며, 이를 통해 요청·응답 간 독립성을 보장한다. 예를 들어, 사용자가 선수 목록을 조회한 후 특정 선수의 세부 정보를 보려면, 해당 선수의 ID를 통해 추가 세부 정보를 요청해야 한다.
- **OAS**: REST API는 지난 몇 년 동안 다양한 옵션을 사용했지만, API 동작 방식은 점점 더 OAS[3]로 문서화되고 있다. 이 문서는 API의 사용 방법을 명확히 정의한 설계도와 같다.
- **버전 관리**: API를 업데이트할 때 기존 사용자가 영향을 받지 않도록 `/v1/teams`처럼 URL이나 헤더에 버전 정보를 포함시켜 사용한다.

GraphQL

GraphQL^Graph Query Language4^은 페이스북^Facebook^이 2015년에 오픈 소스로 공개한 API용 쿼리 언어이자 데이터를 처리하는 쿼리 실행 엔진^query runtime engine^이다. REST와 달리 사용자가 원하는 데이터만 정확히 요청할 수 있는 유연성을 제공한다. 주요 특징은 다음과 같다.

- **클라이언트/서버 모델**: RESTful API처럼 클라이언트가 서버에 요청을 보내면, 서버가 요청에 따라 응답한다.
- **상태 비저장**: RESTful API처럼 각 요청이 독립적이다.
- **JSON 응답**: RESTful API처럼 응답은 JSON 형식으로 반환되므로, 데이터 사이언티스트가 친숙하게 다룰 수 있다.

3 https://swagger.io/specification/

4 https://graphql.org/

- **쿼리 언어**: HTTP 메서드 대신 GraphQL 쿼리 언어를 사용한다. 사용자는 요청 시 선수 이름이나 점수 등 원하는 데이터 필드를 지정해야 한다.
- **단일 엔드포인트**: 생산자는 `/graphql`처럼 하나의 URI에서 API를 제공하고, 사용자는 HTTP POST 방식으로 쿼리를 보낸다.
- **사용자 정의 응답**: REST는 서버가 응답의 구조를 고정하지만, GraphQL은 팀 이름만 요청하거나 팀 정보와 선수 정보를 한 번에 요청하는 것처럼 사용자가 필요한 데이터만 쿼리할 수 있다.
- **버전 관리 불필요**: 사용자가 데이터 구조를 정의하므로 별도의 버전 관리 없이도 API를 변경할 수 있다.

GraphQL의 가장 큰 장점은 한 번의 쿼리로 필요한 모든 데이터를 가져올 수 있어, REST보다 적은 API 호출로도 같은 결과를 얻을 수 있다는 점이다. 이렇게 하면 판타지 풋볼 애플리케이션은 팀 정보와 각 팀의 점수를 한 번에 조회할 수 있으므로 데이터 분석 대시보드를 만들 때 네트워크 부하를 줄일 수 있다.

gRPC

gRPC[5]는 구글Google이 2015년에 오픈 소스로 공개한 고성능 원격 프로시저 호출RPC, Remote Procedure Call 프레임워크다. 마이크로서비스 간 지연 시간latency을 최소화하고 처리 효율을 극대화하기 위해 설계됐으며, REST가 주로 리소스 기반 접근 방식을 사용해 데이터를 간단히 제공하는 것과는 달리, gRPC는 고성능이 요구되는 복잡한 문제를 해결하기 위해 함수 호출 중심의 통신 방식을 제공한다. 주요 특징은 다음과 같다.

- **원격 프로시저 호출**: REST처럼 데이터를 URL로 제공하지 않고, `getPlayerStats(playerID)`처럼 기존 코드 함수와 비슷하게 원격 프로시저를 호출할 수 있다.
- **실시간 스트리밍**: REST의 단일 요청-응답 방식과 달리, 판타지 풋볼 애플리케이션에서 실시간으로 점수 업데이트를 하는 것처럼 클라이언트→서버, 서버→클라이언트 양방향 스트리밍을 모두 지원한다.

5 https://grpc.io/docs/what-is-grpc/core-concepts/

- **프로토콜 버퍼**: JSON이나 XML 같은 텍스트 형식 대신 데이터를 압축해 더 작고 빠르게 전송하는 프로토콜 버퍼protocol buffers[6]를 사용한다. 이렇게 하면 JSON보다 적은 데이터로 선수 통계를 보낼 수 있다.
- **`.proto` 파일 명세**: OAS 파일 대신 `.proto` 파일에 프로토콜 버퍼 문법으로 API를 정의한다.

gRPC는 내부 서비스 간 저지연·고처리량 통신에 최적화돼 있어 우리가 포트폴리오 프로젝트에서 만들 판타지 풋볼 API처럼 간단하게 데이터를 제공하는 작업에는 적합하지 않다. 하지만 대규모 언어 모델LLM, Large Language Model 기반 제미나이Gemini나 챗GPT 같은 생성형 AI 서비스는 최대 성능을 위해 gRPC를 이용하는 경우가 많다. 판타지 풋볼 데이터를 실시간으로 분석하는 AI 챗봇을 만들 때에는 빠르고 효율적인 데이터 전송을 위해 gRPC를 사용해야 할 수 있으므로 데이터 사이언스와 AI 환경을 위한 API 아키텍처 스타일로 알아둘 가치가 있다.

우리의 선택: REST

회사의 요구 사항에 가장 부합하는 API 아키텍처는 REST다. REST는 업계 표준으로 앞에서 도출한 사용자 스토리를 충족하는 리소스 기반 API를 제공하는 데 적합하다. 또한 RESTful API는 다양한 기술 스택에서 폭넓게 지원하므로 고객들도 사용하는 데 어려움이 없을 것이다.

GraphQL도 판타지 풋볼 데이터를 조회하는 사용자에게는 좋은 선택이 될 수 있기에, 주시할 필요가 있다. 하지만 당장은 사용자 요청이 있을 때까지 기다려도 무방하다.

이제 파이썬으로 API를 개발하기에 앞서, 사용할 몇 가지 핵심 용어를 정리한다. 이 책에서는 RESTful API를 하나의 데이터 소스와 관련된 엔드포인트 집합으로 정의한다. 따라서 SWC 웹사이트는 'SWC 판타지 풋볼 API'라는 단일 API로 시작한다.

---

6 https://protobuf.dev

- **API 버전**: 사용자가 신뢰할 수 있도록 일정 기간 일관성을 유지하는 엔드포인트 그룹이다. 이를 통해 사용자는 안정적으로 API를 사용할 수 있다.
- **API 엔드포인트**(운영operation이라고도 함): HTTP 메서드와 URL 경로의 조합으로 구성된 기본 구성 요소다.

이 용어의 전체 구조는 다음과 같다.

```
api
└── version
    └── endpoint
```

표 2-1은 Acme 위젯widget 회사를 예로 든 API 버전 1의 엔드포인트들이다. 이 회사의 API는 https://api.acme.com 하위 도메인에 있다고 가정한다.

표 2-1 Acme API 버전 1의 엔드포인트 예

엔드포인트 설명	HTTP 메서드	URL	요청 메시지 본문
제품 목록 조회	GET	api.acme.com/v1/products/	없음
개별 제품 조회	GET	api.acme.com/v1/products/{product_id}/	없음
새 제품 생성	POST	api.acme.com/v1/products/	새 제품 정보 포함
기존 제품 수정	PUT	api.acme.com/v1/products/{product_id}	수정된 제품 정보 포함
기존 제품 삭제	DELETE	api.acme.com/v1/products/{product_id}/	처리 결과에 따라 상이

표 2-1에서 보듯이 같은 URL에 HTTP 메서드를 다르게 적용해 여러 엔드포인트를 정의한다. 예를 들어, '제품 목록 조회' 엔드포인트는 `api.acme.com/v1/products` URL에 `GET` 메서드를 사용해 레코드를 읽고, '새 제품 생성' 엔드포인트는 같은 URL 경로에 `POST` 메서드를 사용해 새 레코드를 만든다.

이처럼 `HTTP` 메서드와 URL 경로의 조합으로 리소스에 수행할 특정 동작을 정의할 수 있으며, 각 조합은 한 번만 사용해야 한다. 우리 포트폴리오 프로젝트에서는 선정한 사용 사례를 충족하는 엔드포인트를 개발한다.

모든 HTTP 메서드에 대한 자세한 내용은 247쪽 'HTTP 기본 사항'을 참조한다.

기술 아키텍처

SWC 리그 호스팅 웹사이트는 관계형 데이터베이스relational database를 활용하는 웹 애플리케이션이다. 판타지 매니저는 웹 브라우저를 통해 이 웹사이트에 접속한다. 이러한 대규모 웹사이트를 운영하려면 많은 기술이 필요하다. 그림 2-1은 현재 상태의 애플리케이션 아키텍처를 개략적으로 보여 준다.

그림 2-1 현재 상태 애플리케이션 아키텍처

이 아키텍처에는 다음과 같은 구성 요소가 있다.

판타지 매니저

sportsworldcentral.com의 현재 웹 사용자

웹 애플리케이션

기존 리그 호스팅 웹사이트(프로젝트에서는 이미 있는 것으로 가정)

웹사이트 데이터베이스

웹 애플리케이션에 사용되는 관계형 데이터베이스(프로젝트에서는 이미 데이터가 저장된 데이터베이스가 있다고 가정)

API 아키텍처를 결정할 때에는 여러 가지 방법을 고려할 수 있다. 웹 애플리케이션이 이미 있다면 API를 웹 애플리케이션의 일부로 만들 수 있는데, 많은 웹 애플리케이션이 설

계 단계에서 API를 포함하므로 가장 간단한 방법일 수 있다. 또 다른 방법은 API를 별도의 애플리케이션으로 만들되, 웹사이트 데이터베이스에서 직접 데이터를 읽도록 허용하는 것이다. 이러한 경우에는 API의 데이터가 항상 웹 애플리케이션과 함께 최신 상태를 유지한다는 장점이 있지만, API에 많은 요청이 발생할 경우 웹 애플리케이션의 속도가 느려질 수 있다.

API를 별도의 애플리케이션으로 만들고, 웹사이트 데이터베이스의 읽기 전용 데이터베이스 복제본에서 데이터를 가져오도록 설계한다. 이 데이터베이스는 웹사이트의 데이터베이스로부터 빠르게 업데이트를 받지만, 두 데이터베이스가 물리적으로 분리돼 있어 API 트래픽이 웹사이트의 성능에 영향을 주지 않는다. 우리가 만드는 API는 읽기 전용이므로 읽기 전용 데이터베이스 복제본을 사용하는 것이 적절하다.

우리가 구현할 상태 애플리케이션 아키텍처state application architecture는 그림 2-2와 같다.

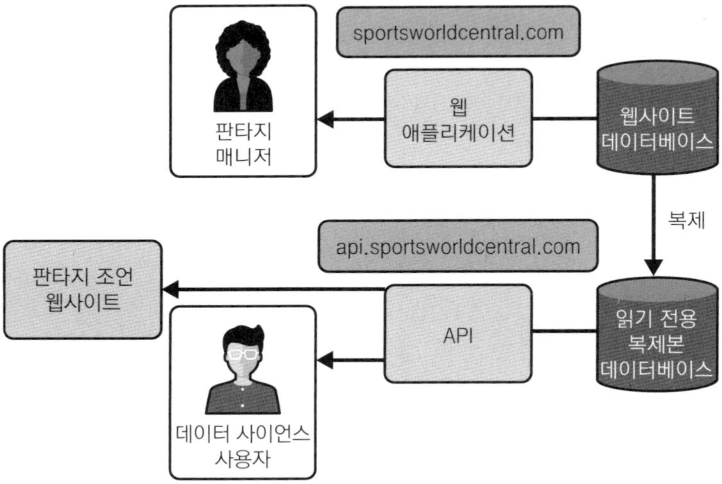

그림 2-2 미래의 상태 애플리케이션 아키텍처

우리 프로젝트에 새로 추가되는 구성 요소는 다음과 같다.

판타지 조언 웹사이트

리그 데이터를 조언 웹사이트로 가져올 사용자

데이터 사이언스 사용자

API를 호출해 분석 제품을 만들 사용자

읽기 전용 데이터베이스 복제본

우리가 만들 별도의 읽기 전용 웹사이트 데이터베이스 복제본

API

우리가 만들 새로운 API 애플리케이션. 기본 웹 주소 `api.sportsworldcentral.com`를 사용해 메인 웹사이트와 분리시킨다.

API 기술 아키텍처는 매우 심도 있고 흥미로운 주제이며, 구성 요소의 조합은 무궁무진하다. 중요한 점은 소프트웨어 아키텍처는 시간이 지남에 따라 진화하므로 지금의 선택이 영구적인 것은 아니라는 점이다. 이 주제의 기초 지식을 쌓으려면 제임스 고프James Gough, 다니엘 브라이언트Daniel Bryant, 매튜 오번Matthew Auburn이 쓴 『Mastering API Architecture: Design, Operate, and Evolve API-Based Systems』(O'Reilly, 2022)를 강력히 추천한다.

2장에서 사용하는 소프트웨어

새 API 애플리케이션과 독립형 데이터베이스를 만들 예정이므로 표 2-2에 정리한 도구와 서비스를 살펴보자.

표 2-2 2장에서 사용하는 새로운 도구와 서비스

소프트웨어	버전	목적
파이썬	3.10	프로그래밍 언어
GitHub	없음	소스 코드 관리, 개발 환경

파이썬

파이썬은 이 책 전체에서 사용하는 프로그래밍 언어로, 1부에서는 모든 API 개발에 사용하고, 2부에서는 분석 제품, 데이터 파이프라인, 상호 작용하는 데이터 애플리케이션

개발에 사용하며, 3부에서는 생성형 AI 애플리케이션 개발에 사용한다. 아나콘다 2022 데이터 사이언스 현황 보고서[7]에 따르면 파이썬은 데이터 사이언스의 거의 모든 작업에 사용할 수 있으며, 데이터 사이언티스트들이 가장 많이 사용하는 언어다.

파이썬 오픈 소스 생태계는 매우 강력하고 방대해, 원하는 대부분의 작업에 적합한 고품질 프레임워크와 라이브러리를 제공한다. 이 책에서는 Pandas, NumPy, FastAPI 등 다양한 라이브러리를 사용한다.

최근에는 소프트웨어 개발 전반에서 파이썬이 널리 채택되고 있다. 2023년 스택 오버플로 개발자 설문 조사Stack Overflow Developer Survey[8]에 따르면, 파이썬은 개발자들이 가장 사용하고 싶어 하는 언어 중 하나였으며, 실제 사용 언어 순위에서도 상위권을 차지했다. 파이썬은 유연성과 다양성 덕분에 모든 개발자가 반드시 익혀야 할 필수 언어다.

이 책에서는 파이썬 3.10 이상을 사용한다.

GitHub

GitHub는 소프트웨어 개발에서 핵심적인 역할을 수행하는 웹 기반 서비스다. 본래 Git이라는 소스 코드 관리 도구를 클라우드에서 사용할 수 있도록 호스팅하는 서비스이지만, 시간이 지나면서 다양한 추가 기능을 제공하고 있다. 이런 기능들은 대부분 무료이거나 저렴하게 이용할 수 있다. 많은 유명 오픈 소스 프로젝트가 GitHub를 통해 소스 코드를 공개하고 있으며, 전 세계 개발자가 자유롭게 참여해 기여할 수 있도록 지원한다.

이 책에서도 작성하는 모든 코드를 GitHub 저장소에 저장하고 관리하는 등 여러 가지 방식으로 GitHub를 활용한다. 또한 GitHub Codespace[9]를 활용해 파이썬 개발 환경으로 사용한다. 그리고 프로젝트의 결과물이 API 정보를 개발자 포털developer portal[10] 형태

7 https://know.anaconda.com/rs/387-XNW-688/images/ANA_2022SODSReport.pdf

8 https://know.anaconda.com/rs/387-XNW-688/images/ANA_2022SODSReport.pdf

9 웹 브라우저에서 바로 코딩하고 개발 환경을 설정할 수 있는 클라우드 기반 서비스다. – 옮긴이

10 API 사용자를 위한 정보 사이트다. – 옮긴이

로 만들어 GitHub Pages[11]를 통해 외부에 공개한다.

이 책에서 GitHub를 주로 사용하는 이유는 GitHub가 개발 환경 설정을 간편하게 만들어 주고, 제공하는 여러 도구가 서로 잘 연동돼 있기 때문이다. 이를 통해 전문가 수준의 API와 데이터 사이언스 포트폴리오를 효율적으로 구축해 여러분의 성과를 명확하게 보여 줄 수 있다. 대부분 GitHub 대신 여러분의 개인 컴퓨터나 다른 가상 환경에서도 작업할 수 있지만, 이 책에서는 GitHub를 사용하는 것을 전제로 모든 내용을 설명한다.

GitHub Codespace 시작하기

GitHub Codespace는 이 책의 1부에서 개발하는 모든 API 코드의 개발 환경으로 사용된다. GitHub Codespace는 웹 브라우저에서 실행되는 VS Code 환경이라고 생각하면 된다. GitHub Codespace를 사용하면 내가 공유하는 GitHub 저장소의 코드를 추가 설치나 복잡한 설정 없이 바로 실행하면서 작업할 수 있다.

GitHub 계정 만들기

GitHub Codespace를 시작하려면 먼저 GitHub 계정이 필요하다. GitHub의 개인 무료 계정은 'GitHub에서 계정 생성하기' 페이지의 지침을 따라 간단하게 만들 수 있다.[12] 무료 계정만으로도 이 책에서 제공하는 대부분의 작업을 진행하는 데 충분한 GitHub Codespace 저장 공간과 사용 시간을 얻을 수 있다. 이 책을 집필하는 동안 여러 개의 GitHub Codespace를 동시에 실행해 무료 사용량을 초과한 적이 있었지만, 대부분 추가 요금은 몇 달러에 불과했다. GitHub 계정을 만든 후에는 계정 보안을 위해 반드시 이중 인증2FA, Two-Factor Authentication을 활성화해야 한다.

11 GitHub 저장소의 내용을 웹사이트로 만들어 주는 서비스다. – 옮긴이

12 https://docs.github.com/en/get-started/start-your-journey/creating-an-account-on-github

1부 저장소 복제하기

GitHub에서 다른 사람이 만든 저장소를 사용해 코드를 수정하고 수정한 내용을 저장하는 경우, 포크fork와 복제clone 두 가지 방법을 사용할 수 있다.

- **포크**: 원본 저장소와 연결된 상태로 내 계정에 복사본을 만드는 방식이다. 포크한 저장소는 원본 저장소에 수정 사항을 제출해 업데이트할 때 유용하다.
- **복제**: 원본 저장소와 연결되지 않고 내 계정에서 독립된 저장소를 만드는 방식이다. 이 책에서는 포트폴리오 프로젝트를 독립적으로 유지하고, 여러분의 포트폴리오 프로젝트 작업을 별도로 관리하고 완성된 결과물을 보여 줄 수 있도록 저장소를 복제하는 것을 추천한다.

저장소를 복제하려면 GitHub에 로그인하고 GitHub Import Repository 페이지[13]로 이동한다. 그리고 이 페이지의 Your source repository details소스 저장소 세부 정보 빈 칸에 다음 정보를 입력한다.

- The URL for your source repository소스 저장소의 URL: https://github.com/handsonapibook/api-book-part-one
- Your username for your source repository소스 저장소의 사용자 이름: 비워 둔다.
- Your access token or password for your source repository소스 저장소에 대한 액세스 토큰 또는 비밀번호: 비워 둔다.
- Repository name저장소 이름: `portfolio-project`
- Public공개: 작업 결과를 공유할 수 있도록 '공개'를 선택한다.

Begin Import가져오기 시작를 클릭한다. 그러면 가져오기 과정이 시작되고 'Preparing your new repository새 저장소가 준비 중입니다' 메시지가 표시된다. 몇 분 후, 가져오기가 완료됐다는 이메일을 받게 된다. 이후, 이메일의 링크를 따라 새로 복제된 저장소로 이동한다.

이 저장소에 대해 더 자세히 알아보자.

13 https://github.com/new/import

GitHub Codespace 실행하기

이제 저장소에서 개발할 준비가 됐으니 GitHub Codespace를 실행해 보자. 이 저장소에서 Codespace를 실행하는 과정은 간단하다. 저장소에서 Code 버튼을 누른 다음, Codespace 탭을 선택한다. 이후, Create Codespace on main 탭을 클릭하면, 'Setting up your Codespace'라는 상태 메시지가 표시된다. 설정이 진행되는 동안 Codespace 창이 열린다. 그리고 설정이 완료되면 그림 2-3과 같은 화면이 나타난다.

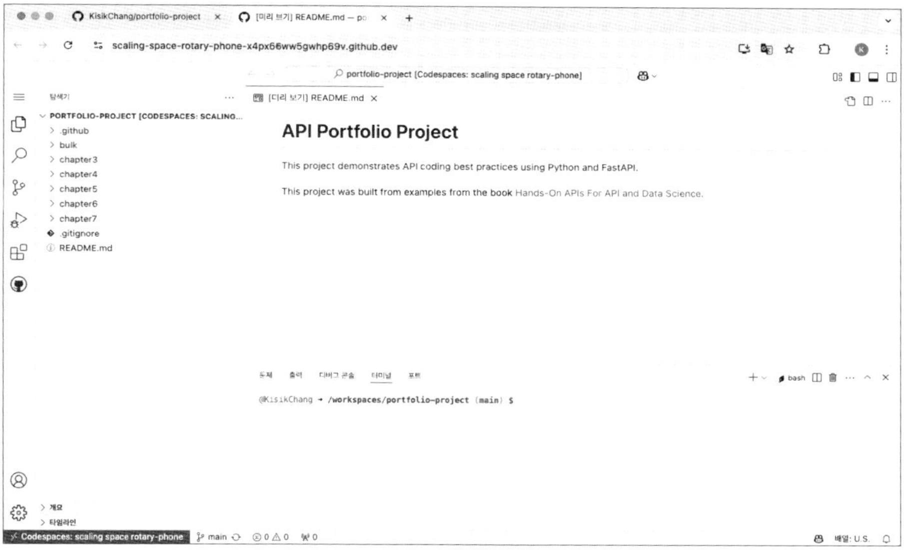

그림 2-3 새 GitHub Codespace 화면

이제 복제된 저장소가 있는 Codespace가 생성됐다. 이 Codespace는 1부에서 사용할 개발 환경이다. 저장소를 살펴보기 전에, 잠시 GitHub Codespace 페이지[14]를 열어 몇 가지 설정을 변경하고, 페이지 아래로 스크롤해 새로 생성된 Codespace를 찾는다. 그리고 Codespace 이름 오른쪽의 **점 3개(…)**를 클릭하고 Rename을 선택한다. 이후, Portfolio project codespace를 입력한 후 Save를 클릭한다.

14 https://github.com/codespaces

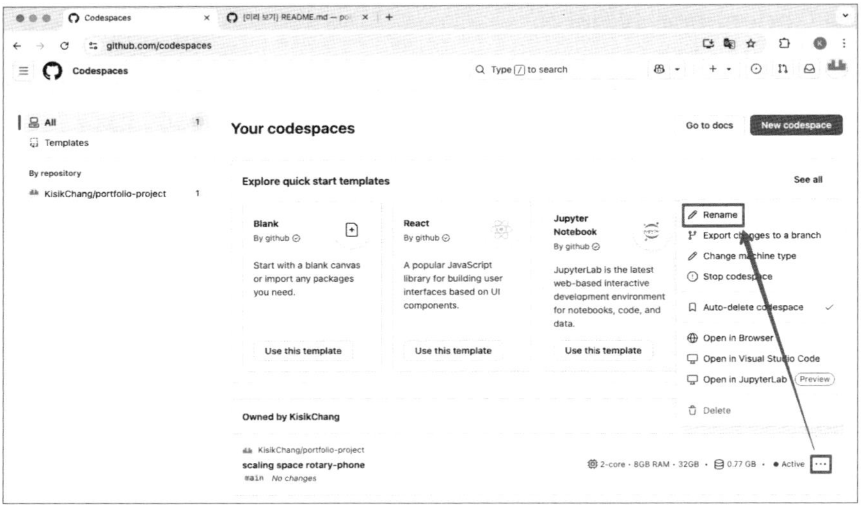

그림 2-4 Codespace 이름 바꾸기

그러면 'Portfolio project codespace가 업데이트됐습니다'라는 메시지가 표시된다. 다시 **점 3개**를 클릭하고 'Auto-delete codespace' 옆의 **체크 표시**를 클릭해 자동 삭제 기능을 끈다.

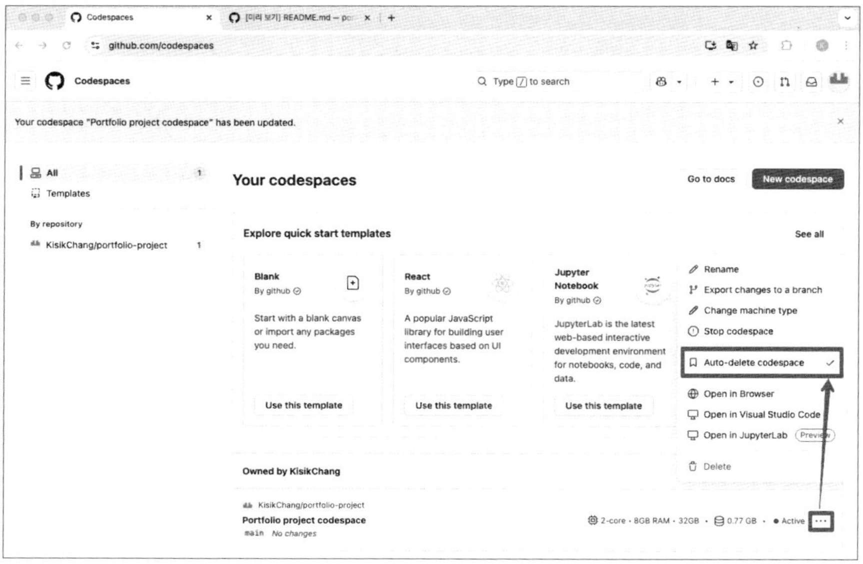

그림 2-5 Codespace 자동 삭제 기능 끄기

Codespace 환경 둘러보기

이제 다시 Codespace 페이지로 돌아와 화면을 살펴보자. 주소 표시줄에 표시된 URL(예: https://scaling-space-rotary-phone-x4px66ww5gwhp69v.github.dev)은 자동으로 생성된 주소다. 이 URL을 사용해 프로젝트 Codespace에 바로 접속할 수 있으며, GitHub Codespace 페이지에서도 쉽게 다시 접속할 수 있다.

Codespace 화면은 널리 사용되고 있는 오픈 소스 IDE인 VS Code 화면과 같다. 클라우드에서 실행되는 원격 컨테이너 환경에서 작업하는 방식으로 웹 브라우저를 통해 VS Code를 사용하는 것이라고 생각하면 된다. GitHub Codespace에 관한 자세한 내용은 GitHub Codespace 소개 문서[15]를 참고한다.

그림 2-6의 화면 왼쪽에 있는 탐색기Explorer는 Codespace의 디렉터리 구조를 보여준다. 이 구조는 원 저장소의 구조와 똑같으며, 책의 각 장chapter에 해당하는 하위 디렉터리가 있다. 예를 들어, chapter3 디렉터리는 3장의 코딩 작업을 수행하는 곳이다. 각 장 디렉터리에는 \complete 하위 디렉터리가 있으며, 이 디렉터리에는 해당 장의 완성된 코드가 있다.

> 이 책의 진행에 맞춰 직접 손으로 코드를 작성해 보길 바란다. 이렇게 해야만 해당 코드가 어떤 역할을 하는지 배울 수 있다. 문제가 발생하면 ₩complete 디렉터리의 파일과 비교해 여러분이 작성한 코드를 확인할 수 있다. 책의 순서를 따르지 않는 경우, 이전 장의 완성된 파일을 사용해 진행하면 된다.

화면 아래쪽에는 터미널Terminal 창이 열려 있는 것을 볼 수 있다. 이 터미널은 Codespace가 실행되는 리눅스 컨테이너의 명령줄 인터페이스다. 1부에서는 이 터미널 창에 명령어를 입력한다.

Codespace에는 필요한 버전의 파이썬이 Codespace에 이미 설치돼 있다. 터미널 명령줄에 `python3 --version`을 입력하면 설치된 파이썬 버전을 확인할 수 있는데, 여기서는 파이썬 버전 3.10 이상이 설치된 것을 확인할 수 있다.

---

15 https://docs.github.com/ko/codespaces/about-codespaces/what-are-codespaces

```
$ python3 --version
Python 3.12.1
```

Codespace 사용을 종료하려면 창 왼쪽 아래의 파란색으로 표시된 **Codespaces: Portfolio project codespace**를 클릭하고 상단 대화창에 `Stop current codespace`를 입력한다(그림 2-6 참조). 이렇게 Codespace를 중단해야 Codespace의 사용 시간을 줄일 수 있다.

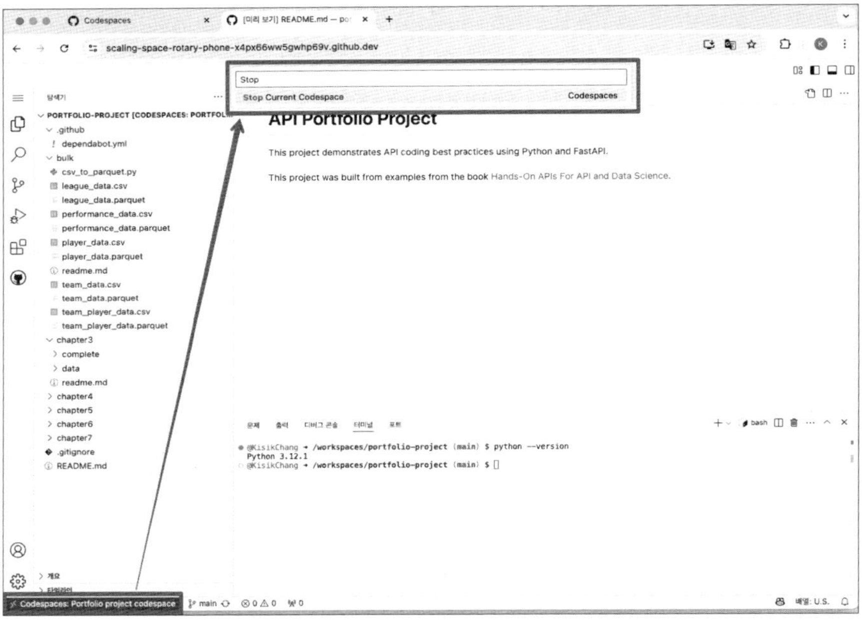

그림 2-6 Codespace 종료하기

축하한다! 이것으로 1부 포트폴리오 프로젝트를 위해 사용할 저장소와 Codespace 환경 설정을 마쳤다.

첫 번째 커밋하기

GitHub Codespace 페이지로 이동해 다시 Codespace를 실행한다. 이 환경에서 작업할 때 한 가지 주의해야 할 점이 있다. 새로 만든 Codespace는 GitHub.com의 저장소 구조와 똑같지만, Codespace에서 새로 만들거나 수정한 파일은 로컬 환경에만 저장되고, GitHub 저장소에는 자동으로 반영되지 않는다. 따라서 프로젝트를 진행하면서 변경된 내용을 GitHub 저장소에 업데이트하려면 코드를 주기적으로 커밋[commit]해 변경 사항을 GitHub에 저장하고, 변경 이유를 기록해야 한다. 커밋은 변경 내용을 저장하고 변경 사유를 추가하는 작업이다. 커밋을 자주하면 Codespace에 문제가 발생하더라도 변경한 내용을 잃지 않고, 코드에 오류가 발생하더라도 이전에 정상적으로 작동한 코드로 되돌릴 수 있다. 꾸준한 커밋 기록은 GitHub 프로필에서 프로젝트에 대한 활동을 보여주며, 이 기록은 GitHub 프로필을 보는 사람들에게 신뢰를 준다.

Codespace의 모든 파일을 저장소에 커밋할 필요는 없다. 작업 중에 만들어지는 일부 파일은 GitHub 저장소에 저장할 필요가 없다. 작업을 관리하는 파일은 `.gitignore`인데, 이 파일은 특정 파일이나 폴더를 Git이 추적하거나 커밋 대상에서 제외하도록 지정하는 데 사용된다. 일반적으로 설정 파일이나 민감한 정보가 담긴 파일 등이 여기에 포함된다. 이 파일을 열어 내용을 살펴보자.

`.gitignore` 파일에는 로컬 Codespace에서 저장소에 포함시키지 않을 파일 패턴이나 특정 파일 이름이 저장돼 있다. 이 파일들은 대부분 사용하는 라이브러리에서 생성되는 로컬 설정 파일이나 빌드 결과물이다. 일부 파일은 저장소에 공개되면 안 되는 민감한 파일일 수도 있다.

> 작업 세션을 마칠 때마다 최소한 한 번은 작업을 커밋해야 한다. 나는 관련된 작업 단위를 완료할 때마다 코드를 커밋했다. 나는 API에 새로운 점수 필드를 추가하기 위해 여러 파일을 수정할 때, 각 파일을 수정한 후 '점수 필드 추가'라는 메시지 등으로 커밋했다. GitHub가 변경된 파일을 추적하므로 커밋 메시지에 변경한 파일을 일일이 명시할 필요는 없다.

다음으로 루트 디렉터리[root directory]에 있는 `README.md` 파일을 업데이트한다. 모든 GitHub 저장소에는 저장소의 목적과 내용을 설명하는 README 파일이 있다. 이 파일은 마크다운 형식을 사용한다. Codespace 탐색기에서 `README.md` 파일을 클릭하고, 다음과 같이 `README.md` 파일의 내용을 수정하고 저장하면 된다.

```
# API 포트폴리오 프로젝트
이 프로젝트는 파이썬과 FastAPI를 사용하는 API 개발의 모범 사례를 보여 준다.

이 프로젝트는 다음 책의 예제를 기반으로 한다.
[Hands-On APIs For API and Data Science](https://hands-on-api-book.com)
```

`README.md` 파일이 GitHub에서 어떻게 보일지 미리 보려면 `README.md` 파일을 마우스 오른쪽 클릭하고 Open Preview[읽기 모드로 열기]를 선택한다. 그러면 수정된 내용이 표시된다. 이후, 창 왼쪽 상단의 메뉴 아이콘에서 **파일**을 선택한 뒤 **저장**을 선택해 수정된 파일을 저장한다(그림 2-7 참조).

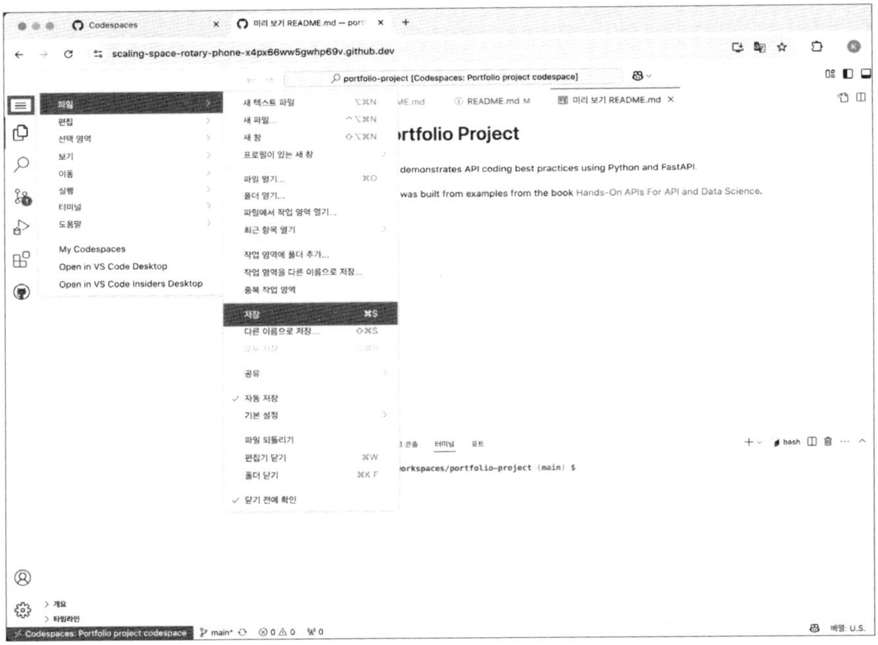

그림 2-7 README.md 파일 저장하기

파일을 저장하면 내장된 버전 관리 시스템인 Git이 변경 사항을 표시한다. 먼저 탐색기에 있는 `README.md` 파일의 색상이 변경된 것을 볼 수 있다. 그 파일 옆에는 파일의 내용이 수정됐다[Modified]는 것을 뜻하는 'M'이 표시된다. 또한, 왼쪽 사이드바에서 소스 코드 관리 아이콘에 동그라미 숫자 '1'이 나타난다. 이 아이콘은 소스 관리에 커밋할 변경 사항이 하나 있다는 것을 의미한다. 이 소스 코드 관리 아이콘을 클릭하면 그림 2-8과 같이 **소스 제어**Source Control 탭이 표시된다.

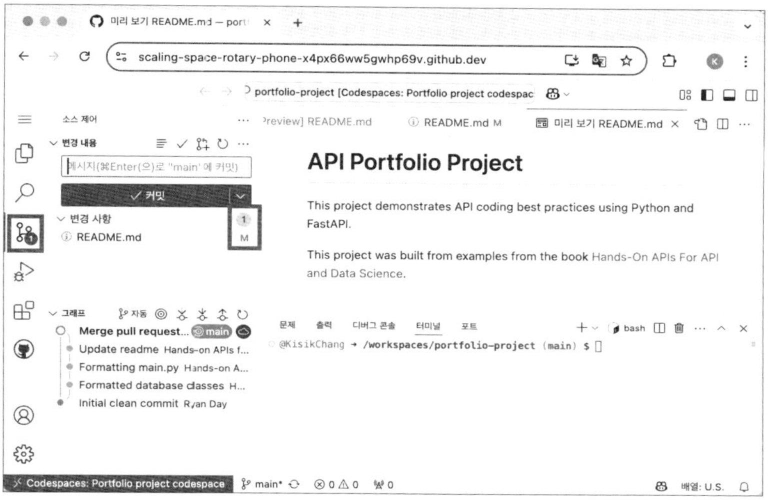

그림 2-8 변경 사항이 표시된 소스 제어 화면

저장소를 업데이트하려면 다음 단계를 따른다.

1. **커밋 메시지 추가**: GitHub에서 커밋의 제목이 될 메시지를 추가한다.
2. **변경 사항 준비**(스테이징staging): 커밋에 포함할 변경된 파일을 선택한다.
3. **로컬 저장소에 변경 사항 커밋**: 변경 사항은 로컬 Codespace에 미리 설치된 Git 저장소에 먼저 커밋된다.
4. **로컬 저장소 변경 사항을 GitHub와 동기화**: 로컬 저장소에서 확정된 변경 사항을 GitHub의 원격 저장소로 푸시push(업로드)하고, 원격에서 직접 발생한 변경 사항을 풀pull(다운로드)한다.

앞으로는 시간을 절약하기 위해 커밋 단계를 줄일 수 있도록 설정해 보자.

먼저 메시지 입력란에 '프로젝트 제목 변경'을 입력한 후 **커밋** 버튼을 누른다. 그러면 '커밋할 스테이징된 변경 사항이 없습니다. 모든 변경 사항을 스테이징하고 직접 커밋하겠습니까?'라는 대화창이 표시된다. 이때, **항상**을 선택한다.

여기서 **항상**을 선택하면 위의 2단계와 3단계가 합쳐진다. 4단계로, 변경 내용 동기화 버튼을 눌러 업데이트 내용을 파일의 원본이 있는 GitHub 저장소로 보낸다. '이 작업은 origin/main을(를) 오가는 커밋을 풀/푸시합니다'라는 대화창이 표시되면 **다시 표시 안 함**을 선택한다. 마지막으로 'Visual Studio Code에서 ["git fetch"(https://go.microsoft.com/fwlink/?lnkid=865294)을(를) 정기적으로 실행]하도록 하시겠습니까?'라는 대화창이 표시되면 **예**를 선택한다. `git fetch`는 원격 저장소의 최신 변경 내용을 가져오는 명령어다.

다른 탭에서 GitHub 저장소를 열어 보면, 방금 커밋한 '프로젝트 제목 변경'이 반영돼 portfolio-project 저장소가 그림 2-9처럼 표시되는 것을 확인할 수 있다.

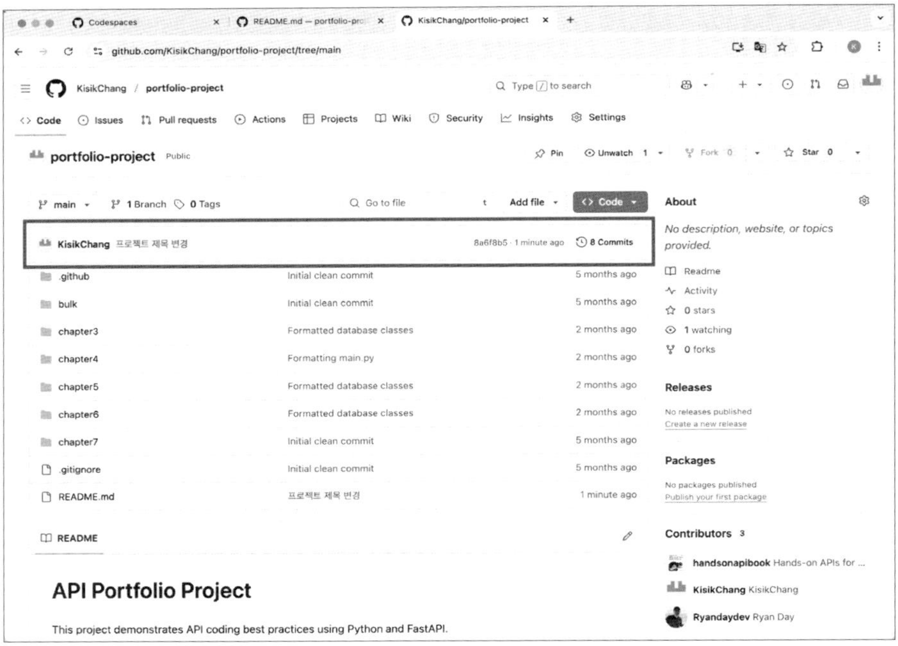

그림 2-9 첫 번째 커밋이 표시된 저장소

디렉터리 위에 있는 **프로젝트 제목 변경**이라는 링크 텍스트를 클릭한다. 이 내용은 방금 보낸 커밋의 기록으로, 변경한 파일의 내용을 확인할 수 있다. 앞으로 변경 사항을 커밋할 때는 제목을 추가하고 커밋을 클릭한 후 **변경 내용 동기화**를 클릭해 GitHub에 코드를 커밋하면 된다.

지금까지 많은 일을 했다. 첫 번째 커밋을 만들고, Codespace 환경에서 작업을 수행했다. 이제 소스 데이터를 다룰 준비가 됐다.

참고 자료

API 기술 아키텍처를 배우려면 제임스 고프James Gough, 다니엘 브라이언트Daniel Bryant, 매튜 오번Matthew Auburn이 쓴 『Mastering API Architecture: Design, Operate, and Evolve API-Based Systems』(O'Reilly, 2022)를 추천한다.

RESTful API 설계에 대한 몇 가지 팁은 스티브 맥두걸Steve McDougall이 쓴 'The Ten REST Commandments'[16]를 참고한다.

요약

2장에서는 1장에서 식별한 사용자 요구를 충족하는 API를 만들기 시작했다. 2장에서 수행한 작업은 다음과 같다.

- 사용자 스토리를 완성하는 데 필요한 API 엔드포인트를 정의했다.
- GitHub Codespace를 사용해 개발 환경을 설정했다.

3장에서는 SQLite를 사용해 웹사이트 데이터베이스를 만들고, SQLAlchemy를 사용해 데이터를 읽는 파이썬 코드를 작성하며, Pytest로 단위 테스트를 수행한다.

16 https://nordicapis.com/the-ten-rest-commandments/

3장
데이터베이스 만들기

> 아직 자료가 없어. 모든 증거를 갖추기 전에 이론을 세우는 것은 큰 실수야. 판단을 흐리게 만들지.
>
> — 아서 코난 도일Arthur Conan Doyle,
> 『셜록 홈즈 주홍색 연구A Study in Scarlet』(펭귄클래식코리아, 2009)

2장에서는 API 아키텍처를 설계하고 GitHub Codespace 개발 환경을 설정했다. 3장에서는 본격적으로 데이터베이스를 만들고, 이 데이터베이스를 읽어 오는 파이썬 코드를 작성한다.

3장은 데이터 API를 개발하는 데 있어 매우 핵심적인 단계다. 데이터베이스 구조를 설계하고, SQLite를 사용해 실제 데이터베이스를 만든 뒤, 이 데이터베이스를 읽어 오는 파이썬 코드를 작성하고, 이 모든 구성 요소가 정상적으로 작동하는지를 검증하는 단위 테스트unit test를 수행한다.

코드가 어떻게 동작하는지 먼저 확인해 보고 싶을 경우 `chapter3/complete` 디렉터리에 있는 코드를 실행하면 빠르게 결과를 확인할 수 있으며, 이후에 순서대로 따라가며 전체 과정을 다시 학습하는 것도 좋다.

API 구성 요소

2장의 그림 2-2 아키텍처처럼 우리가 구현할 애플리케이션의 API는 여러 개의 구성 요소로 이뤄져 있다. 그림 3-1은 이러한 구성 요소와 이를 구현하는 데 사용할 소프트웨어를 보여 준다.

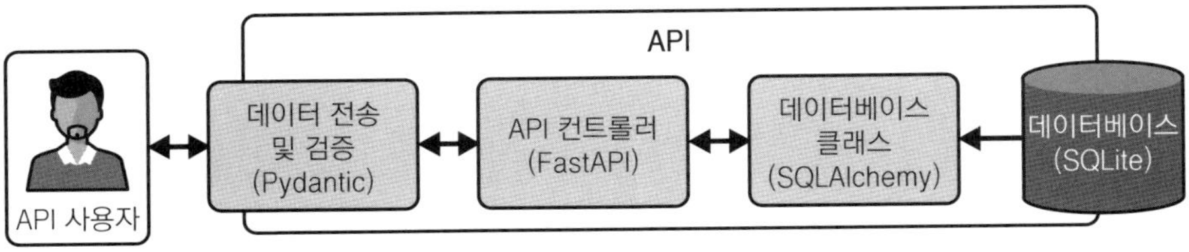

그림 3-1 API 구성 요소

API는 네 가지 주요 하위 구성 요소로 구성된다. '데이터 전송 및 검증data transfer and validation' 구성 요소는 API 요청과 응답에 유효한 데이터가 있으며, API 요청과 응답의 정의를 따르는지 확인하는 데 사용된다. 이 구성 요소를 Pydantic으로 구현한다. 'API 컨트롤러controller'는 우리가 앞으로 배우게 될 다른 기능과 함께 API의 모든 처리를 담당하며, FastAPI로 구현한다. 데이터베이스 클래스database class는 데이터베이스 쿼리와 파이썬 클래스에 저장하는 역할을 하며, SQLAlchemy로 구현한다. SQLite는 파일 기반 데이터베이스로, API 코드와 함께 배포되므로 그림 3-1에서는 네 번째 구성 요소로 표시했다.

3장에서 사용하는 소프트웨어

3장에서는 주로 데이터베이스와 관련된 소프트웨어를 다룬다. 여기서는 데이터베이스를 생성하고, 데이터를 조회하고, 이를 테스트하는 작업에 중점을 둔다(표 3-1 참조).

표 3-1 3장에서 사용하는 새로운 도구 및 소프트웨어

소프트웨어 이름	버전	목적
pytest	8	단위 테스트 라이브러리
SQLAlchemy	2	파이썬과 SQLite를 연결하는 객체-관계 매핑 라이브러리
SQLite	3	API에서 사용하는 데이터를 저장

SQLite

그림 3-1에서 볼 수 있듯이 우리가 개발하는 API는 웹사이트 데이터베이스의 읽기 전용 복사본인 읽기 복제본 데이터베이스read replica database를 사용한다. 이 데이터베이스는 웹사이트 데이터베이스에서 주기적으로 빠른 업데이트를 받아 최신 데이터를 유지하며, API에서 안전하게 조회 작업을 수행할 수 있도록 해준다. SWC 웹사이트는 판타지팀, NFL 선수, 매니저, 점수 등 판타지 풋볼 리그 운영에 필요한 방대한 데이터를 포함하고 있으며, API는 다양한 사용자와 시스템이 이 정보를 활용할 수 있도록 제공하는 역할을 한다.

이번 프로젝트에서는 SQLite를 사용해 간단한 데이터베이스를 시뮬레이션한다. SQLite는 파일 기반의 경량 데이터베이스로, 학습용 프로젝트에 매우 적합하다. 전체 데이터베이스를 Git 저장소에 쉽게 저장할 수 있어 버전 관리와 배포도 간편하게 할 수 있다. 이러한 특성 덕분에 SQLite는 초보자 학습은 물론, 소규모 API 프로토타입 개발에도 적합하다.

SQLite는 경량 데이터베이스로 분류되지만, 실습에 필요한 대부분의 SQL 명령어를 지원하며, 파이썬 데이터베이스 작업에 사용되는 SQLAlchemy와도 완벽하게 호환된다. 이러한 특성 덕분에 SQLite는 API 개발이나 데이터 기반 프로젝트의 프로토타입을 시작하기에 적합하다. SQLite는 추후 애플리케이션이나 API의 규모가 커짐에 따라 PostgreSQL이나 MySQL과 같은 전통적인 관계형 데이터베이스로 전환할 수 있으며, 현재도 다양한 상용 애플리케이션에서 널리 사용되고 있다.

이 프로젝트에서는 SQLite 3을 사용한다.

SQLAlchemy

SQLAlchemy는 파이썬에서 널리 사용되는 데이터베이스 툴킷이자 객체-관계 매핑ORM, Object-Relational Mapping[1] 라이브러리다. 3장에서 다룰 FastAPI와도 함께 연동되며, 파이썬을

1 데이터베이스와 프로그래밍 언어의 객체를 서로 변환해 주는 기술. 데이터베이스의 '표'와 프로그래밍 언어의 '객체'가 데이터를 다루는 방식이 다르기 때문에 이 둘을 연결해서 데이터를 가져오거나 저장하려면 복잡한 SQL 쿼리를 직접 작성해야 한다. 이런 경우 개발자는 ORM을 통해 SQL 쿼리를 직접 작성하지 않고도 프로그래밍 언어의 객체만으로 데이터베이스를 사용할 수 있으므로 프로그래밍 코드를 통해 데이터베이스의 데이터를 마치 객체처럼 다룰 수 있다. – 옮긴이

사용하는 데이터 사이언티스트와 개발자에게 매우 유용한 도구다. 주요 역할은 다음과 같다.

- SQL 문을 직접 작성하지 않고도 파이썬 코드로 데이터베이스를 조회할 수 있다.
- 소스 데이터베이스의 데이터를 데이터 타입을 변환하지 않고 파이썬 객체에 자동으로 매핑해 준다.
- 다양한 데이터베이스를 지원하므로 같은 파이썬 코드를 여러 환경에서 재사용할 수 있다.
- SQL 인젝션 공격을 방지하기 위해 준비된 SQL 형태로 쿼리를 만든다.

> SQL 인젝션(SQL Injection)은 사용자 입력을 기반으로 데이터베이스를 조회하는 모든 소프트웨어이며, 웹 애플리케이션이나 API에서 발생할 수 있는 심각한 보안 취약점이다. 이를 통해 악의적인 사용자가 입력값에 악성 코드를 삽입해 데이터베이스를 조작하거나 민감한 정보를 탈취할 수 있다. 이러한 공격을 방지하기 위한 대표적인 방법 중 하나가 바로 준비된 SQL 변수로, 즉 매개 변수화된 쿼리를 사용하는 것이다. SQLAlchemy와 같은 ORM 도구는 이러한 쿼리 방식을 기본적으로 제공해 SQL 인젝션의 위험을 크게 줄여 준다. 보다 자세한 내용은 OWASP에서 제공하는 SQL 인젝션 가이드[2]를 참고한다.

이 프로젝트에서는 SQLAlchemy 2를 사용한다.

pytest

1부에서는 파이썬 테스트 라이브러리인 pytest를 사용해, 작성한 코드가 의도한 대로 동작하는지를 검증한다. 이를 위해 단위 테스트unit test 코드를 작성해 코드의 개별 구성 요소가 올바르게 작동하는지 확인한다. 이후 코드나 라이브러리에 변경이 생겼을 때 문제없이 작동하는지를 확인하기 위한 회귀 테스트regression test에도 pytest를 활용할 수 있다.

2 https://owasp.org/www-community/attacks/SQL_Injection

이 프로젝트에서는 pytest 8을 사용한다.

> 3장의 설명은 2장을 이미 완료했다는 것을 전제로 한다. 3장부터 코딩을 시작하려는 경우, 이 책의 GitHub 저장소에서 GitHub Codespace를 먼저 만들어야 한다. 전체 과정은 59쪽의 'GitHub Codespace 시작하기' 절을 참고한다.

SQLite 데이터베이스 만들기

3장 디렉터리 chapter3으로 이동해 SQLite에서 새 데이터베이스 `fantasy_data.db`를 만든다.

```
.../portfolio-project (main) $ cd chapter3
.../chapter3 (main) $ sqlite3 fantasy_data.db
SQLite version 3.45.3 2024-04-15 13:34:05
Enter ".help" for usage hints.
sqlite>
```

SQLite는 Codespace에 포함돼 있으므로 사용하는 Codespace에 따라 버전이 다를 수 있다.

> 여기서는 화면을 최대로 활용하기 위해 Codespace 터미널 프롬프트의 경로를 간단히 표시했다. 이렇게 하려면 VS Code에서 /home/codespace/.bashrc 파일을 열고, `export PROMPT_DIRTRIM` 문을 `export PROMPT_DIRTRIM=1`로 설정한 뒤, 터미널에서 `source ~/.bashrc` 명령어를 실행하면 된다.

데이터베이스 테이블 만들기

이번 프로젝트에서는 여러 개의 테이블을 만들고, 이 테이블에 데이터를 저장한다. 그림 3-2는 우리가 만들 테이블 구조를 보여 준다.

이 테이블은 SQL[Structured Query Language] 문으로 만든다. 앞서 언급했듯이 SQL은 데이터 사이언티스트가 자주 사용하는 언어다. 이 책은 SQL 문법을 자세히 설명하지 않지만, 사용되는 구문은 대부분 기본적인 수준이다. SQL에 대해 더 알고 싶다면 앨런 볼리외Alan Beaulieu의 『러닝 SQL: 데이터 생성, 검색, 조작까지 데이터 제대로 주무르기Learning SQL: Generate, Manipulate, and Retrieve Data』(한빛미디어, 2021)를 참고한다.

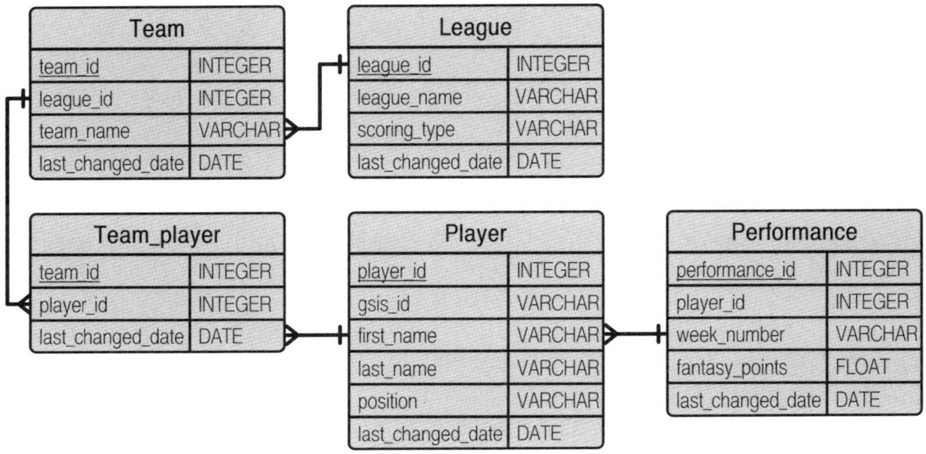

그림 3-2 데이터베이스 테이블 구조

sqlite 프롬프트에서 다음 SQL 명령어를 하나씩 실행해 테이블을 만든다.

```
CREATE TABLE player (
    player_id INTEGER NOT NULL,
    gsis_id VARCHAR,
    first_name VARCHAR NOT NULL,
    last_name VARCHAR NOT NULL,
    position VARCHAR NOT NULL,
    last_changed_date DATE NOT NULL,
    PRIMARY KEY (player_id)
);

CREATE TABLE performance (
    performance_id INTEGER NOT NULL,
    week_number VARCHAR NOT NULL,
    fantasy_points FLOAT NOT NULL,
    player_id INTEGER NOT NULL,
    last_changed_date DATE NOT NULL,
```

```
    PRIMARY KEY (performance_id),
    FOREIGN KEY(player_id) REFERENCES player (player_id)
);

CREATE TABLE league (
    league_id INTEGER NOT NULL,
    league_name VARCHAR NOT NULL,
    scoring_type VARCHAR NOT NULL,
    last_changed_date DATE NOT NULL,
    PRIMARY KEY (league_id)
);

CREATE TABLE team (
    team_id INTEGER NOT NULL,
    team_name VARCHAR NOT NULL,
    league_id INTEGER NOT NULL,
    last_changed_date DATE NOT NULL,
    PRIMARY KEY (team_id),
    FOREIGN KEY(league_id) REFERENCES league (league_id)
);

CREATE TABLE team_player (
    team_id INTEGER NOT NULL,
    player_id INTEGER NOT NULL,
    last_changed_date DATE NOT NULL,
    PRIMARY KEY (team_id, player_id),
    FOREIGN KEY(team_id) REFERENCES team (team_id),
    FOREIGN KEY(player_id) REFERENCES player (player_id)
);
```

예를 들어, player 테이블 구조는 다음과 같다.

```
CREATE TABLE player (  ❶
    player_id INTEGER NOT NULL,  ❷
    gsis_id VARCHAR,
    first_name VARCHAR NOT NULL,
    last_name VARCHAR NOT NULL,
    position VARCHAR NOT NULL,
    last_changed_date DATE NOT NULL,
    PRIMARY KEY (player_id)  ❸
```

```
);
```

❶ CREATE TABLE은 SQL에서 테이블을 만드는 표준 문법이며, player는 테이블 이름이다.
❷ player_id는 정수형(INTEGER) 단일 열의 이름으로 필수 입력값이다. 이 값을 지정하지 않고 이 테이블에 행을 삽입하면 오류가 발생한다.
❸ 모든 열을 정의한 후, player_id를 기본 키(primary key)로 지정한다. 기본 키는 테이블에서 항상 고유하며 다른 테이블과 연결(join)하는 데 사용되는 식별자다.

5개의 테이블이 모두 생성됐는지 확인하려면 터미널에서 다음과 같이 .tables 명령어를 실행한다.

```
sqlite> .tables
league        performance   player        team          team_player
sqlite>
```

API에 외부 식별자 포함하기

데이터 사이언티스트는 API를 활용해 다른 데이터 소스와 결합해 더 풍부한 분석 모델이나 시각화 대시보드를 만들고자 한다. 이를 위해서는 외부 데이터 소스와 공통으로 사용할 수 있는 표준 식별자를 제공하는 것이 중요하다. 예를 들어, NFL 선수 데이터를 다룰 때 각 데이터 제공자나 판타지 스포츠 웹사이트는 서로 다른 식별 체계를 사용하지만, 이 중 가장 포괄적이고 널리 쓰이는 식별자는 NFL의 경기 통계 및 정보 시스템(GSIS, Game Statistics and Information System)에서 만든 GSIS ID다. 이 프로젝트에서는 데이터 사이언티스트의 요구를 반영해 GSIS ID를 API에 포함하며, 일부 선수는 해당 ID가 없을 수 있으므로 이 필드는 NULL 값을 허용한다.

테이블 구조 이해하기

테이블을 살펴보면, 각 열에는 명확한 데이터 타입이 지정돼 있다는 점을 알 수 있다. 식별자 값에는 INTEGER, 이름이나 텍스트에는 VARCHAR, 날짜 정보에는 DATE, 소수점이 포함된 점수 필드에는 FLOAT 데이터 타입을 사용한다. 이 필드는 모두 NOT NULL 제약 조건이 적용돼 있어, 반드시 값이 입력돼야 한다. 또한 각 테이블에는 고유 식별자 필드에는 PRIMARY KEY() 제약 조건이 설정돼 있으며, 이를 통해 해당 필드의 값은 각 테이블에서 해당 값이 중복되지 않는 고유성이 보장된다. 이러한 구조는 관계형 데이터베이스 설계에서 기본적인 원칙이며, 데이터의 무결성과 참조 관계를 유지하는 데 중요한 역할을 한다.

1장에서 설명했듯이, API는 최종 변경일(last_changed_date)을 기준으로 데이터를 조회할 수 있도록 설계하는 것이 바람직하다. 이렇게 하면 데이터 파이프라인에서 특정 시점 이후 변경된 레코드만 선택적으로 가져올 수 있어, 전체 데이터를 매번 불러오는 것보다 훨씬 효율적이다. 이 기능을 구현하기 위해 모든 테이블에 last_changed_date 열을 포함시켰으며, 이후 이 열에 적절한 값을 입력하도록 함으로써 변경 이력을 반영할 수 있도록 한다. 이는 데이터 활용 효율성을 높이고, 실시간 또는 주기적인 분석 환경에서 처리 시간을 줄이는 데 크게 기여한다.

그림 3-2에서 볼 수 있듯이, 각 테이블은 최소 하나 이상의 다른 테이블과 관계를 맺고 있다. 이러한 관계는 자식 테이블child table에서 부모 테이블parent table의 기본 키(PRIMARY KEY)를 참조하는 FOREIGN KEY 문을 통해 설정된다. 예를 들어, team 테이블은 league_id 필드를 통해 league 테이블과 연결되는데, 이는 판타지팀이 특정 리그에 속해 있다는 관계를 표현한다. 이처럼 외래 키(FOREIGN KEY) 제약 조건을 활용하면 테이블 간의 관계를 명확히 정의할 수 있으며, 이는 이후 파이썬 코드에서 데이터 간 연결을 모델링하는 데 중요한 기반이 된다.

```
CREATE TABLE team (
    team_id INTEGER NOT NULL,
    team_name VARCHAR NOT NULL,
    league_id INTEGER NOT NULL,
    last_changed_date DATE NOT NULL,
    PRIMARY KEY (team_id),
    FOREIGN KEY (league_id) REFERENCES league (league_id)
);
```

FOREIGN KEY 문은 자식 테이블인 team에 league_id 열을 추가하고, 이를 부모 테이블인 league의 기본 키에 연결함으로써 두 테이블 간의 관계를 정의한다. 이와 같은 방식으로 외래 키는 자식 테이블의 특정 필드를 통해 부모 테이블의 특정 레코드와 연결되는 구조를 갖는다.

team_player 테이블은 다음과 같이 유일하게 2개의 외래 키를 갖는 테이블이다.

```
CREATE TABLE team_player (
    team_id INTEGER NOT NULL,
    player_id INTEGER NOT NULL,
    last_changed_date DATE NOT NULL,
    PRIMARY KEY (team_id, player_id),
    FOREIGN KEY(team_id) REFERENCES team (team_id),
    FOREIGN KEY(player_id) REFERENCES player (player_id)
);
```

team_player 테이블은 2개의 외래 키를 갖는 관련 테이블association table로, team 테이블과 player 테이블이라는 2개의 부모 테이블을 연결하는 자식 테이블이다. 실제 판타지 풋볼 리그 환경에서는 한 명의 선수가 여러 팀에 소속될 수 있고, 한 팀에도 여러 선수가 포함될 수 있는 다대다 관계many-to-many relationship를 구현하기 위해 team_player 테이블을 사용하며, 이 관계는 이후 SQLAlchemy를 통해 매핑되는 파이썬 클래스에서도 그대로 반영된다.

이외의 다른 테이블들도 각각 저장할 데이터의 목적에 부합하는 필드들로 구성돼 있으며, 공통적으로 일관된 설계 방식을 따르고 있다. 이제 이 테이블들에 데이터를 입력할 준비를 마쳤다.

데이터 불러오기

테이블을 구성했으니, 이제 판타지 풋볼 데이터를 테이블에 불러올 차례다. 3장에서는 SQLite의 .import 명령어를 사용해 CSV 형식의 데이터 파일을 각 테이블로 가져온다. 필요한 데이터 파일은 3장의 /data 디렉터리에 미리 준비돼 있으며, 각 테이블에 알맞게 순서대로 가져올 수 있다.

데이터를 가져오기 전에, SQLite에서 외래 키 제약 조건foreign key constraint을 강제하도록 설정해야 한다. 이는 FOREIGN KEY 문이 포함된 자식 테이블에 REFERENCES에 명시된 부모 테이블에 존재하지 않는 값을 가진 레코드를 삽입할 경우 오류를 발생시켜, 해당 레코드가 삽입되지 않도록 막아 준다. 예를 들어, 외래 키 제약 조건이 활성화된 상태에서는 player 테이블에 존재하지 않는 player_id 값을 performance 테이블에 삽입하려 할 경우 오류가 발생하고 데이터는 추가되지 않는다. 이 설정은 데이터 무결성을 유지하는 데 중요한 역할을 한다.

먼저 아래 명령어를 사용해 외래 키 제약 조건을 활성화한다.

```
sqlite> PRAGMA foreign_keys = ON;
```

다음으로 CSV 파일 형식을 인식할 수 있도록 가져오기 설정을 구성한다. 이를 위해 `.mode csv` 명령어를 실행한다.

```
sqlite> .mode csv
```

SQLite 프롬프트에서 다음 명령어를 순서대로 실행해 각 테이블에 데이터를 가져온다. 이때 `.import` 명령어에 포함된 `--skip 1` 옵션은 CSV 파일의 첫 번째 줄(헤더 행)을 건너뛰고 데이터를 삽입하도록 한다.

```
sqlite> PRAGMA foreign_keys = ON;
sqlite> .mode csv
sqlite> .import --skip 1 data/player_data.csv player
sqlite> .import --skip 1 data/performance_data.csv performance
sqlite> .import --skip 1 data/league_data.csv league
sqlite> .import --skip 1 data/team_data.csv team
sqlite> .import --skip 1 data/team_player_data.csv team_player
sqlite>
```

다음 명령어를 실행해 데이터가 각 테이블에 올바르게 올라갔는지 확인할 수 있다. 특히 `performance` 테이블은 서로 다른 `last_changed_date` 값을 가진 레코드들로 구성돼 있어, 날짜 기반 검색 기능이 제대로 작동하는지 테스트하는 데 활용할 수 있다.

```
sqlite> select count(*) from player;
1018
sqlite> select count(*) from performance;
17306
sqlite> select count(*) from performance where last_changed_date > '2024-04-01';
2711
sqlite> select count(*) from league;
```

```
5
sqlite> select count(*) from team;
20
sqlite> select count(*) from team_player;
140
```

SQLite에서의 작업을 마쳤다면 .exit 명령어를 입력해 애플리케이션을 종료한다.

```
sqlite> .exit
$
```

이로써 SWC 웹사이트의 데이터를 반영한 샘플 데이터를 데이터베이스에 성공적으로 가져왔다. 이제 다음 단계에서는 파이썬을 활용해 이 데이터를 불러오고, 처리하는 작업을 시작한다.

파이썬을 사용해 데이터에 접근하기

파이썬에서는 여러 방법으로 SQLite에 저장된 데이터에 접근할 수 있다. 예를 들어, 데이터베이스에 직접 연결한 뒤 SQL 쿼리를 실행해 데이터를 불러오는 방식도 가능하다. 겉보기에는 간단해 보이지만, 이 방식은 몇 가지 문제가 있다. SQLite의 데이터 타입을 파이썬 객체로 일일이 변환해야 하며, API 사용자로부터 입력값을 받을 경우 SQL 인젝션 공격을 방지하기 위한 별도의 보안 조치도 마련해야 한다.

이러한 수작업의 번거로움을 줄이기 위해, 이 책에서는 객체-관계 매핑ORM, Object-Relational Mapping 방식을 사용한다. ORM은 데이터베이스 테이블을 자동으로 읽고, 그 데이터를 파이썬 객체로 변환해 주는 역할을 한다. 이 프로젝트에서는 파이썬에서 가장 널리 사용되는 ORM 라이브러리인 SQLAlchemy를 사용한다.

사용자 환경에 SQLAlchemy 설치하기

SQLAlchemy는 Codespace에 직접 설치해야 하는 첫 번째 파이썬 라이브러리다. 설치된 SQLAlchemy의 버전을 명확히 관리하기 위해, 먼저 파이썬 코드가 있는 디렉터리에

pip requirements 파일을 생성한다.

편집기에서 requirements.txt라는 파일에 다음과 같이 내용으로 추가하고 저장한다.

```
SQLAlchemy>=2.0.0
```

이 파일은 `pip` 파이썬 패키지 관리자를 통해 라이브러리를 설치하는 데 사용된다. 라이브러리는 인터넷에서 다운로드되며, `pip`는 이를 Codespace에 자동으로 설치한다.

이 책 전반에 걸쳐 추가 파이썬 라이브러리를 Codespace에 설치한다. 여러 라이브러리를 설치하는 경우, 요구 사항 파일을 사용하면 설치되는 라이브러리의 버전 간 호환성을 보장할 수 있다.

라이브러리를 설치하려면 다음 명령어를 실행한다.

```
pip3 install -r requirements.txt
```

그러면 SQLAlchemy 버전 2.0 이상이 성공적으로 설치돼 있다면, 터미널에 'already satisfied'라는 메시지가 표시된다. 이 메시지는 해당 라이브러리가 이미 설치되어 있다는 것을 의미한다. `pip3 show SQLAlchemy` 명령어를 실행하면 다음과 같은 설치 여부 메시지를 확인할 수 있다.

```
Name: SQLAlchemy
Version: 2.0.29
Summary: Database Abstraction Library
Home-page: https://www.sqlalchemy.org
Author: Mike Bayer
Author-email: mike_mp@zzzcomputing.com
License: MIT
```

오픈 소스 라이브러리 버전 선택 및 업데이트

오픈 소스 라이브러리를 사용할 때는 각 라이브러리의 버전을 신중히 선택하고 테스트해야 한다. 많은 라이브러리가 서로 의존성을 가지므로 모든 라이브러리가 함께 작동하는 버전을 찾는 것이 때로는 까다로울 수 있다. 또한 패치가 필요하거나 지원이 중단된 버전이 있는지 주기적으로 검토해야 한다. 라이브러리 업데이트 후 코드가 여전히 작동하는지 확인하려면 가상 환경과 회귀 테스트가 도움이 된다.

Codespace는 테스트에 이상적인 가상 환경이다. 코드 저장소에서 새 Codespace를 만들고, 기존 라이브러리를 제거한 뒤 requirements.txt 파일을 사용해 새 버전을 설치할 수 있다.

3장과 4장에서 데이터베이스와 API 코드를 검증하는 기본 단위 테스트 코드를 작성한다. 새 가상 환경에서 새 라이브러리로 이 테스트를 실행해 오류나 경고가 발생하는지 확인할 수 있다. 이를 회귀 테스트라 하며, 코드나 라이브러리 업데이트 때 발생할 수 있는 문제를 찾아낼 수 있다. 테스트로 검사할 수 있는 코드가 많을수록 라이브러리 업데이트 시 더 큰 확신을 가질 수 있다.

일반적으로 주요 버전(major version)이 1 이상인 라이브러리는 새로운 버전이 출시되더라도 일정 기간 유지 관리되고 패치된다는 것을 의미한다. 하지만 대부분의 오픈 소스 라이브러리는 일반적으로 자원봉사로 제공되므로 보증이 없다는 점도 염두에 둬야 한다.

데이터베이스 접근을 위한 파이썬 파일 만들기

이제 파이썬을 사용해 데이터베이스를 쿼리하는 데 필요한 파일을 만들어 보자. 표 3-2는 3장에서 만들 모든 파일의 목적을 보여 준다.

표 3-2 3장 파일의 목적

파일명	목적
crud.py	데이터베이스 쿼리를 위한 도우미 함수
database.py	SQL 데이터베이스를 사용하기 위한 SQLAlchemy 설정
models.py	데이터베이스 테이블과 관련된 SQLAlchemy 클래스 정의
requirements.txt	pip 패키지 관리자로 특정 버전의 라이브러리 설치에 이용
test_crud.py	SQLAlchemy 파일을 단위 테스트하기 위한 파이썬 파일

models.py 파일에는 데이터의 파이썬 표현이 포함돼 있다. 이 파일의 클래스들은 파이썬에서 데이터베이스를 쿼리할 때 사용된다.

이 파일에서 수행해야 할 두 가지 작업은 다음과 같다.

- 데이터베이스 테이블로부터 정보를 저장할 SQLAlchemy 클래스 정의

- 파이썬 코드가 관련 테이블에 접근할 수 있도록 테이블 간의 관계 설명

> '모델(model)'이라는 용어는 이 책에서 여러 가지 방식으로 사용하는데, 이로 인해 다소 혼란스러울 수 있다. 여기서 말하는 SQLAlchemy 모델은 SQLite 데이터베이스의 데이터를 파이썬으로 표현한 것을 의미한다.

이제 다음 내용을 models.py 파일로 저장한다.

```
"""SQLAlchemy 모델"""
from sqlalchemy import Column, ForeignKey, Integer, String, Float, Date
from sqlalchemy.orm import relationship

from database import Base

class Player(Base):
    __tablename__ = "player"

    player_id = Column(Integer, primary_key=True, index=True)
    gsis_id = Column(String, nullable=True)
    first_name = Column(String, nullable=False)
    last_name = Column(String, nullable=False)
    position = Column(String, nullable=False)
    last_changed_date = Column(Date, nullable=False)

    performances = relationship("Performance", back_populates="player")

    # Player와 Team 테이블 간 다대다 관계
    teams = relationship("Team", secondary="team_player", back_populates="players")

class Performance(Base):
    __tablename__ = "performance"

    performance_id = Column(Integer, primary_key=True, index=True)
    week_number = Column(String, nullable=False)
    fantasy_points = Column(Float, nullable=False)
    last_changed_date = Column(Date, nullable=False)

    player_id = Column(Integer, ForeignKey("player.player_id"))
```

```python
    player = relationship("Player", back_populates="performances")

class League(Base):
    __tablename__ = "league"

    league_id = Column(Integer, primary_key=True, index=True)
    league_name = Column(String, nullable=False)
    scoring_type = Column(String, nullable=False)
    last_changed_date = Column(Date, nullable=False)

    teams = relationship("Team", back_populates="league")

class Team(Base):
    __tablename__ = "team"

    team_id = Column(Integer, primary_key=True, index=True)
    team_name = Column(String, nullable=False)
    last_changed_date = Column(Date, nullable=False)

    league_id = Column(Integer, ForeignKey("league.league_id"))

    league = relationship("League", back_populates="teams")

    players = relationship("Player", secondary="team_player", back_populates="teams")

class TeamPlayer(Base):
    __tablename__ = "team_player"

    team_id = Column(Integer, ForeignKey("team.team_id"), primary_key=True,
index=True)
    player_id = Column(Integer, ForeignKey("player.player_id"), primary_key=True,
index=True)
    last_changed_date = Column(Date, nullable=False)
```

models.py 파일을 세부적으로 살펴보자. 대부분의 파이썬 파일 앞부분에는 `import` 문이 있다. 파이썬 생태계의 강점은 다양한 외부 라이브러리를 사용할 수 있다는 점이다.

이 책에서는 pip 패키지 관리자를 사용해 라이브러리를 설치하고, import 문을 사용해 코드에서 참조한다.

```
from sqlalchemy import Column, ForeignKey, Integer, String, Float, Date ❶
from sqlalchemy.orm import relationship ❷

from database import Base ❸
```

❶ 데이터베이스 테이블을 파이썬 객체로 표현해야 하므로 이 파일에서는 먼저 SQLAlchemy에서 제공하는 각종 데이터 유형을 가져온다. 각 필드의 데이터 타입은 여기서 가져온 유형을 활용해 정의한다. SQLAlchemy에서 지원하는 데이터 유형에 대해 더 알고 싶다면 SQLAlchemy 데이터 유형 계층 구조[3]를 참조한다.

❷ 다음으로 relationship 함수를 가져오는데, 이 함수는 테이블 간의 외래 키 관계를 설정할 때 사용된다.

❸ 마지막 줄에서는 database.py 파일에서 정의한 Base 클래스를 가져온다. 이 Base는 models.py 파일에 정의할 모든 테이블 클래스의 기반이 되는 표준 템플릿이다.

이제 Player 클래스를 정의할 차례다. 이 클래스는 SQLite의 player 테이블 정보를 담기 위한 파이썬 클래스다. class 문을 사용해 클래스를 선언하고, database.py 파일에서 가져온 Base 클래스를 상속받는다. 그리고 __tablename__ 속성을 통해 이 클래스가 참조할 실제 데이터베이스 테이블 이름을 명시한다. 이렇게 하면 SQLAlchemy는 내부적으로 Player 클래스를 player 테이블과 자동으로 연결해 준다. 이것이 ORM의 핵심 장점 중 하나로, 파이썬 코드와 실제 데이터베이스 구조를 자동으로 매핑할 수 있다.

```
class Player(Base):
    __tablename__ = "player"
```

Player 클래스 정의에서 나머지 부분은 데이터베이스 테이블의 세부 정보를 매핑한다. 각 문은 SQLAlchemy에서 제공하는 Column 메서드를 사용해 클래스의 속성을 정의한다.

```
    player_id = Column(Integer, primary_key=True, index=True)
    gsis_id = Column(String, nullable=True)
```

3 https://docs.sqlalchemy.org/en/14/core/type_basics.html

```
    first_name = Column(String, nullable=False)
    last_name = Column(String, nullable=False)
    position = Column(String, nullable=False)
    last_changed_date = Column(Date, nullable=False)
```

정의에서 주목해야 할 몇 가지 사항은 다음과 같다.

- 클래스의 속성 이름은 데이터베이스 테이블의 열 이름과 자동으로 연결된다.
- 사용된 데이터 유형(예: `String`, `Integer`)은 파일 앞 부분에서 임포트한 SQLAlchemy의 데이터 유형이다.
- `primary_key`로 지정한 항목으로 인해 쿼리 최적화, 고유성 보장, 클래스 간 관계 설정과 같은 SQLAlchemy의 여러 기능을 사용할 수 있다.

테이블 정의와 함께 `relationship()` 함수를 사용해 테이블 간 외래 키 관계foreign key relationship를 설정한다. 이를 통해 `Player.performances` 속성이 생성되며, 이는 `player` 테이블의 각 행에 대해 `performance` 테이블에서 해당 선수와 연결된 모든 레코드를 반환할 수 있다.

```
performances = relationship("Performance", back_populates="player")
```

또 다른 형태의 관계로는 `team_player`라는 연결 테이블association table을 활용해 `player`와 `team` 테이블을 서로 연결하는 방식이 있다. 이 관계는 `secondary="team_player"` 설정을 통해 정의되며, 이를 통해 각 `Player` 객체는 `Player.teams`라는 속성을 가질 수 있게 된다. 이는 앞서 데이터베이스 테이블을 설계할 때 설명한 바와 같이, 한 선수가 여러 팀에 소속될 수 있고 한 팀에 여러 선수가 소속될 수 있는 다대다 관계를 구현한 것이다.

```
teams = relationship("Team",
                     secondary="team_player",
                     back_populates="players")
```

다음은 `Performance` 클래스의 정의다.

```
class Performance(Base):
    __tablename__ = "performance"

    performance_id = Column(Integer, primary_key=True, index=True)
    week_number = Column(String, nullable=False)
    fantasy_points = Column(Float, nullable=False)
    last_changed_date = Column(Date, nullable=False)

    player_id = Column(Integer, ForeignKey("player.player_id"))

    player = relationship("Player", back_populates="performances")
```

이 클래스에는 player 테이블에 정의된 performances 관계와 짝을 이루는 player 관계가 포함돼 있다. 이는 Player 클래스에서 설정한 performances 관계의 역방향 관계mirror relationship다. 이처럼 back_populates 키워드를 통해 서로를 참조하면, 하나의 객체를 통해 상대방 객체에 접근할 수 있게 돼 부모(Player)와 자식(Performance) 간에 양방향으로 연결된 관계를 만들 수 있다.

다음은 League 클래스의 정의다.

```
class League(Base):
    __tablename__ = "league"

    league_id = Column(Integer, primary_key=True, index=True)
    league_name = Column(String, nullable=False)
    scoring_type = Column(String, nullable=False)
    last_changed_date = Column(Date, nullable=False)

    teams = relationship("Team", back_populates="league")
```

League 클래스는 그림 3-2에서 봤듯이 전체 코드 구조에서 최상위 부모 클래스 역할을 한다. 이 클래스에 정의된 teams 관계로 인해 League.teams 속성을 통해 하나의 리그에 소속된 팀 정보에 접근할 수 있으며, Team 클래스에 정의된 league 관계와 연결돼 양방향 관계를 형성한다.

다음은 Team 클래스의 정의다.

```
class Team(Base):
    __tablename__ = "team"

    team_id = Column(Integer, primary_key=True, index=True)
    team_name = Column(String, nullable=False)

    league_id = Column(Integer, ForeignKey("league.league_id"))

    league = relationship("League", back_populates="teams")

    players = relationship("Player",
                           secondary="team_player",
                           back_populates="teams")
```

Team 클래스에는 league 테이블과 연결되는 league 속성이 정의돼 있으며, 동시에 team_player 관련 테이블을 통해 player 테이블과 간접적으로 연결된다. 이를 통해 한 팀에 여러 선수가 소속될 수 있고, 한 선수가 여러 팀에 소속될 수 있는 다대다 관계를 구현한다.

이제 마지막으로 team_player 테이블에 대한 클래스를 정의한다.

```
class TeamPlayer(Base):
    __tablename__ = "team_player"

    team_id = Column(Integer, ForeignKey("team.team_id"),
                     primary_key=True, index=True)
    player_id = Column(Integer, ForeignKey("player.player_id"),
                       primary_key=True, index=True)
    last_changed_date = Column(Date, nullable=False)
```

TeamPlayer 클래스에는 별도의 관계 설정이 없다. 대신 이 클래스는 Team과 Player 클래스에서 각각 relationship()을 통해 다대다 관계를 구현하는 데 활용된다. 이제 모든 데이터베이스 테이블에 대한 SQLAlchemy 모델 정의와 데이터베이스 설정 파일 구성을 완료했다.

데이터베이스 구성 파일 만들기

다음으로, database.py 파일을 만들어 SQLite 데이터베이스에 연결할 수 있도록 SQLAlchemy 구성을 설정한다. 이 파일은 다음 두 가지 주요 작업을 수행한다.

- SQLite 데이터베이스를 가리키며 올바른 설정이 포함된 데이터베이스 연결 객체를 만든다.
- 이후에 정의하게 될 각 데이터베이스 테이블 클래스의 기반이 되는 부모 클래스(Base)를 만든다.

다음 내용을 database.py 파일로 저장한다.

```
"""데이터베이스 구성"""
from sqlalchemy import create_engine
from sqlalchemy.orm import declarative_base
from sqlalchemy.orm import sessionmaker

SQLALCHEMY_DATABASE_URL = "sqlite:///./fantasy_data.db"

engine = create_engine(
    SQLALCHEMY_DATABASE_URL, connect_args={"check_same_thread": False}
)
SessionLocal = sessionmaker(autocommit=False, autoflush=False, bind=engine)

Base = declarative_base()
```

이제 이 파일의 내용을 자세히 살펴보자. 먼저 SQLAlchemy 라이브러리에서 세 가지 특정 함수를 가져온다. 물론 SQLAlchemy 전체를 한 번에 가져올 수도 있지만, 여러 라이브러리 간 중복 함수로 인해 발생할 수 있는 충돌을 방지하기 위해 필요한 함수만 명시적으로 가져오는 것이 좋다.

```
from sqlalchemy import create_engine
from sqlalchemy.orm import declarative_base
from sqlalchemy.orm import sessionmaker
```

다음 세 단계는 SQLAlchemy 세션session 객체를 만들기 위한 준비 과정이며, 데이터베이스와의 상호 작용을 관리하는 핵심 구성 요소다. 먼저, 사용할 데이터베이스의 종류가 SQLite임을 명시하고, 해당 데이터베이스 파일 fantasy_data.db가 현재 파일과 같은 디렉터리에 있다는 것을 알려 주는 데이터베이스 URL을 만든다. 이 URL은 이후 세션 구성에 사용된다.

```
SQLALCHEMY_DATABASE_URL = "sqlite:///./fantasy_data.db"
```

위에서 만든 데이터베이스 URL을 사용해 SQLAlchemy의 `engine` 객체를 만든다. 이때 `"check_same_thread": False` 옵션을 설정하면, SQLite에서 여러 연결이 동시에 사용되더라도 오류 없이 작동할 수 있도록 구성할 수 있다. 이 설정은 다중 스레드 환경에서 안정적으로 데이터베이스에 접근할 수 있게 해준다.

```
engine = create_engine(
    SQLALCHEMY_DATABASE_URL, connect_args={"check_same_thread": False}
)
```

먼저 생성한 엔진 객체를 기반으로 SQLAlchemy의 세션 팩토리인 `SessionLocal`을 설정한다. 이 세션은 실제 데이터베이스 연결 시 사용할 엔진을 가리키며, `autocommit`과 `autoflush`는 모두 `False`로 설정한다. 이렇게 하면 이후 데이터베이스 작업 시 일관된 세션을 만들 수 있다.

```
SessionLocal = sessionmaker(autocommit=False, autoflush=False, bind=engine)
```

이 파일의 마지막 부분에서는 `Base` 클래스를 정의한다. 이 클래스는 SQLAlchemy에서 제공하는 표준 템플릿으로, models.py 파일에서 각 데이터베이스 테이블을 파이썬 클래스로 정의할 때 상속해 사용할 기본 클래스다. 이를 통해 ORM 매핑 구조를 통일되고 체계적으로 구성할 수 있다.

```
Base = declarative_base()
```

SQLAlchemy 도우미 함수 만들기

지금까지 만든 파일들은 데이터베이스에 연결하고, 데이터베이스 테이블을 나타내는 파이썬 클래스를 제공한다. 이제 이 구조 위에 데이터 쿼리를 수행하는 **도우미 함수**helper function를 추가한다. 이를 위해 crud.py라는 이름의 파일을 만든다. 이 파일 이름은 생성Create, 조회Read, 수정Update, 삭제Delete의 약어인 CRUD에서 유래한 것으로, 데이터베이스 작업의 기본 연산을 의미한다. 다음 내용을 crud.py 파일로 저장한다.

```
"""SQLAlchemy 쿼리 함수"""
from sqlalchemy.orm import Session
from sqlalchemy.orm import joinedload
from datetime import date

import models

def get_player(db: Session,
               player_id: int):
    return db.query(models.Player).filter(
        models.Player.player_id == player_id).first()

def get_players(db: Session,
                skip: int = 0,
                limit: int = 100,
                min_last_changed_date: date = None,
                last_name: str = None,
                first_name: str = None):
    query = db.query(models.Player)
    if min_last_changed_date:
        query = query.filter(
            models.Player.last_changed_date >= min_last_changed_date)
    if first_name:
        query = query.filter(models.Player.first_name == first_name)
    if last_name:
        query = query.filter(models.Player.last_name == last_name)
    return query.offset(skip).limit(limit).all()

def get_performances(db: Session,
                     skip: int = 0,
                     limit: int = 100,
                     min_last_changed_date: date = None):
```

```
    query = db.query(models.Performance)
    if min_last_changed_date:
        query = query.filter(
            models.Performance.last_changed_date >= min_last_changed_date)
    return query.offset(skip).limit(limit).all()

def get_league(db: Session,
               league_id: int = None):
    return db.query(models.League).filter(
        models.League.league_id == league_id).first()

def get_leagues(db: Session,
                skip: int = 0,
                limit: int = 100,
                min_last_changed_date: date = None,
                league_name: str = None):
    query = db.query(models.League).options(joinedload(models.League.teams))
    if min_last_changed_date:
        query = query.filter(
            models.League.last_changed_date >= min_last_changed_date)
    if league_name:
        query = query.filter(models.League.league_name == league_name)
    return query.offset(skip).limit(limit).all()

def get_teams(db: Session,
              skip: int = 0,
              limit: int = 100,
              min_last_changed_date: date = None,
              team_name: str = None,
              league_id: int = None):
    query = db.query(models.Team)
    if min_last_changed_date:
        query = query.filter(
            models.Team.last_changed_date >= min_last_changed_date)
    if team_name:
        query = query.filter(models.Team.team_name == team_name)
    if league_id:
        query = query.filter(models.Team.league_id == league_id)
    return query.offset(skip).limit(limit).all()

# 분석 쿼리
def get_player_count(db: Session):
```

```
    query = db.query(models.Player)
    return query.count()

def get_team_count(db: Session):
    query = db.query(models.Team)
    return query.count()

def get_league_count(db: Session):
    query = db.query(models.League)
    return query.count()
```

crud.py 파일의 `import` 문을 살펴보면, 이 파일에서 사용하는 외부 라이브러리와 내부 모듈을 어떻게 불러오는지 확인할 수 있다.

```
from sqlalchemy.orm import Session  ❶
from sqlalchemy.orm import joinedload
from datetime import date  ❷

import models  ❸
```

❶ SQLAlchemy의 `Session`과 `joinedload`는 데이터베이스 쿼리 작업에 필요한 핵심 ORM 기능을 제공한다.
❷ `datetime` 모듈에서 불러온 `date`는 날짜 기반 필터링에 사용된다.
❸ 또한 앞서 정의한 models.py 파일도 가져와, 이 파일에서 선언한 데이터베이스 테이블 클래스들을 SQLAlchemy 내장 함수를 사용해 준비된 SQL 문을 통해 쿼리 함수에서 활용할 수 있도록 한다.

첫 번째 쿼리를 살펴보자.

```
def get_player(db: Session, player_id: int):
    return db.query(models.Player).filter(
        models.Player.player_id == player_id).first()
```

이 함수의 매개 변수는 데이터베이스 연결에 사용할 데이터베이스 세션 객체와 특정 `player_id` 값이다. 이 함수는 `filter(models.Player.player_id == player_id).first()`를 사용해 해당 `player_id` 값을 가진 첫 번째 레코드를 조회하고 반환한다. `player_id`는 models.py와 SQLite 데이터베이스에서 기본 키로 정의돼 있기 때문에 항상 단일 결과를 반환한다.

다음 함수는 .query() 문에 여러 개의 매개 변수를 추가해 확장한 형태다.

```
def get_players(db: Session,
                skip: int = 0,
                limit: int = 100,
                min_last_changed_date: date = None,
                last_name: str = None,
                first_name: str = None):
```

여기서 skip과 limit 매개 변수는 페이징 처리pagination[4]를 위해 사용되며, 사용자가 전체 목록이 아닌 일정 범위의 레코드만 선택적으로 조회할 수 있도록 한다. min_last_changed_date는 지정한 날짜 이전의 레코드를 제외하는 필터 역할을 하며, first_name과 last_name은 이름 기반의 조건 검색에 사용된다.

skip의 기본값은 0, limit의 기본값은 100으로 설정돼 있으며, 함수 호출 시 이 매개 변수의 값이 전달되지 않으면 이 값을 사용한다. 나머지 min_last_changed_date, first_name, last_name 필터 값들은 기본값이 명시되지 않아 None(null)으로 처리된다.

함수 본문에서는 이러한 필터를 활용해 쿼리를 구성하고, 마지막 줄에서 offset(skip).limit(limit).all() 구문을 통해 페이징 처리 조건을 쿼리에 적용해 결과를 반환한다.

```
    query = db.query(models.Team)
    if min_last_changed_date:
        query = query.filter(
            models.Team.last_changed_date >= min_last_changed_date)
    if team_name:
        query = query.filter(models.Team.team_name == team_name)
    if league_id:
        query = query.filter(models.Team.league_id == league_id)
    return query.offset(skip).limit(limit).all()
```

4 '쪽매김'이라고도 하며, 방대한 양의 데이터를 한 번에 모두 보여 주지 않고, 정해진 개수만큼 나눠 여러 '페이지'로 보여 주는 기술이다. 예를 들어, 온라인 쇼핑몰에서 수천 개의 상품이 있는 경우, 이 상품들을 한 번에 모두 웹페이지에 로드하면 웹페이지가 너무 느려지거나 사용자 경험이 나빠질 수 있다. 이때 쪽매김 기능을 적용해 한 페이지에 20개 또는 50개씩 상품을 보여 주고, 사용자가 '다음 페이지' 버튼을 누르거나 페이지 번호를 클릭해 다른 상품들을 볼 수 있게 할 수 있다. 데이터베이스 쿼리에서는 보통 LIMIT(가져올 레코드 수)와 OFFSET(건너뛸 레코드 수)을 사용해 쪽매김을 구현한다. – 옮긴이

마지막 줄에서는 skip과 limit 매개 변수를 적용해 페이징 처리 기능을 구현한다. 이렇게 하면 쿼리 결과 중 앞부분을 건너뛰고, 특정 개수만큼의 레코드를 조회하도록 설정해 대용량 데이터를 나눠 불러올 수 있다.

```
return query.offset(skip).limit(limit).all()
```

이 문은 쿼리 결과에 skip과 limit 매개 변수를 적용해 원하는 범위의 레코드만 선택적으로 가져온다. skip은 결과의 앞부분에서 정해진 수만큼 레코드를 건너뛰고, limit은 그 이후의 레코드 중 지정된 수만큼만 반환한다. 예를 들어, skip=0, limit=20으로 호출하면 처음 20개의 레코드를 반환하고, skip=20, limit=20으로 다시 호출하면 그다음 20개의 레코드를 가져오게 된다. 이처럼 페이징 처리가 가능해지며, 이는 대용량 데이터를 효율적으로 조회하는 데 유용하다.

다음으로 살펴볼 get_leagues 함수는 새로운 쿼리 옵션을 사용하므로 조금 더 자세히 들여다볼 필요가 있다.

```
def get_leagues(db: Session,
                skip: int = 0,
                limit: int = 100,
                min_last_changed_date: date = None,
                league_name: str = None):
    query = db.query(models.League).options(joinedload(models.League.teams))
    if min_last_changed_date:
        query = query.filter(
            models.League.last_changed_date >= min_last_changed_date)
    if league_name:
        query = query.filter(models.League.league_name == league_name)
    return query.offset(skip).limit(limit).all()
```

이 함수에서는 .options(joinedload(models.League.teams)) 문을 사용해 SQLAlchemy가 리그 데이터를 조회할 때 해당 리그에 속한 팀 데이터도 함께 가져오도록 설정한다. 이는 즉시 로딩eager loading 방식으로, 쿼리 시점에 관련 데이터를 미리 조인해 효율적으로 가져올 수 있다.

한편, 마지막에 정의된 쿼리 함수들은 AI나 LLM 기반 분석 시스템을 지원하기 위해 설계됐으며, 분석용 질문에 대해 별도의 API 엔드포인트를 제공하자는 권장 사항에 따라 만들어진 것이다. 이 함수들은 사용자 수, 리그 수, 팀 수 등 각 테이블의 레코드 수를 반환하며, 이는 AI가 페이징 처리 기능을 사용할 때 유용하고, 전체 데이터를 한꺼번에 불러오지 않고도 레코드 수에 대한 질문에 효과적으로 응답할 수 있게 한다.

```
# 분석 쿼리
def get_player_count(db: Session):
    query = db.query(models.Player)
    return query.count()

def get_team_count(db: Session):
    query = db.query(models.Team)
    return query.count()

def get_league_count(db: Session):
    query = db.query(models.League)
    return query.count()
```

이제 모든 SQLAlchemy 클래스와 도우미 함수를 정의했다. crud.py 파일에 포함된 함수들은 모두 데이터 조회read 기능만 제공하며, 이는 CRUD 중 'R'에 해당한다. 이는 모든 사용자 스토리가 읽기 전용 기능만을 요구하기 때문에 매우 적절한 구성이다. 만약 레코드를 생성create, 수정update, 삭제delete하는 기능이 필요한 API를 개발한다면, 이 파일에 해당 기능을 수행하는 함수를 추가해 확장할 수 있다. 이제 pytest를 사용해 작성한 쿼리 함수들을 단위 테스트할 차례다.

환경에 pytest 설치하기

이제 데이터베이스 관련 코드를 모두 작성했으므로 단위 테스트를 진행한다. 이 작업에는 파이썬 테스트 프레임워크인 pytest를 사용한다. 먼저 requirements.txt 파일에 pytest 라이브러리를 추가해야 하며, 업데이트된 requirements.txt 파일의 내용은 다음과 같아야 한다.

```
SQLAlchemy>=2.0.0
Pytest>=8.1.0
```

다음 명령어를 실행해 pytest를 설치한다.

```
pip3 install -r requirements.txt
```

설치가 완료되면 pytest 8.1.0 이상이 성공적으로 설치됐거나 'already satisfied'라는 메시지가 표시된다. 이후, `pip3 show Pytest` 명령어를 입력하면 다음과 같은 설치 여부 메시지를 확인할 수 있다.

```
$ pip3 show Pytest
Name: pytest
Version: 8.3.5
Summary: pytest: simple powerful testing with Python
Home-page: https://docs.pytest.org/en/latest/
Author: Holger Krekel, Bruno Oliveira, Ronny Pfannschmidt, Floris Bruynooghe,
Brianna Laugher, Florian Bruhin, Others (See AUTHORS)
Author-email:
License: MIT
```

이제 pytest를 활용해 앞서 구현한 데이터베이스 쿼리 함수에 대해 단위 테스트를 진행할 수 있다.

SQLAlchemy 코드 테스트하기

라이브러리 요약에서도 언급했듯이, pytest는 간단하고 직관적인 테스트 도구다. pytest를 사용할 때는 몇 가지 명명 규칙을 따라야 한다. 테스트를 포함하는 파일은 `test_`로 시작하거나 `_test`로 끝나는 이름을 가져야 하며, 파일 내에서는 test로 시작하는 이름의 함수가 자동으로 실행된다.

테스트 함수 내부에는 반드시 `assert` 문이 있어야 한다. 이 문이 `True`를 반환하면 테스트는 계속 진행되며, 모든 `assert` 조건이 참으로 평가되면 테스트는 성공으로 처리된다. 반대로, 하나라도 `assert` 문이 거짓으로 평가되면 `AssertionError` 예외가 발생하며, 해당 테스트는 실패로 간주된다.

3장에서 만드는 단위 테스트는 비교적 간단하다. 핵심 목적은 SQLAlchemy 클래스가 반환하는 행row의 개수가 앞에서 SQL 쿼리로 확인한 결과와 정확히 일치하는지를 검증하는 것이다.

이제 다음 내용을 test_crud.py 파일로 저장한다.

```
"""SQLAlchemy 도우미 함수 테스트"""
import pytest
from datetime import date

import crud
from database import SessionLocal

# min_last_changed_date 테스트를 위해 2024-04-01 테스트 날짜 사용
test_date = date(2024, 4, 1)

@pytest.fixture(scope="function")
def db_session():
    """데이터베이스 세션을 시작하고 완료 후 닫는다"""
    session = SessionLocal()
    yield session
    session.close()

def test_get_player(db_session):
    """첫 번째 선수를 가져올 수 있는지 테스트"""
    player = crud.get_player(db_session, player_id=1001)
    assert player.player_id == 1001

def test_get_players(db_session):
    """데이터베이스의 선수 수가 예상과 일치하는지 테스트"""
    players = crud.get_players(db_session,
                               skip=0,
                               limit=10000,
                               min_last_changed_date=test_date)
    assert len(players) == 1018

def test_get_players_by_name(db_session):
    """데이터베이스의 선수 수가 예상과 일치하는지 테스트"""
    players = crud.get_players(db_session,
```

```
                               first_name="Bryce",
                               last_name="Young")
    assert len(players) == 1
    assert players[0].player_id == 2009

def test_get_all_performances(db_session):
    """데이터베이스의 모든 성적 개수가 예상과 일치하는지 테스트"""
    performances = crud.get_performances(db_session,
                                         skip=0,
                                         limit=18000)
    assert len(performances) == 17306

def test_get_new_performances(db_session):
    """데이터베이스의 성적 개수가 예상과 일치하는지 테스트"""
    performances = crud.get_performances(db_session,
                                         skip=0,
                                         limit=18000,
                                         min_last_changed_date=test_date)
    assert len(performances) == 2711

def test_get_player_count(db_session):
    player_count = crud.get_player_count(db_session)
    assert player_count == 1018
```

먼저 이 파일이 pytest에서 요구하는 규칙을 어떻게 따르고 있는지 살펴보자. 파일 이름이 test_crud.py이므로 pytest는 이를 자동으로 테스트 파일로 인식해, 테스트 실행 시 파일 내에 정의된 함수들 중 `test_`로 시작하는 6개의 함수를 자동으로 호출한다. 각 테스트 함수는 `assert` 문으로 끝나며, 이를 통해 테스트 조건이 충족됐는지를 검증한다.

첫 번째 함수에는 `@pytest.fixture(scope="function")`이라는 데코레이터decorator가 있는데, 함수 정의 위에 위치하며, 해당 함수에 특별한 속성을 부여한다. 이 데코레이터는 테스트 설정을 준비하는 준비 단계arrange phase에서 사용되는 픽스처fixture를 정의한다. 여기서 사용된 `"function"` 스코프scope는 각 테스트 함수가 실행될 때마다 새로운 데이터베이스 세션을 생성하고, 테스트가 끝난 후 이를 종료하는 방식으로 동작한다.

```
@pytest.fixture(scope="function")
```

db_session() 함수의 본문은 먼저 데이터베이스 세션을 생성한 뒤, yield 문을 통해 테스트 함수가 해당 세션을 사용하는 동안 일시적으로 실행을 멈춘다. 이후 테스트가 완료되면 세션을 닫아 연결을 정리한다.

```
def db_session():
    """데이터베이스 세션을 시작하고 완료 후 닫는다"""
    session = SessionLocal()
    yield session
    session.close()
```

날짜 기반 쿼리가 정확히 동작하는지 확인하기 위해 performance 테이블에 대한 테스트에서는 전체 결과를 조회한 뒤, last_changed_date 조건으로 제한한 결과도 함께 검증한다. 앞서 performance 테이블에 대해 실행한 SQL 쿼리에서는 다음과 같은 결과를 얻었다.

```
sqlite> select count(*) from performance;
17306
sqlite> select count(*) from performance where last_changed_date > '2024-04-01';
2711
```

첫 번째 결과를 pytest로 확인하기 위해 작성한 테스트 함수에는 날짜 필터링 매개 변수가 없다. 따라서 전체 데이터를 기준으로 결과 개수를 확인한다.

```
def test_get_all_performances(db_session):
    """데이터베이스의 모든 성과 수가 예상과 일치하는지 테스트"""
    performances = crud.get_performances(db_session,
                                         skip=0,
                                         limit=18000)
    assert len(performances) == 17306
```

이어지는 두 번째 테스트는 날짜 필터링이 올바르게 작동하는지 확인하기 위해, 테스트 코드 상단에 정의된 test_date 변수(2024-04-01)를 last_changed_date 조건으로 사용한다. 이 날짜 이후의 데이터에 해당하는 2,711개의 레코드만 필터링돼야 한다.

```python
def test_get_new_performances(db_session):
    """데이터베이스의 성과 수가 예상과 일치하는지 테스트"""
    performances = crud.get_performances(db_session,
                                         skip=0,
                                         limit=18000,
                                         min_last_changed_date=test_date)
    assert len(performances) == 2711
```

마지막 테스트는 분석 쿼리 중 하나인 `get_player_count` 함수가 전체 선수 수를 정확히 반환하는지 검증한다.

```python
def test_get_player_count(db_session):
    player_count = crud.get_player_count(db_session)
    assert player_count == 1018
```

터미널에서 `pytest test_crud.py` 명령어를 입력해 테스트를 실행한다. 실행 결과는 다음과 비슷한 형태로 출력될 것이다.

```
$ pytest test_crud.py
============================= test session starts ==============================
platform linux -- Python 3.12.1, pytest-8.3.5, pluggy-1.6.0
rootdir: /workspaces/portfolio-project/chapter3/complete
plugins: anyio-4.9.0
collected 13 items

test_crud.py .............                                               [100%]

============================== 13 passed in 0.52s ==============================
```

이로써 SQLAlchemy로 정의한 모델 클래스와 도우미 함수들이 의도한 대로 정상 작동하는 것을 확인했으며, 데이터베이스 관련 작업을 성공적으로 마무리지었다.

참고 자료

SQL은 데이터 전문가라면 반드시 익혀야 할 핵심 기술 중 하나다. 관련 자료는 매우 다양하지만, 다음 두 도서가 학습을 시작하기에 좋은 입문서다.

- 앨런 볼리외Alan Beaulieu, 『러닝 SQLLearning SQL』(한빛미디어, 2020)
- 앨리스 자오Alice Zhao, 『SQL Pocket Guide, 4th Edition』(O'Reilly, 2021)

SQLAlchemy에 대해 더 자세히 알아보고 싶다면 SQLAlchemy 2 공식 문서[5]를 참조한다.

포트폴리오 프로젝트 확장하기

3장에서 작성한 스크립트는 일부 데이터베이스 도우미 함수들만을 테스트한다. 코드 전체 영역까지 테스트 범위를 확장하려면, 프로그램의 모든 함수를 테스트할 수 있도록 추가 테스트 스크립트를 작성해야 한다(오타나 예외 상황은 언제든지 예상과 다르게 동작하는 부분에서 발생할 수 있다). 확장된 테스트 코드는 chapter3/complete/test_crud.py 파일에서 확인할 수 있다.

만약 2장에서 별도의 포트폴리오 프로젝트를 설정했다면 다음과 같은 방식으로 3장의 내용을 확장, 적용해 볼 수 있다.

- 프로젝트의 주요 사용자를 선정하고, 해당 사용자가 수행하려는 작업이나 겪고 있는 문제를 해결하기 위해 필요한 테이블을 데이터베이스에 추가한다.
- 아이디어와 관련된 데이터를 구조화하기 위해 2개 이상의 테이블 간 상위-하위(부모-자식) 관계를 모델링한다.
- 새로운 GitHub 저장소를 생성하고, 이 저장소를 기반으로 새로운 Codespace 환경을 시작한다.
- DDL 스크립트와 데이터 적재 스크립트를 활용해 SQLite 데이터베이스를 구축하고, 샘플 데이터로 채운다.
- 3장의 코드 구조를 템플릿으로 삼아, SQLAlchemy를 사용해 데이터베이스를 파이썬 코드로 정의하고, 데이터 조회 기능을 구현한다.

이러한 방식으로 테스트와 모델링을 반복하면 실무에 적용할 수 있는 포트폴리오 프로젝트로 발전시킬 수 있다.

5 https://docs.sqlalchemy.org/en/20/index.html

요약

3장에서는 SQLite를 기반으로 데이터베이스를 만들고, SQLAlchemy를 활용해 데이터를 읽는 파이썬 코드를 구현했다. 3장에서 수행한 주요 작업은 다음과 같다.

- 데이터베이스 테이블과 테이블 간 관계를 설계했다.
- SQL 명령어를 사용해 SQLite 데이터베이스 및 테이블을 생성했다.
- CSV 파일에서 데이터를 불러와 테이블에 적재했다.
- 테이블 구조를 반영한 파이썬 모델 클래스와 데이터베이스 구성 파일 database.py를 작성했다.
- SQLAlchemy 기반의 쿼리를 수행할 도우미 함수들을 정의했다.
- pytest를 사용해 전체 데이터베이스 흐름에 대한 단위 테스트를 수행했다.

4장에서는 3장에서 구축한 데이터베이스와 쿼리 로직을 활용해, FastAPI로 RESTful API를 구현하고 외부에 데이터를 제공하는 방법을 다룬다.

4장

FastAPI 코드 개발

3장에서 SQLite 데이터베이스를 구축하고, 데이터베이스의 데이터에 접근할 수 있도록 SQLAlchemy를 활용하는 파이썬 코드를 작성했다. 4장에서는 이를 기반으로 FastAPI 프레임워크를 사용해 실제 동작하는 API를 만든다. 이를 통해 사용자 스토리를 구현할 수 있다. 구현 대상이 되는 엔드포인트를 표 4-1에 정리했다.

표 4-1 SWC 판타지 풋볼 API의 엔드포인트 목록

엔드포인트 설명	HTTP 메서드	URL
API 상태 확인	GET	/
선수 목록 조회	GET	/v0/players/
특정 선수 조회	GET	/v0/players/{player_id}/
성적 목록 조회	GET	/v0/performances/
리그 정보 조회	GET	/v0/leagues/
특정 리그 조회	GET	/v0/leagues/{league_id}/
팀 목록 조회	GET	/v0/teams/
전체 데이터 수 조회	GET	/v0/counts/

API에는 버전 0을 사용한다. 이는 이 API가 아직 초기 개발 단계에 있음을 의미하며, 사용자에게 제품이 빠르게 변화하고 있다는 사실을 알리기 위한 조치다. 이러한 버전 체계는 '호환성 문제가 발생할 수 있는 변경 사항breaking change'이 언제든지 발생할 수 있음을 암시한다. 즉, 기능이 중단되거나 API 사용자가 자신의 프로그램 코드를 수정해야 할 가능성이 있다는 점을 명확히 전달하는 목적을 가진다.

포트폴리오 프로젝트 진행

그림 4-1은 앞서 살펴본 API 구성 요소에 Uvicorn 웹 서버가 추가된 구조를 보여 준다. Uvicorn은 FastAPI 애플리케이션을 실행하고, 외부의 HTTP API 요청에 응답하는 역할을 한다.

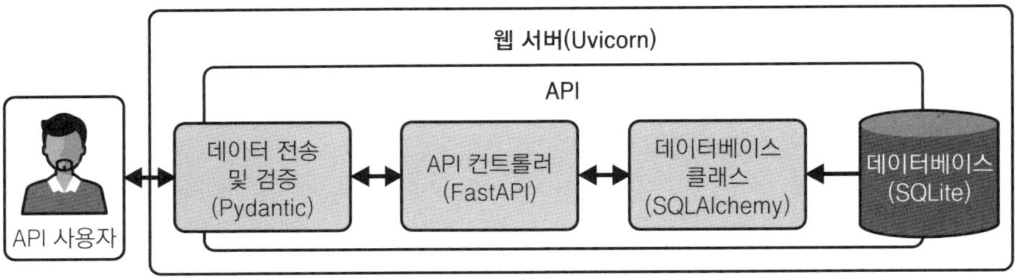

그림 4-1 Uvicorn이 포함된 API 구성 요소

3장에서는 API를 구성하는 핵심 요소 중 두 가지인 SQLite 데이터베이스와, 파이썬이 데이터와 상호 작용할 수 있도록 해주는 SQLAlchemy 클래스를 구현했다. 이번 4장에서는 이 기반 위에 남은 구성 요소를 구현해 API를 완성한다. 먼저, 요청 및 응답 메시지의 구조를 정의하는 Pydantic 스키마를 작성하고, 그다음에 전체 API 로직을 통합해 제어하는 FastAPI 애플리케이션을 구현한다.

4장에서 사용하는 소프트웨어

4장에서는 API 사용자의 요청을 처리하는 데 초점을 맞춘 도구를 추가로 사용한다. 표 4-2에 4장에서 사용하는 주요 도구를 정리했다.

표 4-2 4장에서 사용하는 새로운 도구 및 소프트웨어

소프트웨어 이름	버전	목적
FastAPI	0	API를 구축하기 위한 웹 프레임워크
FastAPI CLI	0	FastAPI 명령줄 인터페이스
HTTPX	0	파이썬용 HTTP 클라이언트

소프트웨어 이름	버전	목적
Pydantic	2	데이터 유효성 검사 및 구조 정의 라이브러리
Uvicorn	0	FastAPI 실행용 ASGI 웹 서버

FastAPI

FastAPI는 API 구축을 목적으로 설계된 파이썬 웹 프레임워크web framework다. 웹 프레임워크란 웹 애플리케이션 개발 과정에서 반복적으로 수행되는 작업을 간편하게 처리할 수 있도록 돕는 라이브러리 집합이다. 대표적인 예로는 Express, Flask, Django, Ruby on Rails 등이 있으며, FastAPI는 이러한 도구들에 비해 비교적 최근인 2018년에 세바스티안 라미레스 몬타뇨Sebastián Ramírez Montaño가 개발한 오픈 소스 프로젝트다.

FastAPI는 애플리케이션 성능과 개발자 생산성 모두를 고려해 빠르게 동작하도록 설계됐으며, 특히 API 개발에 최적화돼 있다. 이 프레임워크는 API를 구축하고 배포하는 데 필요한 여러 반복 작업을 간결하게 처리할 수 있도록 다양한 기능을 제공한다. 주요 기능은 다음과 같다.

- HTTP 요청과 응답 처리 등 네트워크 관련 작업을 단 몇 줄의 코드로 구현할 수 있다.
- API 명세를 설명하는 OAS 파일을 자동으로 생성하며, 이를 통해 외부 시스템과 쉽게 통합할 수 있다.
- 사용자가 직접 요청을 테스트해 볼 수 있는 대화형 API 문서interactive API documentation를 자동으로 제공한다.
- 버전 관리, 인증 및 보안, 요청 유효성 검증 등 다양한 고급 기능을 지원한다.

이러한 기능들은 포트폴리오 프로젝트를 진행하면서 API 사용자 입장에서 매우 유용하게 작용한다는 것을 확인할 수 있다. 또한 FastAPI에는 FastAPI CLI라는 별도의 명령줄 도구도 포함돼 있다. 이 도구는 FastAPI 애플리케이션을 명령줄에서 손쉽게 실행하고 관리할 수 있도록 도와준다.

번역 시점(2025년 5월 기준)에서 FastAPI는 여전히 0.x 버전(예: 0.115)을 유지하고 있다. 이는 시맨틱 버전 관리 규칙에 따라 아직 안정화되지 않은 개발 초기 단계이며, 향후 기능 변경이나 호환성에 영향을 줄 수 있는 중요한 수정 사항이 발생할 수 있음을 의미한다. 따라서 사용자는 이러한 변경 가능성을 염두에 두고 활용해야 한다.

HTTPX

HTTPX는 파이썬용 HTTP 클라이언트 라이브러리로, 널리 사용되는 requests 라이브러리와 기능적으로 유사하지만 비동기 요청asynchronous request을 지원한다는 점에서 차별화된다. 비동기 방식은 하나의 요청이 처리되는 동안 다른 작업을 병렬적으로 실행할 수 있게 해줘, 전체 애플리케이션의 응답성과 처리 효율을 높일 수 있다. 반면 requests는 오직 동기 호출synchronous call만 지원하므로 응답을 받을 때까지 프로그램이 대기해야 한다는 단점이 있다.

HTTPX는 FastAPI 애플리케이션의 테스트에 자주 활용되고, pytest와 함께 사용하며 API의 엔드포인트를 검증하는 데 유용하다. 이 책에서는 7장에서 파이썬 SDK를 개발할 때 HTTPX를 사용해 외부 요청을 테스트하는 방법을 실습한다.

요약하자면, HTTPX는 FastAPI 기반 애플리케이션에서 비동기 처리 성능을 극대화하고, 테스트 자동화 환경에서도 필수적으로 활용되는 핵심 도구 중 하나다.

Pydantic

Pydantic은 데이터 유효성 검사data validation를 위한 파이썬 라이브러리로, API 개발에 있어 핵심적인 역할을 담당한다. API는 시스템 간 데이터 통신을 위한 도구이므로 요청request과 응답response 데이터의 형식과 값을 정확하게 검증하는 작업이 반드시 필요하다. 많은 API 개발자와 데이터 사이언티스트들은 API 엔드포인트를 통해 오가는 데이터의 형식과 유효성을 검사하는 코드를 일일이 작성하는 데 상당한 시간을 할애한다.

이러한 반복 작업을 효율적으로 처리하기 위해 설계된 도구가 바로 Pydantic이다. 이 라이브러리는 두 가지 측면에서 빠르다. 첫째, 검증 로직을 자동화함으로써 개발자가 직접 파이썬 검증 코드를 작성하는 시간을 줄여 준다. 둘째, 핵심 로직이 Rust 언어로 구현돼 실행 속도가 매우 뛰어나다.

아울러 Pydantic으로 정의된 객체는 VS Code와 같은 통합 개발 환경에서 자동 완성, 툴팁, 데이터 타입 힌트 등의 기능을 자연스럽게 지원한다. FastAPI는 이러한 Pydantic 객체를 기반으로 JSON 스키마를 자동 생성하는데, 이 JSON 스키마는 API의 일관된 데이터 구조를 보장하는 업계 표준이다. 결과적으로 FastAPI는 Pydantic을 통해 OAS를 자동으로 만들어 주므로 외부 시스템과 통합할 때 문서화에 매우 유용하게 활용할 수 있다.

본 프로젝트에서는 Pydantic 버전 2를 사용한다.

Uvicorn

Uvicorn은 파이썬 기반의 비동기 서버 게이트웨이 인터페이스ASGI, Asynchronous Server Gateway Interface 명세를 따르는 오픈 소스 웹 서버로, FastAPI와 같은 비동기 웹 프레임워크를 실행하기 위한 표준 서버로 널리 사용된다. API를 포함한 모든 웹 애플리케이션은 클라이언트로부터 들어오는 요청과 응답을 처리하는 다양한 관리 작업을 수행해야 하며, 이를 위해 웹 서버에 의존한다.

ASGI는 동기 처리synchronous process와 비동기 처리asynchronous process 방식을 모두 지원한다. 동기 방식은 하나의 작업이 완료될 때까지 다음 처리를 대기시키는 반면, 비동기 방식은 대기 중인 작업이 있을 때도 다른 작업을 병렬로 수행할 수 있어, 전체 시스템의 효율성과 응답 속도를 높여 준다. Uvicorn은 이러한 ASGI 명세에 따라 설계돼 FastAPI 애플리케이션을 고성능으로 실행할 수 있도록 지원한다.

본 프로젝트에서는 Uvicorn 0.x 버전을 사용한다.

> 4장의 내용은 2장과 3장을 이미 완료했다는 것을 전제로 한다. 4장부터 코딩을 시작하려는 경우, 몇 가지 준비 단계가 필요하다. 먼저, 이 책의 GitHub 저장소에서 GitHub Codespace를 만들어야 한다. 전체 과정은 59쪽의 'GitHub Codespace 시작하기' 절을 참고한다.

또한 3장에서 작성한 코드는 Codespace의 chapter3/complete 디렉터리에 있는 파일을 참고한다. 이 경우, 이후 설정 명령어에서는 chapter3 대신 chapter3/complete 경로를 사용해야 한다.

4장의 실습을 진행하는 중에 문제가 발생할 경우, 마지막에 수록된 문제 해결 팁을 참고하면 도움이 될 것이다.

3장 프로젝트 파일 복사하기

3장에서 중단한 포트폴리오 프로젝트를 계속 진행하려면 작업 디렉터리를 chapter4로 이동한 뒤 3장에서 작성한 파일들을 복사해야 한다. 다음 명령어를 순서대로 실행해 파일을 복사한 후 파일에 제대로 복사됐는지 확인한다.

```
.../portfolio-project (main) $ cd chapter4
.../chapter4 (main) $ cp ../chapter3/*.py .
.../chapter4 (main) $ cp ../chapter3/fantasy_data.db .
.../chapter4 (main) $ cp ../chapter3/requirements.txt .
.../chapter4 (main) $ ls *.*
crud.py database.py fantasy_data.db models.py readme.md requirements.txt test_crud.py
```

Codespace에 새 라이브러리 설치하기

이제 API 개발에 필요한 Pydantic, FastAPI, Uvicorn 등의 새 라이브러리를 설치할 차례다. 앞서 3장에서 파이썬 `pip3` 패키지 관리자를 사용해 requirements.txt 파일을 만들고 필요한 라이브러리를 설치했다. 이번에는 requirements.txt 파일을 다음과 같이 수정해 필요한 라이브러리를 추가한다.

```
#Chapter 4 pip requirements
SQLAlchemy>=2.0.0
pydantic>=2.4.0
fastapi[standard]>=0.115.0
uvicorn>=0.23.0
Pytest>=8.1.0
httpx>=0.27.0
```

다음 명령어를 실행해 Codespace에 새로운 라이브러리를 설치하고, 3장에서 설치했던 라이브러리도 여전히 존재하는지 확인한다.

```
pip3 install -r requirements.txt
```

설치가 정상적으로 완료되면 다음과 같은 메시지가 출력된다.

```
Installing collected packages: uvicorn, pydantic, httpx, fastapi
Successfully installed fastapi-0.115.4 httpx-0.26.0 pydantic-2.4.2 uvicorn-0.23.2
```

API용 파이썬 파일 만들기

4장에서는 FastAPI 기반 프로젝트 구현을 위해 3개의 새로운 파이썬 파일을 만든다. 각 파일은 API의 주요 기능을 담당하며, 그 목적은 표 4-3과 같다.

표 4-3 4장 파일의 목적

파일명	목적
main.py	API 라우트를 정의하고 전체 API의 동작을 제어하는 FastAPI 파일
schemas.py	API로 전달되는 요청 및 응답 데이터를 검증하는 Pydantic 클래스를 정의
test_main.py	FastAPI 애플리케이션을 테스트하는 pytest 코드 파일

Pydantic 스키마 정의하기

4장에서는 API 응답 구조를 정의하기 위해 Pydantic 클래스를 사용한다. 이 클래스들은 데이터 전송 객체DTO, Data Transfer Object 설계 패턴에 기반하며, 이는 프론트엔드 사용자가 백엔드의 내부 구조를 알 필요 없이 데이터를 활용할 수 있도록 해준다. 이 포트폴리오 프로젝트에서는 백엔드와 프론트엔드 클래스가 크게 다르지 않지만, DTO를 사용하면 구조적으로 유연성을 확보할 수 있다.

Pydantic 클래스는 파이썬 코드로 정의하며, 코드 내부에서는 완전한 파이썬 객체로 동작하지만, 사용자는 HTTP 응답을 통해 JSON 객체 형태의 데이터를 받는다. 이 변환 작업은 FastAPI가 Pydantic을 이용해 자동으로 처리하는데, 이를 직렬화serialization라고 하며 별도의 변환 코드를 작성할 필요 없이 응답을 간소화할 수 있다. Pydantic 버전 2는 Rust로 구현돼 파이썬보다 훨씬 빠르게 직렬화 및 역직렬화de-serialization 작업을 수행하며, API 응답 형식은 OpenAPI 및 JSON 스키마를 기반으로 자동 정의된다. 이와 같은 스키마 정의 방식은 FastAPI 프로젝트의 문서화와 데이터 사용자 입장에서의 활용성 측면에서 큰 이점을 제공하며, SQLAlchemy 클래스에서 데이터를 받아 API 사용자에게 안전하게 전달하는 데에도 활용된다.

SQLAlchemy와 Pydantic 문서에서는 각각의 클래스를 모두 모델이라고 부르기 때문에 혼동을 일으킬 수 있다. 특히 '모델'이라는 용어가 별도의 의미를 갖는 데이터 사이언스 작업에서는 이러한 혼란이 더욱 커질 수 있다. 따라서 이 책에서는 명확한 구분을 위해 SQLAlchemy 클래스는 SQLAlchemy 모델, Pydantic 클래스는 Pydantic 스키마로 사용한다.

다음 내용을 schemas.py 파일로 저장한다.

```
"""Pydantic 스키마"""
from pydantic import BaseModel, ConfigDict
from typing import List
from datetime import date

class Performance(BaseModel):
    model_config = ConfigDict(from_attributes=True)
    performance_id: int
    player_id: int
    week_number: str
    fantasy_points: float
    last_changed_date: date

class PlayerBase(BaseModel):
    model_config = ConfigDict(from_attributes=True)
    player_id: int
    gsis_id: str
    first_name: str
    last_name: str
    position: str
    last_changed_date: date
```

```
class Player(PlayerBase):
    model_config = ConfigDict(from_attributes=True)
    performances: List[Performance] = []

class TeamBase(BaseModel):
    model_config = ConfigDict(from_attributes=True)
    league_id: int
    team_id: int
    team_name: str
    last_changed_date: date

class Team(TeamBase):
    model_config = ConfigDict(from_attributes=True)
    players: List[PlayerBase] = []

class League(BaseModel):
    model_config = ConfigDict(from_attributes=True)
    league_id: int
    league_name: str
    scoring_type: str
    last_changed_date: date
    teams: List[TeamBase] = []

class Counts(BaseModel):
    league_count: int
    team_count: int
    player_count: int
```

이 파일에 정의된 Pydantic 스키마는 뒤에서 구현할 API 엔드포인트의 응답 구조를 만드는 데 사용된다. 주 스키마primary schema는 엔드포인트에서 직접 반환되며, 보조 스키마secondary schema는 주 스키마의 속성으로 함께 제공된다. 예를 들어, `/v0/players/` 엔드포인트는 `Player` 객체 목록(주 스키마)을 반환하고, 각 객체는 `Player.performances` 속성(보조 스키마)을 포함한다. 표 4-4에 API 엔드포인트와 해당 스키마 간의 매핑을 정리했다.

표 4-4 스키마와 엔드포인트 매핑

엔드포인트 URL	주 스키마	보조 스키마
/	없음	없음
/v0/players/	Player	Performance
/v0/players/{player_id}/	Player	Performance
/v0/performances/	Performance	없음
/v0/leagues/	League	TeamBase
/v0/leagues/{league_id}	League	TeamBase
/v0/teams/	Team	PlayerBase
/v0/counts/	Counts	없음

Performance 클래스는 4장에서 처음 정의하는 가장 단순한 Pydantic 스키마다.

```
class Performance(BaseModel):
    model_config = ConfigDict(from_attributes = True)
    performance_id : int
    player_id : int
    week_number : str
    fantasy_points : float
    last_changed_date : date
```

이 클래스는 사용자가 받아보게 될 성적 데이터를 나타낸다. 사용자의 관점에서 성적은 선수가 1주일 동안 경기에 출전해 기록한 성과를 의미한다. 이 클래스의 각 항목을 SQLAlchemy 모델과 비교해 보면, Performance 모델이 갖고 있는 모든 요소가 포함돼 있음을 알 수 있다.

Performance 클래스는 Pydantic의 BaseModel 클래스를 상속받아, 다음과 같은 여러 기능을 기본적으로 제공한다.

- 데이터 타입 유효성 검사
- 파이썬 객체를 JSON으로 자동 변환(직렬화)
- 오류 발생 시 직관적인 예외 메시지 출력
- SQLAlchemy 모델과의 자동 연동

Pydantic에서는 클래스의 각 필드에 데이터 타입을 지정할 때 등호(=) 대신 콜론(:)을 사용한다. 이는 SQLAlchemy에서 사용하는 문법과 다르므로 혼동하지 않도록 주의해야 한다. 이런 문법 차이는 처음 접할 때 실수를 유발할 수 있으니 코드를 작성하거나 검토할 때 꼼꼼히 확인해야 한다.

선수 데이터는 PlayerBase와 Player라는 2개의 Pydantic 스키마로 구성된다. 이렇게 데이터를 2개의 클래스로 나누면 어떤 상황에서는 제한된 정보만 제공하고, 다른 상황에서는 전체 정보를 공유할 수 있다. 이 두 스키마는 다음과 같다.

```
class PlayerBase(BaseModel):
    model_config = ConfigDict(from_attributes = True)
    player_id : int
    gsis_id: str
    first_name : str
    last_name : str
    position : str
    last_changed_date : date

class Player(PlayerBase):
    model_config = ConfigDict(from_attributes = True)
    performances: List[Performance] = []
```

선수 데이터를 표현하기 위해 PlayerBase와 Player의 Pydantic 스키마를 사용한다. PlayerBase는 BaseModel을 상속받으며, 선수 정보를 구성하는 대부분의 필드를 포함하지만, performances 목록은 제외돼 있다. 이 스키마는 /v0/teams/ 엔드포인트에서 보조 스키마로 사용되며, API 호출 시 전송되는 데이터 양을 줄이기 위한 목적을 가진다. 예를 들어, 사용자가 Team 목록을 요청할 때는 팀에 속한 선수들의 기본 정보만 필요하지 각 선수의 모든 성적 데이터를 함께 받아볼 필요는 없다.

반면 Player 스키마는 PlayerBase를 상속받고 performances 리스트를 추가한 확장 버전으로, /v0/players/ 및 /v0/players/{player_id}/와 같은 엔드포인트에서 사용된다. 이러한 경우에는 특정 선수에 대한 성적 정보까지 함께 제공돼야 하므로 전체 데이터를 포함하는 스키마가 필요하다.

이처럼 Player 데이터를 2개의 스키마로 분리하면 상황에 따라 필요한 정보만 효율적으로 제공할 수 있으며, 데이터 전송량을 효과적으로 조절할 수 있다.

PlayerBase의 또 다른 용도를 확인하기 위해 다음 2개의 스키마를 살펴보자.

```
class TeamBase(BaseModel):
    model_config = ConfigDict(from_attributes = True)
    league_id : int
    team_id : int
    team_name : str
    last_changed_date : date

class Team(TeamBase):
    model_config = ConfigDict(from_attributes = True)
    players: List[PlayerBase] = []
```

다음은 Team과 League 스키마에 대한 설명이다. Team 객체는 players: List[PlayerBase] = [] 필드를 포함하며, 이는 Team.players에 포함된 각 항목이 제한된 정보만 담고 있는 PlayerBase 스키마라는 것을 의미한다. 이러한 방식은 API 응답 시 데이터 전송량을 줄이기 위한 것으로, 표 4-4에 명시된 바와 같이 /v0/teams/ 엔드포인트에서 PlayerBase가 보조 스키마로 사용되는 대표적인 사례다.

이어서 정의할 League 스키마에서도 유사한 구조가 적용된다.

```
class League(BaseModel):
    model_config = ConfigDict(from_attributes = True)
    league_id : int
    league_name : str
    scoring_type : str
    last_changed_date : date
    teams: List[TeamBase] = []
```

League 클래스의 teams 필드는 TeamBase 객체 리스트로 구성돼 있으며, 이는 /v0/leagues/ 및 /v0/leagues/{league_id} 엔드포인트에서 TeamBase가 보조 스키마로 사용되는 구조를 보여 준다. 이로써 TeamBase는 앞서 본 /v0/teams/에 이어 두 번째로 재사용된다.

이어서 정의할 스키마는 `/v0/counts/` 엔드포인트에서 제공하는 통계 정보를 위한 특수 목적 스키마다. 이 `Counts` 스키마는 데이터베이스 테이블에 직접 매핑되지 않기 때문에 `model_config` 요소를 포함하지 않으며, API에서 리그, 팀, 선수의 전체 레코드 수를 응답으로 제공하는 역할을 수행한다. 이는 통계 요약 정보를 간결하게 전달하기 위한 전용 구조로 활용된다.

```
class Counts(BaseModel):
    league_count : int
    team_count : int
    player_count : int
```

이제 API 응답에 사용될 DTO 스키마를 모두 만들었다. 지금까지 정의한 이 DTO는 API 사용자에게 데이터를 전송하는 데 사용된다. 이제 마지막 단계로, 이 스키마를 기반으로 실제 API 동작을 처리할 FastAPI 컨트롤러 클래스를 만든다.

FastAPI Controller 만들기

이제 앞에서 구성한 모든 파이썬 파일이 준비됐으므로 main.py 파일에서 FastAPI 기능을 사용해 이 파일들을 통합한다. FastAPI는 몇 줄의 코드만으로도 다양한 작업을 수행할 수 있을 만큼 강력하다.

다음 내용을 main.py 파일로 저장한다.

```
"""FastAPI 프로그램 - 4장"""
from fastapi import Depends, FastAPI, HTTPException
from sqlalchemy.orm import Session
from datetime import date

import crud, schemas
from database import SessionLocal

app = FastAPI()

# 종속성
def get_db():
    db = SessionLocal()
```

```
    try:
        yield db
    finally:
        db.close()

@app.get("/")
async def root():
    return {"message": "API 상태 확인 성공"}

@app.get("/v0/players/", response_model=list[schemas.Player])
def read_players(skip: int = 0,
                 limit: int = 100,
                 minimum_last_changed_date: date = None,
                 first_name: str = None,
                 last_name: str = None,
                 db: Session = Depends(get_db)):
    players = crud.get_players(db,
                               skip=skip,
                               limit=limit,
                               min_last_changed_date=minimum_last_changed_date,
                               first_name=first_name,
                               last_name=last_name)
    return players

@app.get("/v0/players/{player_id}", response_model=schemas.Player)
def read_player(player_id: int, db: Session = Depends(get_db)):
    player = crud.get_player(db, player_id=player_id)
    if player is None:
        raise HTTPException(status_code=404, detail="선수를 찾을 수 없습니다!"
    return player

@app.get("/v0/performances/", response_model=list[schemas.Performance])
def read_performances(skip: int = 0,
                      limit: int = 100,
                      minimum_last_changed_date: date = None,
                      db: Session = Depends(get_db)):
    performances = crud.get_performances(db,
                                         skip=skip,
                                         limit=limit,
                                         min_last_changed_date=minimum_last_changed_
date)
```

```
    return performances

@app.get("/v0/leagues/{league_id}", response_model=schemas.League)
def read_league(league_id: int, db: Session = Depends(get_db)):
    league = crud.get_league(db, league_id=league_id)
    if league is None:
        raise HTTPException(status_code=404, detail="리그를 찾을 수 없습니다!")
    return league

@app.get("/v0/leagues/", response_model=list[schemas.League])
def read_leagues(skip: int = 0,
                 limit: int = 100,
                 minimum_last_changed_date: date = None,
                 league_name: str = None,
                 db: Session = Depends(get_db)):
    leagues = crud.get_leagues(db,
                               skip=skip,
                               limit=limit,
                               min_last_changed_date=minimum_last_changed_date,
                               league_name=league_name)
    return leagues

@app.get("/v0/teams/", response_model=list[schemas.Team])
def read_teams(skip: int = 0,
               limit: int = 100,
               minimum_last_changed_date: date = None,
               team_name: str = None,
               league_id: int = None,
               db: Session = Depends(get_db)):
    teams = crud.get_teams(db,
                           skip=skip,
                           limit=limit,
                           min_last_changed_date=minimum_last_changed_date,
                           team_name=team_name,
                           league_id=league_id)
    return teams

@app.get("/v0/counts/", response_model=schemas.Counts)
def get_count(db: Session = Depends(get_db)):
    counts = schemas.Counts(league_count=crud.get_league_count(db),
```

```
                                team_count=crud.get_team_count(db),
                                player_count=crud.get_player_count(db))
    return counts
```

FastAPI 파일의 코드를 살펴보자. 가장 먼저 확인할 부분은 `import` 문이다.

```
from fastapi import Depends, FastAPI, HTTPException ❶
from sqlalchemy.orm import Session ❷
from datetime import date ❸

import crud, schemas ❹
from database import SessionLocal ❺
```

❶ 이 파일에서는 FastAPI 애플리케이션을 구성하는 데 필요한 여러 라이브러리와 모듈을 불러온다. `FastAPI`, `Depends`, `HTTPException`은 FastAPI 라이브러리에서 제공하는 기능으로, 이 프로그램이 FastAPI 기반 웹 애플리케이션임을 정의하는 데 사용된다.
❷ `Session`은 crud.py에서 데이터베이스 쿼리를 수행할 때 사용할 SQLAlchemy 세션이다.
❸ `date`는 마지막 변경 날짜를 기준으로 쿼리를 수행할 때 필요한 데이터 타입이다.
❹ `crud`와 `schemas`는 각각 SQLAlchemy 모델과 Pydantic 스키마를 정의한 모듈로, 이 파일에서 이들을 참조해 API 응답을 구성한다.
❺ 마지막으로, `SessionLocal`은 SQLite 데이터베이스에 연결하기 위한 공통 데이터베이스 세션 객체를 제공한다.

계속해서 코드를 살펴보자.

```
app = FastAPI()

# 종속성
def get_db():
    db = SessionLocal()
    try:
        yield db
    finally:
        db.close()
```

FastAPI에서 가장 핵심이 되는 클래스는 `FastAPI` 클래스이며, 이 클래스는 API가 수행해야 할 다양한 작업을 대부분 자동으로 처리할 수 있도록 설계돼 있다. 개발자는 모든 세부 사항을 일일이 지정하지 않아도 기본적인 API 기능을 쉽게 구현할 수 있다.

FastAPI 인스턴스를 생성하고 이를 app이라는 이름으로 정의하면, 이 인스턴스를 기준으로 나머지 API 경로들을 모두 등록하게 된다. 나중에 이 API를 실행할 때는 명령줄에서 main:app이라고 입력하면 된다. 여기서 main은 파일 이름(main.py)이며, app은 그 안에 정의된 FastAPI 인스턴스를 가리킨다. 즉, Uvicorn은 main.py 안에 있는 app이라는 객체를 찾아 실행하는 방식이다.

다음으로 정의되는 get_db() 함수는 SQLAlchemy의 데이터베이스 세션을 생성하고, 요청 처리가 끝난 뒤에는 세션을 안전하게 닫는 역할을 한다. 이 함수는 yield와 finally 구문을 활용해 세션의 생성과 종료를 적절히 제어하며, main.py 파일 안에 정의된 API 경로 함수에서 db: Session = Depends(get_db) 형식으로 종속성을 받아 사용된다. 이처럼 FastAPI는 단 몇 줄의 코드만으로도 강력한 기능을 구현할 수 있도록 구성돼 있다.

```
@app.get("/")
async def root():
    return {"message": "API 상태 확인 성공"}
```

@app.get("/")는 데코레이터로, 함수 정의 위에 위치하며 해당 함수에 특별한 속성을 부여한다. 여기서는 async def root() 함수가 FastAPI의 요청 핸들러request handler로 동작하도록 지정한다.

이 함수는 사용자가 API의 루트 URL, 즉 /에 접근할 때 호출되며, 간단한 메시지를 반환해 전체 API의 상태를 확인health check하는 역할을 한다. 이처럼 데코레이터는 FastAPI에서 엔드포인트의 동작을 정의하는 핵심 요소이며, 이어지는 코드에서는 사용자 스토리를 반영한 첫 번째 실제 엔드포인트를 정의한다.

```
@app.get("/v0/players/", response_model=list[schemas.Player])
def read_players(skip: int = 0,
                 limit: int = 100,
                 minimum_last_changed_date: date = None,
                 first_name: str = None,
                 last_name: str = None,
                 db: Session = Depends(get_db)
                 ):
```

```
    players = crud.get_players(db,
                               skip=skip,
                               limit=limit,
                               min_last_changed_date=minimum_last_changed_date,
                               first_name=first_name,
                               last_name=last_name)
    return players
```

표 4-1에 HTTP 메서드와 URL 조합으로 구성된 엔드포인트를 정의했었다. FastAPI에서는 이러한 엔드포인트(또는 경로[route])를 각 함수 위에 데코레이터를 사용해 구현한다. 데코레이터는 해당 함수가 어떤 HTTP 요청을 처리하고 어떤 URL 경로에 대응하는지를 지정하는 역할을 한다.

예를 들어, main.py 파일의 모든 엔드포인트는 `@app.get()` 데코레이터를 통해 `GET` 메서드로 정의돼 있으며, `get()` 함수의 첫 번째 매개 변수는 상대 URL이다. 이 예제의 경우, URL은 `/v0/players/`이다. 두 번째 매개 변수인 `response_model=list[schemas.Player]`는 이 엔드포인트가 schemas.py에 정의된 `Player` Pydantic 스키마의 리스트를 반환한다는 정보를 FastAPI에 제공한다. 이 정의는 FastAPI가 자동 생성하는 OAS에 포함되므로 API 사용자는 응답 데이터가 사전에 정의된 형식대로 제공된다는 것을 확인하고 신뢰할 수 있다.

이제 이 데코레이터가 적용된 함수의 시그니처를 살펴보자.

```
def read_players(skip: int = 0,
                 limit: int = 100,
                 minimum_last_changed_date: date = None,
                 first_name: str = None,
                 last_name: str = None,
                 db: Session = Depends(get_db)):
```

이 함수는 여러 가지 작업을 수행한다. 먼저 마지막 매개 변수인 `db`는 이 파일 상단에 정의된 `get_db()` 함수에 의해 생성된 SQLAlchemy 세션 객체다. 이 매개 변수를 `Depends()`로 감싸면 FastAPI가 이 함수에 필요한 데이터베이스 세션을 알아서 준비해 해당 함수에 넘겨준다.

그 앞의 매개 변수인 `skip: int = 0`, `limit: int = 100`, `first_name: str = None`, `last_name: str = None`은 모두 기본값을 가진 선택적 매개 변수다. FastAPI는 이들을 자동으로 API 정의에 쿼리 매개 변수로 포함시킨다. 쿼리 매개 변수는 URL의 끝에 물음표(?)를 붙이고 앰퍼샌드(&)로 구분해 전달된다.

예를 들어, 사용자가 이 API를 호출할 때 URL 형식은 다음과 같다.

- HTTP 메서드: `GET`
- URL: `{base URL}/v0/players/?first_name=Bryce&last_name=Young`

`read_players()` 함수 내부에서는 crud.py 파일에 정의된 `get_players()` 함수를 호출해, 데이터베이스에서 주어진 조건에 맞는 선수 정보를 조회한다. 반환된 결과는 players 객체에 저장되며, FastAPI는 이 객체가 `list[schemas.Player]` 정의와 일치하는지 검증한다. 검증이 완료되면 Pydantic이 해당 파이썬 객체를 JSON 형식으로 직렬화해 API 사용자에게 응답으로 전달한다.

다음 엔드포인트에서는 FastAPI의 두 가지 추가 기능을 활용한다.

```
@app.get("/v0/players/{player_id}", response_model=schemas.Player)
def read_player(player_id: int, db: Session = Depends(get_db)):
    player = crud.get_player(db, player_id=player_id)
    if player is None:
        raise HTTPException(status_code=404, detail="선수를 찾을 수 없습니다!")
    return player
```

이번 엔드포인트에서는 URL 경로에 `{player_id}`라는 경로 매개 변수[path parameter]가 포함돼 있다. 이 매개 변수는 `?`와 `&`로 구분되는 쿼리 매개 변수와 달리, URL 경로 자체에 포함되는 요청 요소다. 예를 들어, 사용자는 다음과 같은 방식으로 이 엔드포인트를 호출할 수 있다.

- HTTP 메서드: `GET`
- URL: `{base URL}/v0/players/12345?skip=10&limit=50`

해당 함수는 내부적으로 도우미 함수인 get_player()를 호출한 결과를 검사해, 반환된 레코드가 없을 경우 HTTPException을 발생시킨다. 이는 웹 애플리케이션에서 상태 정보를 전달하기 위해 널리 사용하는 표준 방식이다. 특히 RESTful API에서는 HTTP 상태 코드[1]를 통해 예측 가능하고 신뢰할 수 있는 통신을 구현하는 것이 바람직하다. 이 엔드포인트의 경우, 검색 대상인 선수를 찾을 수 없을 때 404 Not Found 상태 코드와 함께 '선수를 찾을 수 없습니다!' 메시지를 반환한다.

이후에 이어지는 4개의 엔드포인트에서는 새로운 기능이 추가되지는 않지만, 앞서 정의한 사용자 스토리를 모두 충족시키는 데 중요한 역할을 한다.

```
@app.get("/v0/performances/", response_model=list[schemas.Performance])
def read_performances(skip: int = 0,
                      limit: int = 100,
                      minimum_last_changed_date: date = None,
                      db: Session = Depends(get_db)):
    performances = crud.get_performances(db,
                                         skip=skip,
                                         limit=limit,
                                         min_last_changed_date=minimum_last_changed_
date)
    return performances

@app.get("/v0/leagues/{league_id}", response_model=schemas.League)
def read_league(league_id: int, db: Session = Depends(get_db)):
    league = crud.get_league(db, league_id=league_id)
    if league is None:
        raise HTTPException(status_code=404, detail="리그를 찾을 수 없습니다!")
    return league

@app.get("/v0/leagues/", response_model=list[schemas.League])
def read_leagues(skip: int = 0,
                 limit: int = 100,
                 minimum_last_changed_date: date = None,
                 league_name: str = None,
                 db: Session = Depends(get_db)):
```

1 https://en.wikipedia.org/wiki/List_of_HTTP_status_codes

```python
    leagues = crud.get_leagues(db,
                               skip=skip,
                               limit=limit,
                               min_last_changed_date=minimum_last_changed_date,
                               league_name=league_name)
    return leagues

@app.get("/v0/teams/", response_model=list[schemas.Team])
def read_teams(skip: int = 0,
               limit: int = 100,
               minimum_last_changed_date: date = None,
               team_name: str = None,
               league_id: int = None,
               db: Session = Depends(get_db)):
    teams = crud.get_teams(db,
                           skip=skip,
                           limit=limit,
                           min_last_changed_date=minimum_last_changed_date,
                           team_name=team_name,
                           league_id=league_id)
    return teams
```

마지막으로, 최종 엔드포인트는 리그, 팀, 선수의 총 개수를 제공하며, `/v0/counts/` 경로에서 확인할 수 있다.

```python
@app.get("/v0/counts/", response_model=schemas.Counts)
def get_count(db: Session = Depends(get_db)):
    counts = schemas.Counts(league_count = crud.get_league_count(db),
                            team_count = crud.get_team_count(db),
                            player_count = crud.get_player_count(db))
    return counts
```

FastAPI와 Pydantic은 기본적인 설정만으로도 상당히 강력한 기능을 제공하며, 유효성 검사, 직렬화, 명세 자동 생성 등 다양한 기능을 손쉽게 구현할 수 있도록 지원한다. 이러한 라이브러리를 활용하면 비교적 적은 양의 코드로도 고도화된 API를 구축할 수 있다.

API 테스트

이번 절에서는 pytest를 사용해 main.py 파일에 대해 FastAPI 애플리케이션을 테스트하는 방법을 알아본다. 테스트 목적은 3장의 crud.py 테스트와 마찬가지로, 각 API 엔드포인트가 예상한 수의 레코드를 정확히 반환하는지를 검증하는 것이다. 이때 반환되는 레코드 수는 80쪽에서 살펴본 '데이터 불러오기' 절의 SQL 쿼리 결과를 기준으로 확인할 수 있다.

이를 위해 먼저 test_main.py라는 이름의 테스트 파일을 새로 만들고, FastAPI에서 제공하는 `TestClient` 클래스를 이용해 테스트 코드를 작성한다. 이 테스트는 실제 웹 서버를 실행하지 않고도 FastAPI 애플리케이션의 동작을 검증할 수 있도록 설계됐다.

```
from fastapi.testclient import TestClient
from main import app

client = TestClient(app)

# API 상태 확인 엔드포인트 테스트
def test_read_main():
    response = client.get("/")
    assert response.status_code == 200
    assert response.json() == {"message": "API 상태 확인 성공"}

# /v0/players/ 엔드포인트 테스트
def test_read_players():
    response = client.get("/v0/players/?skip=0&limit=10000")
    assert response.status_code == 200
    assert len(response.json()) == 1018

def test_read_players_by_name():
    response = client.get("/v0/players/?first_name=Bryce&last_name=Young")
    assert response.status_code == 200
    assert len(response.json()) == 1
    assert response.json()[0].get("player_id") == 2009

# /v0/players/{player_id} 엔드포인트 테스트
def test_read_players_with_id():
```

```
    response = client.get("/v0/players/1001/")
    assert response.status_code == 200
    assert response.json().get("player_id") == 1001

# /v0/performances/ 엔드포인트 테스트
def test_read_performances():
    response = client.get("/v0/performances/?skip=0&limit=20000")
    assert response.status_code == 200
    assert len(response.json()) == 17306

# 변경된 날짜를 포함한 /v0/performances/ 엔드포인트 테스트
def test_read_performances_by_date():
    response = client.get(
        "/v0/performances/?skip=0&limit=20000&minimum_last_changed_date=2024-04-01"
    )
    assert response.status_code == 200
    assert len(response.json()) == 2711

# /v0/leagues/{league_id} 엔드포인트 테스트
def test_read_leagues_with_id():
    response = client.get("/v0/leagues/5002/")
    assert response.status_code == 200
    assert len(response.json()["teams"]) == 8

# /v0/leagues/ 엔드포인트 테스트
def test_read_leagues():
    response = client.get("/v0/leagues/?skip=0&limit=500")
    assert response.status_code == 200
    assert len(response.json()) == 5

# /v0/teams/ 엔드포인트 테스트
def test_read_teams():
    response = client.get("/v0/teams/?skip=0&limit=500")
    assert response.status_code == 200
    assert len(response.json()) == 20

# 특정 리그의 팀을 위한 /v0/teams/ 엔드포인트 테스트
def test_read_teams_for_one_league():
    response = client.get("/v0/teams/?skip=0&limit=500&league_id=5001")
    assert response.status_code == 200
```

```
    assert len(response.json()) == 12

# 개수 함수 테스트
def test_counts():
    response = client.get("/v0/counts/")
    response_data = response.json()
    assert response.status_code == 200
    assert response_data["league_count"] == 5
    assert response_data["team_count"] == 20
    assert response_data["player_count"] == 1018
```

이 파일은 `import` 문과 함께 `TestClient` 클래스를 생성하는 코드로 시작된다.

```
from fastapi.testclient import TestClient  ❶
from main import app  ❷

client = TestClient(app)  ❸
```

❶ `TestClient`는 FastAPI 애플리케이션을 웹 서버에 올리지 않고도 테스트할 수 있게 해주는 특별한 클래스다.

❷ main.py에서 정의한 FastAPI 인스턴스인 app을 참조한다.

❸ 이 app을 기반으로 실제 테스트를 수행할 `TestClient` 객체를 만든다.

이제 몇 가지 테스트 함수를 살펴보자.

```
# API 상태 확인 엔드포인트 테스트
def test_read_main():
    response = client.get("/")
    assert response.status_code == 200
    assert response.json() == {"message": "API 상태 확인 성공"}
```

먼저 루트 경로(/)에 대한 테스트 함수는 `TestClient`를 사용해 실제 API 호출을 시뮬레이션하고, HTTP 응답 코드가 `200`(성공)인지 확인한다. 이어서 반환된 JSON 응답이 예상한 메시지와 정확히 일치하는지도 함께 검증한다. 이러한 방식은 이후 정의된 다른 테스트 함수들에서도 동일하게 적용되며, 각각의 엔드포인트에 대해 요청 결과가 기대한 동작을 수행하는지 확인하는 데 활용된다.

다음 테스트 함수는 기능을 확장해 더 많은 경우를 검증한다.

```
# /v0/players/ 엔드포인트 테스트
def test_read_players():
    response = client.get("/v0/players/?skip=0&limit=10000")
    assert response.status_code == 200
    assert len(response.json()) == 1018
```

먼저 get()에 전달된 URL은 skip과 limit 매개 변수를 사용하며, 두 번째 assert 문을 통해 API가 반환한 선수 목록의 길이가 정확히 1,018명인지 확인한다.

이어지는 테스트에서는 이름을 기준으로 선수를 검색하는 기능을 검증한다. 데이터베이스는 선수 이름의 고유성을 보장하지 않지만, 실제로는 중복되는 이름이 드물기 때문에 일반적으로 이름 기반 검색이 통용된다.

이러한 키 없이 이름으로 검색하는 방식은 1장에서 제시한 AI 중심 설계 철학과도 잘 부합한다.

```
def test_read_players_by_name():
    response = client.get("/v0/players/?first_name=Bryce&last_name=Young")
    assert response.status_code == 200
    assert len(response.json()) == 1
    assert response.json()[0].get("player_id") == 2009
```

이 테스트 함수에는 2개의 assert 문이 있다. 하나는 쿼리 결과로 단 하나의 레코드만 반환됐는지를 확인하고(예: Bryce Young은 1명이다), 다른 하나는 해당 선수의 player_id가 정확히 2009인지 검증한다.

전체 test_main.py 파일에는 총 11개의 테스트 함수가 있으며, 이 테스트 파일을 실행하려면 터미널에서 다음 명령어를 입력한다.

```
.../chapter4 (main) $ pytest test_main.py
============================ test session starts ==============================
platform linux -- Python 3.12.1, pytest-8.3.5, pluggy-1.6.0
rootdir: /workspaces/portfolio-project/chapter4/complete
plugins: anyio-4.9.0
```

```
collected 11 items

test_main.py ...........                                                    [100%]

============================== 11 passed in 2.53s ==============================
```

이렇게 하면 FastAPI 애플리케이션이 pytest를 통해 정상적으로 작동하는지를 검증할 수 있다. 테스트가 모두 통과되면 다음 단계로 실제 웹 서버(Uvicorn 등)에서 API를 실행할 수 있다.

API 실행하기

드디어 기다리던 순간이 왔다. 이제 API를 실제로 실행해 볼 차례다. 명령줄에서 다음 명령어를 입력한다.

```
.../chapter4 (main) $ fastapi run main.py
```

이 명령을 실행하면 그림 4-2와 같이 FastAPI 애플리케이션이 시작되는 모습을 확인할 수 있다.

```
 FastAPI   Starting production server 🚀

           Searching for package file structure from directories with __init__.py files
           Importing from /workspaces/portfolio-project/chapter4/complete

  module   🐍 main.py

    code   Importing the FastAPI app object from the module with the following code:

           from main import app

     app   Using import string: main:app

  server   Server started at http://0.0.0.0:8000
  server   Documentation at http://0.0.0.0:8000/docs

           Logs:

    INFO   Started server process [8701]
    INFO   Waiting for application startup.
    INFO   Application startup complete.
    INFO   Uvicorn running on http://0.0.0.0:8000 (Press CTRL+C to quit)
```

그림 4-2 명령줄에서 실행되는 FastAPI

Codespace 환경에서는 그림 4-3과 같이 '**포트 8000에서 실행되는 애플리케이션을 사용할 수 있습니다** Your application running cn port 8000 is available'라는 알림 창이 뜬다.

그림 4-3 Codespace 브라우저 창 팝업 메시지

브라우저에서 열기 Open in Browser를 클릭하면 Codespace 외부에 새로운 브라우저 탭이 열린다. 이 탭에는 app.github.dev로 끝나는 기본 URL이 표시되며, 실행 중인 API로부터의 응답이 나타난다. 정상적으로 실행됐다면 웹 브라우저에서 다음과 같은 상태 확인 메시지를 볼 수 있다.

```
{"message":"API 상태 확인 성공"}
```

이 메시지는 API가 정상적으로 실행되고 있다는 것을 보여 준다.

이제 다음 단계로 데이터를 조회하는 API 엔드포인트를 테스트해 보자. 브라우저의 기본 URL 뒤에 경로 /v0/performances/?skip=0&limit=1을 입력한다. 예를 들어, 전체 URL은 https://happy-pine-tree-1234-8000.app.github.dev/v0/performances/?skip=0&limit=1과 같을 수 있다.

모든 것이 정상적으로 작동하고 있다면 브라우저에는 다음과 같은 데이터가 표시된다.

```
[{"performance_id":2501,"player_id":1001,"week_number":"202301", "fantasy_
points":20.0,"last_changed_date":"2024-03-01"}]
```

4장에서는 다소 많은 내용을 다뤘기 때문에 중간에 오류가 발생했거나 기대한 결과를 얻지 못했을 수도 있다. 하지만 걱정하지 않아도 된다. 이는 누구나 겪을 수 있는 일이며, 다음과 같은 방법으로 문제를 해결할 수 있다.

- 먼저 `pip3 install -r requirements.txt` 명령을 다시 실행해 필요한 패키지가 모두 설치됐는지 확인한다.

- 다음으로 브라우저 주소창에 입력한 경로를 다시 한번 확인한다. 이때, /나 ?와 같은 구분 기호 하나가 결과에 영향을 줄 수 있다.
- 또한 명령줄에 출력된 FastAPI 관련 오류 메시지를 확인해 보는 것도 중요하다.
- 환경 구성을 다시 점검하고 싶다면 FastAPI 공식 튜토리얼[2]에 소개된 간단한 예제를 따라 실행해 보는 것이 도움이 된다.
- 만약 텍스트 줄바꿈 등의 문제로 형식 오류가 발생했다면 GitHub 저장소에 있는 예제 파일과 비교해 본다.

이와 같은 점검 과정을 통해 대부분의 문제는 해결할 수 있다.

첫 번째 API 엔드포인트가 제대로 작동했다면, 이제 표 4-1에 소개된 다른 URL도 브라우저에서 입력해서 테스트해 보자. 이를 통해 모든 사용자 스토리를 성공적으로 구현했는지 확인할 수 있다. 모든 테스트를 완료했다면 이제 여러분은 자신 있게 API 개발자가 됐다고 말할 수 있다. 축하한다!

참고 자료

추가로 FastAPI에 대해 더 깊이 배우고 싶다면 FastAPI의 기본 개념부터 실전 활용까지 폭넓은 내용을 다루는 공식 FastAPI 튜토리얼[3]과 참조 문서[4]가 유용하다.

FastAPI 기반의 프로젝트를 체계적으로 구축하는 방법을 알고 싶다면, 빌 루바노빅Bill Lubanovic의 『처음 시작하는 FastAPI: 모던 파이썬 개념부터 실전 프로젝트까지, 따라 하며 배우는 웹 백엔드 개발FastAPI: Modern Python Web Development』(한빛미디어, 2024)을 참고한다.

공식 FastAPI 전문가 마르셀로 트릴레신스키Marcelo Trylesinski가 제공하는 실용적인 팁 모음인 'FastAPI Tips'[5]도 실무에 도움이 되는 유익한 자료다.

2 https://fastapi.tiangolo.com/tutorial/first-steps/

3 https://fastapi.tiangolo.com/

4 https://fastapi.tiangolo.com/reference/

5 https://github.com/kludex/fastapi-tips

4장에서 사용한 Pydantic 2.4 버전에 대한 자세한 설명은 공식 문서[6]에서 확인할 수 있다.

FastAPI 실행에 사용한 Uvicorn의 다양한 기능은 공식 Uvicorn 문서[7]에서 찾아볼 수 있다.

포트폴리오 프로젝트 확장하기

4장에서 익힌 내용을 바탕으로 포트폴리오 프로젝트를 다음과 같은 방향으로 확장해 볼 수 있다. 첫째, pytest에 대해 더 많이 알 수 있도록 새로운 테스트를 해본다. 예를 들어, 보조 클래스나 스키마가 데이터를 정확히 조회하는지 검증하는 테스트를 만들어 볼 수 있다. 둘째, 사용자 입장에서 유용할 수 있는 추가 매개 변수를 식별하고, 이를 FastAPI 프로그램, Pydantic 스키마, 도우미 함수에 반영해 기능을 확장해 본다. 셋째, 앞서 만든 API 프로젝트가 있다면 4장에서 구현한 FastAPI 및 Pydantic 코드를 직접 적용해 실습을 해본다. 이렇게 해보면 실제 프로젝트 경험을 심화하고, 실무 수준의 API 개발 역량을 다지는 데 도움이 될 것이다.

요약

4 장에서는 SWC 판타지 풋볼 API의 핵심 기능을 완성했다.

- FastAPI, SQLAlchemy, Pydantic, Uvicorn을 비롯한 여러 라이브러리를 설치했다.
- API 사용자가 원하는 데이터를 구조화해 전달할 수 있도록 Pydantic 스키마를 정의했다.
- 이어서 클라이언트 요청을 처리하고 응답을 반환하는 FastAPI 프로그램을 작성해 전체 구성 요소를 하나의 시스템으로 통합했다.
- 또한, pytest를 사용해 API 기능을 검증하고, 실제 웹 서버에서 실행해 성공적으로 동작하는지 확인했다.

6 https://docs.pydantic.dev/2.4/

7 https://www.uvicorn.org/

5장에서는 FastAPI의 내장 기능을 활용해 API 문서를 자동으로 생성하는 방법을 알아본다.

5장

API 문서화

> 개발자가 API를 배우기 위해 가장 먼저 찾는 것은 문서다. 이때, 단순한 README 파일이든, 개발자를 위한 전용 웹사이트이든, API를 효과적으로 활용하는 방법을 명확히 설명하는 것이 무엇보다 중요하다.
>
> — 브렌다 진Brenda Jin, 사우랍 사니Saurabh Sahni, 아미르 셔밧Amir Shevat, 『Designing Web APIs』(O'Reilly, 2018)

4장에서는 1장에서 정의한 사용자 스토리를 충족시키기 위한 첫 번째 API를 구현했다. 이 API는 데이터 사이언스 전문가와 조언 웹사이트 운영자를 주된 사용자로 설계됐으며, 이들은 SWC의 판타지 데이터를 활용해 대시보드, 차트, 예측 모델과 같은 다양한 분석 제품을 개발할 수 있다. 이제 이 사용자들이 API를 더욱 효과적으로 활용할 수 있도록 문서를 작성해야 할 시점이다. API 문서는 물론, SDK와 같은 도구들은 기술 사용자에게 신뢰성과 효율성을 제공하며, 궁극적으로 우수한 개발자 경험DX, Developer eXperience을 보장하는 핵심 요소가 된다.

신뢰 확보하기

API 문서의 중요한 역할 중 하나는 잠재적 사용자에게 신뢰를 주는 것이다. 사용자들이 여러분의 API를 반복적으로 호출하려면 이를 코드로 통합해야 하며, 이는 곧 사용자의 시스템이 여러분의 API를 주기적으로 호출하도록 구현하는 것을 의미한다. 예를 들어,

SWC API는 판타지 스포츠 조언 웹사이트에 통합돼 SWC를 지원 웹사이트 목록에 추가할 수 있으며, 데이터 사이언스 사용자는 매주 최신 통계를 수집하기 위한 추출Extract, 변환Transform, 적재Load, 즉 ETL 프로세스를 구성하는 데 API를 활용할 수 있다. 이러한 반복적인 사용이 전제되기 때문에 문서를 통해 '이 API는 신뢰할 수 있다'는 메시지를 명확히 전달하는 것이 무엇보다 중요하다.

ETL 프로세스 사용자들은 반복적인 API 사용을 고려할 때 '이 API를 신뢰할 수 있을까?', '한 달 뒤에도, 혹은 1년 뒤에도 이 API는 여전히 작동할까?'라는 생각을 한다. 만약 이 질문에 확신을 주지 못한다면 잠재적 사용자들은 API 사용을 포기하고 다른 대안을 찾을 것이다.

실제로 많은 공개 API 웹사이트는 오랫동안 방치된 듯한 인상을 준다. 몇 년 전에 마지막으로 작성된 블로그 글, 아무런 응답이 없는 게시판, 업데이트되지 않은 기능 로드맵 등이 이러한 느낌을 더욱 분명하게 만든다. API 문서가 이처럼 '유령 도시' 같은 느낌을 준다면 사용자는 더 이상 사용하지 않는다.

따라서 개발자는 사용자에게 신뢰를 줄 수 있도록 여러 노력을 기울여야 한다. 피드백 채널을 항상 최신 상태로 유지하고, 사용자 질문에 신속하게 응답하는 것이 그 시작점이다. 여기에 더해 최근 릴리스 이력과 명확한 버전 관리 전략을 제공하면 API가 활발히 운영되고 있다는 인상을 줄 수 있다.

데이터 사이언스 사용자들은 반복적인 API 호출보다는 일회성으로 데이터를 가져오는 데 관심이 많을 수 있다. 이들이 API를 사용할 때 생각하는 것은 '이 데이터는 신뢰할 수 있을까?', '정의와 실제 내용이 정확히 일치할까?', '데이터 품질은 어느 정도 수준일까?'와 같은 질문이다. 이러한 물음에 신뢰를 줄 수 있으려면 데이터 품질에 대한 정보를 명확히 밝혀야 하며, 데이터가 얼마나 자주 갱신되는지를 구체적으로 보장하는 것이 필요하다.

좋은 API 문서 만들기

API를 처음 접한 사람에게 필요한 것은 복잡한 기술 설명이 아니다. 이 도구가 무엇을 위해 만들어졌고, 어떻게 사용할 수 있는지를 알려 주는 친절한 안내가 먼저다. 따라서 새로운 API 문서를 작성할 때는 5장에서 설명하는 핵심 기능부터 시작하는 것이 좋다. 이러한 정보는 API 사용에 꼭 필요한 기반이 되며, 시간이 흐르고 API가 자리를 잡아감에 따라 문서 역시 점차 개선해 나가야 한다. 그렇게 함으로써 경쟁 API와는 다른 강점을 만들어 갈 수 있다.

핵심 기능

사용자가 API를 처음 마주할 때 가장 먼저 찾는 것은 복잡한 코드보다는 API 주소, 인증 방식, 테스트 방법 등 사용자가 API를 이해하고 제대로 활용하기 위해 반드시 필요한 기본적인 정보들이다. 이러한 요소가 빠지면 많은 사용자가 API의 신뢰성과 실용성에 의문을 품고 다른 대안을 찾게 된다. 반면, 서비스 이용 조건이나 문의할 곳이 명확히 안내돼 있다면 사용자에게 안도감을 주고 API 제공자에 대한 신뢰를 높이는 데 도움이 된다.

시작하기getting started

API의 목적과 사용 방법을 소개하는 개요 역할을 한다. API의 주소, 보안 요구 사항, 사용자 ID, 인증키 발급 절차 등을 안내해, 사용자가 API를 원활하게 시작하는 데 필요한 정보를 명확히 제공한다.

엔드포인트 정의endpoint definitions

각 엔드포인트는 API 사용자에게 제공되는 리소스를 설명하며, 요청 방식, 응답 형식, 발생 가능한 오류 정보를 포함한다. 엔드포인트는 API 호출 시 사용되는 전체 주소와 리소스 이름을 의미한다. 예를 들어, https://api.sportsworldcentral.com/v0/players는 선수 목록을 반환하는 엔드포인트다.

OAS 파일OAS file

OAS 파일은 API의 연결 방식과 각 엔드포인트 정의를 기계가 읽을 수 있는 형식으로 기술한 문서다. 이 파일은 API 통합과 문서 자동화를 위한 핵심 자료로 활용된다.

서비스 약관terms of service

API 서비스 약관에는 허용된 기능 범위, 호출 횟수 제한, 속도 제한과 같은 제약 사항이 포함된다. 이러한 이용 조건은 API를 올바르게 활용하고, 서비스 남용을 방지하는 데 중요한 기준이 된다.

피드백 채널feedback mechanism

사용자가 API를 활용하는 과정에서 질문이나 문제를 전달할 수 있는 소통 창구는 매우 중요하다. 일반적으로 지원용 이메일 주소, 웹사이트 문의 양식, GitHub 이슈 트래커 같은 방식이 널리 사용된다. 이러한 피드백 채널은 단순한 소통 수단을 넘어 사용자에게 신뢰를 주고, API 운영이 실제로 잘 유지되고 있다는 인상을 심어 주는 중요한 역할을 한다.

소프트웨어 개발 키트SDK

API 제공자가 주요 프로그래밍 언어로 된 SDK를 제공하면, 사용자들은 API를 더 쉽게 활용할 수 있다. SDK는 과도한 요청이나 오용을 방지하는 데에도 도움이 되며, 특히 데이터 사이언티스트와 같은 기술 중심 사용자들에게는 진입 장벽을 낮추고 사용성을 개선하는 효과가 크다. 7장에서 직접 API용 SDK를 만드는 과정을 다룬다.

추가 기능

기본적인 항목 외에도 API의 사용성을 높이고 개발자 경험을 향상시키는 다양한 추가 기능extra feature이 존재한다. 이들 기능은 API를 더 쉽게 시도해 보거나 테스트할 수 있도록 도와주는 역할을 하므로, 초심자나 신규 사용자가 빠르게 적응할 수 있다.

샘플 프로그램 코드sample program code

샘플 코드 스니펫snippet은 다양한 프로그래밍 언어로 작성된 간단한 예제를 통해 API 사용법을 명확히 보여 준다. 이러한 예제는 문서만으로는 파악하기 어려운 실제 활용 방식을 쉽게 체감하게 해주는 중요한 자료다.

대화형 문서[interactive documentation]

대화형 문서를 통해 사용자는 개발 환경에서 직접 샘플 API 호출을 실행해 보며, API의 동작을 확인할 수 있다. FastAPI 프로젝트에서는 Swagger UI를 활용해 이러한 대화형 문서를 자동으로 생성할 수 있으며, 이를 통해 사용자가 실시간으로 API를 시험해 볼 수 있는 직관적인 인터페이스를 제공한다.

샌드박스 환경[sandbox environment]

대화형 문서보다 한 단계 진화한 샌드박스 환경에서는 개발자가 여러 개의 API 호출을 순차적으로 수행하고, 상태를 유지한 채 그 결과를 확인할 수 있다. 예를 들어, 첫 번째 호출로 주문을 하고, 이어서 두 번째 호출로 해당 주문 결과를 조회하는 방식이다. 이 환경은 실제 서비스와 유사한 조건에서 테스트해 볼 수 있어, 복잡한 API 흐름을 검증하는 데 유용하다.

기타 기능[additional features]

API 제공자는 개발자의 편의를 높이기 위해 다양한 부가 기능을 함께 제공할 수 있다. 최근에는 Postman API 테스트 도구에서 실행할 수 있는 Postman 컬렉션이 인기를 끌고 있다. 이 컬렉션은 샘플 요청과 테스트 사례를 포함하고 있어, 사용자는 API를 보다 쉽게 시도하고 이해할 수 있다.

이러한 핵심 기능 중 일부는 개발 및 유지에 상당한 시간과 자원이 필요하다. 특히 API가 변경될 때마다 최신 상태로 관리해야 하므로 지속적인 유지 보수가 반드시 필요하다. 이 업무는 보통 전담 개발자 관계[DevRel, Developer Relations] 담당자가 맡으며, API 제공자는 해당 API의 비즈니스적 가치와 목적을 충분히 고려해 이러한 리소스에 투자해야 한다.

고급 기능을 사용하면 사용자는 API를 처음 사용할 때 겪는 불편을 줄일 수 있으며, 빠르게 첫 결과물을 얻을 수 있다. 이를 흔히 'Hello World까지의 시간(TTHW, Time To Hello World)'을 줄인다고 표현한다. 즉, 잠재 사용자가 API를 이용해 간단한 프로토타입을 만드는 첫 경험의 속도가 해당 API의 채택 여부를 결정짓는 중요한 요소가 된다.

실제 API 문서 살펴보기

앞에서 설명한 핵심 기능과 추가 기능이 실제 API 문서에서는 어떻게 구현돼 있는지, 몇 가지 사례를 통해 살펴보자. 이 예시들은 API 문서에 포함돼야 할 기본 요소뿐만 아니라 개발자 경험을 향상시키는 보조 기능들도 잘 보여 준다.

Sleeper 애플리케이션

가장 먼저 살펴볼 예시는 Sleeper 애플리케이션이다. Sleeper는 실제로 운영되는 판타지 풋볼 리그 호스팅 플랫폼으로, 우리가 상상했던 SWC와 비슷하다. Sleeper의 API 문서[1]는 시작 페이지, 엔드포인트 설명 등 API 문서의 기본적인 요소들을 충실히 갖추고 있다(그림 5-1).

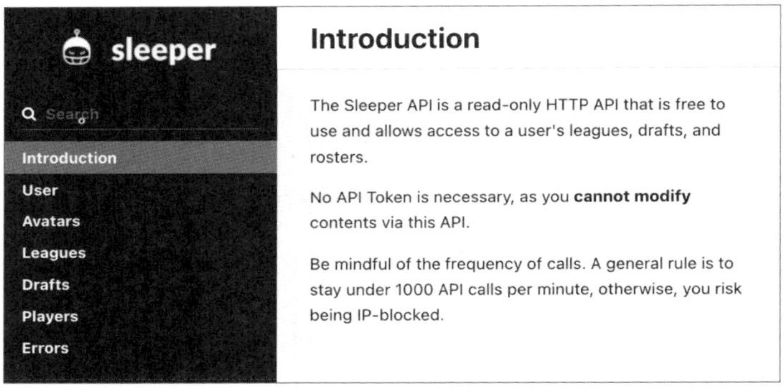

그림 5-1 핵심 기능: 시작하기 페이지

문서의 첫 페이지에서는 인증 필요 여부authentication requirements(인증 없음), 일반적인 사용 제한general usage limit(예: 분당 1,000회 이하 API 호출) 등 사용자가 알아야 할 기본 정보를 제공한다. 또한 주요 엔드포인트와 오류 항목을 확인할 수 있는 검색 기능과 탐색 바가 함께 제공된다(그림 5-2).

1 https://docs.sleeper.com

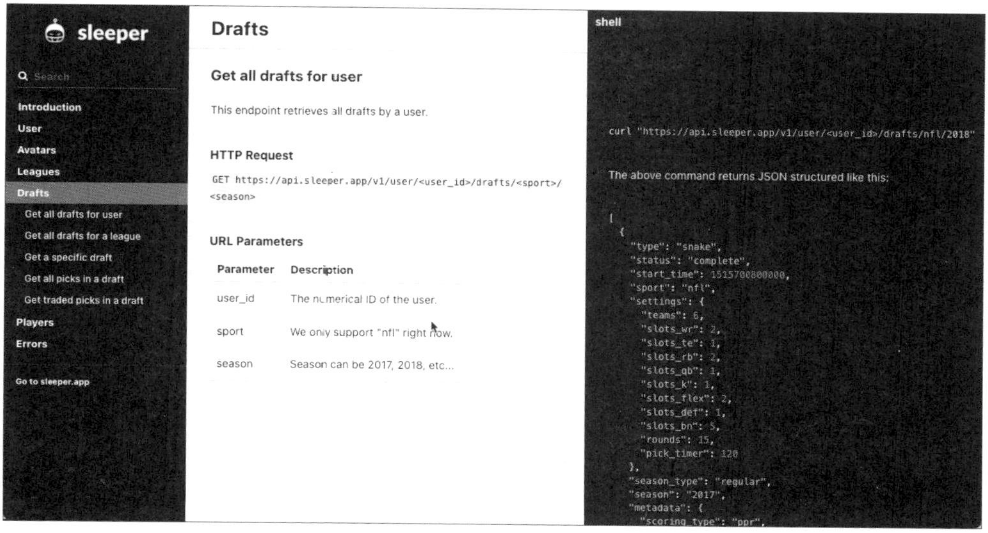

그림 5-2 핵심 기능: 엔드포인트 정의

이 페이지에는 실제 운영 환경에서 사용 가능한 API URL, HTTP 메서드, 필수 매개 변수 등이 제시돼 있다. 또한 오른쪽 열에는 샘플 API 호출과 해당 응답 결과가 JSON 형식으로 제공돼, 사용자가 바로 따라 해볼 수 있도록 구성돼 있다.

MyFantasyLeague

MyFantasyLeague는 기능이 잘 갖춰진 개발자 전용 포털[2]을 제공하며, 개발자 친화적인 지원으로 널리 알려진 판타지 리그 호스팅 플랫폼이다.

문서의 첫 페이지는 각 API 버전의 릴리스 노트release note에 중점을 두고 구성돼 있으며, 요청 참조 페이지와 샘플 코드로 바로 연결되는 링크를 제공한다. 또한 API 사용 조건을 명확하게 제시하는 '서비스 이용 약관General Rules and Terms of Service'이 눈에 띄게 배치돼 있어 사용자에게 중요한 기준 정보를 제공한다(그림 5-3).

2 https://api.myfantasyleague.com/2025/api_info

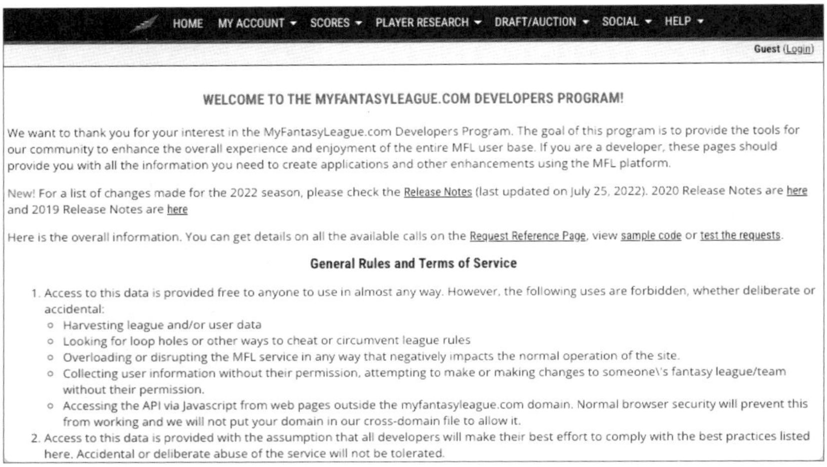

그림 5-3 MyFantasyLeague 시작 페이지

시작 페이지에 있는 Test the requests[요청 테스트하기] 링크를 클릭하면 대화형 API 문서 페이지로 이동한다(그림 5-4). 이 문서를 통해 사용자는 샘플 API 호출을 직접 실행해 볼 수 있다. 여기서 주의할 점은 대화형 문서와 샌드박스 환경의 차이다. 대화형 문서는 호출 결과를 실시간으로 보여 주지만, 이전 호출 결과를 저장하지 않는다. 반면, 샌드박스 환경은 앞서 수행한 호출 정보를 보존하므로 여러 단계의 API 요청을 순차적으로 테스트할 수 있다.

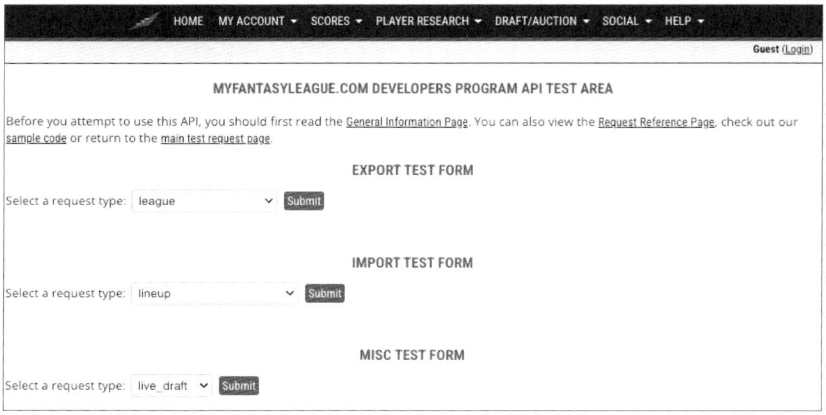

그림 5-4 추가 기능: 대화형 문서

Yahoo! 판타지 풋볼

Yahoo!는 또 다른 판타지 풋볼 리그 호스팅 서비스로, 상세한 API 문서[3]를 제공한다. 특히, API에 접근할 수 있도록 PHP로 작성된 샘플 코드를 제공하는데, 이는 인증 절차처럼 복잡할 수 있는 부분에 대해 구체적이고 실용적인 지침을 제공한다(그림 5-5).

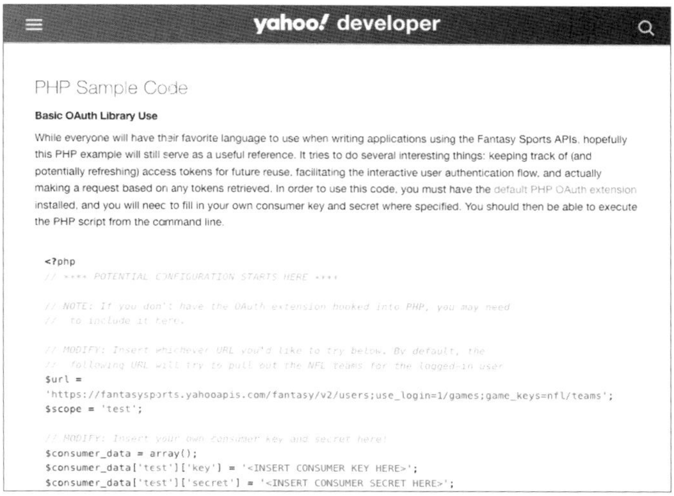

그림 5-5 추가 기능: 샘플 프로그램 코드

API 내장 문서 확인하기

4장에서는 우선순위가 높은 사용자 요구를 충족시키기 위해 주요 엔드포인트를 포함한 API를 구축했다. 5장에서는 FastAPI가 자동으로 생성해 주는 문서를 살펴보고, 그 품질을 높이기 위한 코드 개선 작업을 진행한다.

5장의 내용은 2장, 3장, 4장을 모두 완료했다는 것을 전제로 한다. 5장부터 코딩을 시작하려는 경우, 몇 가지 준비 단계가 필요하다. 먼저, 이 책의 GitHub 저장소에서 GitHub Codespace를 만들어야 한다. 전체 과정은 59쪽의 'GitHub Codespace 시작하기' 절을 참고한다.

또한 4장에서 작성한 코드는 Codespace의 chapter4/complete 디렉터리에 있는 파일을 참고한다. 이 경우, 이후 설정 명령어에서는 chapter4 대신 chapter4/complete 경로를 사용해야 한다.

3 https://developer.yahoo.com/fantasysports/guide/

4장 프로젝트 파일 복사하기

4장에 이어서 포트폴리오 프로젝트를 계속 진행하려면 작업 디렉터리를 chapter5로 이동한 뒤 4장에서 작성한 파일들을 복사해야 한다. 다음 명령어를 순서대로 실행해 파일을 복사한 후 파일에 제대로 복사됐는지 확인한다.

```
.../portfolio-project (main) $ cd chapter5
.../chapter5 (main) $ cp ../chapter4/*.py .
.../chapter5 (main) $ cp ../chapter4/fantasy_data.db .
.../chapter5 (main) $ cp ../chapter4/requirements.txt .
.../chapter5 (main) $ ls *.*
crud.py  database.py  fantasy_data.db  main.py  models.py  readme.md  requirements.
txt  schemas.py  test_crud.py  test_main.py
```

API를 실행할 때는 4장에서 사용한 `fastapi run` 명령어 대신 `fastapi dev` 명령어를 사용한다. 이 명령어는 프로그램 코드에 변경이 발생할 때마다 FastAPI가 애플리케이션을 자동으로 다시 시작한다.

```
.../chapter5 (main) $ fastapi dev main.py
INFO:     Will watch for changes in these directories:
['/workspaces/portfolio-project/chapter5']
INFO:     Uvicorn running on http://127.0.0.1:8000 (Press CTRL+C to quit)
INFO:     Started reloader process [9999] using WatchFiles
INFO:     Started server process [9999]
INFO:     Waiting for application startup.
INFO:     Application startup complete.
```

'포트 8000에서 실행되는 애플리케이션을 사용할 수 있습니다'라는 대화 창이 나타난다(그림 5-6). 이 메시지는 FastAPI가 성공적으로 시작됐음을 알려 준다.

그림 5-6 Codespace 브라우저 창 팝업

브라우저에서 열기 Open in Browser 버튼을 클릭하면 GitHub Codespace 외부의 브라우저 탭이 열린다. 이 브라우저는 Codespace에서 실행 중인 API의 응답을 보여 주는 기본 URL을 표시하며, URL은 보통 app.github.dev로 끝난다. 브라우저에서는 다음과 같은 상태 확인 메시지가 나타나야 한다.

```
{"message":"API 상태 확인 성공"}
```

문서화 옵션 1: Swagger UI

Swagger UI는 API를 테스트할 수 있는 대화형 기능을 제공하기 때문에 Redoc 문서보다 더 자세히 설명한다. API에 대한 Swagger UI 대화형 문서를 확인하려면 브라우저의 기본 URL 끝에 /docs를 붙여 접속하면 된다. 예를 들어, 전체 URL은 https://happy-pine-tree-1234-8000.app.github.dev/docs와 같은 형태이며, 이 URL로 접속하면 그림 5-7과 같이 Swagger UI 초기 화면이 표시된다.

이 화면에는 표 4-1에서 정의했던 모든 엔드포인트가 나열돼 있다. 각 항목을 클릭하면 해당 엔드포인트에 대한 세부 정보가 펼쳐지며, 여기서 직접 요청을 실행해 볼 수 있다.

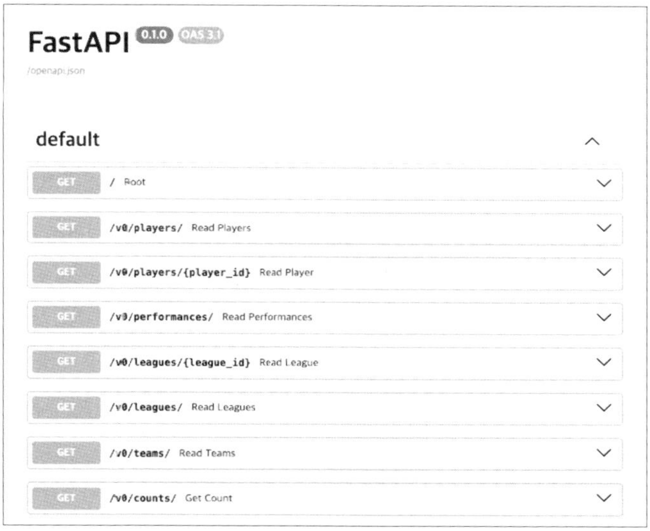

그림 5-7 Swagger UI 대화형 문서

예를 들어, GET /v0/players/{player_id} 항목을 클릭한 뒤 Execute 버튼을 누르면 실시간으로 API 호출을 테스트할 수 있다(그림 5-8).

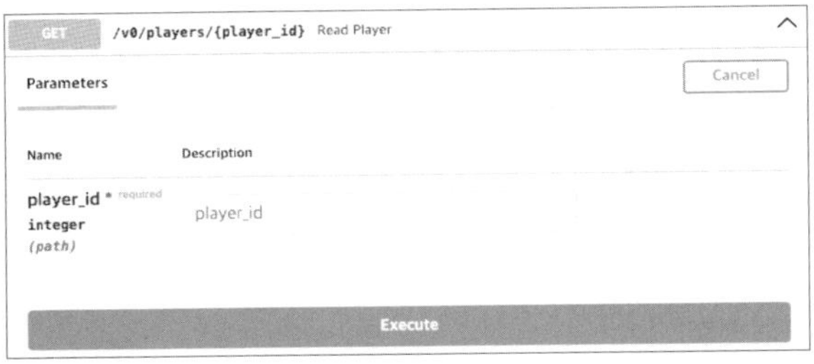

그림 5-8 확장된 엔드포인트 화면(상단)

`Parameters` 부분에는 해당 엔드포인트에 정의된 `player_id` 경로 매개 변수path parameter가 표시된다. 이 매개 변수는 필수 항목required이며, 데이터 유형은 정수다. 경로 매개 변수란 API를 호출할 때 URL 경로에 이 값을 포함해야 한다는 의미이며, 이러한 구조는 엔드포인트 정의에서도 확인할 수 있다. 이처럼 FastAPI는 경로에서 매개 변수를 추출해 사용하며, 이 매개 변수를 기반으로 데이터 조회 등의 작업을 수행한다. 그림 5-9는 이 엔드포인트의 응답 구조를 보여 준다.

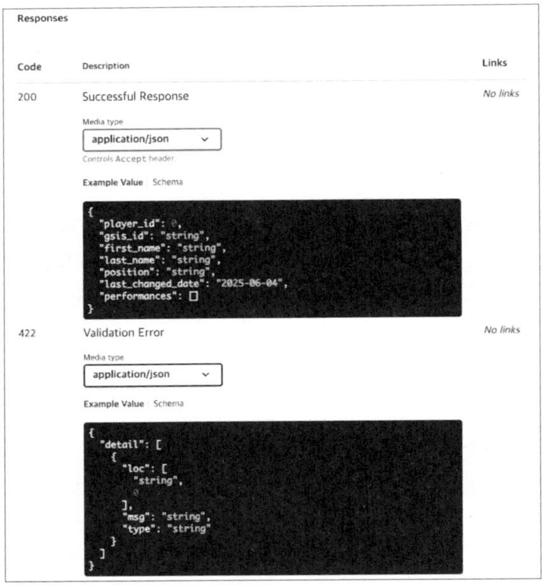

그림 5-9 확장된 엔드포인트 화면(하단)

Response 부분에서는 사용자가 예상할 수 있는 두 가지 응답 형식을 보여 준다. 첫 번째는 요청이 성공했을 때로, HTTP 상태 코드 200이 반환되며 응답 본문은 다음과 같은 JSON 형식이다.

```
{
  "player_id": 0,
  "gsis_id": "string",
  "first_name": "string",
  "last_name": "string",
  "position": "string",
  "last_changed_date": "2024-04-27",
  "performances": []
}
```

반면, 요청이 유효하지 않은 경우에는 HTTP 상태 코드 422(처리할 수 없는 콘텐츠unprocessable content)가 반환되며, 오류 메시지는 다음과 같은 형식으로 표시된다. 이처럼 Swagger UI의 문서 화면은 요청 매개 변수와 응답 형태를 명확하게 보여 줌으로써 개발자나 사용자는 모두 API 동작을 쉽게 이해하고 검증할 수 있다.

```
{
  "detail": [
    {
      "loc": [
        "string",
        0
      ],
      "msg": "string",
      "type": "string"
    }
  ]
}
```

대화형 문서에서 API를 테스트하려면 **실행**Execute 버튼을 클릭한다. 이때 필수 매개 변수를 입력하지 않으면 문서는 player_id 경로 매개 변수가 제공되지 않았음을 감지하고, '필수 필드가 제공되지 않았습니다Required field is not provided'라는 오류 메시지를 표시한다(그림 5-10).

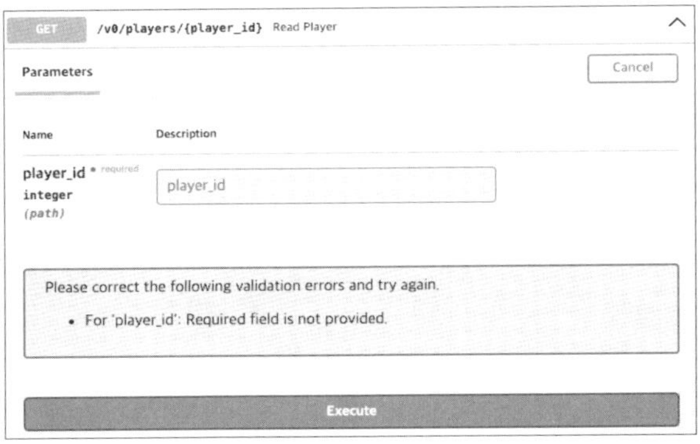

그림 5-10 players 엔드포인트 에러 메시지

이 오류를 해결하려면 `player_id` 필드에 `1835`를 입력한 후 다시 **실행** 버튼을 클릭한다. 요청이 성공하면 웹 페이지의 응답은 그림 5-11과 같이 표시된다.

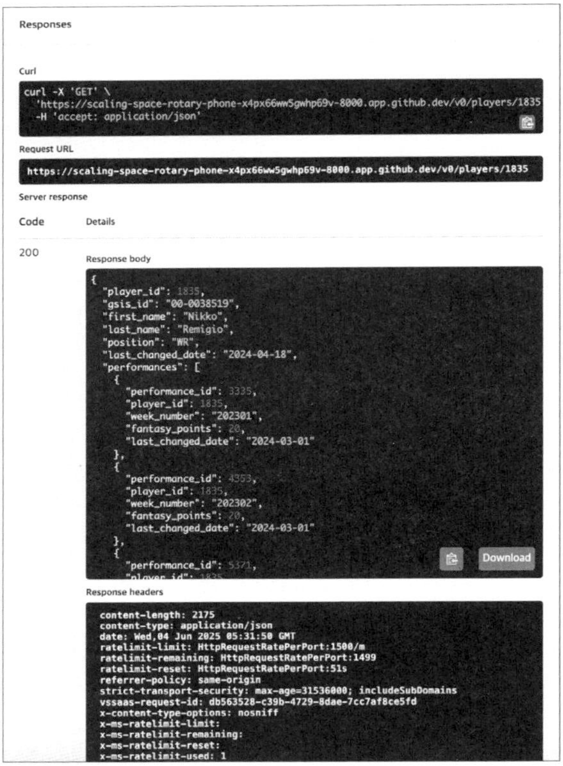

그림 5-11 player API에 대한 성공 응답

그림 5-11은 HTTP 요청 및 API가 반환한 HTTP 응답에 대한 정보를 보여 준다. 먼저 'Curl' 부분을 보면 이 API를 호출하는 데 사용된 curl 명령어를 확인할 수 있다. 이 명령어를 통해 앞서 입력한 매개 변수로 구성된 정확한 HTTP 요청을 확인할 수 있다. 참고로, cURL은 웹 애플리케이션과 API에 HTTP 요청을 보내는 데 널리 사용되는 명령줄 도구로, 이 curl 명령어에 포함된 URL을 복사해 브라우저 주소창이나 터미널에서 입력하면 똑같은 요청을 직접 수행할 수 있다.

엔드포인트는 HTTP 메서드와 URL로 구성되며, 그림 5-11의 players API에서 HTTP 메서드는 GET이고, URL은 Codespace가 생성한 임의 주소와 `/v0/players/1835`의 조합이다. 이는 코드에서 정의한 `@app.get("/v0/players/{player_id}")`와 정확히 일치하며, `player_id`가 경로 매개 변수로 URL 마지막에 추가됐다는 것을 알 수 있다.

이제 응답 부분을 살펴보자. '서버 응답Server response'에는 API에서 수신한 응답에 HTTP 상태 코드 `200`(성공)가 포함된 것을 볼 수 있다. '응답 본문Response body'에는 FastAPI에서 반환한 JSON 형식의 데이터가 있으며, 이는 `Player` 객체의 스키마와 일치한다. 해당 응답은 요청에서 지정한 `player_id` 1835번에 해당하는 선수 정보를 담고 있으며, 이 선수의 `Performance` 기록도 함께 포함돼 있는 것을 확인할 수 있다.

'응답 헤더Response headers'에는 API가 응답 본문과 함께 전송한 HTTP 헤더가 표시된다. 이 헤더는 추가적인 메타데이터로 구성돼 있으며, 브라우저를 통해 API를 직접 호출할 경우에는 확인할 수 없는 정보다.

지금까지 살펴본 것처럼 Swagger UI가 제공하는 대화형 API 문서는 요청과 응답을 직관적으로 확인하고 검증할 수 있는 매우 강력한 도구다. 이는 5장에서 소개한 실제 판타지 리그 호스트들의 API 문서 기능과 비교해도 손색이 없다. 이처럼 문서를 직접 작성하지 않았음에도 자동으로 생성되는 이유는, Swagger UI가 FastAPI와 함께 동작하기 때문이다. Swagger UI[4]는 SmartBear 소프트웨어가 주도하는 오픈 소스 프로젝트로, 오랫동안 API 문서화의 표준 도구로 자리 잡아 왔다. 실제로 많은 경우, 사람들이 'API 문서'라고 하면 바로 이 Swagger UI를 의미한다고 봐도 무방하다. 이 프로젝트는 REST

4 https://swagger.io/tools/swagger-ui/

API의 대중화를 이끌며 IT 업계 전반에서 핵심 기술로 자리매김하는 데 큰 기여를 했다.

FastAPI는 Swagger UI를 내장하고 있으며, openapi.json이라는 OAS 파일을 자동으로 생성해 대화형 문서를 만든다. 예를 들어, 4장에서 작성한 main.py에 정의된 엔드포인트는 다음과 같다.

```
@app.get("/v0/players/{player_id}", response_model=schemas.Player)
```

그림 5-8을 다시 보면, 이 엔드포인트 정의에서 HTTP 메서드(GET), URL 경로, 경로 매개 변수(player_id)가 자동으로 문서화된 것을 확인할 수 있다. 또한 그림 5-9에서는 성공 응답 구조가 schemas.py에 정의된 `Player` Pydantic 스키마에 따라 만들어진 것을 알 수 있다. 이처럼 파이썬 코드의 각 요소를 정성스럽게 정의한 결과는 잘 구성된 API 문서로 보답받는다.

문서화 옵션 2: Redoc

FastAPI는 Swagger UI 외에도 또 하나의 문서화 도구인 Redoc을 기본으로 제공한다. Redoc[5]은 Redocly가 주도하는 오픈 소스 API 문서화 도구로, 다양한 API 문서를 정돈된 형식으로 시각화할 수 있다.

Redoc으로 작성된 API 문서를 확인하려면 브라우저의 기본 URL 뒤에 /redoc을 덧붙이면 된다. 예를 들어, 전체 URL은 https://happy-pine-tree-1234-8000.app.github.dev/redoc와 같은 형태다. 이 페이지의 왼쪽 탐색 창에서 **Read Player**를 클릭하면 그림 5-12와 같은 Redoc 기반 문서가 표시된다.

그림 5-12에서 볼 수 있듯이 Redoc 문서는 3개의 열로 구성돼 있다. 왼쪽 탐색 바에는 검색 기능과 함께 API 엔드포인트가 나열돼 있으며, 가운데에는 각 엔드포인트에 대한 매개 변수, 응답, 오류 코드 등과 같은 주요 정보가 정리돼 있다. 오른쪽에는 200(성공)과 422(오류) 응답에 대한 예제 JSON 응답 본문이 표시된다.

---

5 https://github.com/Redocly/redoc

그림 5-12 Redoc 문서 페이지

Redoc 문서의 내용은 Swagger UI와 매우 비슷하다. 이는 두 도구가 동일한 OAS 파일을 기반으로 문서를 자동 생성하기 때문이다. 다만 Redoc은 Swagger UI와 달리 API 요청을 문서 내에서 직접 실행할 수 있는 대화형 기능은 제공하지 않는다.

개인적으로는 모바일 환경에서 Redoc의 레이아웃이 Swagger UI보다 더 매력적이라고 생각한다. 기술 문서를 모바일로 확인할 일이 많지는 않지만, 일부 조직에서는 이 점이 중요하게 작용할 수 있다. 또한 문서의 외형이나 구성 자체만으로도 Redoc을 선호하는 사용자 층도 있으니 이 점을 고려해 문서화 방법을 선택한다.

OAS 파일

앞서 살펴본 Swagger UI와 Redoc 기반의 문서 페이지는 매우 인상적이지만, OAS 파일 없이는 이 모든 문서를 만들 수 없다. 이는 단순한 비유가 아니라 실제로 FastAPI와 Pydantic이 /openapi.json 경로에서 OAS 파일을 자동으로 생성하고, Swagger UI와 Redoc은 이 파일을 토대로 문서를 구성한다.

그러나 OAS 파일의 역할은 단순히 문서를 만들기 위한 자료에 그치지 않는다. 이 파일은 외부 도구들이 API와 연동하거나 상호 작용할 수 있도록 해주는 강력한 API 정의 표준이다. 이 책의 3부에서는 API 데이터를 기반으로 챗GPT가 질문에 응답할 수 있도록 하는 사용자 정의 액션custom action을 만드는데, 이 기능을 구현하는 데 필요한 정보가 바로 OAS 파일이다. 하지만 이는 OAS 파일이 가진 가능 중 일부에 불과하다. OpenAPI.Tools[6] 웹사이트에는 코드 생성기code generators, 데이터 유효성 검사기data validators, SDK 생성기SDK generators, 모의 서버mock servers 등 OAS 파일을 기반으로 작동하는 많은 도구가 있다. 이처럼 OAS는 사실상 API 정의로 표준으로 자리 잡았으며, 다양한 자동화 및 연동 도구의 핵심이 되고 있다.

한때 소프트웨어 개발 업계는 공급업체마다 서로 다른 API 명세와 응답 형식을 사용하면서 분열돼 있었다. 하지만 2015년 Swagger 명세Swagger specification가 오픈 소스로 공개된 이후, 이러한 흐름에 변화가 생겼다. 결정적인 전환점은 2017년 API Strategy and Practice 콘퍼런스에서 여러 기업과 단체가 OAS를 REST API 명세의 사실상 표준de facto standard으로 채택하며, 표준화의 방향성을 분명히 했다. 공교롭게도 나 역시 해당 콘퍼런스에 연사로 참여해 이 역사적인 흐름을 직접 목격할 수 있었다. 당시 빌 도어필드Bill Doerrfield는 이 사건을 "데이터 포맷 전쟁은 끝났다"라는 말로 요약[7]했으며, 그의 견해를 13장에서 소개한다.

OAS 형식[8]은 매우 광범위해 이 책에서 전체 내용을 모두 다룰 수는 없다. 따라서 5장에서는 FastAPI에서 실제로 구현된 항목을 중심으로 살펴본다. FastAPI 프로젝트의 OAS 원시 파일을 직접 확인하려면 브라우저 주소창에 기본 URL 뒤에 '/openapi.json'을 붙여 입력하면 된다. 예를 들어, 전체 URL이 https://happy-pine-tree-1234-8000.app.github.dev/openapi.json인 경우, 접속 시 `{"openapi":"3.1.0","info":{"title":"FastAPI","version":"0.1.0"},"paths":`로 시작하는 JSON 형식의 원시 명세 파일을 확인할 수 있다.

6 https://openapi.tools/

7 https://nordicapis.com/review-of-apistrat-in-portland/

8 https://spec.openapis.org/oas/latest.html

OAS 파일은 하나의 API를 정의하지만, 최근 OpenAPI 이니셔티브(OpenAPI Initiative)에서는 2025년 1월에 일련의 API 호출 흐름(call workflow)을 정의하는 새로운 명세인 Arazzo (v1.0.1)[9]를 발표했다. 이 명세는 LLM을 기반으로 하는 생성형 AI 애플리케이션을 위한 시나리오를 정의한다. 이러한 애플리케이션을 활용하는 방법은 3부에서 자세히 설명한다.

OAS 파일의 구조를 제대로 이해하려면 JSON 데이터를 읽기 쉬운 형식으로 변환해 주는 도구를 사용하는 것이 좋다. 이를 위한 대표적인 방법은 두 가지다. 첫째는 브라우저에 JSON 포맷터formatter 확장 프로그램을 설치하는 것이고, 둘째는 파일을 저장한 후 IDE에서 여는 것이다. 예를 들어, VS Code에서 OAS 파일을 열고 마우스 오른쪽 버튼을 클릭한 뒤 **문서 서식**Format Document을 선택하면, 보기 좋은 형태로 정리된 JSON 구조를 확인할 수 있다. 브라우저 확장 프로그램을 활용하면, API를 수정해 JSON 파일이 갱신될 때마다 매번 파일을 다시 다운로드하지 않고도, 브라우저에서 새로 고침하는 것만으로 변경된 내용을 곧바로 확인할 수 있는 장점이 있다. 나 역시 API 응답 데이터를 빠르고 편리하게 확인하기 위해 이 방식을 자주 사용한다. 이제 openapi.json 파일의 계층 구조에서 상위 두 수준을 살펴보자.

```
{
    "openapi": "3.1.0",  ❶
    "info": {  ❷
        "title": "FastAPI",
        "version": "0.1.0"
    },
    "paths": {  ❸
        "/": {},
        "/v0/players/": {},
        "/v0/players/{player_id}": {},
        "/v0/performances/": {},
        "/v0/leagues/{league_id}": {},
        "/v0/leagues/": {},
        "/v0/teams/": {},
        "/v0/counts/": {},
    },
    "components": {  ❹
```

9 https://spec.openapis.org/arazzo/latest.html

```
            "schemas": {
                "Counts": {},
                "HTTPValidationError": {},
                "League": {},
                "Performance": {},
                "Player": {},
                "PlayerBase": {},
                "Team": {},
                "TeamBase": {},
                "ValidationError": {}
            }
        }
    }
```

❶ openapi 항목은 OAS 버전을 나타내며, 예제에서는 2021년에 발표된 3.1.0 버전을 사용하고 있다.

❷ Info 항목은 API에 관한 기본 정보인 메타데이터(metadata)를 제공한다. API의 제목(title)과 버전(version)은 이 예제와 같이 필수 값이며, 요약(summary), 설명(description), 서비스 약관(termsOfService), 연락처(contact), 라이선스(license) 등은 선택적으로 포함할 수 있다.

❸ paths 항목에는 API가 제공하는 엔드포인트(주소) 목록을 상대 경로(relative URL) 기준으로 나열한 항목이 있다. HTTP 메서드(GET, POST 등)는 각 경로의 하위 항목으로 정의된다.

❹ components 항목에는 OAS 문서에서 참조할 수 있도록 재사용 가능한 항목들이 있다. 대표적으로 API에서 사용하는 데이터 구조인 schemas가 이곳에 정의돼 있으며, 다른 항목에서 $ref를 통해 참조할 수 있다.

이러한 구조는 API가 어떤 방식으로 동작하며 어떤 데이터를 다루는지를 이해하는 데 중요한 단서를 제공한다. 비유하자면, openapi는 설계도의 버전, info는 프로젝트 개요, paths는 기능별 지도, components는 부품 창고와 같은 역할을 한다.

OAS 문서에서 특정 경로에 대한 세부 내용을 알아보기 위해 /v0/players/{player_id} 항목을 살펴보자.

```
"/v0/players/{player_id}": {  ❶
    "get": {
        "summary": "Read Player",
        "operationId": "read_player_v0_players player_id get",  ❷
        "parameters": [
            {
                "name": "player_id",
                "in": "path", "required": true,
```

```
                "schema": {
                    "type": "integer",
                    "title": "Player Id"
                }
            }
        ],
        "responses": { ❸
            "200": {
                "description": "Successful Response",
                "content": {
                    "application/json": {
                        "schema": {
                            "$ref": "#/components/schemas/Player"  ❹
                        }
                    }
                }
            },
            "422": {
                "description": "Validation Error",
                "content": {
                    "application/json": {
                        "schema": {
                            "$ref": "#/components/schemas/HTTPValidationError"
                        }
                    }
                }
            }
        }
    }
},
```

❶ 이 path 객체에는 그림 5-9의 Swagger UI에 표시된 정보들이 있다. 여기서는 작업 객체인 get 하나만 포함하고 있으며, 해당 작업은 특정 플레이어 정보를 조회하는 역할을 한다.

❷ operationId 항목은 작업 식별자로 Swagger UI에는 표시되지 않지만, OAS를 처리하는 일부 도구나 생성형 AI 애플리케이션은 이 값을 사용해 작업을 식별한다.

❸ responses 항목에는 성공 시 반환되는 응답(예: HTTP 200)과 오류 응답(예: HTTP 422)의 구조가 명시돼 있으며, 이들 역시 components의 스키마를 기반으로 작성돼 있다.

❹ $ref 항목은 components에 정의된 Player 스키마를 참조한다. 이 방식은 OAS 문서에서 데이터 구조를 한 번만 정의하고, 필요할 때마다 반복적으로 참조해 재사용할 수 있으므로 유지 보수와 일관성을 높일 수 있다.

위 구조는 Swagger UI에서 그림 5-9로 표시된 내용과 정확히 일치하며, Swagger UI는 실제로 이 OAS 문서의 해당 섹션을 기반으로 자동 생성된다. 이런 방식으로 인해 API를 사용하는 개발자들이 구조를 빠르게 이해하고 활용할 수 있다.

포트폴리오 프로젝트 이어하기

FastAPI는 기본적으로 OAS 파일을 자동 생성하는 기능을 제공하며, 이 기본 기능만으로도 상당히 강력한 문서를 만들 수 있다. 그러나 main.py 파일의 FastAPI 코드를 직접 수정하면 OAS 파일을 더욱 풍부하고 실용적으로 개선할 수 있다. 특히 API 사용자 이해를 돕기 위해 설명, 태그, 매개 변수 주석 등을 명확히 추가함으로써 API 문서의 완성도를 한층 높일 수 있다.

표 5-1은 OAS 파일을 개선하기 위해 프로젝트의 main.py 파일을 수정할 내용을 정리한 것이다. 각 개선 항목은 Swagger UI와 같은 API 문서화 도구에서 엔드포인트를 그룹으로 묶거나, 사용자에게 명확한 사용법을 전달하는 데 도움을 주며, 생산 환경에 배포되는 API에서는 문서의 신뢰성과 사용성을 높이는 데 중요한 역할을 한다.

표 5-1 OAS 파일 개선 내용

개선 사항	main.py 파일 수정 내용	영향을 받은 OAS 항목
API 제목, 버전, 설명 추가	`FastAPI()` 생성자에 항목 추가	`info`
엔드포인트 요약 추가	path 함수 데코레이터에 `summary` 매개 변수 추가	`paths`
엔드포인트 상세 설명 추가	path 함수 데코레이터에 `description` 매개 변수 추가	`paths`
Swagger UI에서 엔드포인트를 그룹으로 묶기 위한 태그 추가	path 함수 데코레이터에 `tag` 매개 변수 추가	`paths`
고유 엔드포인트 작업 ID 추가	기본 작업 ID 수정	`paths`
쿼리 매개 변수에 설명 추가	FastAPI 함수의 매개 변수 업데이트	`parameters`

OAS info 객체에 세부 정보 추가하기

OAS 파일의 `info` 항목은 전체 API에 대한 기본 정보를 제공한다. 하지만 기본 설정 상태에서는 그 내용이 매우 일반적이기 때문에 API의 목적과 기능을 사용자에게 명확히 전달하려면 이를 직접 보완해야 한다. 이를 위해 FastAPI 애플리케이션을 생성하는 `FastAPI()` 생성자constructor에 설명, 제목, 버전 등의 세부 정보를 추가할 수 있다. 이 작업은 main.py 파일에서 이뤄진다.

main.py 파일을 열고 다음과 같이 초기 애플리케이션 생성자 코드를 수정한다.

```
api_description = """  ❶
이 API는 SportsWorldCentral(SWC) 판타지 풋볼 API의 정보를 읽기 전용으로 제공합니다.
제공되는 엔드포인트는 다음과 같습니다.

## 분석(analytics)
API의 상태 및 리그, 팀, 선수 수에 대한 정보를 제공합니다.

## 선수(players)
NFL 선수 목록을 조회하거나, 특정 player_id를 이용해 개별 선수 정보를 제공합니다.

## 점수(scoring)
NFL 선수의 경기 성적과 해당 성적을 기반으로 한 SWC 리그 판타지 점수를 제공합니다.

## 멤버십(membership)
SWC 판타지 풋볼 리그 전체와 각 리그에 속한 팀에 대한 정보를 제공합니다.
"""

#OpenAPI 명세에 추가 세부 정보가 추가된 FastAPI 생성자
app = FastAPI(
    description=api_description,  ❷
    title="Sports World Central (SWC) Fantasy Football API",  ❸
    version="0.1"  ❹
)
```

변경된 내용은 다음과 같다.

❶ 첫 번째로 추가한 것은 다중 행 문자열 변수 `api_description`로, API의 목적과 기능을 설명하는 내용이 들어 있다. 여기서는 삼중 따옴표를 사용해 여러 줄로 구성된 문자열로 정의했다.

❷ 이 `api_description`을 애플리케이션 생성자의 `description` 인자로 전달한다.

❸ API의 제목을 부여한다.

❹ API의 버전도 부여한다. 여기서 사용한 버전 0.1은 초기 배포를 의미하며, 주 버전(major version)이 0이라는 것은 아직 호환성 문제가 발생할 수 있는 변경 사항(breaking change)이 언제든지 발생할 수 있다는 것을 의미하며, 이러한 버전 지정 방식은 API URL의 /v0/과도 일치하므로 일관성을 유지한다. 일반적으로 주 버전이 0이면 안정화 이전의 개발 단계를 의미하며, 부 버전(minor version) 1은 첫 번째 공식 배포 버전이라는 것을 의미한다.

경로 분류를 위한 태그 추가하기

이제 OAS 파일의 `path` 객체를 설명하는 각 개별 엔드포인트를 수정한다. 첫 번째로 변경할 내용은 태그tag를 추가하는 것이다. 태그는 다양한 용도로 활용할 수 있는 범용 속성general-purpose attribute으로, 여기서는 Swagger UI가 API 경로들을 카테고리별로 묶기 위해 사용한다. API에 엔드포인트가 수십 개 이상 존재할 경우, 태그는 사용자 입장에서 API 구조를 이해하고 탐색하는 데 매우 유용한 정보다. 이 기능을 적용하려면 각 경로 함수의 데코레이터에 `tags` 매개 변수를 추가해야 한다. 예를 들어, main.py 파일에 정의된 `/v0/players/{player_id}` 엔드포인트에 대한 `@app.get("/v0/players/{player_id}")` 데코레이터를 다음과 같이 수정할 수 있다.

```
@app.get("/v0/players/{player_id}",
    response_model=schemas.Player,
    tags=["player"]) ❶
```

❶ 이와 같이 태그를 지정하면 해당 엔드포인트는 Swagger UI에서 `player` 카테고리로 묶여 표시된다.

위와 같은 방식으로 하나의 엔드포인트에 대한 태그를 추가한 후, main.py에 정의된 나머지 엔드포인트에도 다음 표 5-2를 참고해 태그를 부여한다.

표 5-2 main.py 파일의 엔드포인트 태그

엔드포인트	태그	엔드포인트	태그
`/`	`analytics`	`/v0/leagues/`	`membership`
`/v0/players/`	`player`	`/v0/leagues/{league_id}`	`membership`
`/v0/players/{player_id}/`	`player`	`/v0/teams/`	`membership`
`/v0/performances/`	`scoring`	`/v0/counts/`	`analytics`

개별 엔드포인트에 세부 정보 추가하기

이번에는 OAS 파일의 `paths` 항목에 정의된 개별 엔드포인트에 더 많은 정보를 추가해 API 문서를 보다 풍부하게 만든다. 이를 위해 main.py 파일의 각 경로 함수 데코레이터를 수정한다. 주요 변경 사항은 다음과 같다.

요약 추가

해당 엔드포인트에 대한 간단한 설명을 추가해 Swagger UI의 작업 제목에 표시되도록 한다.

설명 추가

엔드포인트에 대한 추가적인 상세 설명을 제공해 Swagger UI에서 작업 제목 아래에 표시되도록 한다.

200 응답에 대한 설명 추가

HTTP 200 응답 시 나타나는 기본 문구인 '성공적인 응답[Successful response]'을 보다 명확하고 직관적인 사용자 정의 설명으로 대체한다.

operationID 수정

자동 생성되는 식별자 대신 도구나 생성형 AI가 해석하기 쉽도록 표준화된 식별자 값으로 지정한다.

예를 들어, main.py 파일에 정의된 `/v0/players/{player_id}` 엔드포인트에 대한 `@app.get("/v0/players/{player_id}")` 데코레이터를 다음과 같이 수정할 수 있다.

```
@app.get("/v0/players/{player_id}",
         response_model=schemas.Player,
         summary="SWC 선수 ID를 사용해 단일 선수 정보를 가져옵니다.",  ❶
         description="다른 API 호출(v0_get_players 등)에서 얻은 SWC Player ID를 이용해
         해당 선수를 조회할 수 있습니다.",  ❷
         response_description="선택한 NFL 선수 정보입니다.",  ❸
         operation_id="v0_get_players_by_player_id",  ❹
         tags=["player"])
```

이렇게 수정된 내용은 다음과 같은 개선점을 반영한다.

1. 엔드포인트에 대해 간결하고 명확한 요약을 제공한다.
2. 개발자와 AI가 이해하기 쉬운 상세 설명을 포함한다.
3. HTTP 200 응답에 대한 설명을 사용자 관점에서 직관적으로 재작성한다. 챗GPT가 사용할 수 있도록 300자 미만으로 유지한다.
4. 명확한 사용자 지정 작업 ID 부여로 자동 생성된 작업 ID를 대체한다.

이와 같은 형식을 기준으로, main.py에 정의된 모든 엔드포인트에 동일한 방식으로 세부 정보를 추가하면 Swagger UI 기반 문서의 완성도와 가독성이 크게 향상된다.

쿼리 매개 변수 설명 추가하기

생성형 AI가 API를 더 쉽게 이해하고 활용할 수 있도록 API 호출에 사용되는 쿼리 매개 변수에 설명을 추가하는 것이 권장된다. 이를 위해 각 매개 변수의 기본값을 `Query()` 함수와 함께 정의하고, 해당 매개 변수가 어떤 역할을 하는지 명확하게 기술해야 한다.

예를 들어, 앞에서 데코레이터를 수정했던 `read_players` 함수는 다음과 같이 개선할 수 있다.

```
def read_players(
    skip: int = Query(0, description="API 호출 시 시작 부분에서 건너뛸 항목 수입니다."),
    limit: int = Query(100, description="건너뛴 항목 이후 반환할 최대 레코드 수입니다."),
    minimum_last_changed_date: date = Query(None, description="이 날짜 이후 변경된 
레코드만 반환합니다."),
    first_name: str = Query(None, description="조회할 선수의 이름입니다."),
    last_name: str = Query(None, description="조회할 선수의 성입니다."),
    db: Session = Depends(get_db)
):
```

이와 같이 `read_players` 함수의 각 매개 변수에 설명을 추가해 Swagger UI 문서를 더 친절하게 만들면, AI 모델이나 개발자들이 API의 동작을 보다 정확히 이해할 수 있다. 이제 main.py 파일에 정의된 다른 모든 API 엔드포인트에서도 동일한 방식으로 쿼리 매개 변수에 설명을 추가한다.

Swagger UI에서 변경 사항 확인하기

5장에서 OAS 파일에 적용한 모든 변경 사항 덕분에 Swagger UI는 이전보다 훨씬 풍부한 정보를 제공하게 됐다. `/docs` 엔드포인트를 열면 가장 먼저 `info` 항목에 추가한 설명이 문서 상단에 강조돼 나타난다(그림 5-13 참조).

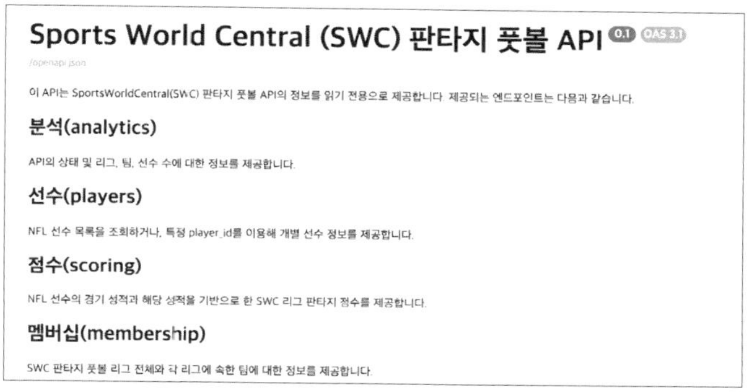

그림 5-13 업데이트된 Swagger UI 정보

화면을 아래로 스크롤하면 태그 속성과 요약 항목이 Swagger UI에 어떤 영향을 줬는지 확인할 수 있다(그림 5-14 참조). 각 엔드포인트는 이제 정의된 태그에 따라 카테고리별로 표시되며, 요약 정보가 함께 제공돼 각 API가 수행하는 기능을 한눈에 파악할 수 있다.

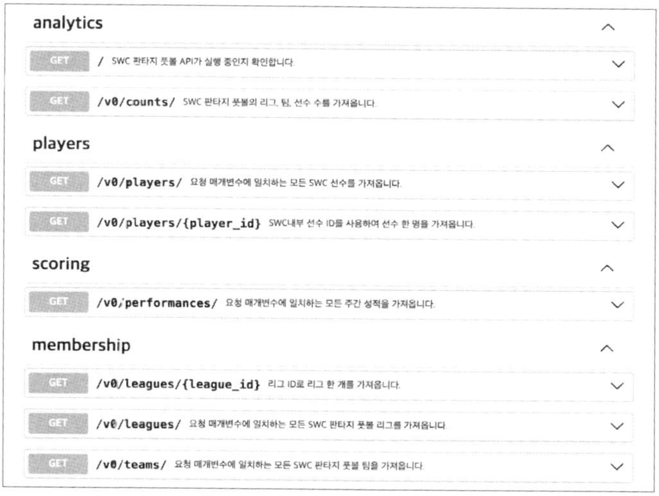

그림 5-14 엔드포인트를 그룹으로 묶기 위해 사용한 태그 효과

> 5장에서 적용한 모든 변경 사항으로 인해 main.py 파일이 길어져 본문에 모두 수록할 수 없다. 전체 코드가 반영된 최신 버전의 main.py 파일은 chapter6/complete 폴더에서 확인할 수 있다.

API 회귀 테스트

지금까지 API 코드에 다양한 변경 사항을 적용했으므로, 기존 테스트 코드를 실행해 변경한 내용이 기존 기능에 영향을 미치지 않았는지 확인하는 회귀 테스트를 반드시 수행해야 한다. 코드 변경뿐만 아니라 사용하는 외부 소프트웨어 라이브러리를 업데이트한 이후에도 회귀 테스트를 수행해야 한다.

회귀 테스트를 수행하려면, 먼저 터미널 창에서 Ctrl+C를 눌러 실행 중인 API 서버를 종료하고, 명령 프롬프트가 나타나면 `pytest test_main.py` 명령어를 입력한다.

```
$ pytest test_main.py
================== test session starts ===========================
platform linux -- Python 3.10.13, pytest-8.1.2, pluggy-1.5.0
rootdir: /workspaces/portfolio-project/chapter5
plugins: anyio-4.4.0
collected 11 items

collected 11 items

test_main.py                                                [100%]

=================== 11 passed in 1.01s ============================
```

README.md 파일 업데이트하기

Swagger UI를 기반으로 제공되는 기본 API 문서를 보완해 보다 나은 개발자 경험을 제공할 수 있는 기반을 마련했다. 하지만 여전히 '시작하기getting started', '이용 약관terms of service', '예제 코드example code' 등 일부 주요 문서 항목이 누락돼 있다. 이러한 부족한 부분을 채우기 위해 README.md 파일을 다음과 같은 내용으로 업데이트한다.

```
# SportsWorldCentral (SWC) 판타지 풋볼 API 문서

SportsWorldCentral API를 이용해 주셔서 감사합니다. 여기는 저희 판타지 풋볼 웹사이트인 www.
sportsworldcentral.com의 데이터에 접근할 수 있는 원스톱 상점입니다.

## 목차

- [공개 API](#공개-api)
- [시작하기](#시작하기)
  - [분석](#분석)
  - [선수](#선수)
  - [성적](#성적)
  - [멤버십](#멤버십)
- [서비스 약관](#서비스-약관)
- [예시 코드](#예시-코드)
- [소프트웨어 개발 키트 (SDK)](#소프트웨어-개발-키트-sdk)

## 공개 API
*출시 예정*

저희 애플리케이션을 곧 배포할 계정입니다. 공개 API 주소가 추후 업데이트될 예정이니 지속적으로 업데이트되는
정보를 확인해 주세요.

## 시작하기
SWC API는 모든 데이터가 공개돼 있기 때문에 별도의 인증 절차 없이 사용할 수 있습니다.
모든 엔드포인트는 JSON 형식의 데이터를 GET 방식으로 제공합니다.

### 분석
API의 상태 정보와 리그, 팀, 선수 수 등의 통계를 제공합니다.

### 선수
모든 NFL 선수를 조회하거나, 특정 player_id를 이용해 개별 선수 정보를 검색할 수 있습니다.

### 성적
NFL 선수의 경기 기록 및 판타지 리그 점수 정보를 조회할 수 있습니다.

### 멤버십
SWC 판타지 풋볼 리그와 각 리그에 속한 팀 정보를 확인할 수 있습니다.

## 서비스 약관
```

````
API를 사용하는 경우 다음의 약관에 동의한 것으로 간주합니다.

- **이용 제한**: 하루 최대 2,000회까지 요청을 할 수 있으며, 이 제한을 초과하면 API 키가 일시 중단될 수 있습니다.

- **무보증**: 저희는 API 및 API의 동작에 대해 어떠한 보증도 하지 않습니다.

## 예시 코드
상태 확인 엔드포인트에 접근하기 위한 파이썬 예시 코드는 다음과 같습니다.

```python
import httpx

HEALTH_CHECK_ENDPOINT = "/"

with httpx.Client(base_url=self.swc_base_url) as client:
    response = client.get(self.HEALTH_CHECK_ENDPOINT)
    print(response.json())
```

## 소프트웨어 개발 키트(SDK)
*출시 예정*

SWC API를 위한 파이썬 SDK는 추후 제공될 예정입니다. 지속적으로 업데이트되는 정보를 확인해 주세요.
````

참고 자료

API 프로젝트에서 API 문서화와 개발자 포털developer portal이 차지하는 역할에 대한 설명은 제임스 히긴보텀James Higginbotham의 『웹 API 설계 원칙: 마이크로서비스 아키텍처로의 효과적인 전환Principles of Web API Design: Delivering Value with APIs and Microservices』(에이콘출판, 2023) 7장을 참고한다.

API 설계 개념에 대한 간략한 설명을 원한다면 브렌다 진Brenda Jin, 사우랍 사니Saurabh Sahni, 아미르 셔밧Amir Shevat의 『Designing Web APIs』(O'Reilly, 2018)를 추천한다.

NordicAPIs 블로그[10]는 개발자 경험[11]과 API 문서화[12]와 관련된 유용한 기사를 제공한다.

개발자 경험 지표DX metrics에 대해서는 'Developer Experience: The Metrics That Matter Most'[13]를 참고한다.

문서화되지 않은 API를 사용하는 팁이나 도구를 공유하는 개인 사례는 스티븐 모스Steven Morse의 블로그[14]나 조이 그레코의 Leeger 애플리케이션[15]을 참고한다.

Swagger UI 사용법은 Swagger UI 설치 가이드[16]를 참고한다.

OAS 활용에 대한 실용적인 조언은 Speakeasy의 OpenAPI 가이드[17]를 참고한다.

포트폴리오 프로젝트 확장하기

5장에서는 API 문서의 핵심 요소와 추가 기능을 구현했다. 이때, 더 완성도 높은 개발자 경험을 제공하려면 별도의 개발자 포털을 구축하는 것이 좋다. LaunchAny의 최소 실행 가능 포털(MVP, Minimum Viable Portal) 템플릿을 사용해 다음과 같은 기능을 갖춘 개발자 포털을 만들어 보길 바란다.

- 사용자가 첫 API 호출을 빠르게 수행할 수 있도록 돕는 단계가 포함된 시작 페이지를 추가한다(TTHW 지표를 염두에 둬야 한다).
- 리그, 팀, 플레이어에 대한 정보를 수집하기 위해 소비자가 API에 대한 여러 관련 호출을 실행하는 방법을 설명하는 호출 흐름 페이지를 추가한다.
- 주요 API 호출 예제가 담긴 코드 샘플 페이지를 추가한다.

또한 앞에서 만든 다른 API가 있다면, 5장에서 배운 내용을 바탕으로 해당 API의 openapi.json 파일에 관련 내용을 추가한다.

---

10 https://nordicapis.com/blog/

11 https://nordicapis.com/tag/developer-experience/

12 https://nordicapis.com/tag/api-documentation/

13 https://www.moesif.com/blog/developer-marketing/api-analytics/Developer-Experience-the-Metrics-That-Matter-Most/

14 https://stmorse.github.io/journal/espn-fantasy-v3.html

15 https://www.moesif.com/blog/developer-marketing/api-analytics/Developer-Experience-the-Metrics-That-Matter-Most/

16 https://swagger.io/docs/open-source-tools/swagger-ui/usage/installation/

17 https://www.speakeasy.com/openapi

요약

5장에서는 API 사용자 관점에서 다음과 같은 문서화 작업을 수행했다.

- FastAPI가 기본 제공하는 Swagger UI와 Redoc 기반의 내장 API 문서화 기능을 알아봤다.
- FastAPI가 생성하는 OAS와 그 활용 가치를 살펴봤다.
- 훌륭한 API 문서의 구성 요소를 배웠다.

6장에서는 실제 클라우드 환경에 애플리케이션을 배포하고, 외부 사용자가 API를 활용할 수 있도록 하는 내용을 설명한다.

6장

클라우드에 API 배포하기

> 조금 극단적으로 들릴 수 있겠지만, 요즘 시대에는 당신의 작업물이 온라인에 없으면 그 작업은 존재하지 않는 것과 같다.
>
> — 오스틴 클레온Austin Kleon,
> 『Show Your Work! 10 Ways to Share Your Creativity and Get Discovered』(Workman, 2014)

지금까지 여러분은 첫 번째 API 개발을 했고, 큰 진전을 이뤘다. 사용자에게 가장 필요한 기능을 선정하고, 여러 개의 API 엔드포인트를 구현했으며, 사용자 친화적인 문서도 만들었다. 6장에서는 그동안 만들어 온 API를 클라우드에 배포해, 실제 사용자들이 웹을 통해 접근할 수 있도록 공개한다. 이는 단순히 결과물을 보여 주는 것을 넘어 실전 배포 경험을 쌓고, 여러분의 작업을 다른 사람들과 공유할 수 있는 소중한 기회가 될 것이다.

클라우드 배포의 장점과 책임

클라우드cloud는 공용 인터넷을 구성하는 수많은 컴퓨터 서버와 이를 연결하는 인프라를 통칭하는 비공식적인 용어다. 개발자나 데이터 사이언티스트가 프로토타입이나 개인 프로젝트를 배포할 수 있는 좋은 방법은 퍼블릭 클라우드 호스트public cloud host를 이용하는 것이다. 클라우드가 등장하기 전에는 부수적인 프로젝트를 운영하려면 물리 서버를 직접 구매해 운영해야 했으며, 프로젝트가 종료된 후에도 서버 장비는 그대로 남아 관리 부담이 컸다. 하지만 클라우드를 이용하면 몇 개의 명령어만으로도 가상 서버를 빠르게 구성할 수 있으며, 필요가 없어지면 즉시 삭제할 수 있다. 이제는 원하는 수준의 네트워킹 및 애플리케이션 호스팅 기능을 갖춘 클라우드 환경에서 작업물을 손쉽게 배포할 수 있는 시대가 열렸다.

장점

이번 프로젝트에서 클라우드를 활용하면 다음과 같은 실질적인 이점을 얻을 수 있다.

- 프로젝트를 통해 클라우드 개발, 배포, 운영의 전 과정을 체험할 수 있다.
- 프로젝트를 포트폴리오로 활용하면서 다른 사람들과 공유할 수 있고, 이를 통해 빠른 피드백을 받아 지속적으로 개선할 수 있다.
- 외부에 API를 배포함으로써 사용자 관점에서 실제 인터넷 환경에서 동작하는 도구나 서비스를 테스트할 수 있다. 이 내용은 2부의 주제다.
- 생성형 AI 서비스와 연계해 API를 활용할 수 있다. 이는 3부의 주제다.

이처럼 애플리케이션을 인터넷에 배포하면 단순한 로컬 개발과는 차원이 다른, 실전 프로젝트로서의 실체감을 얻을 수 있다.

책임

한편 클라우드 환경에 애플리케이션을 배포하면 몇 가지 책임도 함께 따른다. 그중 가장 먼저 고려해야 할 요소는 비용이다. 대부분의 클라우드 서비스는 사용량에 따라 과금을 하며, 무료 요금제free tier나 시작 크레딧starter credit이 제공되는 경우에도 계정 생성 시 신용카드나 체크카드를 등록해야 한다. 실제로 클라우드 호스트에서 프로젝트를 개발하다 보면 월말에 몇 달러 정도의 예상치 못한 비용이 종종 발생하고, 관리가 느슨하면 수백~수천 달러로 불어나는 경우도 적지 않다.

6장에서는 비용 관리를 위한 몇 가지 실용적인 팁을 공유한다. 나는 6장의 예제 애플리케이션을 여러 클라우드 서비스에 배포하면서도 전체 비용을 1달러 미만으로 유지할 수 있었지만, 상황에 따라 여러분의 비용은 더 높아질 수 있다는 점도 명심해야 한다. 따라서 감당할 수 없는 서비스에 무분별하게 가입하는 일은 반드시 피해야 한다.

클라우드에 API를 배포하면 보안에 대한 책임도 함께 따른다. ‘API 엔드포인트를 외부에 노출한다’는 표현 자체가 이러한 위험성을 내포하고 있다. 포트폴리오 프로젝트가 단지 판타지 스포츠 데이터만을 다룬다면 개인 정보 유출 위험은 크지 않을 수 있다. 그러나 클라우드 서비스에 접근하는 데 사용하는 인증 정보(예: 사용자 이름, 비밀번호, API 키 등)를 부주의하게 다룰 경우, 해당 정보가 외부에 노출될 수 있으며, 이는 심각한 보안 사고로 이어질 수 있다. 예를 들어, 악의적인 사용자가 이 인증 정보를 이용해 사용자의 계정으로 암호 화폐를 채굴하거나, 웹사이트를 공격하는 봇(bot)을 대규모로 생성하는 등의 피해를 발생시킬 수 있다. 이런 상황은 불필요한 요금 폭탄으로도 이어질 수 있으므로 보안은 선택이 아닌 필수다.

클라우드 서비스를 사용할 때 예상치 못한 과금을 방지하려면 다음과 같은 비용 관리 수칙을 지켜야 한다.

- 서비스를 사용하기 전에 각 항목의 비용을 꼼꼼히 확인하고, 가능하다면 비용 계산기를 활용해 예산을 산정한다.
- 무료 요금제 또는 무료 체험 기간이 제공되는 서비스를 우선 활용한다.
- 월간 예산을 사전에 설정하고, 예산 한도에 도달하기 전 이메일 알림을 받을 수 있도록 알림 기능을 설정한다.
- 사용이 끝난 리소스는 반드시 중지하거나 삭제해 불필요한 요금 발생을 방지한다.
- 클라우드 호스트에서 작업이 끝난 후에는 사용한 리소스를 정리하고, 결제 수단도 제거하는 것이 좋다.
- 인증 정보는 외부에 유출되지 않도록 철저히 관리해야 하며, 단기 액세스 키를 사용하는 것이 바람직하다.
- 필요한 권한만 최소한으로 부여하고, 작업이 끝나면 불필요한 권한은 즉시 비활성화한다.
- 소스 코드 저장소(Git 등)에 인증 정보를 절대 커밋하지 않는다.
- 만약 인증 정보가 외부에 노출됐다면, 즉시 해당 계정을 비활성화하거나 삭제하고, 필요 시 클라우드 제공업체의 지원팀에 문의해 조치를 취해야 한다.

이러한 사전 대응을 통해 보안 사고와 예기치 못한 비용 발생을 효과적으로 방지할 수 있다.

클라우드 호스트 선택 방법

나는 프로토타입이나 포트폴리오 프로젝트를 클라우드에 배포하기 위해 다양한 클라우드 호스트를 사용해 왔다. 시간이 지나며 각 서비스의 기능과 요금 모델도 계속해서 바뀌었는데, 어떤 호스트를 선택할지는 가장 중요하게 생각하는 호스팅 목적에 따라 달라진다. 예를 들어, 신속한 배포가 가장 중요하다면 설정과 실행이 간편한 호스트를 선택하는 것이 좋다. 반면, 특정 클라우드 플랫폼이나 핵심 인프라 서비스를 학습하고자 할 때는 조금 더 복잡하고 비용이 들더라도 그 플랫폼의 배포 방식을 배우는 데 시간과 자원을 투자하는 것이 좋다. 또한 지속적 통합CI, Continuous Integration이나 컨테이너 기반 배포containerization처럼 배포 및 운영 기술을 연습하고자 한다면, 해당 기능을 지원하는 호스트를 선택해 실습하는 것이 좋다.

6장에서는 2개의 클라우드 호스트(Render와 AWS)를 대상으로 각각의 배포 절차를 설명한다. 먼저, 설정이 간단한 Render를 활용해 API를 배포하고, 이후에는 도커 컨테이너화 도구를 이용해 AWSAmazon Web Services에 배포하는 과정을 소개한다.

6장에서 사용하는 주요 도구 및 서비스 목록을 표 6-1에 정리했다.

표 6-1 6장에서 사용하는 새로운 도구 및 서비스

소프트웨어 또는 서비스 이름	버전	목적
Amazon Lightsail	없음	AWS 가상 클라우드 서버
AWS CLI	2.15	AWS 서비스를 위한 명령줄 인터페이스
Docker	24.0	애플리케이션을 컨테이너로 패키징하고 실행
Render	없음	클라우드 호스팅 제공업체

프로젝트 디렉터리 설정

> 6장의 내용은 2장부터 5장까지의 내용을 모두 완료했다는 것을 전제로 한다. 6장부터 코딩을 시작하려는 경우, 몇 가지 준비 단계가 필요하다. 먼저, 이 책의 GitHub 저장소에서 GitHub Codespace를 만들어야 한다. 전체 과정은 59쪽의 'GitHub Codespace 시작하기' 절을 참고한다.
>
> 또한 5장에서 작성한 코드는 Codespace의 chapter5/complete 디렉터리에 있는 파일을 참고한다. 이 경우, 이후 설정 명령어에서는 chapter5 대신 chapter5/complete 경로를 사용해야 한다.

5장에 이어서 포트폴리오 프로젝트를 계속 진행하려면, 작업 디렉터리를 chapter6으로 이동한 뒤 5장에서 작성한 파일들을 복사해야 한다. 다음 명령어를 순서대로 실행해 파일을 복사한 후 파일에 제대로 복사됐는지 확인한다.

```
.../portfolio-project (main) $ cd chapter6
.../chapter6 (main) $ cp ../chapter5/*.py .
.../chapter6 (main) $ cp ../chapter5/fantasy_data.db .
.../chapter6 (main) $ cp ../chapter5/requirements.txt .
.../chapter6 (main) $ cp ../chapter5/readme.md .
.../chapter6 (main) $ ls *.*
crud.py database.py fantasy_data.db main.py models.py readme.md requirements.txt
schemas.py test_crud.py test_main.py
```

GitHub Codespace를 클라우드 호스트로 사용하기

임시로 클라우드 호스팅이 필요한 경우에는 GitHub Codespace만으로도 충분하다. Codespace는 실행 중일 때만 사용할 수 있지만, 외부 도구로 테스트하거나 다른 사람의 검토를 받을 때 매우 유용하다.

Codespace에서 API를 처음 실행하면 '포트 8000에서 실행되는 애플리케이션을 사용할 수 있습니다'라는 대화 창이 나타난다(그림 6-1 참조). 이때 **퍼블릭으로 만들기**Make Public 버튼을 클릭하면 API가 퍼블릭 포트public port로 전환돼 외부에서 접근할 수 있다.

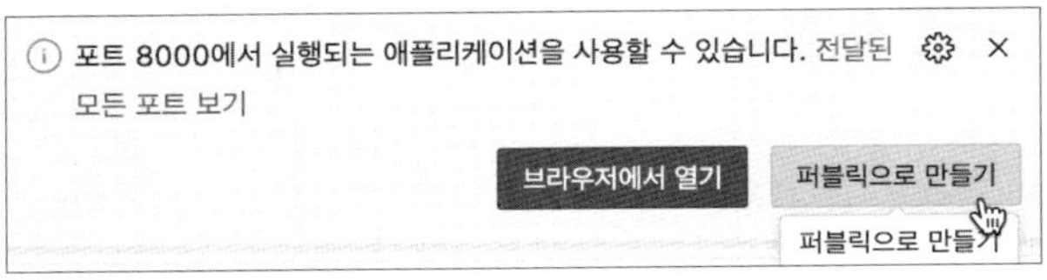

그림 6-1 API를 퍼블릭으로 설정

웹 브라우저에서 실행 중인 API를 확인하려면 터미널 하단의 **포트** 탭을 클릭한 후, 포트 8000 행 위에 마우스를 올린 후, **지구본 아이콘**을 선택한다(그림 6-2 참조).

그림 6-2 공개된 주소로 API 접속하기

브라우저 주소창에는 app.github.dev로 끝나는 URL이 표시되며, 상태 확인 엔드포인트를 통해 다음과 같은 메시지를 확인할 수 있다.

```
{"message":"API 상태 확인 성공"}
```

이 메시지는 API가 클라우드에서 정상적으로 외부에 공개돼 실행되고 있다는 것을 보여준다.

Render에 API 배포하기

Render는 스스로를 '모든 애플리케이션과 웹사이트를 구축하고 실행하는 통합 클라우드'라고 소개한다. 이 책이 집필된 시점을 기준으로 Render는 월별 스토리지에 대한 소액의 요금을 제외하고, 파이썬 기반 애플리케이션 호스팅을 무료로 제공하는 요금제를 운영하고 있다. Render는 일반적으로 FastAPI 애플리케이션 배포 지침[1]을 따라 진행하면 된다.

1 https://render.com/docs/deploy-fastapi

Render에 API를 배포하는 과정은 복잡하지 않으며, 그림 6-3과 같이 몇 가지 단계만 거치면 배포할 수 있다. 이렇게 Render를 활용하면 간편하게 클라우드에 API를 배포할 수 있는데, 이는 지속적인 테스트와 외부 공유가 필요한 포트폴리오 프로젝트에 매우 적합하다.

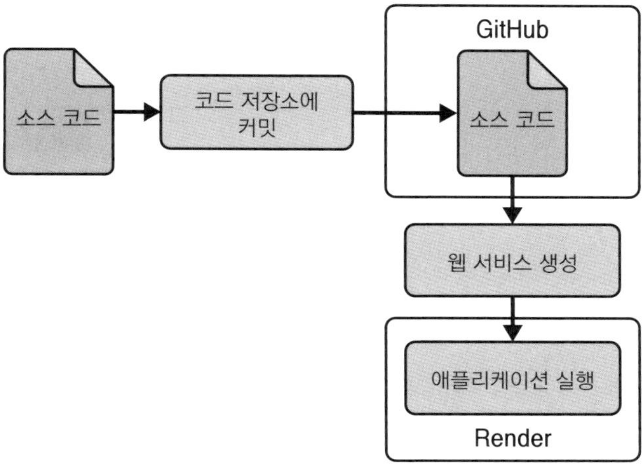

그림 6-3 Render에 API를 배포하는 과정

Render 계정 만들기

Render에 API를 배포하려면 먼저 Render 계정을 만들어야 한다. 회원 가입 페이지[2]에서 계정을 새로 만들거나 GitHub, 구글 등 기존 계정으로 간편하게 가입할 수도 있다. 이는 어떤 방식을 선택하든 동일하게 작동한다. 계정을 만든 후 필수 정보를 입력하면, 아직 생성된 서비스가 없는 초기 상태의 Render 대시보드가 화면에 표시된다.

새 웹 서비스 만들기

Render에서 웹 서비스를 만들려면 오른쪽 위 **+New** 메뉴에서 **Web Service**를 선택한다. 이후 나타나는 New Web Service 페이지에서 **Public Git Repository**공개 Git 저장소를 선택한

2 https://dashboard.render.com/register

다음, GitHub 저장소의 URL을 입력한 후 Connect를 클릭한다(그림 6-4 참조).

그림 6-4 웹 서비스 배포 방식 선택

다음 화면에서 'You are deploying a Web Service웹 서비스를 배포 중입니다'라는 메시지가 표시된다(그림 6-5 참조).

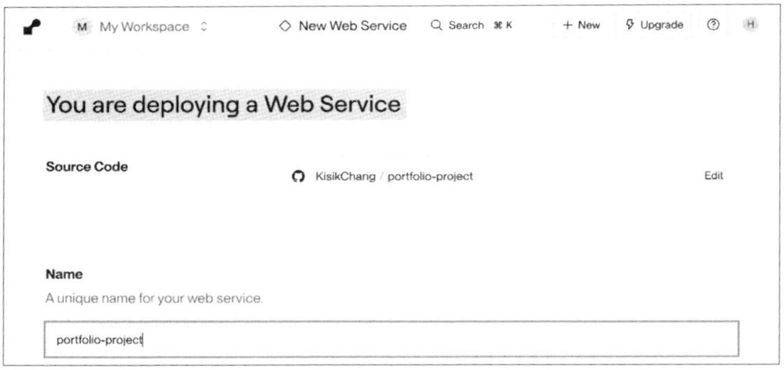

그림 6-5 Render 웹 서비스 설정

이 페이지에서는 다음과 같이 설정한다.

- Name(서비스 URL 이름): 사용하려는 서비스 URL(예: football-api-service)로 API 서비스를 설명할 수 있는 고유한 이름을 입력한다.
- Project(프로젝트): 프로젝트를 만들지 않는다.
- Language(프로그래밍 언어): `Python 3`
- Branch(브랜치): `main`

- Region(리전): 가장 가까운 지역(Singapore(Southeast Asia))으로 선택한다.
- Root directory(루트 디렉터리): `chapter6`
- Build command(빌드 명령어): `pip install -r requirements.txt`(자동으로 입력됨)
- Start command(시작 명령어): `uvicorn main:app --host 0.0.0.0 --port $PORT`
- Instance type(인스턴스 유형): `Free`

시작 명령어로 `fastapi run` 대신 `uvicorn`을 직접 사용하는 이유는 웹 배포에서는 fastapi-cli 라이브러리를 별도로 사용하지 않기 때문이다. 이는 일반적으로 FastAPI를 웹 환경에 직접 배포할 때 권장되는 방식이다.

설정을 모두 입력한 뒤 페이지 하단으로 스크롤해 Deploy Web Service[웹 서비스 배포]를 클릭한다. 그러면 배포 로그 화면이 나타나고, 클라우드 호스트가 requirements.txt에 정의된 패키지를 설치한 뒤 애플리케이션 인스턴스를 시작하는 과정을 확인할 수 있다. 배포가 성공적으로 완료되면 'Your service is live[서비스가 활성화됐습니다]'라는 메시지가 표시된다(그림 6-6 참조).

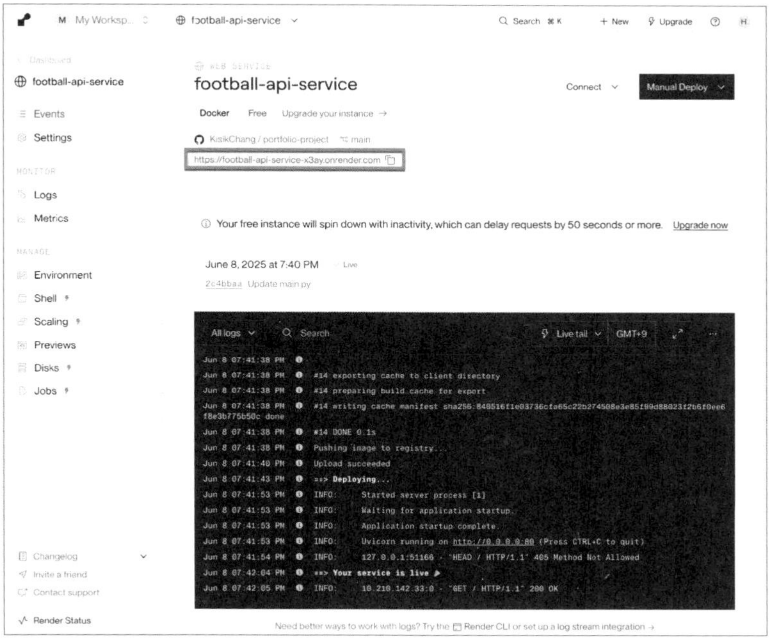

그림 6-6 Render에서의 성공적인 배포

배포가 완료되면 창 상단에 웹 서비스의 URL(https://football-api-service.onrender.com)이 표시된다. 이 주소를 복사해 브라우저의 새 창에 붙여넣으면, API의 상태 확인 메시지가 화면에 표시된다. /docs 엔드포인트에 접속하면 Swagger UI를 통해 다른 API 엔드포인트들이 정상적으로 데이터를 반환하는지 직접 확인할 수 있다. 축하한다! 이제 첫 번째 클라우드 호스트에 API를 성공적으로 배포했다.

> 배포 중 오류가 발생했다면 chapter6 디렉터리의 코드를 GitHub 저장소에 미리 커밋했는지 확인한다. 이 단계가 누락되면 Render에서 코드를 불러오지 못해 배포에 실패할 수 있다.

API 변경 사항 자동 배포하기

기본적으로 Render는 GitHub 저장소의 chapter6 디렉터리에 있는 파일에 변경 사항이 발생하면 이를 자동으로 감지하고 재배포하도록 설정돼 있다. 이를 직접 확인하려면 main.py 파일의 상태 확인 엔드포인트를 다음과 같이 수정해 보자.

```
async def root():
    return {"message": "API 상태 확인: 성공"}
```

수정이 끝났다면 변경 사항을 GitHub 저장소에 커밋한다.

그런 다음 Render 대시보드[3]에 접속해 자신의 웹 서비스를 열고 왼쪽 Events 탭을 선택한다. 가장 최근 이벤트에 새로운 배포 로그가 기록돼 있을 것이다. 몇 분 후 웹 서비스 주소에 다시 접속하면 업데이트된 상태 확인 메시지를 브라우저에서 직접 확인할 수 있다.

이제 다음 절에서는 도커를 활용해 애플리케이션을 구성하고, 이를 AWS Lightsail에서 실행하는 방법을 살펴본다.

3 https://dashboard.render.com

도커 컨테이너로 애플리케이션 배포하기

앞서 Render에서는 GitHub 저장소에 있는 소스 코드를 기반으로 애플리케이션을 배포했다. 반면, AWS에서는 도커라는 도구를 사용해 애플리케이션을 배포하게 된다. 도커는 애플리케이션을 컨테이너라는 단위로 포장하고 전달할 수 있도록 해주는 매우 유용한 도구다. 마치 화물이 운송 컨테이너에 실려 이동하듯이 소프트웨어 애플리케이션도 컨테이너에 담겨 일관된 환경에서 실행할 수 있다.

도커를 사용하면 실행 환경에 상관없이 동일한 방식으로 애플리케이션을 구축하고 실행할 수 있다. 이를 통해 개발 환경과 운영 환경 간의 차이에서 발생할 수 있는 문제를 줄일 수 있으며, AWS Lightsail과 같은 클라우드 환경으로의 이전도 수월해진다.

먼저 도커를 사용해 로컬 환경에서 애플리케이션을 실행하는 방법을 익힌 뒤, 이후 이를 기반으로 AWS Lightsail에 배포하는 과정을 설명한다. 처음에는 다소 생소하게 느껴질 수 있지만, 세 가지 서로 다른 환경에서 순차적으로 애플리케이션을 배포하면서 자연스럽게 각 작업의 목적과 의미를 이해할 수 있다.

도커 주요 용어 정리

도커 공식 용어집[4]에서 다음과 같은 핵심 개념을 확인할 수 있다.

- 도커파일^Dockerfile^: 도커 이미지^Docker image^를 만들기 위한 일련의 명령어들을 담고 있는 텍스트 문서다. 사람이 수동으로 입력할 명령어들을 자동화된 방식으로 정리해 둔 것이다.
- 컨테이너 이미지^container image^ 또는 도커 이미지: 컨테이너 런타임에서 사용하기 위한 루트 파일 시스템의 변경 내역과 실행에 필요한 설정값들이 포함된, 계층적으로 구성된 이미지다.
- 저장소^repository^: 도커 이미지들의 모음이며, 이를 통해 다양한 버전의 이미지를 관리할 수 있다.

4 https://docs.docker.com/reference/glossary/

- 컨테이너 런타임container runtime: 컨테이너 이미지를 바탕으로 실제 실행 가능한 컨테이너 인스턴스를 생성하고 실행하는 소프트웨어다. 6장에서는 도커가 컨테이너 런타임으로 사용된다.

표 6-2 도커 명령어

명령어	목적
`docker --version`	도커 설치 버전 확인
`docker build -t`	도커파일을 기반으로 이미지 빌드
`docker images`	로컬에 존재하는 도커 이미지 목록 확인
`docker run`	로컬 이미지에서 컨테이너 실행

도커 설치 여부 확인하기

GitHub Codespace를 사용하는 경우, 도커가 이미 설치돼 있다. 이때, 로컬 개발 환경에서 직접 설치해야 한다면 'Get Docker' 페이지[5]의 안내에 따라 설치를 진행하면 된다.

설치됐는지 확인하려면 다음과 같이 `docker --version` 명령어를 실행한다.

```
.../chapter6 (main) $ docker --version
Docker version 27.5.1-1, build 9f9e4058
```

이제 다음과 같은 간단한 과정을 거쳐 도커 컨테이너를 준비한다.

- 도커파일 생성
- 도커파일을 바탕으로 도커 이미지 빌드
- 빌드된 이미지를 기반으로 컨테이너 실행

도커파일 만들기

도커파일은 도커 이미지 생성에 필요한 명령어를 담고 있는 스크립트 파일이다. 이

5 https://docs.docker.com/get-started/get-docker/

파일의 각 명령어는 나중에 docker build 명령어를 실행하면 순차적으로 실행된다. chapter6 디렉터리 내에 'Dockerfile'이라는 이름으로 새 파일을 만든다.

```
.../chapter6 (main) $ touch Dockerfile
```

이후 chapter6/Dockerfile에 다음 내용을 추가한다.

```
# 6장용 도커파일
# 파이썬 3.10-slim 이미지로 시작
FROM python:3.10-slim ❶

# 도커 작업 디렉터리 설정
WORKDIR /code ❷

# 빌드 콘텍스트 디렉터리에서 도커 작업 디렉터리로 복사
COPY requirements.txt /code/ ❸

# requirements 파일에 나열된 파이썬 라이브러리 설치
RUN pip3 install --no-cache-dir --upgrade -r requirements.txt ❹

# 코드 파일과 데이터베이스를 빌드 콘텍스트 디렉터리에서 복사
COPY *.py /code/ ❺
COPY *.db /code/

# Uvicorn 웹 서버를 시작하고 애플리케이션을 실행
CMD ["uvicorn", "main:app", "--host", "0.0.0.0", "--port", "80"] ❻
```

❶ 컨테이너 이미지의 기반이 되는 기본 이미지(parent image)를 공식 Python 3.10 slim 도커 이미지로 사용한다. 이 이미지에는 이미 애플리케이션을 실행하는 데 필요한 대부분의 라이브러리가 포함돼 있으므로 코드와 사용자 정의 라이브러리만 추가하면 된다.

❷ 컨테이너 이미지 내부에 작업 디렉터리(working directory)를 /code로 설정한다. 이후 별도로 지정하지 않는 한 명령어는 이 디렉터리에서 실행된다.

❸ 빌드 명령어 실행 시 지정할 파일들이 있는 위치인 콘텍스트에서 requirements.txt 파일을 복사한다. 6장에서는 /chapter6 디렉터리를 콘텍스트로 사용하므로 이 디렉터리에 있는 모든 파일이 콘텍스트에 포함된다.

❹ pip를 사용해 requirements.txt 파일에 있는 라이브러리를 도커 이미지의 새 레이어에 설치한다. 도커 컨테이너 이미지는 완전히 새로운 가상 서버와 같다. 애플리케이션이 정상적으로 동작할 수 있도록 포함된 라이브러리와 버전을 완벽하게 제어할 수 있다.

❺ 파이썬 프로그램 파일과 SQLite 데이터베이스를 콘텍스트 디렉터리에서 도커 작업 디렉터리로 복사한다.

❻ 1단계부터 5단계까지 컨테이너 이미지를 빌드한 후, 이 단계에서 docker run 명령어를 사용해 빌드한 이미지에서 컨테이너가 시작할 때마다 실행될 기본 명령어를 설정한다. Render 배포와 마찬가지로 API를 실행하기 위해 Uvicorn을 직접 호출한다.

이제 컨테이너 이미지를 정의했으므로 다음 단계에서는 이 도커파일을 기반으로 실제 컨테이너 이미지를 빌드한다.

.dockerignore 파일 만들기

.gitignore 파일이 버전 관리 시스템에서 특정 파일을 제외하는 것처럼, 도커에서도 컨테이너 이미지 생성 시 불필요한 파일을 제외할 수 있다. 이를 위해 .dockerignore 파일을 만들고, 다음 내용을 추가한다.

```
# 6장용.dockerignore

.gitignore

README.md

*.DS_Store/

**/__pycache__
```

컨테이너 이미지 빌드하기

앞서 작성한 도커파일을 사용해 컨테이너 이미지를 빌드하려면 명령줄에 다음 명령어를 입력한다.

```
.../chapter6 (main) $ docker build -t apicontainerimage .
```

이 명령어는 현재 디렉터리에 있는 도커파일을 참조해 apicontainerimage라는 이름의 이미지를 빌드한다. 빌드된 이미지는 로컬 도커 저장소에 저장되는데, 처음 실행할 때에는 필요한 베이스 이미지와 의존 패키지를 다운로드하느라 다소 시간이 걸릴 수 있다. 이후부터는 변경되지 않은 항목이 캐시되기 때문에 훨씬 빠르게 빌드된다.

작업이 완료되면 다음과 같은 형태의 실행 결과가 표시된다.

```
[+] Building 23.3s (12/12) FINISHED                                     docker:default
 => [internal] load build definition from Dockerfile                              0.0s
 => => transferring dockerfile: 678B                                              0.0s
 => [internal] load metadata for docker.io/library/python:3.10-slim               2.6s
 => [auth] library/python:pull token for registry-1.docker.io                     0.0s
 => [internal] load .dockerignore                                                 0.0s
 => => transferring context: 115B                                                 0.0s
 => [internal] load build context                                                 0.1s
 => => transferring context: 630.88kB                                             0.0s
 => [1/6] FROM docker.io/library/python:3.10-slim@sha256:2ee0fb                   5.4s
 => => resolve docker.io/library/python:3.10-slim@sha256:2ee0fb                   0.0s
 => => sha256:a8eb8613d81587f01a3d077f9e98b53f3  15.65MB / 15.65MB                1.0s
 => => sha256:2ee0fb8794bf82af1b2db168ada5869b4  9.13kB / 9.13kB                  0.0s
 => => sha256:6f519db225df9698909782b07ba6729e3  1.75kB / 1.75kB                  0.0s
 => => sha256:94c0d637b23a2d8488b071924fdeff883  5.37kB / 5.37kB                  0.0s
 => => sha256:61320b01ae5e0798393ef25f2dc72faf4  28.23MB / 28.23MB                0.7s
 => => sha256:a9c316b0532db398dedb69edaaa40d5f1  3.51MB / 3.51MB                  0.8s
 => => extracting sha256:61320b01ae5e0798393ef25f2dc72faf43703e60                 1.4s
 => => sha256:3245b840819680db9932439272a061130  250B / 250B                      1.1s
 => => extracting sha256:a9c316b0532db398dedb69edaaa40d5f1c073966                 0.2s
 => => extracting sha256:a8eb8613d81587f01a3d077f9e98b53f31daa3b9                 0.8s
 => => extracting sha256:3245b840819680db9932439272a061130c12ed83                 0.0s
 => [2/6] WORKDIR /code                                                           0.0s
 => [3/6] COPY requirements.txt /code/                                            0.0s
 => [4/6] RUN pip3 install --no-cache-dir --upgrade -r requirements.txt          13.3s
 => [5/6] COPY *.py /code/                                                        0.0s
 => [6/6] COPY *.db /code/                                                        0.0s
 => exporting to image                                                            1.8s
 => => exporting layers                                                           1.8s
 => => writing image sha256:41fbb2a64b92e5f1f41dc55cbb6b715ca0b40                 0.0s
 => => naming to docker.io/library/apicontainerimage                              0.0s
```

이미지가 성공적으로 생성됐는지 확인하기 위해 docker images 명령어를 입력하면 로컬 저장소에 있는 이미지 목록을 조회할 수 있다.

```
.../chapter6 (main) $ docker images
REPOSITORY          TAG       IMAGE ID       CREATED          SIZE
apicontainerimage   latest    7b267af59893   4 minutes ago    207MB
```

로컬에서 컨테이너 이미지 실행하기

앞에서 생성한 도커 이미지를 기반으로 컨테이너를 실행하려면, 다음과 같이 docker run --publish 80:80 --name apicontainer1 apicontainerimage 명령어를 터미널에서 실행한다.

```
.../chapter6 (main) $ docker run --publish 80:80 --name apicontainer1 apicontainerimage
```

여기서 사용된 주요 옵션은 다음과 같다.

- --publish 80:80: Docker 컨테이너 내부의 포트 80(두 번째 80)을 로컬 시스템의 포트 80(첫 번째 80)으로 매핑한다.
- --name apicontainer1: 실행 중인 컨테이너의 이름을 지정한다. 이렇게 하면 이후 컨테이너를 쉽게 참조할 수 있다. 도커는 이미지 ID도 할당한다.
- apicontainerimage: 앞에서 빌드한 이미지의 이름이다. 이 이미지를 기반으로 컨테이너가 실행된다.

명령어를 실행하면 다음과 같은 메시지가 출력된다.

```
INFO:     Started server process [1]
INFO:     Waiting for application startup.
INFO:     Application startup complete.
INFO:     Uvicorn running on http://0.0.0.0:80 (Press CTRL+C to quit)
```

브라우저에서 http://localhost에 접속하면 '포트 8000에서 실행되는 애플리케이션을 사용할 수 있습니다'라는 대화 창이 나타나고, 브라우저에서 열기를 선택하면 애플리케이션의 상태 확인 메시지를 볼 수 있다. 이후, 터미널 창으로 돌아가면, 첫 번째 API 요청에 대한 로그 메시지를 확인할 수 있다.

```
INFO:     172.17.0.1:54224 - "GET / HTTP/1.1" 200 OK
```

축하한다! 애플리케이션이 도커 컨테이너에서 정상적으로 실행되고 있다. 실행을 중지하려면 Ctrl+C를 누르면 된다.

AWS에 애플리케이션 배포하기

앞서 생성한 도커 이미지를 활용해 AWS에 애플리케이션을 배포할 수 있다. 이 책에서는 AWS의 간편한 컨테이너 서비스인 Amazon Lightsail을 사용한다.

먼저 AWS 계정 생성 페이지[6]에 접속해 계정을 만들고, 로그인 자격 증명을 안전하게 보관한다. 이 프로젝트와 같이 실습 목적이라면 루트 사용자 계정을 그대로 사용해도 되지만, 장기적으로 AWS를 사용할 계획이라면 별도의 관리자 계정을 만들어 사용하는 것이 좋다. 또한 다단계 인증MFA, MultiFactor Authentication을 반드시 활성화해야 한다. 자세한 설정 방법은 'AWS Identity and Access Management 사용자 가이드'[7]를 참고해 루트 사용자 계정을 만든다.

Lightsail 컨테이너 서비스 만들기

AWS 콘솔에 로그인한 후, 상단 검색창에서 'Lightsail'을 검색해 진입한다. 왼쪽 메뉴에서 **컨테이너**Containers를 선택하고, **컨테이너 서비스 생성**Create container service 버튼을 클릭한다(그림 6-7 참조).

그림 6-7 Lightsail 시작 페이지

6 https://repost.aws/ko/knowledge-center/create-and-activate-aws-account

7 https://docs.aws.amazon.com/ko_kr/IAM/latest/UserGuide/enable-virt-mfa-for-root.html

다음과 같은 항목을 입력한다.

- **컨테이너 서비스 위치**Container service location: 가장 가까운 지역(서울, 모든 영역(ap-northeast-2))으로 자동 선택되는데 필요한 경우 AWS 리전AWS region을 변경한다.
- **컨테이너 서비스 성능 선택**Choose the power: Nano를 선택
- **컨테이너 서비스 규모 선택**Choose the scale: 1을 선택
- **서비스 식별**Identify your service: 예) `aws-api-container`

모든 항목을 입력한 후 화면 아래에 있는 **컨테이너 서비스 생성**Create container service 버튼을 클릭하면 컨테이너 생성이 시작된다. 이 작업은 몇 분 정도 걸리며, 완료되면 컨테이너의 상태 페이지가 표시된다(그림 6-8 참조).

그림 6-8 Lightsail 컨테이너 서비스 생성 완료

AWS CLI 설치하기

AWS와 상호 작용하려면 AWS CLI를 사용해야 한다. 운영체제에 맞는 최신 버전을 설치

하거나 업데이트하려면 AWS 공식 설치 가이드[8]를 참고한다. 설치가 완료됐는지 확인하려면 다음 명령어를 터미널에서 실행한다.

```
.../chapter6 (main) $ aws --version
aws-cli/2.27.31 Python/3.13.3 Linux/6.8.0-1027-azure exe/x86_64.ubuntu.20
```

Amazon Lightsail 컨테이너 서비스 플러그인 설치하기

Lightsail에서 컨테이너 서비스를 사용하려면 별도의 플러그인을 추가로 설치해야 한다. 운영체제에 맞는 설치 절차는 Amazon Lightsail 컨테이너 서비스 플러그인 설치 가이드[9]를 참고해 진행한다.

로그인 자격 증명 구성하기

AWS CLI를 AWS 계정과 연결하려면 인증 정보authentication 및 액세스 자격 증명access credential을 먼저 구성해야 한다. 이를 설정하는 방법은 여러 가지가 있지만, IAM Identity Center에서 리전을 아시아 태평양(서울)으로 변경한 후 사용자를 루트 사용자 계정으로 정확하게 설정해야 한다. 이 설정은 다소 복잡해 시간이 걸릴 수 있다. 6장에서 여러 차례 강조했듯이 클라우드 서비스에서 자격 증명은 매우 민감하게 다뤄야 하며, 특히 소스 코드 저장소에 커밋되지 않도록 주의해야 한다. 설정 방법은 AWS CLI의 인증 및 액세스 자격 증명 가이드[10]를 참고해 진행한다.

구성을 마쳤다면 다음 명령어를 통해 설정이 제대로 완료됐는지 확인할 수 있다.

```
.../chapter6 (main) $ aws sts get-caller-identity
```

정상적으로 설정됐다면 다음과 같은 응답을 볼 수 있다.

8 https://docs.aws.amazon.com/ko_kr/cli/latest/userguide/getting-started-install.html

9 https://docs.aws.amazon.com/ko_kr/lightsail/latest/userguide/amazon-lightsail-install-software.html

10 https://docs.aws.amazon.com/ko_kr/cli/latest/userguide/cli-chap-authentication.html

```
{
    "UserId": "99999",
    "Account": "999",
    "Arn": "arn:aws:iam::1234:user/username"
}
```

컨테이너 이미지를 Lightsail로 푸시하기

다음으로, AWS CLI를 사용해 로컬 도커 저장소에 있는 컨테이너 이미지를 Amazon Lightsail로 푸시해 보자. 과정 중 문제가 발생할 경우에는 Lightsail 컨테이너 서비스용 이미지 푸시, 보기 및 삭제 가이드[11]를 참고하면 된다.

먼저, 이전 단계에서 빌드한 도커 이미지가 여전히 로컬 저장소에 존재하는지 확인한다. 터미널에서 `docker images` 명령어를 실행한다.

```
.../chapter6 (main) $ docker images
REPOSITORY          TAG       IMAGE ID       CREATED         SIZE
apicontainerimage   latest    7b267af59893   4 minutes ago   207MB
```

이제 해당 이미지를 Lightsail로 푸시할 차례다. 명령어를 실행하기 전에 다음 항목들의 의미를 정확히 이해해 두자.

`Region`

Lightsail 서비스를 설정한 AWS 지역. 예) ap-northeast-2

`ContainerServiceName`

Lightsail에서 생성한 컨테이너 서비스 이름으로 이전 단계에서 Lightsail 서비스를 제대로 설정했다면 `aws-api-container`여야 한다.

`LocalContainerImageName:ImageTag`

로컬 저장소의 이미지 이름과 태그. 예) `apicontainerimage:latest`

11 https://docs.aws.amazon.com/ko_kr/lightsail/latest/userguide/amazon-lightsail-pushing-container-images.html

위 값을 적절하게 반영해 다음 명령어를 터미널에 한 줄로 입력해야 한다.

```
lightsail push-container-image
  --region <리전 이름>
  --service-name <컨테이너 서비스 이름> \
  --label aws-api \
  --image <로컬 컨테이너 이미지 이름>:<이미지 태그>
```

> 위 명령어는 책에서는 여러 줄로 표시했지만, 터미널에서는 한 줄로 입력해야 한다.

최종 완성된 푸시 명령어는 다음과 같다.

```
.../chapter6 (main) $ aws lightsail push-container-image --region ap-northeast-2
--service-name aws-api-container --label aws-api --image apicontainerimage:latest
```

명령어를 실행한 후 몇 분이 지나면 다음과 같은 메시지가 출력된다.

```
c99ff75d53**: Pushed
ac2f81c5a8**: Pushed
b86ea0c600**: Pushed
581a23ca12**: Pushed
dec5ae944a**: Pushed
28b83acd74**: Pushed
9d13c89fb6**: Pushed
5a6a85bb1c**: Pushed
ace34d1d78**: Pushed
Digest: sha256:95ba65a30d1bc9557f87193e7c6e54877676f8b8404c3e4460**************
Image "apicontainerimage:latest" registered.
Refer to this image as ":aws-api-container.aws-api.1" in deployments.
```

Lightsail 콘솔에 다시 접속해 aws-api-container 서비스의 Images 탭을 열면, 위에서 푸시한 이미지가 업로드된 것을 확인할 수 있다(그림 6-9 참조).

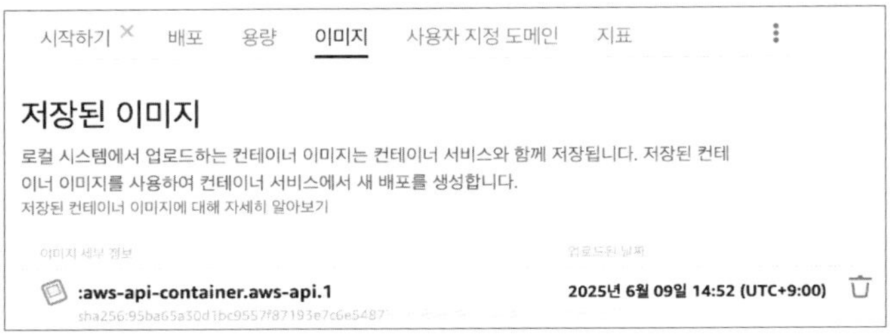

그림 6-9 Lightsail에 저장된 이미지 페이지

Lightsail 배포 만들기

Lightsail 콘솔의 `aws-api-container` 서비스로 이동해 **배포**Deployments 탭에서 **첫 번째 배포 생성**Create your first deployment을 클릭한다. 이후 다음 항목을 입력한다(그림 6-10 참조).

- **컨테이너 이름**Container name: 고유한 컨테이너 이름을 지정한다. 예) `aws-api-container-1`
- **이미지**Image: 이전에 푸시한 저장된 이미지를 선택한다.

그림 6-10 배포 옵션(윗부분)

이어서 **+ 열려 있는 포트 추가**Add open ports 버튼을 클릭하고, 포트 번호로 **80**을 입력한다(그림 6-10 참조). 화면 맨 아래 **퍼블릭 엔드포인트**Public Endpoint 항목에서 **엔드포인트 없음** 드롭다운 메뉴를 클릭해 앞서 생성한 컨테이너를 선택한다. 이후, 모든 항목을 입력하고 설정을 완료하면 그림 6-11처럼 배포 옵션이 구성된다.

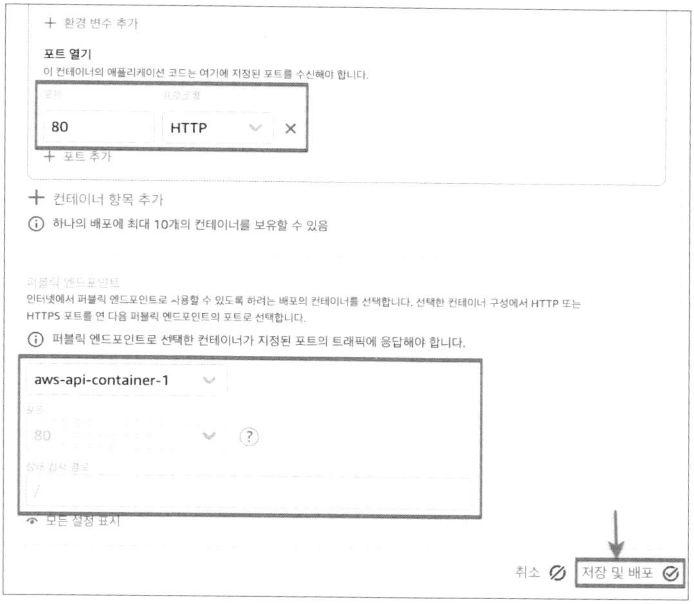

그림 6-11 배포 옵션(아랫부분)

마지막으로, **저장 및 배포**Save and deploy 버튼을 클릭하면 Lightsail이 자동으로 배포를 시작한다. 몇 분 후 상태가 **활성**Active으로 표시되면 배포가 성공적으로 완료된 것이다(그림 6-12 참조).

배포가 완료되면 컨테이너의 상태는 `Running`으로 나타나며, 퍼블릭 도메인 주소가 자동으로 생성된다. 이 주소는 API의 기본 URL로 사용된다. 실행 상태를 확인하려면 해당 주소를 복사해 브라우저 주소창에 붙여 넣고 접속한다. 이때, 정상적으로 배포됐다면 API의 상태 확인 메시지가 표시된다. 축하한다! 이제 AWS Lightsail을 활용해 FastAPI 기반 API를 성공적으로 클라우드에 배포했다.

그림 6-12 Lightsail 배포 성공 화면

API 문서 업데이트

5장에서 README.md 파일을 통해 API 문서를 정리했지만, 당시에는 API의 배포 주소가 없었다. 이제 Lightsail을 통해 API를 배포했으므로 README.md의 공개 API 주소 부분을 다음과 같이 수정한다. `[API URL]` 부분은 실제 배포된 API 주소로 수정한다.

```
## 공개 API

저희 API는 [API URL]에서 호스팅됩니다.

대화형 문서는 [API URL/docs]에서 확인하실 수 있습니다.

OpenAPI 명세(OAS) 파일은 [API URL/openapi.json]에서 확인하실 수 있습니다.
```

포트폴리오 프로젝트 확장하기

6장에서 배운 내용을 바탕으로 포트폴리오 프로젝트를 한 단계 더 발전시켜 볼 수 있다. 이를 위한 몇 가지 방안은 다음과 같다.

- 5장에서 구현한 추가 API가 있다면 6장에서 소개한 클라우드 호스트 중 하나를 선택해 해당 API를 배포한다.
- FastAPI 클라우드 배포 가이드에 소개된 다른 클라우드 제공업체 중 하나를 선택해 API를 배포한다.
- 프로젝트를 클라우드 환경에 배포한 후에는 자동 배포 파이프라인을 구성하는 방법도 고려한다. 각 호스트마다 방식은 다르지만, 일반적으로 소스 코드 저장소가 변경될 때 자동으로 애플리케이션을 다시 배포하도록 설정하는 작업이 프함된다.

또한 포트폴리오를 더욱 강화하고 개발자 경험을 높이기 위해 개발자 포털을 구축하는 것도 좋은 전략이다. 예를 들어, LaunchAny의 MVP(Minimum Viable Portal) 템플릿을 활용해 다음과 같은 기능을 갖춘 개발자 포털을 만들 수 있다.

- 빠른 시작 페이지: API를 처음 호출하기까지의 과정을 간결하게 설명하는 페이지를 TTHW 지표를 고려해 작성한다.
- 워크플로 안내: 리그, 팀, 선수 정보를 얻기 위한 API 호출 순서를 설명한다.
- 코드 샘플 제공: 주요 API 호출에 대한 예제 코드를 제공한다.

앞서 만든 다른 API가 있다면 해당 API에 대한 openapi.json도 생성해 함께 제공하면 통합 문서의 완성도를 높일 수 있다.

참고 자료

도커 컨테이너 개념에 관한 내용은 도커 공식 웹사이트[12]를 참고한다.

파이썬 애플리케이션을 컨테이너화하는 모범 사례는 Snyk.io의 기술 블로그[13]에서 확인할 수 있다.

12 https://www.docker.com/resources/what-container/

13 https://snyk.io/blog/best-practices-containerizing-python-docker/

요약

6장에서는 클라우드 호스팅 플랫폼을 활용한 API 배포의 이점과 책임에 대해 살펴봤다. 특히 다음과 같은 다양한 환경에서 애플리케이션을 배포하는 실습을 진행했다.

- 로컬 개발 환경 또는 GitHub Codespace에서 직접 실행
- 로컬 도커 컨테이너 환경에서 배포
- Render 클라우드 플랫폼을 이용한 배포
- AWS Lightsail과 도커를 활용한 배포

이제 여러분은 실전 프로젝트를 바탕으로 API 배포 경험을 쌓았다. 7장에서는 파이썬 개발자를 위해 SDK를 작성하는 방법을 알아본다.

7장

바로 사용할 수 있는 파이썬 SDK 만들기

> 옳은 일은 하기 쉽게 만들고, 나쁜 일은 하기 어렵게 만들어라.
>
> — 캐시 시에라Kathy Sierra

데이터 사이언티스트가 좋아할 만한 API를 만들기 위해서는 API를 쉽게 호출할 수 있도록 돕는 SDK를 제공해야 한다. SDK는 많은 API 제공자가 제공하지 않지만, 사용자들에게는 큰 도움이 된다. 7장에서는 SDK의 가치를 알아보고, 여러 전문가가 제시한 실용적인 팁을 바탕으로 SWC 판타지 풋볼 API를 위한 파이썬 SDK를 만든다. SDK를 만드는 것이 1부 포트폴리오 프로젝트의 핵심이다.

SDK에는 코드 예제나 디버거, 문서와 같은 다양한 요소가 포함될 수 있지만, 보통은 API를 쉽게 사용할 수 있게 해주는 맞춤형 소프트웨어 라이브러리를 의미한다. 이를 통해 개발자와 데이터 사이언티스트는 API 통신을 위해 추가적인 코드를 작성할 필요 없이 자신의 프로그래밍 언어에서 API를 직접 호출하고 상호 작용할 수 있다.

그림 7-1은 사용자가 API를 직접 호출하지 않고 SDK를 통해 API와 상호 작용하는 방식을 보여 준다.

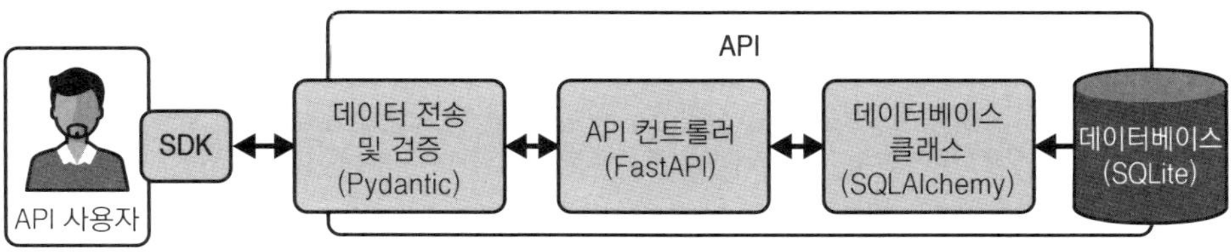

그림 7-1 API와 상호 작용하는 SDK 구조

SDK 전문가의 시각: 잔 마르칸이 알려 주는 SDK 기본 개념

잔 마르칸(Zan Markan)은 영국 출신의 숙련된 소프트웨어 엔지니어이자 개발자 지원 전문가(developer advocate)[1]다. 잔은 개발자 지원 및 협력(developer relations) 업무[2]를 수행하며 SDK를 포함한 다양한 개발자 도구를 만들어 왔다. SDK의 개념과 중요성에 대해 잔과 이야기를 나누고 추가적인 질문을 던졌다.

SDK란 정확히 무엇인가?

SDK는 REST 방식의 API를 특정 프로그래밍 언어에서 편리하게 사용할 수 있게 하는 수단이다. 보통 REST API 호출을 함수나 클래스로 묶어 라이브러리 형태로 제공하며, 개발자는 이를 임포트(import)해 코드에서 쉽게 API를 사용할 수 있다.

구체적인 예를 들어줄 수 있나?

예를 들어, 프리미어 리그 SDK를 만든다고 생각해 보자. 사용자는 SDK를 임포트한 뒤 API 키를 추가하면, 이후 모든 호출이 자동으로 인증된다. 개발자는 이 SDK를 사용해 단일 함수 호출로 특정 날짜의 경기 일정이나 스코어보드를 손쉽게 얻을 수 있다. SDK는 이런 복잡성을 줄여 주기 때문에 개발을 훨씬 빠르고 편하게 해준다.

기업들이 SDK를 제공하는 것은 얼마나 일반적인가?

제품의 주요 사용자가 개발자나 데이터 사이언티스트처럼 코드 작성이 주된 업무인 경우에는 SDK를 제공하는 것이 매우 일반적이다.

SDK는 사용자와 API의 간극을 메워 준다

SDK의 이점과 구현 전략을 파악하기 위해 여러 경험 많은 SDK 개발자와 인터뷰를 진행하고, 서면으로 후속 질문을 주고받았다.

예를 들어, 조이 그레코는 Sleeper[3]와 MyFantasyLeague[4] 등 여러 판타지 풋볼 리그 플

1 소프트웨어나 기술을 개발자에게 알리고, 그들이 해당 기술을 쉽고 효율적으로 활용할 수 있도록 돕는 역할을 하는 사람. 이들은 일반적으로 개발자와 소통하며, 회사 제품에 대한 기술적 설명을 제공하고, 사용자 피드백을 수집해 제품 개선에 반영하는 활동을 한다. – 옮긴이

2 기술 기업이 개발자 커뮤니티와 좋은 관계를 유지하고, 자사의 제품이나 서비스를 더욱 효과적으로 활용할 수 있도록 지원하며, 사용자 의견을 수렴해 제품 개발에 반영하는 업무를 의미한다. 즉, 기업과 개발자 간의 가교 역할을 수행한다. – 옮긴이

3 https://github.com/joeyagreco/sleeper

4 https://github.com/joeyagreco/pymfl

랫폼을 위한 오픈 소스 SDK를 개발해 온 소프트웨어 엔지니어다. 조이는 SDK가 필요한 이유를 다음과 같이 설명했다. "잘 만들어진 SDK는 사용자가 마주하게 되는 복잡한 작업을 대신 처리해 준다. 몇 줄의 코드만 복사해 붙여 넣으면 데이터에 접근하고 조작할 수 있으며, 인증 방식(API 토큰을 이 함수에 넘기시오 등)도 명확히 안내해 준다. SDK는 외부 서비스와 내가 작성하는 코드를 매끄럽게 이어주는 도구다."

개발자나 데이터 사이언티스트 대부분은 API 그 자체에 관심이 있는 것이 아니라, 자신이 해야 할 일을 빠르고 정확하게 수행하는 데 API가 도움이 되기 때문에 사용하는 것이다. 그렇기에 한 사용성 테스트에서 데이터 중심 사용자가 "나는 API에는 관심 없어, 그냥 데이터만 필요해"라고 말했을 때 놀라웠고, 약간은 씁쓸하기도 했다. 하지만 이런 사용자에게는 SDK가 매우 유용한 도구가 된다.

또한 오늘날 사용자들은 많은 곳에서 제공하는 다양한 API와 데이터 소스를 동시에 활용하는 경우가 많다. 그때마다 각 API의 작동 방식과 연동 코드를 새로 배우고 작성하는 것은 본연의 목적에서 벗어나 시간 낭비가 될 수 있다. 모든 개발자나 데이터 사이언티스트가 탄탄하고 안전한 방식으로 API를 사용하는 데 익숙한 것도 아니다. 잘 설계된 SDK는 이들에게 최소한의 노력으로도 좋은 개발 습관을 적용할 수 있도록 도와준다.

SDK 생성 플랫폼인 Speakeasy의 공동 창립자 사이먼 유^Simon Yu^는 SDK가 제공하는 추가적인 장점들을 다음과 같이 정리했다. '기존에는 API 소비자가 직접 작성해야 했던 정형화된 코드^boilerplate code^가 SDK 라이브러리에 이미 구현돼 있다. 반복적이고 오류가 발생하기 쉬운 작업을 다시 하지 않아도 된다. 단지 SDK를 임포트하고, 적절한 메서드를 호출하면 끝이다.'

SDK를 사용하는 또 다른 장점은 개발자가 통합 개발 환경에서 자동 완성과 타입 힌트 기능을 누릴 수 있다는 점이다. 덕분에 개발 속도가 향상되며, GitHub CoPilot이나 AWS CodeWhisperer와 같은 생성형 AI 도구가 더 정확한 코드를 제안할 수 있다.

API 개발자 역시 SDK로부터 많은 이점을 얻을 수 있다. 좋은 API 문서처럼 SDK는 신규 사용자의 진입 장벽을 낮추며, 제품을 처음 실행해 보는 시간을 단축시키는 데 기여한다. 사이먼 유는 SDK가 수익 창출에도 도움이 될 수 있다고 말한다. "API 사용자(심지

어는 대기업일 수도 있다)는 종종 프로덕션 환경에 올리기 전까지는 비용을 지불하지 않으려 한다. 이때, SDK는 API 사용을 촉진하고, 결과적으로 수익 흐름을 앞당기는 역할을 한다."

또한 SDK는 API 제작자의 기술 지원 부담도 줄여 준다. 'SDK는 이미 통합이 가능한 형태로 제공되기 때문에 맞춤형 연동 코드를 처음부터 작성할 필요가 없다. SDK가 없으면 통합이 실패할 때 API 제공자가 직접 1:1 지원을 해야 하는 상황이 자주 발생한다. 이는 매우 비용이 많이 드는 구조다.'

마지막으로, SDK는 호출 제한을 지키거나 올바른 요청 포맷을 유지하도록 돕는 등 사용자가 API를 책임감 있게 사용할 수 있도록 유도하는 역할도 한다. 다시 말해, SDK는 '옳은 일을 더 쉽게' 만들어 주는 도구라고 할 수 있다.

SDK는 단순한 보조 수단이 아닌, 전체 API 제품 전략의 핵심 구성 요소로 자리매김할 수 있다. 그중 가장 모범적인 사례로는 스포츠 데이터 및 분석 전문 기업인 StatsBomb(현 Hudl StatsBomb)[5]을 들 수 있다. 이 회사는 축구 데이터를 중심으로 연구와 교육을 지원하는 데 중점을 두고 있으며, 전 세계 선수 및 팀에 대한 분석과 시각화 기능을 제공하는 스포츠 분석 플랫폼[6]도 운영 중이다. StatsBomb은 구독 기반 API[7]를 통해 고객이 데이터를 자체 소프트웨어로 가져올 수 있도록 지원하는 한편, 연구자와 학생들을 위해 GitHub 오픈 데이터 저장소[8]를 통해 일부 데이터를 무료로 제공하고 있다.

이러한 전략을 하나로 묶는 것이 바로 SDK다. StatsBomb은 R 기반의 statsbombr[9]와 파이썬 기반의 statsbombpy[10]라는 두 가지 SDK를 운영하고 있다. 유료 사용자들은 이 SDK를 이용해 실시간 데이터를 받아볼 수 있으며, 비구독자도 정적 데이터에는 자유롭게 접근할 수 있다. 이때 유료 데이터는 API를 통해, 무료 데이터는 파일 다운로드 방식

5 https://statsbomb.com
6 https://statsbomb.com/what-we-do/soccer-data/
7 https://statsbomb.com/articles/soccer/learn-more-about-the-statsbomb-iq-api/
8 https://github.com/statsbomb/open-data
9 https://github.com/statsbomb/statsbombr
10 https://github.com/statsbomb/statsbombpy

으로 전달되지만, 사용자 입장에서는 복잡성을 전혀 느낄 수 없다. 사용자들은 단지 '필요한 데이터를 얻는다'는 결과만을 경험하게 된다.

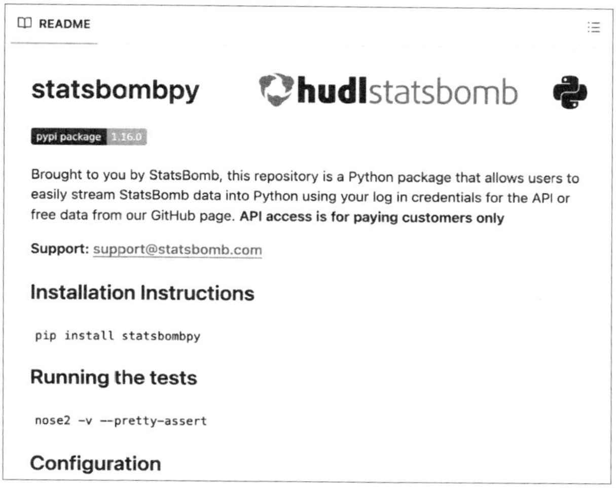
README

statsbombpy

hudlstatsbomb

pypi package 1.16.0

Brought to you by StatsBomb, this repository is a Python package that allows users to easily stream StatsBomb data into Python using your log in credentials for the API or free data from our GitHub page. **API access is for paying customers only**

Support: support@statsbomb.com

Installation Instructions

```
pip install statsbombpy
```

Running the tests

```
nose2 -v --pretty-assert
```

Configuration

그림 7-2 statsbombpy SDK 문서

SDK 전문가의 시각: 프란시스코 고이티아가 알려 주는 SDK 구현 경험

프란시스코 고이티아(Francisco Goitia)는 StatsBomb의 머신러닝 엔지니어이자 statsbombpy SDK 개발자다. 그는 제품의 최종 사용자, 특히 축구 분석가들이 API에 쉽게 접근할 수 있도록 SDK를 개발했다고 말한다. 프란시스코와 나눈 이야기를 SDK 개발 철학과 실무적인 고민을 중심으로 정리한 내용은 다음과 같다.

StatsBomb에서는 왜 API용 SDK를 만들게 됐나?

우리의 철학은 제품의 최종 사용자를 이해하는 데 있다. 많은 사용자가 API를 직접 쿼리하는 방법을 잘 알지 못하는 축구 분석가들이다. 이들은 복잡한 설정 없이도 데이터를 시각화하고 분석하고 싶어한다. 따라서 `pip install` 명령어 한 줄로 설치하고, 바로 데이터를 활용할 수 있도록 SDK를 제공하고 있다.

SDK는 사용자에게 어떤 점에서 유용한가?

예를 들어, 내가 직접 클라이언트 코드를 작성해 API를 사용한다고 가정해 보자. 그렇다면 내 소프트웨어와 API 사이를 분리하기 위해 래퍼(wrapper) 역할을 하는 도구, 즉 SDK를 따로 작성해야 한다. 이는 좋은 소프트웨어 아키텍처를 위한 기본적인 관행이다. 그런데 SDK가 있다면 사용자 입장에서는 이런 번거로운 작업을 따로 하지 않아도 되며, API 접근이 훨씬 간편해진다.

StatsBomb에서는 왜 파이썬과 R을 SDK 개발 언어로 선택했나?

축구 분석 커뮤니티는 주로 파이썬과 R을 사용하는데, 최근 들어 파이썬의 활용도가 특히 높아지고 있다. 내가 2020년에 StatsBomb에 합류했을 당시 이미 statsbombr라는 R 기반 SDK가 존재했다. 나는 입사 첫 주에 바로 statsbombpy 개발을 시작했고, 이후 많은 고객이 이 SDK를 활용하고 있다.

SDK 개발 언어 선택 전략

> SDK를 만들기 위해서는 먼저 대상 개발자가 누구인지, 그리고 그들이 API를 어떻게 활용할지를 충분히 이해해야 한다.
>
> — SDKs.io

SDK를 개발할 때 가장 먼저 결정해야 할 사항은 지원할 프로그래밍 언어다. 중요한 점은 SDK가 반드시 API가 작성된 언어와 같을 필요는 없다는 것이다. 오히려 SDK는 API 소비자가 주로 사용하는 언어로 작성돼야 하며, 이들은 자신의 코드에서 SDK를 임포트해 API를 직접 호출하지 않고, SDK를 통해 API와 상호 작용하게 된다.

일부 API 제공자는 다양한 소비자층을 고려해 여러 언어로 SDK를 제공하기도 한다. 영국의 개발자 지원 전문가인 잔 마르칸은 이를 '사용자가 있는 곳으로 가라'고 표현했으며, 데이터 사이언티스트의 경우 대부분 파이썬을 사용하며 일부는 R도 활용한다고 언급했다. 이는 1장에서 소개된 '데이터 사이언스 현황' 설문 조사 결과와도 일치한다. 해당 조사에서도 데이터 사이언티스트가 가장 많이 사용하는 언어로 파이썬이 꼽혔다.

파이썬 SDK 개발을 시작할 때는 OAS로부터 파이썬용 클라이언트를 생성해 주는 오픈소스 도구인 OpenAPI Python Client[11]를 활용할 수 있다. 이 도구는 기본적인 골격 코드stub code[12]를 생성해 주며, 여기에 기능을 추가해 나가는 방식으로 SDK를 점진적으로 완성할 수 있다.

---

11 https://github.com/openapi-generators/openapi-python-client

12 아직 완전히 구현되지 않았지만, 전체 시스템이나 다른 구성 요소와의 상호 작용을 시뮬레이션하기 위해 임시로 만들어진 코드를 말한다. – 옮긴이

그러나 지원하는 언어가 많아질수록 SDK의 유지 보수는 점점 더 복잡해진다. 이에 따라 Speakeasy[13], APIMatic[14](SDKs.io 운영사), Fern[15] 등의 상용 도구는 OAS를 기반으로 여러 언어의 SDK를 자동 생성하고 지속적으로 업데이트해 주는 기능을 제공한다.

사이먼 유는 자동 생성 SDK 도구의 필요성을 다음과 같이 설명했다. "SDK의 올바른 설계와 구현도 쉽지 않지만, 이를 꾸준히 관리하고 지원하는 일은 더 어렵다. 예를 들어, SDK 업데이트를 맡고 있던 팀원이 회사를 떠났다고 가정해 보자. 이제 그 문제가 SDK를 지원하고자 하는 모든 언어에 곱해진다고 생각하면 된다. 바로 이런 상황에서 Speakeasy와 같은 자동 생성 도구의 가치가 드러난다."

> 이 프로젝트에서 만들게 될 SDK 코드는 앞에서 구현한 API와는 별도로 구성돼 있다. 따라서 이 책의 앞부분을 모두 마치지 않았더라도 7장의 SDK 개발을 바로 시작할 수 있다. 7장의 후반부에서는 해당 API 코드를 실행해 SDK가 정상적으로 작동하는지 확인하는 과정도 포함돼 있다. 만약 앞부분의 API 구현을 완료하지 않았더라도 완성된 API 코드는 chapter6/complete 폴더에 있으므로 이를 활용하면 된다.

최소 기능 SDK로 시작하기

7장에서는 1부 포트폴리오 프로젝트의 마지막 단계로 파이썬 SDK를 개발한다. 이를 위해 다양한 API 전문가의 실전 경험과 조언을 참고한다. 여기에는 StatsBomb의 프란시스코 고이티아가 개발한 statsbombpy[16], 사이먼 유의 Speakeasy SDK, 조이 그레코Joey Greco의 pymfl[17] 등 실제 사례들이 포함되며, 추가적인 참조 문서도 제공된다.

먼저 SDK 프로젝트가 정상적으로 패키징되고 설치되는지를 확인하기 위해, 가장 기본적인 형태의 SDK부터 만들어 본다. 이를 최소 기능 SDKminimum viable SDK라고 한다. 초기에는 작동 여부만 확인할 수 있을 정도로 간단한 수준에서 시작하고, 그 이후 필요한 기능을 단계적으로 추가한다.

13 https://www.speakeasy.com/

14 https://www.apimatic.io/

15 https://buildwithfern.com/

16 https://github.com/statsbomb/statsbombpy

17 https://github.com/joeyagreco/pymfl

전문가의 조언: SDK를 쉽게 설치하도록 만들어야 한다

> 사용자가 `pip install`만으로도 파이썬 라이브러리를 설치하고 데이터를 바로 활용할 수 있다면, 삶이 훨씬 편해진다.
>
> — 프란시스코 고이티아, StatsBomb

많은 프로그래밍 언어에는 외부 저장소에서 라이브러리를 설치하는 표준 방식이 있다. 예를 들어, Node.js는 npm, 자바Java는 Maven을 사용하고, 파이썬은 PyPIPython Package Index[18]를 표준 저장소로 사용한다. 파이썬 SDK 역시 PyPI에 배포할 수 있도록 구성하면, 앞에서 FastAPI나 SQLAlchemy 라이브러리를 설치했던 것처럼 개발자들은 **pip3** 도구를 이용해 손쉽게 SDK를 설치할 수 있다.

또한 프로젝트가 적절한 구조를 갖추고 있다면, GitHub 저장소에서 직접 **pip3**로 설치하는 것도 가능하다. 7장에서는 SDK를 이러한 방식으로 구조화하고, 사용자에게 필요한 설치 안내를 제공한다. 이 구조는 PyPI에 배포할 때도 그대로 활용할 수 있다.

먼저 SDK 개발을 위해 다음과 같이 chapter7 디렉터리로 이동해 sdk 디렉터리를 만든 다음, 설정 파일인 pyproject.toml을 만든다.

```
.../portfolio-project (main) $ cd chapter7
.../chapter7 (main) $ mkdir sdk
.../chapter7 (main) $ cd sdk
.../sdk (main) $ touch pyproject.toml
```

이제 pyproject.toml 설정 파일을 작성한다. 이 설정 파일은 **pip3**와 같은 도구가 SDK를 올바르게 패키징하고 파이썬 환경에 설치할 수 있도록 도와준다. 다음 코드를 pyproject.toml 파일에 추가한다.

```
[build-system]  ❶
requires = ["setuptools>=61.0"]
build-backend = "setuptools.build_meta"
```

18 https://pypi.org

```
[project] ❷
name = "swcpy"
version = "0.0.1" ❸
authors = [
  { name="[사용자 이름]" },
]
description = "AI와 데이터 사이언스 API 책의 예제 SDK"
requires-python = ">=3.10" ❹
classifiers = [
    "Development Status :: 3 - Alpha", ❺
    "Programming Language :: Python :: 3",
    "License :: OSI Approved :: MIT License",
    "Operating System :: OS Independent",
]
dependencies = [ ❻
    'pytest>=8.1',
    'httpx>=0.27.0',
]
```

❶ 이 부분에서는 setuptools[19]를 프로젝트의 빌드 백엔드(build backend)[20]로 사용한다. 빌드 백엔드는 7장에서 소개하는 모든 예제 SDK에서도 동일하게 적용되며, 설정이 간단하고 활용하기 쉽다. 파이썬 패키징 가이드에서는 Hatchling, Flit, PDM 등 다른 빌드 백엔드도 소개하고 있으나, 이 책에서는 범용성과 안정성을 고려해 setuptools를 사용한다.

❷ 패키지의 이름(name), 버전(version), 설명(description), 개발자(authors) 등 기본적인 메타데이터를 설정한다. 이 항목은 PyPI에 패키지를 게시할 경우에도 그대로 활용되므로, 개발자에는 자신의 이름을 명시하는 것이 좋다. 이 프로젝트는 포트폴리오용으로 활용되는 만큼, 개발자 본인의 소유임을 분명히 하는 것이 바람직하다.

❸ `version` 항목은 주요 기능이 추가되거나 변경될 때마다 적절히 갱신해야 한다.

❹ `requires-python` 항목을 통해 이 패키지가 지원하는 최소 파이썬 버전을 명확히 지정해야 한다. 이는 사용자 환경과의 호환성을 보장하기 위해 반드시 지정해야 한다.

❺ `classifiers` 항목에는 SDK의 개발 상태를 나타내는 정보가 포함된다. 이 예제에서는 `Development Status :: 3 - Alpha`로 설정돼 있으며, 이는 현재 SDK가 초기 개발 단계에 있다는 것을 의미한다.

❻ SDK가 정상적으로 작동하기 위해 필요한 외부 라이브러리들을 `dependencies` 항목에 명시한다. 7장에서는 별도의 requirements.txt 파일을 사용하지 않으며, 필요한 모든 의존성은 이 설정에서 관리한다. 여기서는 pytest와 httpx가 포함돼 있으며, 이는 이후 테스트와 HTTP 통신 기능 구현에 사용된다.

---

19 https://setuptools.pypa.io/en/latest/setuptools.html

20 파이썬 프로젝트의 소스 코드를 실제로 배포 가능한 패키지(예: 휠(.whl) 파일이나 소스 배포본(.tar.gz))로 변환하는 작업을 수행하는 도구 또는 라이브러리를 의미한다. 이는 pyproject.toml 파일에 명시되며, `pip`나 `build`와 같은 프론트엔드 도구들이 빌드 작업을 수행할 때 이 백엔드를 호출한다. 이는 파이썬 패키지를 만들고 구축하는 핵심적인 작업(엔진 역할)을 담당한다. – 옮긴이

전문가의 조언: 일관되고 자연스러운 파이썬 스타일의 SDK를 만들어야 한다

사이먼 유는 SDK에 관해 "SDK는 일관성과 예측 가능성을 갖춰야 한다. 함수 이름 짓기, 예외 처리 방식, 응답 형식 등은 SDK 전반에서 동일한 방식으로 유지돼야 사용자에게 혼란을 주지 않는다"라고 했다. 예를 들어, 단일 항목을 반환하는 함수는 `get_`으로 시작하고, 여러 항목의 목록을 반환하는 함수는 `list_`로 시작하는 것이다.

또한 SDKs.io는 SDK를 각 언어에서 통용되는 규칙과 관례에 맞춰, 자연스럽고 익숙한 표현 방식^idiomatic^으로 만들 것을 권고한다. 파이썬 SDK의 경우, 이는 파이썬 언어 관례에 맞는 방식, 다시 말해 자연스럽고 파이썬스러운^Pythonic^ 코드 스타일을 따른다는 것을 의미한다. 이는 다소 포괄적인 개념이지만, 핵심은 다른 파이썬 개발자들이 익숙하게 받아들일 수 있는 코드를 작성한다는 데 있다.

파이썬은 지속적으로 새로운 기능이 추가되는 살아 있는 언어이므로 이와 관련한 코딩 관례는 파이썬 개선 제안^PEP, Python Enhancement Proposal^이라는 문서를 통해 정립되고 있다. 이 프로세스가 궁금하다면 'PEP 1 - PEP의 목적과 작성 지침^PEP Purpose and Guidelines^[21]'을 참고하면 된다.

SDK 전반의 코드 스타일은 'PEP 8 - 파이썬 코드 스타일 지침^Style Guide for Python Code^[22]'을 따르며, 공식 문서[23]는 다음과 같이 PEP 8의 요점을 정리하고 있다.

- 들여쓰기는 공백 4칸
- 한 줄 길이는 최대 79자
- 클래스는 `UpperCamelCase`, 함수와 메서드는 `lowercase_with_underscores` 방식 사용

이외에도 SDK 구현에는 다음과 같은 PEP 문서 기반의 관례도 사용한다.

21 https://peps.python.org/pep-0001/

22 https://peps.python.org/pep-0008/

23 https://docs.python.org/3.10/tutorial/controlflow.html#intermezzo-coding-style

- PEP 202 - 리스트 컴프리헨션List Comprehensions[24]
- PEP 343 - 콘텍스트 매니저Context Managers[25]
- PEP 257 - 독스트링 규약Docstring Conventions[26]
- PEP 518 - 빌드 시스템 요구 사항Build System Requirements[27]
- PEP 484 - 타입 힌트Type Hints[28]

이러한 요소들은 이후 코드 구현 과정에서 하나씩 설명한다.

swc_client.py는 API와 직접 상호 작용하는 주요 클라이언트 클래스가 될 파일이다. 먼저 기본적인 구조로 시작해 보자. 다음과 같은 명령어를 통해 디렉터리 구조를 만들고 초기화 파일들을 준비한다.

```
.../sdk (main) $ mkdir src
.../sdk (main) $ mkdir src/swcpy
.../sdk (main) $ touch src/swcpy/ init__.py  ❶
.../sdk (main) $ touch src/swcpy/swc_client.py
```

❶ 이 SDK는 파이썬 패키지로 만들기 때문에 코드가 들어가는 각 디렉터리에는 __init__.py 파일이 필요하다. 현재는 비어 있는 파일로도 충분하다.

이제 SDK의 최소 기능 구현을 시작한다. 먼저 swc_client.py에 상태 확인 API를 호출하는 간단한 기능을 추가해 보자.

```
import httpx  ❶

class SWCClient:

    def __init__(self, swc_base_url: str):  ❷
        self.swc_base_url = swc_base_url  ❸
```

24 https://peps.python.org/pep-0202/
25 https://peps.python.org/pep-0343/
26 https://peps.python.org/pep-0257/
27 https://peps.python.org/pep-0518/
28 https://peps.python.org/pep-0484/

```
    def get_health_check(self):  ❹
        # 상태 확인 API 호출
        with httpx.Client(base_url=self.swc_base_url) as client:  ❺
    return client.get("/")
```

❶ 현재는 httpx 라이브러리만 임포트한다. httpx는 SDK에서 API 요청을 처리하기 위해 사용할 핵심 라이브러리다. SWCClient 클래스는 SDK 사용자가 SWCClient() 메서드를 실행해 클래스 인스턴스를 생성해 API를 호출하는 기본 클래스다.

❷ 생성자(contructor) __init__()는 클래스 인스턴스 생성 시 한 번만 실행되며, 이 생성자 메서드는 클래스의 인스턴스마다 고유하게 사용되는 메서드나 변수를 초기화할 때 활용할 수 있으며, 앞서 정의된 상수형 변수와는 다르다. 파이썬에서는 이 생성자를 포함해 모든 클래스 메서드마다 첫 번째 매개 변수로 self를 전달한다.

❸ 생성자는 문자열 매개 변수 swc_base_url을 받아 내부 변수로 저장한다. 이 값은 호출할 API의 기본 주소(base address)다. 이 값을 클래스 변수인 self.swc_base_url에 저장하고, 이후 get_health_check() 메서드에서 해당 주소를 활용할 수 있다.

❹ get_health_check() 메서드는 설정한 기본 URL을 사용해 "/" 경로의 상태 확인 엔드포인트 API를 호출한다.

❺ httpx.Client는 다양한 기능을 제공하지만, 지금은 기본 URL 주소 설정과 해당 주소의 "/" 경로에 간단한 요청을 보내는 형태로 시작한다. 이 경로가 바로 API의 상태 확인용 엔드포인트다.

이제 이 SDK 패키지를 로컬 환경에 설치해 코드가 제대로 작동하는지 확인해 보자. `pip3 install -e .` 명령어는 현재 디렉터리('.')의 프로젝트를 '편집 가능 모드(-e)'로 설치한다. 이 과정에서 pyproject.toml 파일의 `dependencies` 섹션에 정의된 모든 의존성 라이브러리도 함께 설치된다.

여기서는 `-e` 옵션을 사용하므로 코드가 변경될 때마다 설치된 패키지도 자동으로 갱신된다.

```
.../sdk (main) $ pip3 install -e .
Processing /workspaces/portfolio-project/chapter7/sdk
  Installing build dependencies ... done
  Getting requirements to build wheel ... done
  Preparing metadata (pyproject.toml) ... done
...
Successfully built swcpy
Installing collected packages: pluggy, iniconfig, pytest, swcpy
Successfully installed iniconfig-2.0.0 pluggy-1.5.0 pytest-8.2.2 swcpy-0.0.1
```

이 설치 과정에서 pip는 pyproject.toml에 정의된 버전 정보에 맞춰 패키지를 설치한다.

지금까지 만든 SDK 파일 구조를 tree 명령어로 확인해 보자.

```
.../sdk (main) $ tree --prune -I 'build|*.egg-info|__pycache__'
.
├── pyproject.toml
├── src
    └── swcpy
        ├── __init__.py
        └── swc_client.py


2 directories, 3 files
```

최소 기능 SDK: 핵심 기반 기술로서의 의미

지금까지 작성한 코드는 단 2개의 디렉터리와 3개의 파일로 구성된 매우 간단한 구조다. 하지만 이 간단한 예제를 통해 다음과 같은 핵심 역량을 익힐 수 있다.

- 인터넷에 공개된 어떤 API든지 간단한 SDK 래퍼로 감쌀 수 있는 능력
- 유용한 파이썬 코드를 패키지로 만들고, pip3 명령어로 직접 설치할 수 있는 능력

이 구조는 이후 GitHub에 코드를 공유하거나 다른 사용자가 pip3 명령어로 설치할 수 있게 만들 수 있으며, 조금만 더 다듬으면 PyPI에 공식 등록도 가능하다. 지금 익힌 기술은 데이터 사이언티스트나 개발자로서 전 세계 커뮤니티와 결과물을 공유할 수 있는 기초 역량이 된다.

다양한 기능을 갖춘 SDK 만들기

이제 최소 기능 SDK를 보다 견고하고 기능이 풍부한 형태로 확장해 보자. 이 과정에서는 전문가의 조언을 참고해 실제 코드에 반영하면서 실용적인 기능을 추가한다.

목표는 SDK를 설치만 하면 곧바로 사용할 수 있을 정도로 완전한 상태를 갖추는 것이다. 다시 말해 사용자 입장에서 API와 상호 작용하는 데 필요한 모든 기능이 기본으로

내장돼 있는 SDK를 만드는 것이다. 이러한 SDK는 사용자에게 API의 진가를 최대한 끌어낼 수 있는 도구가 되며, 결과적으로 제품의 핵심 경쟁 요소로 작용할 것이다.

전문가의 조언: 합리적인 기본값을 사용해야 한다

SDK를 사용하는 대부분의 사용자는 설정 파일이나 환경 구성을 건드리지 않고도 곧바로 실행되기를 기대한다. 이를 가능하게 하는 핵심 전략이 바로 합리적인 기본값sane default이다. 합리적인 기본값이란 사용자가 별도의 매개 변수를 명시하지 않아도 SDK가 바로 동작하도록 해주는 설정을 말한다. 특히 중요한 기본값 중 하나는 API의 기본 URLbase URL이다. 이 값은 SDK 내부에서 자동으로 설정돼 있어야 하며, 사용자가 문서를 읽지 않아도 API와 바로 연결할 수 있어야 한다.

- 공개된 읽기 전용 API라면, 운영 APIproduction API 주소를 기본값으로 설정한다.
- 인증이 필요한 API 또는 읽기/쓰기 API라면, 실수나 데이터 손상을 방지하기 위해 샌드박스 환경sandbox environment 주소를 기본값으로 설정하는 것이 바람직하다.

이와 같은 기본값 구성은 전체 사용자 중 약 80%가 사용하는 표준적인 사용 흐름happy path[29]을 충실히 지원하며, 나머지 20%의 특수한 상황은 사용자가 직접 기본값을 덮어쓰는 방식으로 처리할 수 있도록 설계하면 된다. 이를 통해 SDK는 사용자 친화성과 유연성을 동시에 갖춘 도구로 거듭날 수 있다.

사용자가 직접 설정을 덮어쓸 수 있도록 SDK에 합리적인 기본값을 정의하는 설정 클래스configuration class를 추가하기 위해 swc_config.py라는 파일을 만든다.

```
.../sdk (main) $ touch src/swcpy/swc_config.py
```

이 파일에서 `SWCConfig` 클래스를 정의한다. 사용자는 이 클래스의 인스턴스를 생성해 설정 값을 지정한 뒤, 이를 `SWCClient` 생성자에 전달함으로써 API 호출 시 사용할 환경을 구성할 수 있다.

29 소프트웨어 개발 및 테스트 분야에서 사용되는 용어로, 어떤 기능이나 프로세스가 오류나 예외 상황 없이 의도한 대로 성공적으로 진행되는 가장 일반적이고 이상적인 흐름을 의미한다. 즉, '모든 것이 순조롭게 흘러가서 원하는 결과에 도달하는 경로'로, 문제 발생 시의 흐름(unhappy path 또는 exception path)이나 다양한 대안 흐름과 대비되는 개념이다. – 옮긴이

swc_config.py 파일의 전체 코드는 다음과 같다.

```
import os
from dotenv import load_dotenv ❶

load_dotenv() ❷

class SWCConfig:
    """
    SWC SDK 클라이언트 초기화를 위한 인수를 관리하는 설정 클래스

    Contains configuration for the base URL and progressive backoff.
    이 클래스는 API 호출을 위한 기본 URL, 오류 발생 시 재시도(backoff) 여부,
    재시도 최대 시간, 대용량 파일 처리 형식 등 주요 설정 인자를 포함한다.
    """

    swc_base_url: str ❸
    swc_backoff: bool ❹
    swc_backoff_max_time: int ❺
    swc_bulk_file_format: str ❻

    def __init__( ❼
        self,
        swc_base_url: str = None,
        backoff: bool = True,
        backoff_max_time: int = 30,
        bulk_file_format: str = "csv",
    ):
        """
        설정 클래스의 생성자

        이 생성자는 SWC SDK 클라이언트를 설정할 때 사용할 인자를 받아 내부 변수로
        초기화된다. 인자가 전달되지 않으면 기본값 또는 환경 변수를 사용한다.

        인수:
        - swc_base_url (선택): 모든 API 호출에 사용할 기본 URL.
                               직접 전달하거나 환경 변수(SWC_API_BASE_URL)로 지정 가능.
        - backoff: 오류 발생 시 SDK가 백오프 전략으로 재시도할지 여부를 설정하는 부울 값.
        - backoff_max_time: API 호출 재시도를 중단하기 전까지의 최대 시간(초 단위).
        - bulk_file_format: 대용량 데이터 파일 형식. 'csv' 또는 'parquet' 중 선택.
        """
```

```
        self.swc_base_url = swc_base_url or os.getenv("SWC_API_BASE_URL")  ❽
        print(f"SWC_API_BASE_URL in SWCConfig init: {self.swc_base_url}")

        if not self.swc_base_url:  ❾
            raise ValueError("기본 URL은 필수입니다. SWC_API_BASE_URL 환경 변수를 설정하세요.")

        self.swc_backoff = backoff
        self.swc_backoff_max_time = backoff_max_time
        self.swc_bulk_file_format = bulk_file_format

    def __str__(self):  ❿
        """
        설정 객체의 내용을 문자열로 반환하는 메서드

        이 메서드는 로깅이나 디버깅 시 설정 값을 출력하는 데 사용된다.
        명시적으로 정의하지 않으면 기본 문자열 표현이 사용되며, 정보가 부족할 수 있다.
        """
        return f"{self.swc_base_url} {self.swc_backoff}
        {self.swc_backoff_max_time} {self.swc_bulk_file_format}"
```

❶ 이 `import` 문은 파이썬 환경에서 환경 변수를 불러온다.

❷ .env 파일이나 운영체제 환경 변수에서 외부 변수 설정 값을 가져온다.

❸ `swc_base_url`은 API에 접근할 때 사용되는 기본 URL이다.

❹ `swc_backoff`는 오류가 발생했을 때 SDK가 백오프(backoff) 전략[30]을 적용해 호출을 재시도할지 결정한다.

❺ `swc_backoff_max_time`은 API 호출 재시도를 시도할 최대 시간(초 단위)을 설정한다.

❻ `swc_bulk_file_format`은 대용량 데이터 파일의 저장 형식을 설정하며, 일반적으로 'csv' 또는 'parquet' 형식을 사용한다.

❼ `__init__` 메서드는 이 클래스가 인스턴스화될 때 한 번 실행되며, 사용자가 전달한 매개 변수로 클래스 속성을 초기화한다. 이 메서드에서 기본값도 함께 정의된다.

❽ 이 줄은 생성자에 전달된 매개 변수가 있을 경우 해당 값을 사용하고, 없다면 환경 변수에서 내부 URL을 설정한다.

❾ 이 구문은 앞서 설명한 방식 중 하나를 통해 URL이 제대로 설정됐는지를 확인한다. 값이 제공되지 않은 경우 예외를 발생시켜 실행을 중단한다. 이 클래스는 API 접근을 위한 URL 없이는 사용할 수 없다.

❿ `__str__` 메서드는 외부 프로그램이 이 클래스의 설정 내용을 로깅할 수 있도록 문자열 형태로 반환한다. 이와 같은 사용자 정의 메서드를 제공하지 않으면 기본 문자열 표현 방식이 사용돼 정보 전달력이 떨어질 수 있다.

---

30 어떤 작업(예: 네트워크 요청, API 호출, 데이터베이스 쿼리 등)이 실패했을 때 재시도 간의 대기 시간을 점진적으로 늘려 나가는 방법을 말한다. 이는 실패한 작업에 대해 즉시 재시도하는 대신, 잠시 기다렸다가 다시 시도함으로써 서버/시스템 과부하 방지, 충돌 감소, 리소스 효율성 등과 같은 이점을 얻기 위함이다. – 옮긴이

다음으로, chapter7/sdk/src/swcpy 디렉터리에 있는 __init__.py 파일을 다음과 같이 수정한다.

```
from .swc_client import SWCClient
from .swc_config import SWCConfig
```

위와 같은 import 구문을 사용하면 사용자가 코드에서 클래스를 더 간편하게 불러올 수 있다.

전문가의 조언: 다양한 기능을 제공해야 한다

사이먼 유는 SDK가 최종 사용자, 즉 개발자의 작업 부담을 크게 줄여 줄 수 있어야 한다고 강조한다. 7장에서 분석한 여러 SDK는 버전 관리, 페이징 처리, 클라이언트 캐싱client-side caching, 인증 기능 등을 기본적으로 갖추고 있다. 이 책에서 구현하는 파이썬 SDK 역시 데이터 타입 유효성 검사와 재시도/백오프 로직이라는 두 가지 고급 기능을 포함한다.

데이터 유효성 검사를 사용자 코드에서 직접 처리하려면 API 문서를 분석해 유효한 값과 데이터 타입을 파악하고, 이에 맞춰 오류 검출 로직을 직접 구현해야 한다. 이 과정은 상당한 시간과 노력이 필요하다. 반면 SDK 개발자가 유효성 검사를 미리 내장해 두면 사용자 입장에서 매우 큰 도움이 된다. 특히 API 개발자는 내부 작동 원리를 가장 잘 알고 있기 때문에 SDK에 유효성 검사 기능을 손쉽게 포함시킬 수 있다.

파이썬 SDK의 또 다른 강점은 API 구현 시 사용했던 Pydantic 클래스를 그대로 재활용할 수 있다는 점이다. 예를 들어, 이미 6장에서 정의한 schemas.py 파일을 가져와 SDK에서 다시 활용하면, 별도의 추가 작업 없이 정밀한 데이터 유효성 검사를 제공할 수 있다.

SDK에서 Pydantic 스키마를 재사용하기 위해 다음과 같이 디렉터리를 구성한다.

```
.../sdk (main) $ mkdir src/swcpy/schemas
.../sdk (main) $ echo "from .schemas import *" > src/swcpy/schemas/__init__.py
```

chapter6 디렉터리(또는 6장을 완료하지 않았다면 chapter6/complete)에서 schemas 파일을 7장의 디렉터리로 복사한다.

```
.../sdk (main) $ cp ../../chapter6/complete/schemas.py src/swcpy/schemas
```

이제 클라이언트를 처음부터 단계별로 다시 만들어 보자. 먼저 `import` 문과 클래스 생성자를 추가한다. 그리고 전체 swc_client.py 파일을 다음 내용으로 업데이트한다.

```
import httpx
import swcpy.swc_config as config ❶
from .schemas import League, Team, Player, Performance ❷
from typing import List ❸
import backoff ❹
import logging ❺
logger = logging.getLogger(__name__)

class SWCClient:
    """
    SportsWorldCentral API와 상호 작용하는 클라이언트 클래스

    이 SDK 클래스는 SWC 판타지 풋볼 API를 보다 쉽게 사용할 수 있도록 설계됐다.
    모든 API 기능을 지원하며, 데이터 검증이 완료된 타입을 반환한다.

    사용 예시:
        client = SWCClient()
        response = client.get_health_check()
    """

    # 주요 API 엔드포인트 정의
    HEALTH_CHECK_ENDPOINT = "/" ❻
    LIST_LEAGUES_ENDPOINT = "/v0/leagues/"
    LIST_PLAYERS_ENDPOINT = "/v0/players/"
    LIST_PERFORMANCES_ENDPOINT = "/v0/performances/"
    LIST_TEAMS_ENDPOINT = "/v0/teams/"
    GET_COUNTS_ENDPOINT = "/v0/counts/"

    BULK_FILE_BASE_URL = (
        "https://raw.githubusercontent.com/[github ID]" ❼
        + "/portfolio-project/main/bulk/"
```

```
)

def __init__(self, input_config: config.SWCConfig): ❽
    """설정 객체를 통해 클라이언트 내부 속성을 초기화한다."""

    logger.debug(f"Bulk file base URL: {self.BULK_FILE_BASE_URL}")

    logger.debug(f"Input config: {input_config}")

    self.swc_base_url = input_config.swc_base_url
    self.backoff = input_config.swc_backoff
    self.backoff_max_time = input_config.swc_backoff_max_time
    self.bulk_file_format = input_config.swc_bulk_file_format

    # 대용량 데이터 파일 이름 사전 초기화
    self.BULK_FILE_NAMES = { ❾
        "players": "player_data",
        "leagues": "league_data",
        "performances": "performance_data",
        "teams": "team_data",
        "team_players": "team_player_data",
    }

    if self.backoff: ❿
        self.call_api = backoff.on_exception(
            wait_gen=backoff.expo,
            exception=(httpx.RequestError, httpx.HTTPStatusError),
            max_time=self.backoff_max_time,
            jitter=backoff.random_jitter,
        )(self.call_api)

    # 파일 형식에 따라 확장자 자동 부여
    if self.bulk_file_format.lower() == "parquet": ⓫
        self.BULK_FILE_NAMES = {
            key: value + ".parquet" for key, value in
            self.BULK_FILE_NAMES.items()
        }
    else:
        self.BULK_FILE_NAMES = {
            key: value + ".csv" for key, value in
```

```
                self.BULK_FILE_NAMES.items()
            }

        logger.debug(f"Bulk file dictionary: {self.BULK_FILE_NAMES}")
```

❶ swc_config.py 모듈을 임포트해 사용자 구성 정보를 불러온다.

❷ Pydantic 스키마 정의 파일을 임포트한다. 이 스키마는 데이터 검증에 활용된다.

❸ typing 모듈에서 제공하는 List 타입은 스키마에서 사용하는 필드에 타입 힌트를 제공하는 데 사용된다.

❹ backoff 라이브러리는 지수 백오프를 구현하는 데 사용된다.

❺ logging 모듈과 getLogger() 함수는 디버그 및 오류 메시지를 기록하기 위한 로깅 설정에 사용된다.

❻ 클래스 내부에는 API 호출에 사용되는 각 엔드포인트가 상수로 정의돼 있다.

❼ BULK_FILE_BASE_URL의 [github ID] 부분은 사용자의 GitHub 사용자명으로 바꿔야 하며, 이는 대용량 데이터 파일에 접근하기 위한 정확한 경로를 구성하기 위해 필요하다.

❽ 이제 SWCClient 클래스의 생성자는 SWCConfig 인스턴스를 인자로 받는다. 사용자는 자신의 모든 설정 값을 이 객체에 정의한 후, 해당 객체를 클라이언트에 전달한다.

❾ 이 코드는 파일 확장자가 포함되지 않은 대용량 파일 이름의 딕셔너리를 만든다.

❿ 이 구문은 조건부 데코레이터로, 사용자가 설정한 경우 call_api() 메서드에 백오프 기능을 동적으로 추가한다. 백오프 동작에 대해서는 뒤에서 자세히 설명한다.

⓫ 이 코드는 파일 이름 딕셔너리에 .csv 또는 .parquet 확장자를 덧붙인다. 이때 파이썬의 딕셔너리 컴프리헨션(dictionary comprehension)을 사용해 딕셔너리의 모든 항목을 간결하고 효율적으로 업데이트한다.

클라이언트에 추가한 재시도 및 백오프 기능은 몇 가지 예상치 못한 복잡한 내용이 포함돼 있다. SDK를 통해 API를 호출할 때, 일시적인 네트워크 문제나 API 응답 지연으로 인해 호출이 실패할 수 있다. 이는 부하 분산load-balancing[31] 이슈이거나, 급증하는 트래픽을 처리하기 위해 서버를 증설하는 과정 중일 수도 있다. 이러한 상황에서 API를 사용하는 프로세스를 보다 안정적으로 만들기 위해, 몇 차례 재시도한 후 실패를 판단하는 방식이 유용하다.

하지만 재시도 방식을 잘못 설계하면 API 제공자에게 예상치 못한 부하를 줄 수 있다. 예를 들어, 한 API 호출이 실패했을 때 마이크로초마다 무한히 재시도하도록 구성한다면, 이는 사용자가 웹페이지가 열릴 때까지 새로 고침을 반복 클릭하는 것과 비슷한 상

31 컴퓨팅 환경에서 네트워크 트래픽이나 작업 부하를 여러 대의 서버 또는 컴퓨팅 자원에 효율적으로 나눠 분배하는 과정으로 특정 서버에 부하가 집중돼 성능 저하나 서비스 중단이 발생하는 것을 방지하고, 전체 시스템의 안정성과 효율성, 확장성을 높이는 데 목적을 둔다. – 옮긴이

황을 만든다. 한 명의 사용자만 이런 행동을 한다면 큰 문제가 되지 않겠지만, 수백 명 또는 수천 명의 사용자가 네트워크 장애 중이거나 API 서버가 자원을 확충하고 있는 상황에서 동시에 재시도를 계속하면, API 서버는 응답할 수 있는 여유가 없는 상태에서 과도한 부하를 받게 된다. 이는 결과적으로 의도치 않은 디도스, 즉 분산 서비스 거부DDoS, Distributed Denial-of-Service 공격과 유사한 상황을 유발할 수 있다.

이러한 문제를 방지하기 위해 API 소비자나 SDK 개발자는 단순한 반복 재시도 대신 지수 백오프exponential backoff 전략을 적용할 수 있다. 이 방식은 실패할 때마다 재시도 간의 대기 시간을 지수적으로 증가시키는 전략이다. 즉, API가 실패하고 있다는 사실 자체를 서비스가 잠시 쉬어야 할 신호로 받아들이고, 실패가 반복될수록 더 긴 대기 시간을 부여한다. 예를 들어, 클라이언트는 최초 재시도는 1초 후에, 이후 2초, 4초, 8초 간격으로 대기 시간을 늘려가며 시도하다가 미리 정의된 최대 시점에서 중단하게 된다.

이 방식은 확실히 개선된 접근이지만, 모든 사용자가 동일한 방식으로 재시도를 수행할 경우 문제가 발생할 수 있다. 이 문제는 AWS 아키텍처 블로그 'Exponential Backoff and Jitter'[32]에서 매우 명확하게 설명하고 있으며, 그림 7-3은 이를 시각적으로 단순화한 도표로 보여 준다. 가로축은 장애 발생 후 경과 시간(초)이며, 세로축은 해당 시점에서 발생한 재시도 요청 수를 나타낸다.

그림 7-3을 보면, 여러 사용자가 동일한 지수 백오프 설정을 사용할 경우(SDK에서 기본값으로 설정한 경우), 재시도 타이밍이 특정 시간 구간에 집중되며, 클러스터링 현상이 발생함을 확인할 수 있다. 이는 장애가 발생한 시점이 모든 사용자에게 동일하므로, 재시도 타이머도 동시에 시작되기 때문이다. 이러한 상황은 우리가 원하는 형태가 아니다. 이를 해결하는 방법은 지터jitter를 도입하는 것이다. 지터는 백오프 간격에 임의의 무작위 요소를 더해 주는 방식으로, 재시도 간격이 조금씩 달라지도록 만든다. 이 방법을 사용하면 지수 백오프의 장점을 그대로 유지하면서도 재시도 요청이 한 시점에 몰리는 현상을 피할 수 있다. 즉, 지수 백오프와 지터를 함께 사용하는 것이 가장 이상적인 방식이다.

32 https://aws.amazon.com/ko/blogs/architecture/exponential-backoff-and-jitter/

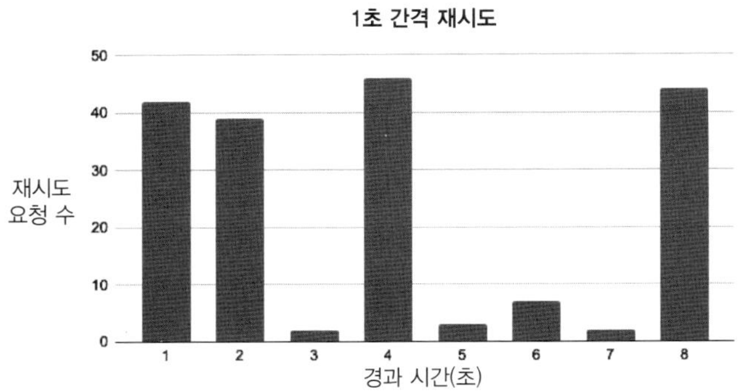

그림 7-3 지수 백오프의 문제점

swc_client.py에 추가한 코드는 앞서 설명한 것처럼 무작위 지터가 적용된 지수 백오프를 backoff라는 파이썬 라이브러리[33]를 이용해 구현했다. 이 라이브러리를 사용할 때는 backoff.on_exception 데코레이터를 call_api() 함수에 추가하면 된다. 이 데코레이터는 원래의 함수 코드를 변경하지 않고도 자동으로 백오프 기능을 감싸준다. 따라서 SDK 사용자 입장에서는 백오프 기능을 활성화하면 call_api() 함수가 이 추가 기능과 함께 동작한다.

이 데코레이터가 코드에 적용된 예시는 다음과 같다.

```
if self.backoff:
    self.get_url = backoff.on_exception(
        wait_gen=backoff.expo, ❶
        exception=(httpx.RequestError, httpx.HTTPStatusError), ❷
        max_time=self.backoff_max_time, ❸
        jitter=backoff.random_jitter, ❹
    )(self.call_api)
```

❶ 예외가 발생하면 1초 후부터 시작해 재시도 간격을 두 배씩 늘려간다.
❷ call_api() 함수에서 RequestError나 HTTPStatusError가 발생했을 때만 재시도를 시도한다.
❸ 최대 재시도 시간은 backoff_max_time에 지정된 값(기본 30초)까지이며, 이 시간 이후에는 재시도를 중단한다.
❹ 재시도 간격은 정확한 초 단위로 고정되지 않고, 지터를 적용해 각 재시도 시점이 무작위로 분산되도록 한다.

33 https://pypi.org/project/backoff/

전문가의 조언: 의미 있는 로그를 남겨야 한다

SDK는 블랙박스처럼 동작해서는 안 되며, 사용자가 내부에서 어떤 일이 벌어지고 있는지를 파악할 수 있어야 한다. 이를 위한 대표적인 방법은 두 가지다. 첫째는 소스 코드를 공개 저장소에 게시하는 것이고, 둘째는 의미 있는 로그 메시지를 통해 실행 흐름과 오류 발생 상황을 투명하게 보여 주는 것이다. 로깅은 특히 사용자가 오류를 경험하거나 예상과 다른 결과를 받을 때 문제를 진단하는 데 매우 유용하다.

자연스럽고 파이썬스러운 코드 스타일 방식으로 구현하기 위해 이 SDK는 파이썬의 내장 `logging` 라이브러리를 사용하며, 사용자가 로깅 수준을 설정할 수 있도록 한다. 예를 들어, 운영 환경에서는 치명적인 오류만 로깅하고, 개발 중에는 디버깅 메시지까지 출력하도록 구성할 수 있다. 표 7-1은 공식 파이썬 문서[34]에서 정의한 로깅 수준을 정리한 것이다.

표 7-1 파이썬 로깅 수준

수준	설명
logging.DEBUG	디버깅을 위한 상세 정보. 주로 개발자에게 유용함
logging.INFO	시스템이 정상적으로 작동하고 있음을 알리는 메시지
logging.WARNING	예상과 다르게 동작하는 상황이 발생했거나 곧 문제가 생길 수 있음을 경고(예: 디스크 공간 부족). 시스템은 여전히 정상 작동함
logging.ERROR	심각한 문제로 인해 일부 기능을 수행하지 못했음을 나타냄
logging.CRITICAL	프로그램이 더 이상 실행될 수 없을 정도의 치명적인 오류를 의미함

7장에서는 `pytest`를 실행하면 터미널에 로깅 메시지가 출력된다. 기본 설정으로는 `WARNING` 이상의 로그만 출력되며, `INFO`나 `DEBUG` 수준의 메시지를 보고 싶다면 `--log-level` 명령줄 옵션을 사용해야 한다.

7장의 앞부분에서 `import` 문을 추가하고 `logger` 객체를 생성했다. 이 기능은 이후 `call_api()`라는 이름의 메서드에서 실제로 동작하는 모습을 확인할 수 있다. 이 메서드는 swc_client.py 파일의 마지막 부분에 추가된다.

34 https://docs.python.org/3/library/logging.html#logging-levels

call_api()는 SDK의 각 기능에서 API 호출을 수행할 때 사용되는 핵심 메서드다. 이 메서드를 통해 모든 API 요청을 중앙에서 처리하도록 구성함으로써 공통된 오류 처리 및 로깅 기능을 효율적으로 적용할 수 있다.

다음은 call_api() 메서드의 전체 코드다.

```
def call_api(self, ❶
        api_endpoint: str, ❷
        api_params: dict = None ❸
    ) -> httpx.Response: ❹
    """API를 호출하고 오류를 로깅한다."""

    # None 값을 제거해 유효한 매개 변수만 요청에 포함
    if api_params: ❺
        api_params = {key: val for key, val in api_params.items() if val is not None}

    try:
        # httpx.Client를 사용해 API 요청 수행
        with httpx.Client(base_url=self.swc_base_url) as client: ❻
            logger.debug(f"base_url: {self.swc_base_url},
                                   api_endpoint: {api_endpoint},
                          api_params: {api_params}") ❼
            response = client.get(api_endpoint, params=api_params)
            logger.debug(f"Response JSON: {response.json()}")
            return response

    # HTTP 상태 코드 기반 예외 처리
    except httpx.HTTPStatusError as e:
        logger.error(
            f"HTTP status error occurred: {e.response.status_code}
            {e.response.text}"
        )
        raise

        # 기타 요청 관련 예외 처리
        except httpx.RequestError as e:
            logger.error(f"Request error occurred: {str(e)}")
            raise
```

❶ 이 메서드는 클래스 메서드이므로 첫 번째 인자인 `self`는 클래스 인스턴스를 나타낸다.
❷ 두 번째 인자인 `api_endpoint`는 호출할 개별 API 엔드포인트를 의미한다.
❸ API 호출 시 전달되는 쿼리 문자열 매개 변수인 `api_params`는 선택적으로 딕셔너리 형태로 입력할 수 있다.
❹ 반환 값에 대한 타입 힌트로는 `httpx.Response` 객체가 지정돼 있다.
❺ 딕셔너리 컴프리헨션을 통해 None 값이 포함된 매개 변수는 제거된 후 API에 전달된다.
❻ `httpx.Client`는 `with ... as` 구문을 통해 콘텍스트 매니저(context manager)로 사용되며, API 요청 후 자원을 정리한다.
❼ 요청이 성공하면 응답 데이터를 포함한 DEBUG 수준의 `logging.DEBUG` 로깅 메시지가 기록된다. 예외가 발생하면 `try ... except` 블록에서 `httpx.HTTPStatusError`와 `httpx.RequestError`를 각각 처리하며, `logging.ERROR` 수준으로 로깅한 뒤 예외를 다시 발생시킨다.

`call_api()` 함수는 SDK 내부에서 각 기능별 API 호출을 수행하는 데 사용된다. 이처럼 API 요청 처리를 하나의 함수로 중앙 집중화하면, 각 기능마다 중복되는 코드 없이 공통된 예외 처리 및 로깅 기능을 통합 적용할 수 있다. 이 함수는 `try...except` 블록을 사용해 API 호출을 감싸며, 호출이 성공하면 `logging.DEBUG` 수준으로 응답 데이터를 로깅한다.

이제 메서드 내부에서 핵심이 되는 코드 한 줄을 자세히 살펴보자.

```
with httpx.Client(base_url=self.swc_base_url) as client:
```

이 코드는 파이썬의 콘텍스트 매니저 문법인 `with...as` 구문을 사용한 예다. 이 문법은 해당 객체가 초기화된 후, 코드 블록 내부 작업을 수행하고, 작업이 끝나면 객체와 관련된 자원을 자동으로 정리해 준다. 여기서 `httpx.Client`는 콘텍스트 매니저 역할을 한다.

HTTPX 공식 문서[35]에 따르면, `httpx.Client`는 리소스 풀링resource pooling 기능을 제공해 여러 API 호출 간 효율적인 연결 재사용이 가능하다. 생성자에 전달된 `base_url`은 이후 모든 API 요청의 기본 주소로 사용된다.

이 코드는 `try...except` 블록 내부에 포함돼 있어, API 호출 도중 오류가 발생할 경우 다음과 같이 처리된다.

35 https://www.python-httpx.org/advanced/clients/

- 첫 번째로 처리되는 예외는 `httpx.HTTPStatusError`이며, 이는 HTTP 응답 코드가 포함된 오류다. 이 예외가 발생하면 `logging.ERROR` 수준으로 상태 코드 및 응답 내용을 로깅한 후, 예외를 다시 발생시킨다.
- 만약 `HTTPStatusError`가 아닌 일반적인 연결 문제라면 `httpx.RequestError` 예외로 처리된다. 이 경우에는 상태 코드가 없기 때문에 예외 메시지 본문만 로깅한 후 역시 예외를 다시 발생시킨다.

이처럼 예외를 다시 발생시키는 동작은 이후에 구현할 재시도 및 백오프 로직이 예외를 감지하고 작동할 수 있도록 하기 위해서 반드시 필요하다.

전문가의 조언: API의 복잡한 세부 사항은 숨겨야 한다

조이 그레코는 "데이터 소비자로서 나는 API 버전 관리, 인증, 속도 제한, 올바른 엔드포인트 탐색 같은 세부 사항에 신경 쓰고 싶지 않다. 나는 그저 어떤 함수를 호출해 나에게 의미 있는 작업을 하고 싶을 뿐이다"라고 말한다. 이처럼 SDK는 내부 API의 복잡한 세부 구현을 사용자로부터 감추는 역할을 한다.

예를 들어, `get_health_check()`와 `list_leagues()` 같은 메서드는 API 엔드포인트를 감싸는 래퍼 함수로, 복잡한 엔드포인트 이름이나 반환 타입 등을 신경 쓸 필요 없이 직관적인 함수 호출만으로 필요한 작업을 수행할 수 있도록 돕는다. 두 메서드는 모두 앞서 구현한 `call_api()` 함수를 호출하며, 특히 `list_leagues()`는 반환된 데이터를 Pydantic 스키마 `League`로 검증한다. 만약 응답 데이터가 클래스 정의와 일치하지 않으면 예외가 발생하며, 이는 자동으로 로깅된다.

다음 코드를 `swc_` 파일의 마지막 부분에 추가한다.

```
    def get_health_check(self) -> httpx.Response:
        """
        API가 정상적으로 동작하는지 상태를 확인한다.

        API의 상태 확인 엔드포인트를 호출해,
        API가 정상적으로 실행 중일 경우 표준 응답 메시지를 반환한다.
```

```
        복잡한 API 호출을 수행하기 전에
        API의 상태를 점검하는 용도로 사용할 수 있다.

        반환값:
        - httpx.Response 객체: http 상태 코드, JSON 응답, 그 외 API로부터
                              받은 정보를 포함한다.
        """
        logger.debug("상태 확인 진입")
        endpoint_url = self.HEALTH_CHECK_ENDPOINT ❶
        return self.call_api(endpoint_url)

    def list_leagues(
        self,
        skip: int = 0,
        limit: int = 100,
        minimum_last_changed_date: str = None,
        league_name: str = None,
    ) -> List[League]: ❷
        """
        리그 정보를 조건에 따라 필터링해 반환한다.

        /v0/leagues 엔드포인트를 호출하고,
        반환된 JSON 데이터를 League 객체로 변환해 리스트로 반환한다.

        반환값:
        - schemas.League 객체의 리스트: 각 객체는 하나의 SportsWorldCentral
                                     판타지 리그를 나타낸다.
        """
        logger.debug("리그 정보 조회 진입")

        params = { ❸
            "skip": skip,
            "limit": limit,
            "minimum_last_changed_date": minimum_last_changed_date,
            "league_name": league_name,
        }

        response = self.call_api(self.LIST_LEAGUES_ENDPOINT, params) ❹
        return [League(**league) for league in response.json()] ❺
```

❶ 새롭게 정의된 get_health_check() 메서드는 최소 기능 SDK에서처럼 API를 직접 호출하지 않고, 앞서 만든 call_api() 메서드를 사용한다. 이를 통해 코드의 재사용성과 유지 보수성을 높일 수 있다.

❷ list_leagues() 메서드에는 타입 힌트가 포함돼 있으며, 이 메서드가 League 객체들의 List를 반환한다는 것을 명시하고 있다. 여기서 League는 schemas.py 파일에 정의된 Pydantic 클래스다.

❸ 사용자가 SDK의 list_leagues() 메서드를 호출할 때, skip, limit, league_name 등과 같은 매개 변수가 전달된다. 이 부분으로 인해 매개 변수를 딕셔너리 형태로 구성해 API 요청에 사용할 수 있다.

❹ 이후 call_api() 메서드를 호출하면서, 위에서 생성한 매개 변수 딕셔너리를 쿼리 문자열로 함께 전달한다.

❺ call_api()는 API 응답에서 반환된 JSON 데이터를 딕셔너리 리스트 형태로 파싱하고, 이를 기반으로 League 객체 리스트를 생성하게 된다.

list_leagues() 메서드의 마지막 줄 코드는 간결하지만 매우 많은 기능을 담고 있다.

```
return [League(**league) for league in response.json()]
```

이 코드의 목적은 API로부터 반환된 딕셔너리 리스트를 순회하면서, 각 항목을 Pydantic 기반의 League 객체로 변환하는 것이다. 이때 사용된 리스트 컴프리헨션list comprehension[36]은 파이썬에서 반복문 없이 리스트를 만드는 자연스럽고 파이썬스러운 코드 스타일이다. 일반적인 구문은 list = [표현식 for 항목 in 이터러블] 형태이며, 매우 간결하게 리스트를 만들 수 있다.

각 딕셔너리를 League 객체로 변환할 때는 파이썬의 언패킹 연산자 **를 사용한다. League(**league) 구문은 해당 딕셔너리의 키-값 쌍을 풀어서 League() 생성자에 전달한다. 이 과정에서 Pydantic은 자동으로 유효성 검사를 수행하며, 만약 응답 데이터에 잘못된 값이 있다면 이 시점에서 오류가 발생하게 된다. 결과적으로 리스트 컴프리헨션과 언패킹 연산자를 결합하면, API에서 반환된 딕셔너리 리스트를 검증된 League 객체 리스트로 변환하는 깔끔하고 안정적인 코드가 완성된다.

전문가의 조언: 대용량 다운로드 기능을 지원해야 한다

데이터 사이언티스트로서 나는 많은 공개 데이터 서비스가 지나치게 복잡하다는 점에 종종 답답함을 느낀다. 엔드포인트를 어떻게 쿼리해야 하는지 데이터 형식은 어떤지 고민하거나,

36 https://peps.python.org/pep-0202/

API 문서를 일일이 읽고 싶지 않다. 그냥 데이터를 주면 된다!

— 로빈 리내커Robin Linacre

대용량 다운로드 기능은 많은 API 사용자에게 유용하며, 특히 데이터 사이언티스트에게 인기가 높다. 데이터 사이언티스트는 전체 데이터셋을 분석 및 로딩 목적으로 자주 사용하며, 필요한 데이터의 일부를 얻기 위해 여러 개의 엔드포인트를 반복해서 호출하는 일을 번거롭게 여긴다. 이러한 경우 FastAPI의 정적 파일Static Files[37] 기능을 활용하면 API의 엔드포인트를 통해 대용량 다운로드를 제공할 수 있다.

하지만 이 SDK에서는 FastAPI 엔드포인트를 이용하는 방식 대신, GitHub 저장소에 웹으로 호스팅된 파일을 SDK가 직접 가져오는 구조로 대용량 다운로드를 지원한다. 이 접근법은 사용자가 별도의 복잡한 설정을 하지 않고도 필요한 전체 데이터를 손쉽게 불러올 수 있도록 도와준다. SDK는 GitHub 저장소에 웹으로 호스팅된 위치에서 파일에 접근하게 된다. 각 파일의 URL은 `BULK_FILE_BASE_URL`과 `BULK_FILE_NAMES`라는 2개의 딕셔너리를 조합해 동적으로 생성된다. 저장소에는 SQLite 데이터베이스에 로드된 각 테이블마다 2개의 대용량 파일이 존재한다. 하나는 .csv 형식이고, 다른 하나는 .parquet 형식이다. 이러한 두 가지 형식을 모두 제공함으로써 SDK는 매우 다양한 대용량 데이터 활용 요구를 효과적으로 지원할 수 있다.

대용량 파일은 GitHub 저장소의 bulk 폴더에 있다. 다음 명령어를 실행하면 해당 디렉터리에 포함된 파일 목록을 확인할 수 있다.

```
.../sdk (main) $ ls /workspaces/portfolio-project/bulk
csv_to_parquet.py      performance_data.parquet  team_data.csv
league_data.csv        player_data.csv           team_data.parquet
league_data.parquet    player_data.parquet       team_player_data.csv
performance_data.csv   readme.md                 team_player_data.parquet
```

.csv 확장자 파일은 쉼표로 구분된 값comma-separated values 파일이다. 다음은 player_data.csv 파일의 첫 두 줄을 보여 준다.

37 https://fastapi.tiangolo.com/tutcrial/static-files/

```
player_id,gsis_id,first_name,last_name,position,last_changed_date
1001,00-0023459,Aaron,Rodgers,QB,2024-04-18
```

이 파일은 압축되지 않은 일반 텍스트 파일이다. 첫 번째 줄에는 쉼표로 구분된 열 이름들이 들어 있으며, 이후 각 줄은 하나의 데이터 레코드를 나타낸다. CSV 형식은 pandas 같은 파이썬 라이브러리나 마이크로소프트 엑셀Microsoft Excel과 같은 소프트웨어에서도 손쉽게 읽고 처리할 수 있다.

한편, .parquet 파일은 데이터 분석 작업에서 널리 사용되는 오픈 소스 열 지향 데이터 파일 포맷column-oriented data file format이다. Apache Parquet 프로젝트 페이지[38]에서는 이 형식을 다음과 같이 정의하고 있다.

> "Apache Parquet은 효율적인 데이터 저장과 검색을 위해 설계된 오픈 소스 열 지향 데이터 파일 포맷이다. 복잡한 데이터를 대량으로 처리할 수 있도록 고성능 압축 및 인코딩 방식을 제공하며, 다양한 프로그래밍 언어와 분석 도구에서 지원된다."

각 파일을 가져오기 위한 별도의 메서드를 정의하며, 해당 메서드는 사용자가 `SWCConfig` 클래스에서 선택한 `bulk_file_format` 매개 변수에 따라 .csv 또는 .parquet 형식 중 하나를 다운로드한다. 사용자가 별도로 매개 변수를 지정하지 않으면 기본값은 .csv로 설정된다.

SDK의 대용량 다운로드 기능 중 하나로, 선수 데이터를 내려받는 `get_bulk_player_file()` 메서드를 swc_client.py 파일 아래에 추가한다. 이 메서드는 사용자의 설정에 따라 .csv 또는 .parquet 형식의 파일을 반환한다. GitHub 저장소에 웹 호스팅된 파일 경로를 기반으로 구성된 URL을 통해 데이터를 가져오는데, Parquet 파일처럼 이진 데이터를 반환하기 때문에 반환 타입은 `bytes`로 지정한다.

```
def get_bulk_player_file(self) -> bytes:  ❶
    """대용량의 선수 데이터 파일을 반환한다."""

    logger.debug("대용량 선수 파일 조회 진입")
```

38 https://parquet.apache.org/

```
        player_file_path = self.BULK_FILE_BASE_URL + self.BULK_FILE_NAMES
                           ["players"]  ❷

        response = httpx.get(player_file_path, follow_redirects=True)  ❸

        if response.status_code == 200:
            logger.debug("파일 다운로드 성공")
            return response.content  ❹
```

❶ 반환 타입으로 bytes를 지정한 이유는 Parquet 파일이 일반 텍스트 파일이 아닌 이진 파일(binary file)이기 때문이다.

❷ 파일 경로는 BULK_FILE_BASE_URL과 BULK_FILE_NAMES라는 2개의 딕셔너리를 조합해 GitHub 저장소의 웹 호스팅된 URL을 만든다.

❸ 기존의 call_api() 메서드 대신 httpx.get() 메서드를 직접 사용하며, follow_redirects=True 옵션을 통해 리디렉션도 자동으로 처리된다.

❹ 응답 코드가 200(정상)인 경우, 해당 파일의 바이너리 내용을 response.content로 반환한다.

아직 모든 엔드포인트나 대용량 파일을 처리하는 메서드를 구현한 것은 아니지만, 지금까지 구현된 기능만으로도 SDK의 핵심 기능은 대부분 갖춰졌다. 이러한 기능 확장을 반영하기 위해 pyproject.toml 파일을 다음과 같이 수정한다. 특히, 새롭게 추가된 라이브러리 의존성과 함께 버전 번호도 0.0.2로 상향 조정한다.

```
[build-system]
requires = ["setuptools>=61.0"]
build-backend = "setuptools.build_meta"

[project]
name = "swcpy"
version = "0.0.2"  ❶
authors = [
    { name="[사용자 이름]" },
]
description = "AI와 데이터 사이언스 API 책의 예제 SDK"
requires-python = ">=3.10"
classifiers = [
    "Development Status :: 3 - Alpha",
    "Programming Language :: Python :: 3",
    "License :: OSI Approved :: MIT License",
```

```
        "Operating System :: OS Independent",
    ]
    dependencies = [
            'pytest>=8.1',
            'httpx>=0.27.0',
            'pydantic>=2.4.0',  ❷
            'backoff>=2.2.1',  ❸
            'pyarrow>=16.0',  ❹
    ]
```

❶ 라이브러리의 모든 새로운 기능을 반영하기 위해 버전 번호를 올린다.
❷ 데이터 유효성 검사를 위해 `pydantic` 라이브러리를 임포트한다.
❸ 백오프 및 재시도 기능을 구현하기 위해 `backoff` 라이브러리를 임포트한다.
❹ Parquet 파일을 처리하기 위해 `pyarrow` 라이브러리를 임포트한다.

전문가의 조언: SDK 문서를 만들어야 한다

API에 문서가 필요하듯이 SDK도 마찬가지로 충실한 문서를 제공해야 한다. SDK는 실제 프로그램 코드에서 직접 사용되므로, 가장 먼저 해야 할 문서화 작업은 프로그래머가 활용할 메서드에 상세한 독스트링docstring을 작성하는 것이다. 이는 자연스럽고 파이썬스러운 코드 스타일을 위한 중요한 과정으로, VS Code와 같은 통합 개발 환경을 사용하는 데이터 사이언티스트는 자동 완성과 코드 힌트 기능을 통해 더 빠르고 정확하게 개발을 할 수 있다.

또한 최근에는 생성형 AI 도구를 활용해 개발을 보조하는 경우가 많아지면서, 잘 정리된 독스트링은 AI 어시스턴트나 CoPilot이 더욱 정교한 코드 추천을 제공할 수 있게 해준다. 우리가 만드는 swc_client.py와 swc_config.py 파일에는 이미 이런 기준을 충족하는 풍부한 독스트링이 포함돼 있다.

이와 함께, README.md 파일도 꼭 제공해야 한다. 이 파일은 SDK의 설치 방법과 사용 예제를 안내하는 핵심 문서로, GitHub 저장소에서는 기본적으로 표시되며, PyPI에 배포될 경우에는 SDK의 홈페이지 역할까지 담당한다.

다음 명령어로 README.md 파일을 만든다.

```
.../sdk (main) $ touch README.md
```

README.md 파일에 다음 내용을 추가한다.

````
# swcpy 소프트웨어 개발 키트(SDK)

이 SDK는 [AI와 데이터 사이언스 API](https://handsonapibook.com) 도서에서 제공하는
SportsWorldCentral Football API와 상호 작용하기 위한 파이썬 기반 SDK입니다.

## swcpy 설치 방법

이 SDK를 사용자 환경에 설치하려면 다음 명령어를 실행합니다.

`pip install swcpy@git+https://github.com/{사용자 이름}/portfolio-
project#subdirectory=sdk`

## 사용 예제

이 SDK는 SWC API의 모든 엔드포인트를 구현하며, SWC 판타지 데이터를 CSV 형식으로 대용량 다운로드할 수
있는 기능도 제공합니다.

### API 기본 URL 설정

SDK는 환경 변수에서 `SWC_API_BASE_URL` 값을 참조합니다. 가장 권장하는 방식은 프로젝트 디렉터리에
`.env` 파일을 생성하고 다음 값을 포함시키는 것입니다.

```
SWC_API_BASE_URL={URL of your API}
```

또는 환경 변수로 직접 설정하거나, `SWCConfig()` 메서드에 인자로 전달할 수도 있습니다.

### 일반 API 함수 예시

일반 API 엔드포인트에 대한 SDK 함수를 호출하는 예시는 다음과 같습니다.

```python
from swcpy import SWCClient
from swcpy import SWCConfig
````
````

```
config = SWCConfig(swc_base_url="http://0.0.0.0:8000", backoff=False)
client = SWCClient(config)
leagues_response = client.list_leagues()
print(leagues_response)
```

```
### 대용량 데이터 다운로드 예시

대용량 데이터 엔드포인트는 바이트 객체를 반환합니다.
다음은 대용량 파일 엔드포인트에서 파일을 로컬에 저장하는 예제 코드입니다.

```
python
import csv
import os
from io import StringIO

config = SWCConfig()
    client = SWCClient(config)

    """SDK를 통한 선수 데이터 다운로드 테스트"""
    player_file = client.get_bulk_player_file()

    # 파일 다운로드 확인을 위해 디스크에 파일 쓰기
    output_file_path = data_dir + 'players_file.csv'
    with open(output_file_path, 'wb') as f:
        f.write(player_file)
```
```

이 예제에서 특히 주목할 부분은 다음과 같이 사용자에게 GitHub 저장소를 통해 SDK를 설치하는 명확한 방법을 안내하고 있다는 점이다.

```
## swcpy 설치 방법

이 SDK를 사용자 환경에 설치하려면 다음 명령어를 실행합니다.

`pip install swcpy@git+https://github.com/{사용자 이름}/portfolio-
project#subdirectory=sdk`
```

이제 필요한 파일을 모두 만들었으며, 주요 엔드포인트에 대한 코드도 모두 작성됐다. 지금까지 만든 SDK 파일 구조를 tree 명령어로 확인해 보자.

```
.../sdk (main) $ tree --prune -I 'build|*.egg-info|__pycache__'
.
├── README.md
├── pyproject.toml
└── src
    └── swcpy
        ├── __init__.py
        ├── schemas
        │   ├── __init__.py
        │   └── schemas.py
        ├── swc_client.py
        └── swc_config.py

3 directories, 7 files
```

SDK를 로컬 환경에 최신 버전으로 업데이트하려면 다음 명령어를 실행한다. 성공적으로 설치되면 다음과 같은 로그가 출력된다.

```
.../sdk (main) $ pip3 install --upgrade .
Processing /workspaces/portfolio-project/chapter7/sdk
  Installing build dependencies ... done
  Getting requirements to build wheel ... done
  Preparing metadata (pyproject.toml) ... done
...
Successfully built swcpy
Installing collected packages: pydantic-core, backoff, annotated-types, pydantic,
swcpy
  Attempting uninstall: swcpy
    Found existing installation: swcpy 0.0.1
    Uninstalling swcpy-0.0.1:
      Successfully uninstalled swcpy-0.0.1
Successfully installed annotated-types-0.7.0 backoff-2.2.1 pyarrow-16.1.0
pydantic-2.4.2 pydantic-core-2.10.1 swcpy-0.0.2
```

SDK 테스트

이제 작성한 SDK가 실제로 잘 작동하는지 확인하기 위해 pytest로 테스트를 진행해 보자. 먼저 다음 명령어로 테스트 디렉터리와 테스트 파일을 만든다.

```
.../sdk (main) $ mkdir tests
.../sdk (main) $ touch tests/test_swcpy.py
```

> 이번 예제에서는 pytest에서 권장하는 '애플리케이션 외부 테스트(tests outside application)' 구조를 따른다. 이 방식은 테스트가 로컬 경로의 코드가 아니라 설치된 모듈을 기준으로 수행되므로, 실제 사용 환경에서의 동작을 검증할 수 있다. 해당 방식은 pytest의 공식 문서인 'Good Integration Practices'[39]에 소개돼 있다.

tests/test_swcpy.py 파일에 다음 내용을 업데이트한다. 이 코드는 상태 확인, 리그 정보 조회, Parquet 형식으로 된 대용량 선수 데이터를 다운로드하는 세 가지 기능을 검증한다.

```
import pytest
from swcpy import SWCClient  ❶
from swcpy import SWCConfig
from swcpy.schemas import League, Team, Player, Performance
from io import BytesIO  ❷
import pyarrow.parquet as pq  ❸
import pandas as pd  ❹

def test_health_check():  ❺
    """SDK의 상태 확인 기능을 테스트한다."""
    config = SWCConfig(swc_base_url="http://0.0.0.0:8000", backoff=False)
    client = SWCClient(config)
    response = client.get_health_check()
    assert response.status_code == 200
    assert response.json() == {"message": "API 상태 확인 성공"}

def test_list_leagues():  ❻
    """SDK의 리그 정보 조회 기능을 테스트한다."""
```

39 https://docs.pytest.org/en/7.1.x/explanation/goodpractices.html#choosing-a-test-layout-import-rules

```
    config = SWCConfig(swc_base_url="http://0.0.0.0:8000", backoff=False)
    client = SWCClient(config)
    leagues_response = client.list_leagues()
    # 엔드포인트가 리스트 객체를 반환하는지 검증한다.
    assert isinstance(leagues_response, list)
    # 리스트의 각 항목이 Pydantic League 객체의 인스턴스인지 검증한다.
    for league in leagues_response:
        assert isinstance(league, League)
    # 5개의 League 객체가 반환되는지 검증한다.
    assert len(leagues_response) == 5

def test_bulk_player_file_parquet(): ❼
    """SDK를 이용한 Parquet 형식의 선수 데이터 대용량 다운로드 기능을 테스트한다."""

    config = SWCConfig(swc_base_url="http://0.0.0.0:8000", bulk_file_format =
"parquet") ❽
    client = SWCClient(config)

    player_file_parquet = client.get_bulk_player_file()

    # 파일에 올바른 레코드 수(헤더 포함)가 있는지 검증한다.
    player_table = pq.read_table(BytesIO(player_file_parquet)) ❾
    player_df = player_table.to_pandas()
    assert len(player_df) == 1018
```

❶ `import` 문은 사용자의 로컬 개발 환경에 설치된 SDK 패키지를 참조한다.

❷ `BytesIO`는 Parquet 파일과 같이 바이너리 형식의 데이터를 메모리에서 직접 읽고 쓰기 위한 도구로 사용된다.

❸ `pyarrow.parquet` 라이브러리는 Parquet 포맷의 대용량 데이터를 읽고 처리하는 데 최적화돼 있다.

❹ `pandas` 라이브러리는 Parquet 파일을 읽어 DataFrame으로 변환하고, 그 안의 레코드 개수를 확인하는 데 활용된다.

❺ `test_health_check()` 함수는 API의 상태 확인 엔드포인트가 정상적으로 응답하는지를 테스트한다.

❻ `test_list_leagues()` 함수는 리그 정보를 반환하는 API 호출 메서드의 응답 형식과 항목 수를 검증한다.

❼ `test_bulk_player_file_parquet()` 함수는 Parquet 형식의 선수 데이터를 대용량으로 다운로드하는 기능을 검증한다.

❽ 이 함수에서는 SWCConfig의 `bulk_file_format`을 `"parquet"`으로 설정해 테스트 대상 파일 형식을 지정한다.

❾ `pq.read_table()`과 `to_pandas()`를 사용해 Parquet 파일을 읽고, 포함된 데이터의 레코드 수를 계산해 테스트의 유효성을 확인한다.

SDK를 테스트하려면 테스트 코드에서 호출할 수 있는 API 서버가 동작 중이어야 한다. 이를 위해 Codespace에서 터미널 분할split terminal 기능을 사용해 두 번째 터미널 세션을 열어야 한다(그림 7-4 참조).

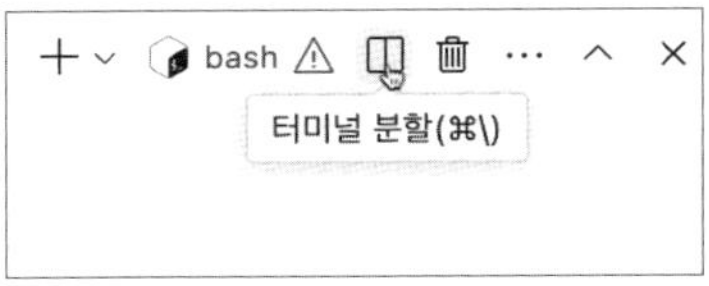

그림 7-4 터미널 분할하기

Codespace 또는 VS Code의 터미널 창 하단에서 + 버튼 오른쪽에 있는 **터미널 분할 아이콘**을 클릭하면, 하나의 창에서 2개의 터미널을 동시에 사용할 수 있다. 이렇게 하면 한쪽 창에서 API 서버를 실행하고, 다른 한쪽에서는 SDK 테스트를 실행할 수 있어 효율적인 개발 환경을 마련할 수 있다(그림 7-5 참조).

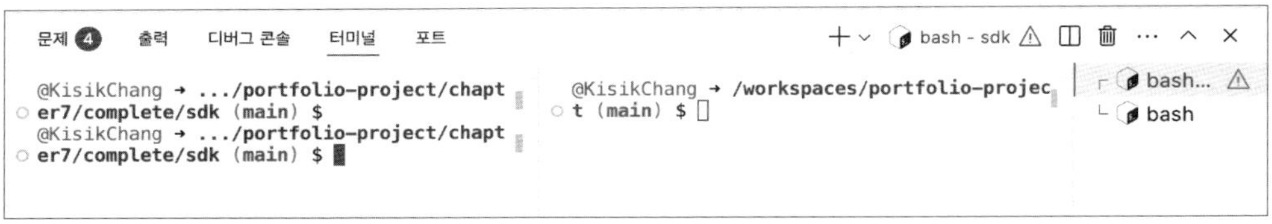

그림 7-5 터미널 분할 세션

처음으로 API를 실행하는 경우라면, 먼저 chapter6/complete 디렉터리에서 `pip3 install -r requirements.txt` 명령어를 실행해 의존 패키지를 설치해야 한다.

오른쪽 터미널에서 chapter6/complete 디렉터리로 이동해 저장소의 완성된 API를 실행한다.

```
.../sdk (main) $ cd ../../chapter6/complete
.../chapter6 (main) $ fastapi run main.py
...
INFO:     Started server process [9999]
```

```
INFO:     Waiting for application startup.
INFO:     Application startup complete.
INFO:     Uvicorn running on http://0.0.0.0:8000 (Press CTRL+C to quit) ❶
```

❶ test_swcpy.py 파일에서 사용한 swc_base_url 값은 이 주소(http://0.0.0.0:8000)와 일치해야 한다. 만약 다르다면 test_swcpy.py 파일의 해당 값을 수정해야 한다.

이전에 테스트했던 것과는 달리, 이번에는 브라우저에서 API를 열 필요 없이 SDK를 통해 터미널에서 직접 테스트를 수행하면 된다.

왼쪽 터미널 창으로 돌아와 `pytest tests/test_swcpy.py` 명령어를 입력해 테스트를 실행한다. 성공적으로 테스트가 수행되면 다음과 같은 출력 결과를 확인할 수 있다.

```
.../sdk (main) $ pytest tests/test_swcpy.py
=========== test session starts ===========
platform linux -- Python 3.10.13, pytest-8.1.2, pluggy-1.5.0
rootdir: /workspaces/portfolio-project/chapter7/sdk
configfile: pyproject.toml
plugins: anyio-4.4.0
collected 3 items

tests/test_swcpy.py ...              [100%]

============ 3 passed in 0.68s ============
```

지금까지 작성한 SDK는 실전 프로젝트에서 활용할 수 있는 다양한 기능을 이미 갖추고 있다. 이 SDK에 반영된 전문가의 조언을 다시 정리하면 다음과 같다.

SDK를 쉽게 설치하도록 만들어야 한다.

GitHub에서 `pip3` 명령어 하나로 설치할 수 있도록 구성했으며, 원한다면 PyPI에 게시하는 것도 가능하다.

일관되고 자연스러운 파이썬 스타일의 SDK를 만들어야 한다.

PEP 8 스타일과 일관된 함수 명명법을 따랐으며, 리스트 컴프리헨션, 딕셔너리 컴프리헨션, 콘텍스트 매니저 등 자연스럽고 파이썬스러운 코드 스타일을 적극 활용했다. 그리고 파이썬 표준 로깅 함수도 사용했다.

합리적인 기본값을 사용해야 한다.

SWCConfig는 기본 설정만으로도 작동하지만, 필요에 따라 URL 등의 설정을 쉽게 변경할 수 있도록 설계했다.

다양한 기능을 제공해야 한다.

데이터 유효성 검사, 지터가 적용된 지수 백오프, Parquet과 CSV 형식의 대용량 다운로드 기능을 추가했다.

의미 있는 로그를 남겨야 한다.

파이썬의 내장 logging 모듈을 활용해 다양한 로깅 수준을 지원하고, 개발 및 운영 환경에서의 문제 추적이 용이하도록 구성했다.

API의 복잡한 세부 사항은 숨겨야 한다.

사용자 입장에서 API 문서를 참고하지 않아도 SDK 메서드만으로 필요한 기능을 쉽게 호출할 수 있도록 API 호출 과정을 추상화했다.

대용량 다운로드 기능을 지원해야 한다.

모든 데이터베이스 테이블에 대해 .csv와 .parquet 형식의 대용량 다운로드가 가능하도록 구현했다.

SDK 문서를 만들어야 한다.

SDK 설치 및 사용법, 주요 기능 설명이 포함된 README.md 파일을 제공해 사용자 경험을 향상시켰다.

전문가의 조언: 모든 API 작업을 SDK로 지원해야 한다

이상적인 SDK는 사용자가 API를 직접 호출해서 수행할 수 있는 모든 작업을 그대로 지원해야 한다. 즉, 모든 API 엔드포인트와 그에 따른 매개 변수를 SDK에서도 사용할 수 있어야 하며, 이를 통해 사용자는 API 문서를 일일이 참조하지 않고도 필요한 기능을 손쉽게 구현할 수 있어야 한다.

지금까지 구현한 내용을 돌아보면, 현재 SDK에는 일부 API 엔드포인트와 하나의 대용량 다운로드 기능만 포함돼 있다. 7장에서는 지면의 제약으로 나머지 엔드포인트 구현까지는 다루지 않지만, 앞서 소개한 도우미 함수와 일관된 명명법을 사용하면 충분히 나머지 기능을 구현할 수 있을 것이다.

제대로 된 SDK를 만들려면, 모든 API 엔드포인트를 다룰 수 있도록 다음과 같은 함수를 추가해야 한다.

- `get_health_check`(완료)
- `list_leagues`(완료)
- `get_league_by_id`
- `get_counts`
- `list_teams`
- `list_players`
- `get_player_by_id`
- `list_performances`

대용량 다운로드를 지원하기 위해서는 다음과 같은 함수를 추가해야 한다.

- `get_bulk_player_file`(완료)
- `get_bulk_league_file`
- `get_bulk_performance_file`
- `get_bulk_team_file`
- `get_bulk_team_player_file`

지금까지 작업한 예제를 기반으로, 위 함수들을 스스로 구현해 보길 바란다. 구현 시에는 코드 스타일의 일관성을 유지하고, 자연스러운 파이썬 스타일의 문법과 표현 방식을 따라야 한다. 완성된 전체 코드는 chapter7/complete 디렉터리에 있으므로 필요시 참고해 여러분이 구현한 코드와 비교하며 검증하는 것도 좋은 방법이다.

1부 프로젝트를 마무리하며

이제 SDK를 성공적으로 개발함으로써 포트폴리오 프로젝트의 모든 코딩 작업을 마쳤다. 그동안 작게라도 자주 커밋해 코드를 관리해 왔기 바라지만, 아직 반영하지 않은 변경 사항이 있다면 지금 바로 커밋해 두는 것이 좋다.

프로젝트 저장소를 외부에 공유하려면 6장과 7장에서 작업한 콘텐츠를 저장소의 루트 디렉터리로 이동하고, 이전 장들의 디렉터리는 모두 삭제해야 한다. 이러한 변경을 적용하기에 앞서, 현재까지의 작업 구조를 보존하기 위해 별도의 GitHub 브랜치를 생성해 두는 것이 좋다. 이 새로운 브랜치는 기존 main 브랜치를 기반으로 하며, 학습용으로 사용한 디렉터리 구조를 그대로 유지할 수 있다.

```
.../sdk (main) $ cd ../.. ❶
.../portfolio-project/ (main) $ git checkout -b learning-branch ❷
Switched to a new branch 'learning-branch'
.../portfolio-project/ (main) $ git push -u origin learning-branch ❸
* [new branch]    learning-branch -> learning-branch
branch 'learning-branch' set up to track 'origin/learning-branch'.
```

❶ 저장소의 루트 디렉터리로 이동한다.

❷ main 브랜치를 기반으로 learning-branch라는 새로운 브랜치를 로컬에 만든다.

❸ 새 브랜치를 GitHub 원격 저장소에 푸시한다.

브랜치가 정상적으로 생성됐는지 확인하려면 GitHub 저장소에서 브랜치 선택 목록을 열어 `learning-branch`가 표시되는지 확인한다(그림 7-6 참조).

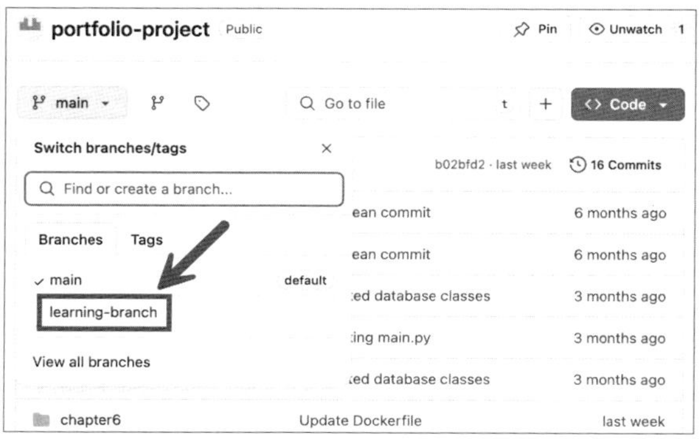

그림 7-6 새로 생성된 브랜치

이제 Codespace 환경으로 돌아와 다음 단계로 넘어가자. 우선 main 브랜치로 전환한 뒤, 6장(API 관련 파일)과 7장(SDK 관련 파일)의 콘텐츠를 저장소 루트로 이동하고, 이전 장 디렉터리들을 제거한다. 명령어는 다음과 같다.

```
.../portfolio-project/ (learning-branch) $ git checkout main ❶
Switched to branch 'main'
Your branch is up to date with 'origin/main'.
.../portfolio-project/ (main) $ rm -rf chapter6/complete
.../portfolio-project/ (main) $ rm -rf chapter7/complete
.../portfolio-project/ (main) $ mv chapter6/* . ❷
.../portfolio-project/ (main) $ mv chapter7/sdk . ❸
.../portfolio-project/ (main) $ rm -rf chapter3 ❹
.../portfolio-project/ (main) $ rm -rf chapter4
.../portfolio-project/ (main) $ rm -rf chapter5
.../portfolio-project/ (main) $ rm -rf chapter6
.../portfolio-project/ (main) $ rm -rf chapter7
```

❶ Codespace를 `main` 브랜치로 전환한다.
❷ API 파일을 루트 디렉터리로 옮긴다.
❸ SDK 파일을 sdk 디렉터리로 옮긴다.
❹ 모든 하위 디렉터리와 파일을 삭제한다.

완성된 프로젝터의 디렉터리 구조를 `tree` 명령어로 확인해 보자.

```
.../portfolio-project (main) $ tree -d --prune -I 'build|*.egg-info|__pycache__'
.
├── bulk
└── sdk
    ├── src
    │   └── swcpy
    │       └── schemas
    └── tests
6 directories
```

디렉터리 구조를 정리한 후에는 README.md 파일 하단의 '소프트웨어 개발 키트(SDK)' 절을 다음과 같이 수정한다.

```
## 소프트웨어 개발 키트(SDK)

파이썬 사용자라면 swcpy SDK를 사용해 API와 상호 작용할 수 있다.
자세한 정보는 [여기](sdk/README.md)에서 확인할 수 있다.
```

이제 마지막으로 변경한 내용을 커밋하면, 1부 포트폴리오 프로젝트의 모든 작업을 공식적으로 마무리할 수 있다.

참고 자료

SDK 개발에 대한 조언은 APIMatic의 SDKs.io 웹사이트[40]를 참고한다. SDK를 만들 때 고려해야 할 요소들에 대해 배울 수 있다.

파이썬 SDK 개발에 대한 추가 조언은 트리스탄 카트리지Tristan Cartledge의 'How to Build a Best in Class Python SDK'[41]를 참고한다. 실제 사례를 통해 고품질의 파이썬 SDK를 개발하는 방법을 배울 수 있다.

파이썬스러운 코드 작성에 대한 자세한 내용은 'The Hitchhiker's Guide to Python'[42]을 참고한다.

대용량 데이터를 다룰 때 Parquet 파일 형식의 이점을 알고 싶다면 로빈 리너커Robin Linacre의 'Why parquet files are my preferred API for bulk open data'[43]를 참고한다.

포트폴리오 프로젝트 확장하기

7장에서 개발한 SDK를 더욱 발전시키고 싶다면 다음과 같은 확장 방향을 고려해 볼 수 있다.

- **모든 엔드포인트 함수 완성**: 아직 구현하지 않은 API 엔드포인트 함수들을 끝까지 작성해 보자. 지금까지 배운 내용을 바탕으로 충분히 구현할 수 있다.

40 https://sdks.io

41 https://www.speakeasy.com/blog/how-to-create-a-custom-python-sdk

42 https://docs.python-guide.org/writing/style/

43 https://www.robinlinacre.com/parquet_api/

- **PyPI 테스트 저장소에 SDK 배포하기**: PyPI Test Repository에 SDK를 업로드해 실제 패키지 배포 과정을 실습해 보자. 파이썬 패키징 튜토리얼(Python Packaging Tutorial)의 '배포 아카이브 생성(Generating distribution archives)' 절[44]부터 진행하면 된다.
- **본인 API에 SDK 적용해 보기**: 여러분이 별도로 개발한 API가 있다면, 7장에서 배운 구성 방식을 바탕으로 최소 기능 SDK를 설계하고 직접 적용해 보자. 실무에 활용할 수 있는 완성도 높은 결과물로 발전시킬 수 있을 것이다.

요약

7장에서는 좋은 파이썬 SDK를 설계하고 구현하기 위해 필요한 기능들을 전문가의 관점에서 살펴보고, 이를 실제로 구현했다. SDK를 구현하면서 PEP 8 코드 스타일을 적용하고, 리스트 컴프리헨션, 콘텍스트 매니저 등 자연스러운 파이썬 스타일로 더욱 깔끔하고 효율적인 코드를 작성할 수 있었다. 이처럼 개발한 SDK는 데이터 사이언티스트를 포함한 파이썬 사용자들이 API를 더 쉽게 활용할 수 있도록 돕는 도구가 된다.

이후 8장에서는 API를 개발자의 관점이 아닌, 소비자, 특히 데이터 사이언티스트의 관점에서 살펴본다. API를 활용할 때 필요한 기술과 실무 역량을 하나씩 익혀 보자.

44 https://packaging.python.org/en/latest/tutorials/packaging-projects/#generating-distribution-archives

2부

데이터 사이언스 프로젝트에서 API 활용하기

2부에서는 앞에서 구축한 API를 데이터 사이언스 프로젝트에 직접 활용하는 방법을 알아본다. 이 과정에서 업계에서 널리 사용되는 라이브러리와 명세specification를 이용해 API를 호출하고 데이터를 분석하는 실전 기술을 익히게 된다.

- 8장: 데이터 사이언티스트가 반드시 알고 있어야 할 API 관련 핵심 개념들을 정리하고, 두 번째 포트폴리오 프로젝트의 개요를 소개한다.
- 9장: 주피터 노트북Jupyter Notebook 환경에서 API를 활용해 데이터를 분석하는 실습을 진행하며, 실무적인 데이터 분석 흐름을 익힌다.
- 10장: Apache Airflow를 사용해 데이터 파이프라인을 구성하고, 그 안에서 API를 호출해 데이터를 수집 · 가공하는 방법을 학습한다.
- 11장: API에서 가져온 데이터를 바탕으로 Streamlit을 이용한 데이터 애플리케이션을 구축하며, 사용자와 상호 작용하는 시각화 기반의 애플리케이션을 직접 만들어 본다.

이제 실제 환경에서 API가 어떻게 활용되는지, 그리고 데이터 사이언스 프로젝트에 어떻게 통합되는지를 구체적인 코드와 도구를 통해 익혀 보자.

8장

데이터 사이언티스트가 API에 관해 알아야 할 것들

> 데이터 사이언티스트에게 반드시 필요한 기술은 데이터 사이언스에서 API를 활용할 수 있는 능력이다.
>
> — 네이트 로시디Nate Rosidi, KD너겟KDnuggets

데이터 사이언티스트로서 효과적으로 일하려면 API에 대한 전문성을 갖춰야 한다. 하지만 모든 API 분야에 능통할 필요는 없다. 데이터 사이언스 분야가 매우 방대한 것처럼, API 분야 역시 광범위하기 때문이다. 따라서 API 기술을 하나씩 쌓아가면 된다. 즉, 특정한 API 관련 기술 한두 가지를 먼저 익히고, 이후 그 위에 새로운 기술을 하나씩 더해 가며 점진적으로 실력을 키우면 된다.

내 경험상 이러한 기술을 습득하는 가장 좋은 방법은 실습 중심의 코딩 프로젝트를 외부에 공개하고 빠른 피드백을 받는 것이었다(이 책 부제에 '실전 예제로 배우는'이라는 표현이 포함된 것도 바로 이러한 이유 때문이다). 다음에 소개할 기술들은 데이터 사이언티스트가 실제 업무에서 활용할 수 있는 가장 유용한 필수 기술들이다.

다양한 API 스타일 활용하기

현업에서는 다양한 API 아키텍처 스타일을 마주하게 된다. 2장에서 API 서비스 제공자가 REST, GraphQL, gRPC 같은 API를 제공하는 이유를 설명했다. 데이터 사이언티스트는 이렇게 다양한 API 스타일에 유연하게 대응할 수 있어야 한다. 이 절에서는 각각의

API가 어떻게 동작하는지, 그리고 실제로 어떻게 활용하는지를 설명한다.

가장 일반적으로 사용되는 API 스타일은 REST 또는 RESTful API다. 8장에서는 편의상 두 용어를 같은 의미로 사용한다. REST API는 여러 개의 엔드포인트를 제공하는데, 이는 HTTP 메서드(예: GET, POST)와 URL의 조합으로 구성된다. 예를 들어, 축구 API에서 리그 정보를 조회하려면 GET과 URL(https://api.sportsworldcentral.com/v0/leagues)을 호출하면 된다. 새로운 리그를 만들려면 같은 URL에 대해 POST 요청을 보내고, 만들고자 하는 리그 정보를 HTTP 요청 본문에 포함시키면 된다.

웹 브라우저에서 API에 GET 요청을 보내는 것은 매우 간단하다. 예를 들어, 선수 ID가 1491인 축구 선수 정보를 조회하려면 웹 브라우저 주소창에 URL(https://api.sportsworldcentral.com/v0/players/1491)을 입력하면 된다. 결과는 JSON 형식으로 표시되며, 그림 8-1과 같은 API 응답을 받을 수 있다.

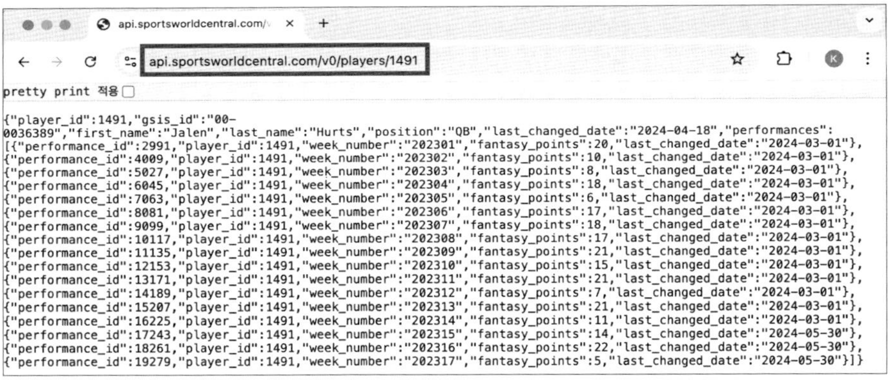

그림 8-1 REST API의 GET 요청 예

파이썬으로 동일한 요청을 수행하려면 httpx 라이브러리를 다음과 같이 사용할 수 있다.

```
import httpx

rest_url = "https://api.sportsworldcentral.com/v0/players/1491"
api_response = httpx.get(rest_url)
print(api_response.json())
```

이 API는 JSON 형식의 데이터를 반환하며, 해당 엔드포인트에서 정의된 표준 필드를 포함하고 있다. 웹 브라우저든 파이썬이든, GET 요청은 정보를 조회할 때 사용하는 방식이다. 만약 데이터를 추가하거나 수정, 삭제하려면 각각 POST, PUT, DELETE 같은 메서드를 사용해야 한다. REST API는 이러한 작업마다 별도의 엔드포인트를 제공하며, 응답 필드는 각 요청에 따라 동일하게 정의돼 있다.

GraphQL은 REST와 구조가 다르지만, 데이터 사이언스 분야에서 점점 더 많이 사용되고 있는 아키텍처 스타일이다. REST가 여러 개의 엔드포인트를 제공하는 반면, GraphQL은 단 하나의 엔드포인트만 제공한다. 또한 REST는 항상 고정된 필드를 반환하지만, GraphQL은 사용자가 어떤 필드를 받고 싶은지 명시적으로 요청할 수 있다. 데이터를 읽을 때 REST는 GET 요청을 사용하지만, GraphQL은 기본적으로 POST 요청을 사용한다. 따라서 일반적인 웹 브라우저에서는 GraphQL API를 바로 호출할 수 없다. 하지만 일부 GraphQL API는 별도의 웹 인터페이스를 제공해 직접 쿼리를 입력할 수 있도록 돕는다.

파이썬에서 GraphQL API를 호출하려면 httpx 라이브러리의 POST 요청에 쿼리를 포함해 보내면 된다.

```
import httpx

graphql_url = "https://countries.trevorblades.com"

json_query = {
  'query': '''
    {
      country(code: "US") {
        name
        native
        currency
        languages {
          code
          name
        }
      }
    }
```

```
    ...
  }

  api_response = httpx.post(graphql_url, json=json_query)
  print(api_response.json())
```

위 코드는 요청한 필드만 포함된 JSON 형식의 응답을 반환한다. 결과 예시는 다음과 같다.


```
{
  "data": {
    "country": {
      "name": "United States",
      "native": "United States",
      "currency": "USD,USN,USS",
      "languages": [
        {"code": "en", "name": "English"}
      ]
    }
  }
}
```


(공개 GraphQL API와 GitHub의 샘플 코드[1]를 제공해 준 트레버 블레이드Trevor Blades에게 감사 드린다.)

마지막으로 소개할 아키텍처 스타일은 gRPC다. 이는 REST나 GraphQL과는 많이 다르다. gRPC는 서로 다른 언어 간의 원격 프로시저 호출RPC, Remote Procedure Call을 지원하기 때문이다. 즉, 외부의 gRPC 서비스를 마치 로컬 함수처럼 호출할 수 있게 해준다. 특히 머신러닝 모델(예: LLM)을 호출할 때 gRPC가 자주 활용된다.

gRPC는 JSON 대신 프로토콜 버퍼Protocol Buffers라는 데이터 포맷을 사용하며, HTTP/1이 아닌 HTTP/2 프로토콜을 사용한다. 이러한 차이로 인해 gRPC는 매우 빠른 통신이 가능하며, 요청-응답 방식이 아닌 양방향 스트리밍 통신도 지원한다.

1 https://github.com/trevorblades/countries

파이썬으로 gRPC API를 호출하는 예제는 입문 단계에서 다루기엔 다소 복잡하므로 여기서는 생략하지만, 더 알고 싶다면 gRPC 파이썬 시작 가이드[2]를 참고하기 바란다.

HTTP 기본 사항

대부분의 API는 HTTP를 기반으로 동작하므로, HTTP에 대해 기본적인 개념을 알아두면 도움이 된다. 첫 번째로 알아야 하는 개념은 간단하다. 항상 URL에 HTTPS가 포함된 API만 사용해야 한다. 이는 API 트래픽이 전송 중에 암호화된다는 것을 의미하며, 데이터 보안을 위해 반드시 필요한 요소다.

HTTP에서 반드시 알아야 할 또 다른 두 가지 개념은 HTTP 메서드HTTP verb와 HTTP 상태 코드HTTP status code다. HTTP 공식 표준 문서[3]에서는 HTTP 메서드를 다음과 같이 정의하고 있다.

> "클라이언트가 요청을 보낸 목적과, 클라이언트가 기대하는 성공적인 결과가 무엇인지를 나타내는 방식이다."

웹 브라우저에서 API를 호출할 때 기본적으로 사용되는 메서드는 GET이다. 이는 리소스나 리소스 목록을 읽기 전용으로 요청하는 방식이다. 표 8-1에 REST API에서 자주 사용되는 HTTP 메서드를 정리했다.

표 8-1 HTTP 메서드와 REST API 사용 예

HTTP 메서드	설명	사용 예
GET	리소스 또는 리소스 리스트 읽기	GET api.sportsworldcentral.com.com/players/
POST	새로운 리소스 만들기	POST api.sportsworldcentral.com.com/team/
PUT	기존 리소스 수정	PUT api.sportsworldcentral.com.com/players/1234
DELETE	기존 리소스 삭제	DELETE api.sportsworldcentral.com.com/players/1234

2 https://grpc.io/docs/languages/python/basics/

3 https://www.rfc-editor.org/rfc/rfc9110.html#methods

GET과 DELETE는 URL만으로도 충분히 요청을 처리할 수 있다. 반면에 POST와 PUT은 리소스를 생성하거나 수정하는 데 필요한 정보를 추가로 포함해야 하며, 이 정보를 담는 곳은 HTTP 메시지 본문HTTP message body이다. 일반적으로 이 본문에는 JSON 또는 XML 형식의 데이터가 담긴다. 앞서 살펴본 GraphQL API의 경우, 항상 POST 요청을 사용하며, 메시지 본문에는 API에 보낼 쿼리가 들어간다.

API 서버가 요청을 처리하면, HTTP 응답HTTP response을 반환한다. 이 응답에는 상태 코드status code라는 숫자가 포함되는데, 이 숫자는 요청이 성공적으로 처리됐는지를 나타낸다. 정상적인 경우 상태 코드는 200이며, 요청한 데이터가 함께 반환된다. 하지만 항상 성공하는 것은 아니며, 표 8-2에서처럼 다양한 상태 코드를 마주하게 된다.

표 8-2 HTTP 상태 코드

코드 구간	상태 코드	설명
2XX(성공)	200 OK	요청이 성공적으로 처리됨
	201 Created	POST 메서드를 통해 리소스가 생성됨
3XX(리디렉션)	301 또는 308 Moved Permanently	API 주소가 영구적으로 변경됨. 호출 주소를 수정해야 함
	302 Moved Found	임시로 주소가 리디렉션됨. 기존 주소 계속 사용 가능
4XX (클라이언트 오류)	400 Bad Request	요청이 잘못됐거나 유효하지 않음
	401 Unauthorized	인증 정보가 잘못됐거나 누락됨
	404 Not Found	리소스가 존재하지 않거나 주소가 잘못됨
5XX(서버 오류)	500 Internal Server Error	서버에서 예기치 못한 오류 발생
	503 Service Unavailable	일시적인 서버 문제. 재시도를 해야 할 수 있음

각 상태 코드에 대한 더 자세한 설명은 공식 HTTP 표준 문서[4]에서 확인할 수 있다.

4 https://www.rfc-editor.org/rfc/rfc9110.html#name-overview-of-status-codes

API를 책임감 있게 사용하는 방법

8장의 앞부분에서 소개한 코드 예제는 단 몇 줄의 코드만으로도 API 호출을 쉽게 할 수 있다는 것을 보여 준다. 이러한 사용 편의성 덕분에 API는 소프트웨어 개발과 데이터 사이언스 분야에서 폭넓게 활용되고 있다. 하지만 실제 분석 업무나 애플리케이션에 API를 적용할 때는 다음과 같은 몇 가지 중요한 사항을 반드시 고려해야 한다.

서비스 약관 준수

새로운 API를 사용할 때는 가장 먼저 해당 API의 이용 약관terms of service을 꼼꼼히 읽어야 한다. 이를 통해 API 제공자가 사용자에게 요구하는 조건과 기대 사항을 사전에 파악할 수 있다. 예를 들어, MyFantasyLeague API[5]의 이용 약관에는 API를 무료로 사용할 수 있지만, 이를 통해 부정 행위를 하거나 사용자 데이터를 수집하는 행위는 금지한다고 명시돼 있다.

또한 대부분의 API는 요청 제한rate limiting 정책을 적용한다. 이는 단일 사용자가 시간당 1,000건 이상 API를 호출하지 못하도록 제한해, 시스템 과부하를 방지하고 다른 사용자의 서비스 이용에도 영향을 주지 않도록 하기 위함이다. MyFantasyLeague의 경우 구체적인 수치는 제시하지 않지만, 실수로라도 서비스를 과도하게 사용하는 것을 금지하고, 변동이 적은 데이터는 로컬에 캐시해 네트워크 사용량을 줄이도록 안내하고 있다.

재시도 로직은 신중하게 구현

서버 측에 일시적인 오류가 발생할 수 있으므로, 자동 재시도 로직을 구현하는 것이 일반적이다. 그러나 재시도 횟수가 너무 많으면 오히려 서비스에 부담을 주거나 접근 권한이 차단될 수 있다. 따라서 지수 백오프 전략을 사용하는 재시도 방식을 적용해야 한다. 이 방법은 요청 간 간격을 점차 늘려가며 서버의 회복 시간을 고려하는 방식으로, 7장에서 자세히 설명했다.

5 https://api.myfantasyleague.com/2025/api_info

자격 증명 안전 관리

대부분의 API 제공자는 사용자가 등록 절차를 거치도록 요구하며, 이를 통해 사용자의 활동을 추적하거나 API 변경 사항을 전달한다. 대표적인 인증 방식으로는 사용자 이름과 비밀번호, API 키, 비밀 키secret key, 토큰token 등이 있다. 이러한 API 자격 증명API credentials은 반드시 안전하게 보관해야 하며, 코드나 코드 저장소에 있는 파일에 저장해서는 절대 안 된다. 또한, 반드시 환경 변수environment variables 또는 비밀 관리자secrets manager를 활용해야 한다. 코드나 버전 관리 시스템에 인증 정보를 그대로 포함시키는 것은 매우 위험한 행위다.

만약 인증 정보가 외부에 노출됐다면 즉시 해당 키를 비활성화하고 새로운 키를 발급받아야 한다. 구글에서는 이에 대한 자세한 내용을 'API 키를 안전하게 사용하는 모범 사례'[6]에서 안내하고 있다.

입력과 출력 검증

API를 사용할 때는 입력값과 출력값의 유효성을 반드시 검사해야 한다. 예를 들어, 악의적인 사용자가 입력 필드에 파괴적인 SQL 명령어를 삽입하는 SQL 인젝션SQL injection과 같은 공격에 노출될 수 있다. 따라서 API에 전달하는 데이터가 제공자의 요구 형식과 데이터 타입에 정확히 맞는지 확인해야 하며, 응답으로 전달받은 데이터도 필요한 검증 절차를 거친 후 사용하는 것이 바람직하다.

오류 로깅 및 진단

API를 반복적으로 사용하는 데이터 파이프라인이나 백엔드 애플리케이션의 경우, 오류 처리를 자동화하고 로그를 체계적으로 남기는 것이 중요하다. 코드에는 오류 메시지와 정보성 로그를 일관된 형식으로 기록하는 로직이 포함돼야 하며, 이를 통해 예기치 못한 문제 발생 시 빠르게 원인을 파악하고, 과거 실행 내역을 검토할 수 있다. 이러한 로그는 유지 보수나 디버깅 과정에서 매우 유용하게 활용된다.

6 https://support.google.com/googleapi/answer/6310037?hl=en

관심사 분리: API 호출 코드 분리와 SDK 활용의 중요성

소프트웨어 개발에서 핵심적인 원칙 중 하나는 관심사의 분리SoC, Separation of Concerns다. 이는 하나의 프로그램을 기능별로 분리해 각 모듈이 명확한 책임을 갖도록 구성하는 것을 의미한다. API를 사용하는 경우에도 이 원칙은 매우 중요하다. 특히 API 호출은 종종 복잡한 로직을 포함하므로, 이를 다른 애플리케이션 로직과 명확히 분리해 두면 유지 보수나 확장성 측면에서 큰 도움이 된다.

데이터 사이언티스트들은 하나의 주피터 노트북 안에서 모든 코드를 작성하는 데 익숙한 경우가 많지만, 이러한 방식은 규모가 커질수록 복잡도를 증가시키고 관리의 어려움을 초래할 수 있다. 따라서 API 호출 코드를 별도의 클라이언트 모듈로 분리하는 습관을 들이는 것이 바람직하다.

만약 API 제공자가 공식 SDK를 함께 제공한다면, 이를 사용하는 것이 가장 효율적이다. SDK는 해당 API에 특화된 고급 기능들을 포함하고 있으며, 보통 PyPI[7]와 같은 패키지 저장소에 등록돼 있어 `pip` 명령어로 간단히 설치할 수 있다. 예를 들어, 7장에서 다룬 SWC API용 파이썬 SDK를 PyPI에 게시한 후 사용할 수 있다(그림 8-2 참조).

그림 8-2 PyPI에 배포된 SDK

7 https://pypi.org

이 SDK를 사용해 API를 호출하는 파이썬 코드는 다음과 같다.

```
from pyswc import SWCClient
from pyswc import SWCConfig

config = SWCConfig()
client = SWCClient(config)
player_response = client.get_player_by_id(352)
```

이 SDK 사용법은 간단하며, 내부적으로는 재시도 로직, 데이터 유효성 검사, 예외 처리, 로깅 등 복잡한 기능을 포함하고 있어 개발자는 일일이 구현해야 하는 부담을 크게 덜 수 있다.

만약 SDK가 제공되지 않는 경우에는 직접 클라이언트 모듈을 작성해 API 호출을 구현해야 한다. 이 경우에도 관심사 분리를 염두에 두고 독립적인 파일로 구성하면, 이후 다른 프로젝트에서 재사용하거나 Streamlit 애플리케이션과 같은 다른 플랫폼에서도 쉽게 통합할 수 있다. 실제로 이 책의 9장에서는 파이썬으로 작성한 클라이언트를 주피터 노트북에서 사용하는 방법을 설명하고, 11장에서는 같은 클라이언트를 Streamlit 데이터 애플리케이션에서 재활용하는 방법을 설명한다. 이처럼 API 호출 코드를 별도로 모듈화하는 것은 생산성과 확장성 측면에서 매우 유리하다.

API를 만드는 방법

최근 데이터 사이언티스트들은 단순히 분석 결과를 도출하는 데 그치지 않고, 자신이 만든 지표나 모델을 다른 동료와 공유하거나 외부 애플리케이션에서 활용할 수 있도록 API 형태로 제공하는 경우가 많다. 예를 들어, 사용자 정의 측정 지표custom metric를 만들고, 이를 조직 내 다른 프로젝트에서 재사용할 수 있도록 API로 구현하는 방식이다.

한편, 통계 모델이나 머신러닝 모델의 예측 결과를 외부에서 호출해 활용하고자 할 때, 추론 엔드포인트inference endpoint 형태의 API를 구성하면 매우 효과적이다. 사용자는 데이터를 전송하기만 하면 모델이 이를 기반으로 결과를 반환하는 구조이기 때문이다. 이러한 추론 API 구축 방법은 12장에서 구체적으로 설명하겠다.

API를 주로 사용하는 입장이라 하더라도 API를 몇 가지 직접 만들어 보는 경험은 설계자 관점에서 시스템을 이해하는 데 큰 도움이 된다. 1부에서 FastAPI를 활용한 API 개발의 전반적인 내용을 설명했으니, 아직 학습하지 않았다면 꼭 참고해 보기 바란다.

API 테스트 방법

API는 단순히 만들어 놓는 것만으로는 충분하지 않다. API가 실제 서비스에서 안정적으로 동작하기 위해서는 철저한 테스트가 필요하다. 이는 API 제공자뿐만 아니라 API 사용자에게도 모두 중요한 절차다.

API 제공자는 개발, 배포, 유지 보수 전반에 걸쳐 API의 신뢰성과 성능을 점검하고, 서비스 수준 계약SLA, Service Level Agreements에 명시된 가용성, 응답 시간 등의 기준을 충족하는지 확인해야 한다. 반대로 사용자는 해당 API를 자사 시스템에 통합하기 전, 명세대로 동작하는지 검증하고, 예외 상황에서도 안정적으로 응답하는지 테스트해야 한다.

대표적인 API 테스트 도구인 Postman에서는 다음과 같은 네 가지 테스트 유형을 권장한다.[8]

계약 테스트contract testing

API 엔드포인트의 형식과 동작이 문서화된 명세와 일치하는지 확인한다.

단위 테스트unit testing

개별 API 엔드포인트의 동작을 독립적으로 확인한다.

엔드투엔드 테스트end-to-end testing

여러 API 호출이 연계되는 워크플로가 정상 작동하는지 확인한다.

부하 테스트load testing

여러 사용자가 동시에 접속할 때 최대 동시 요청 수, 개별 요청의 응답 시간 등 성능이 저하되지 않는지 확인한다.

8 https://www.postman.com/api-platform/api-testing/

파이썬 개발자라면 테스트를 위한 도구로 pytest를 사용할 수 있으며, 3장과 4장에서 SQLAlchemy와 FastAPI를 활용한 API에 이 도구를 적용하는 방법을 설명했다. 또한 부하 테스트를 위해서는 Locust[9] 같은 도구를 사용해 초당 요청 처리량 등을 분석할 수 있다. 그림 8-3은 Locust 테스트 결과 보고서의 예다.

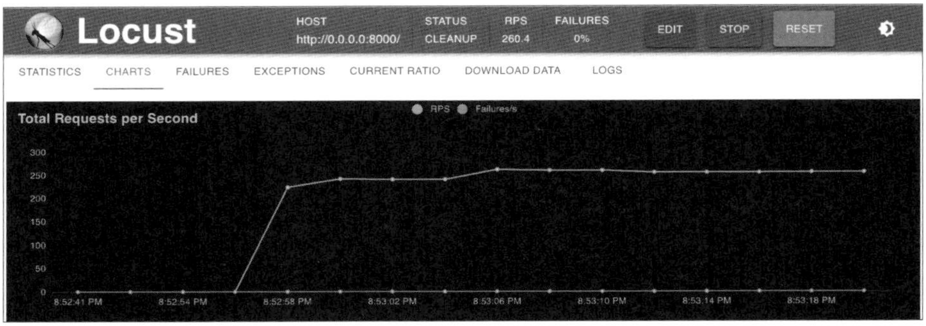

그림 8-3 Locust 부하 테스트 보고서 예

더 나아가, 테스트는 기술적인 안정성뿐 아니라 사용성과 비즈니스 요구 사항을 모두 만족해야 한다. 이를 위해 애자일 테스트 사분면agile testing quadrants 모델은 다음과 같이 테스트를 분류한다.

- 기술 중심 테스트: 단위 테스트, 성능 테스트 등
- 비즈니스 중심 테스트: 프로토타입 검증, 사용성 테스트 등

API 문서와 SDK 자체도 테스트 대상에 포함돼야 하며, 이를 통해 문서의 정확성과 실제 구현의 일치 여부도 확인할 수 있다. 보다 상세한 테스트 전략은 자넷 그레고리Janet Gregory와 리사 크리스핀Lisa Crispin이 정리한 '애자일 테스트를 위한 빠른 도구Quick Tools for Agile Testing'[10]를 참고한다.

9 https://locust.io

10 https://agiletester.ca/wp-content/uploads/2015/07/Agile-tips-final.pdf

API 배포 및 컨테이너화

API를 외부 사용자에게 공유하려면 먼저 배포 작업이 필요하다. 일반적으로는 클라우드 환경에 API를 배포하지만, 만약 특정 기업 내부 사용자만을 대상으로 한다면 온프레미스 서버에 설치할 수도 있다. 최근에는 대부분의 클라우드 서비스가 컨테이너화 containerization를 지원하며, 이를 활용하면 애플리케이션 코드를 독립된 실행 단위로 묶어 로컬, 외부 서버 또는 클라우드 환경 어디서든 일관되게 실행할 수 있다. 이때 가장 널리 사용되는 도구가 도커다. 6장에서 도커를 이용해 API를 컨테이너화하고, 이를 서로 다른 2개의 클라우드 환경에 배포하는 실습 과정을 설명했다.

버전 관리 시스템의 중요성

> 버전 관리는 코드베이스의 변경 내역을 추적하고, 여러 사람이 동시에 동일한 코드에서 협업할 수 있게 해준다.
>
> — 캐서린 넬슨Catherine Nelson, 『데이터 과학을 위한 소프트웨어 엔지니어링Software Engineering for Data Scientist』(제이펍, 2025)

버전 관리는 단순히 API 개발에만 국한된 기술이 아니라 모든 데이터 사이언티스트가 익혀야 할 핵심적인 기초 역량이다. 버전 관리 도구를 활용하면 개인 프로젝트에서 발생할 수 있는 오류나 실수로 인한 좌절을 줄일 수 있고, 팀 프로젝트에서는 변경 이력을 명확히 관리함으로써 충돌을 방지하고 효율적인 협업이 가능하다. 2부에서도 GitHub를 버전 관리 저장소이자 작업물을 공유할 수 있는 공간으로 활용하며, 모든 코드는 GitHub Codespace에서 직접 작성하고 관리하게 된다. GitHub는 코드 저장뿐 아니라 포트폴리오 공유와 협업에도 적합한 플랫폼이다.

2부 포트폴리오 프로젝트 소개

2부에서는 API를 데이터 소스로 활용해 실제 데이터 사이언스 제품을 만드는 포트폴리오 프로젝트를 수행한다. 이 프로젝트는 API를 여러 방식으로 활용하고, 데이터를 분석하거나 시각화 애플리케이션과 연동해 보는 실습으로 이뤄져 있다. 프로젝트에서 수행할 작업의 내용은 다음과 같다.

- 9장: 주피터 노트북을 이용해 API 데이터를 불러와 분석한다.
- 10장: Apache Airflow를 사용해 API를 호출하는 데이터 파이프라인을 구성한다.
- 11장: Streamlit을 활용한 인터랙티브 데이터 애플리케이션을 개발한다.

이 세 가지 작업을 통해 데이터 사이언티스트로서 API를 실무에 어떻게 활용할 수 있는지를 다양한 관점에서 확인할 수 있다.

> 각 장에서는 단계별 지침에 따라 직접 코드를 작성해 보는 것이 중요하다. 단순히 책을 읽는 것보다 실습을 통해 더 많이 배울 수 있기 때문이다. 실습 도중 오류가 발생했을 경우, \complete 디렉터리의 파일과 비교해 여러분이 작성한 코드를 확인할 수 있다. 책의 순서를 따르지 않는 경우, 이전 장의 완성된 파일을 사용해 진행하면 된다.

GitHub Codespace 실행하기

GitHub Codespace는 이 책의 1부에서 개발하는 모든 API 코드의 개발 환경으로 사용된다. Codespace는 웹 브라우저에서 실행되는 VS Code 환경이라고 생각하면 된다. GitHub Codespace를 사용하면 내가 공유하는 GitHub 저장소의 코드를 추가 설치나 복잡한 설정 없이 바로 실행하면서 작업할 수 있다.

1부에서 했던 것처럼 2부에서도 GitHub Codespace 환경을 활용해 실습을 진행한다. 아직 GitHub 계정이 없다면 먼저 계정을 생성해야 하며, 다음 절차에 따라 저장소를 복제하고 Codespace를 설정하면 된다.

2부 저장소 복제하기

2부의 모든 코드 예제는 이 책의 GitHub 저장소[11]에 있다. 저장소를 복제하려면 GitHub

11 https://github.com/handsonapibook/api-book-part-two

에 로그인하고 GitHub Import Repository 페이지[12]로 이동한다. 그리고 이 페이지의 Your source repository details소스 저장소 세부 정보 빈 칸에 다음 정보를 입력한다.

- The URL for your source repository소스 저장소의 URL: https://github.com/handsonapibook/api-book-part-two
- Your username for your source repository소스 저장소의 사용자 이름: 비워 둔다.
- Your access token or password for your source repository소스 저장소에 대한 액세스 토큰 또는 비밀번호: 비워 둔다.
- Repository name저장소 이름: `analytics-project`
- Public공개: 작업 결과를 공유할 수 있도록 '공개'를 선택한다.

Begin Import가져오기 시작를 클릭한다. 그러면 가져오기 과정이 시작되고 'Preparing your new repository새 저장소가 준비 중입니다'라는 메시지가 표시된다. 몇 분 후, 가져오기가 완료됐다는 이메일을 받게 된다. 이메일의 링크를 따라 새로 복제된 저장소로 이동한다.

이 저장소의 내용에 대해 더 자세히 알아보자.

GitHub Codespace 실행 및 설정

이 저장소에서 Code 버튼을 누른 다음, Codespace 탭을 선택한다. Create Codespace on mainmain 브랜치에 코드스페이스 만들기 탭을 클릭하면, 'Setting up your Codespace코드스페이스 생성 중'라는 상태 메시지가 표시된다. 설정이 진행되는 동안 Codespace 창이 열리고, 설정이 완료되면 그림 8-4와 같은 화면이 나타난다.

12 https://github.com/new/import

그림 8-4 2부 GitHub Codespace

이제 복제된 저장소가 있는 Codespace가 생성됐다. 이 Codespace는 2부에서 사용할 개발 환경이다. 저장소를 살펴보기 전에, 잠시 GitHub Codespace 페이지[13]를 열어 몇 가지 설정을 변경한다. 페이지 아래로 스크롤해 새로 생성된 Codespace를 찾은 뒤, Codespace 이름 오른쪽의 **점 3개**를 클릭하고 **이름 변경**을 선택한다. 이후, 'Part 2 Portfolio project codespace'를 입력한 후 **save**를 클릭한다.

그러면 'Portfolio project codespace가 업데이트됐습니다'라는 메시지가 표시된다. 이때, 다시 **점 3개**를 클릭하고 Auto-delete codespace 옆의 **체크 표시**를 클릭해 자동 삭제 기능을 끈다.

여기서는 화면을 최대로 활용하기 위해 Codespace 터미널 프롬프트의 경로를 간단히 표시했다. 이렇게 하려면 VS Code에서 /home/codespace/.bashrc 파일을 열고, `export PROMPT_DIRTRIM` 문을 `export PROMPT_DIRTRIM=1`로 설정한 뒤, 터미널에서 `source ~/.bashrc` 명령어를 실행하면 된다.

13 https://github.com/codespaces

로컬에서 SWC API 실행하기

2부에서는 /api 디렉터리에 포함된 SWC API 버전 0.2를 활용하게 된다. 이 버전은 1부에서 다루지 않았던 여러 개의 신규 엔드포인트와 추가 샘플 데이터를 포함하고 있으며, 데이터 사이언스 및 AI 기반 프로젝트의 고급 기능을 구현하기 위해 설계됐다. 해당 API는 Codespace 환경에서 실행한 뒤, 주피터 노트북, Apache Airflow, Streamlit 애플리케이션 등에서 호출한다.

표 8-3 SWC 판타지 풋볼 API v0.2에서 업데이트된 엔드포인트

엔드포인트 설명	HTTP 메서드	URL	비고
주간 정보 조회	GET	/v0/weeks/	최대 잠재 점수가 포함된 신규 엔드포인트
항목 수 조회	GET	/v0/counts/	주간 항목 수 추가
팀 정보 조회	GET	/v0/teams/	각 팀의 weekly_scores 추가
리그 정보 조회	GET	/v0/leagues/	최대 점수 계산을 위해 리그 규모 정보 추가
개별 리그 조회	GET	/v0/leagues/{league_id	리그 규모 추가

먼저 터미널에서 /api 디렉터리로 이동한 후, `pip3 install -r requirements.txt` 명령어로 필요한 라이브러리를 설치한다.

```
.../analytics-project (main) $ cd api
.../api (main) $ pip3 install -r requirements.txt
```

라이브러리 설치가 완료되면 FastAPI CLI 가 설치돼 있는지 `pip3 show fastapi-cli` 명령어로 확인한다.

```
.../api (main) $ pip3 show fastapi-cli
Name: fastapi-cli
Version: 0.0.7
Summary: Run and manage FastAPI apps from the command line with FastAPI CLI.
Home-page: https://github.com/fastapi/fastapi-cli
Author:
Author-email: =?utf-8?q?Sebasti=C3=A1n_Ram=C3=ADrez?= <tiangolo@gmail.com>
License: MIT
Location: /usr/local/python/3.12.1/lib/python3.12/site-packages
```

```
Requires: rich-toolkit, typer, uvicorn
Required-by:
```

정상적으로 설치돼 있다면 `fastapi run main.py` 명령어로 API 서버를 실행한다.

```
.../api (main) $ fastapi run main.py
```

명령어를 실행하면 다음과 같은 메시지가 출력된다.

```
INFO   Started server process [11314]
INFO   Waiting for application startup.
INFO   Application startup complete.
INFO   Uvicorn running on http://0.0.0.0:8000 (Press CTRL+C to quit)
INFO   124.50.92.11:0 - "GET / HTTP/1.1" 200
INFO   124.50.92.11:0 - "GET /favicon.ico HTTP/1.1" 404
```

잠시 후, '포트 8000에서 실행되는 애플리케이션을 사용할 수 있습니다'라는 알림 창이 뜬다. **퍼블릭으로 만들기**를 클릭해 외부에서도 접근 가능한 API로 설정한다(그림 8-5 참조).

그림 8-5 API를 퍼블릭으로 만들기

이후 Codespace 상단의 포트 탭에서 전달된 주소 링크 위에 커서를 올리면 지구본 아이콘이 나타난다(그림 8-6 참조).

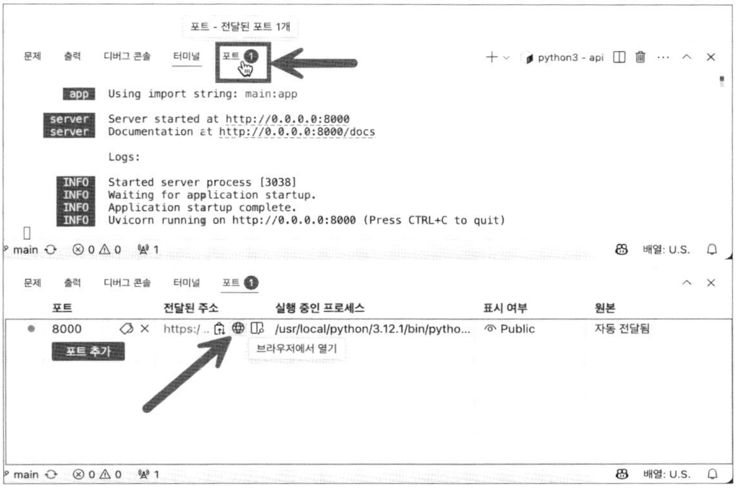

그림 8-6 API를 공개 주소로 열기

이때, **지구본 아이콘**을 클릭하면 app.github.dev로 끝나는 URL이 열리며, 웹 브라우저에서 다음과 같은 메시지를 확인할 수 있다.

```
{"message":"API 상태 확인 성공"}
```

이 URL은 앞으로 계속 API를 호출할 때 사용되므로 복사해 두자.

2부의 실습에서는 이 API를 Codespace에서 실행해야 하며, Codespace를 재접속할 때마다 `fastapi run main.py` 명령어로 API를 다시 실행해야 한다.

참고 자료

REST, GraphQL, gRPC의 개념과 차이점에 대해 자세히 알고 싶다면 2장을 참조한다. 데이터 API를 만드는 방법은 1부에서 자세히 설명했으며, 포트폴리오 프로젝트의 실습을 통해 이를 직접 구현해 볼 수 있다.

API 클라이언트 코드를 패키징하고 SDK를 만드는 방법은 7장에서 자세히 설명했다.

요약

8장에서는 데이터 사이언티스트가 API를 활용하기 위해 반드시 익혀야 할 핵심 개념들을 살펴봤다. REST, GraphQL, gRPC와 같은 대표적인 API 아키텍처 스타일의 특징을 이해하고, HTTP 메서드와 상태 코드의 기본 원리를 익혔다. 더불어 API를 책임감 있게 사용하는 방법과 SDK 사용의 이점, 그리고 API를 구축하고 테스트하며 배포하는 전 과정을 학습했다.

9장에서는 이러한 개념들을 실제 데이터 분석 프로젝트에 적용하면서 더욱 심화된 내용을 설명한다.

9장

데이터 분석을 위한 API 활용

> 당신의 눈은 숫자보다 경기를 훨씬 잘 본다. 하지만 숫자는 모든 경기를 본다.
>
> — 딘 올리버Dean Oliver, 스포츠 통계학자

스포츠 업계는 차트, 그래프, 통계 등 데이터 분석을 선호한다. 이런 분석은 경기 결과를 요약하고 향후 성과를 예측하는 데 쓰인다. 다만 대부분의 팬은 데이터의 출처까지는 크게 신경 쓰지 않는다. 사실 이런 데이터는 대개 API에서 온다. 9장에서는 데이터 사이언티스트들이 널리 사용하는 도구인 주피터 노트북을 활용해 API를 사용하고, 이를 통해 실제 데이터 분석 결과물을 만드는 모범 사례를 살펴본다.

스포츠 분석을 위한 사용자 정의 측정 지표

데이터 분석에서 가장 주목받는 형태 중 하나는 사용자 정의 측정 지표다. 이는 복잡한 행동, 능력, 경기 결과를 하나의 숫자로 요약한 계산 값이다. 대부분의 스포츠에는 선수, 코치, 운영진, 팬들이 중시하는 고유한 측정 지표들이 존재한다. 예를 들어, 야구는 전통적인 평균 자책점ERA, Earned Run Average부터 현대적인 조정 득점 창출력 플러스wRC+, weighted Runs Created plus와 대체 선수 대비 승리 기여도WAR, Wins Against Replacement까지 다양한 측정 지표들이 있다. 축구에서는 기대 득점xG, Expected Goals이 핵심 측정 지표로 자리 잡았

으며, 이는 양질의 슈팅을 정의하기 위해 다양한 비공개 모델[1]을 활용한다. 농구에서는 선수의 전반적인 가치를 측정하는 선수 효율성 지수PER, Player Efficiency Rating가 널리 사용된다.

이러한 사용자 정의 지표 개발이 특히 활발하게 이뤄지는 분야가 바로 미식축구다. NFL은 매년 '빅 데이터 볼Big Data Bowl'[2]이라는 분석 대회를 개최해, 데이터 전공자와 전문가들이 새로운 측정 지표를 제안하도록 장려하고 있다. 이 대회에는 '태클 기회 전환율converted tackle opportunity'이나 '군집 태클 정확도PASTA, Path Analysis via Swarm-Tackle Accuracy'처럼 혁신적인 측정 지표를 개발하는 전용 트랙이 존재한다. 일부 측정 지표는 실제 방송 중계에서 사용되기도 하며, 향후 더 많은 지표가 현장에 도입될 예정이다.

성공적인 사용자 정의 측정 지표를 만들기 위해서는 다음과 같은 구성 요소가 필요하다.

질문

: 해결하려는 핵심 질문이 있어야 한다. 이 질문은 스포츠 전반에 적용 가능할 만큼 일반적이면서도, 새로운 통찰을 줄 수 있을 만큼 구체적이어야 한다. 예컨대 KenPom 순위[3]는 '어떤 대학 농구팀이 미국대학체육협회NCAA, National Collegiate Athletic Association 토너먼트에 진출할 자격이 있는가?'라는 질문에 대한 답을 제공한다.

이론

: 질문에 답하기 위해 필요한 이론적 근거와 측정 항목 간의 가중치 부여 방식이 뒷받침돼야 한다.

유효한 접근 방식

: 계산 방식이 해당 측정 지표의 목적에 부합해야 한다.

1 https://statsbomb.com/soccer-metrics/expected-goals-xg-explained/

2 https://operations.nfl.com/gameday/analytics/big-data-bowl/

3 https://southboundanddown.com/posts/kenpom-new-college-basketball-ranking-system-explained-01hpway7sc0b

데이터 소스

측정 지표를 계산할 수 있는 데이터 소스를 안정적으로 확보할 수 있어야 한다.

이름

흥미롭고 강렬한 이름을 부여하는 것도 측정 지표의 확산과 영향력에 큰 도움이 된다.

판타지 사용자 정의 측정 지표를 위한 API 데이터 소스

이러한 측정 지표 개발은 판타지 스포츠 분야에서도 매우 활발하다. 대부분의 판타지 리그 웹사이트는 기본적인 통계와 차트를 제공하지만, 일부 커미셔너나 매니저는 자신만의 고유한 측정 지표를 만들고 싶어 한다. 판타지 리그 데이터는 자주 업데이트되기 때문에 분석의 자동화는 반복 가능성과 일관성을 유지하는 데 핵심적인 요소다. 데이터를 수집하는 방법으로는 일반적으로 API 또는 웹 스크래핑이 사용된다. 웹 스크래핑은 웹 페이지의 HTML을 코드로 읽어 데이터를 추출하는 방식으로, 강력하지만 웹사이트 구조가 변경되면 코드를 수정하고 다시 테스트해야 하는 번거로움이 있다. 반면 API는 구조가 바뀌더라도 안정적으로 데이터를 제공받을 수 있어 신뢰할 수 있다.

실제로 많은 판타지 스포츠 팬이 자신만의 측정 지표를 개발해 웹에 공유하고 있다. 그중에서도 소프트웨어 엔지니어인 조이 그레코가 만든 Leeger 파이썬 라이브러리[4]는 매우 주목할 만하다. Leeger는 6개의 주요 판타지 풋볼 웹사이트로부터 데이터를 수집해 사용자 정의 측정 지표를 계산하는 오픈 소스 프로젝트로, 9장의 주제에 걸맞게 API를 중점적으로 활용한다. 7장에서 조이 그레코의 SDK 개발 이야기를 살펴봤다면, 이번에는 API를 통해 Leeger에서 사용자 정의 측정 지표를 만드는 방법에 대해 소개한다.

4 https://github.com/joeyagreco/leeger

API 전문가의 시각: 조이 그레코가 말하는 API와 사용자 정의 측정 지표

언제부터 판타지 스포츠 웹사이트의 API를 사용하게 됐는가?

2022년 초 나는 매주 내가 참여한 판타지 리그의 득점을 일일이 수작업으로 데이터베이스에 복사하고 있었는데, 이 작업은 매우 지루하고 오류가 자주 발생했다. 그러던 어느 날, 판타지 리그에서 전 경기 패배를 기록했던 화요일 저녁, 더 이상 이 짓을 반복할 수 없다는 생각이 들었고, 그때 사용 중이던 ESPN과 MyFantasyLeague 웹사이트에서 어떤 API를 제공하는지 조사하기 시작했다.

파이썬 기반의 Leeger 애플리케이션과 판타지 리그용 SDK를 만들게 된 계기는 무엇인가?

나는 오랫동안 판타지 리그의 통계를 정리하는 것을 좋아했다. 처음에는 종이에 직접 기록했고, 이후에는 엑셀(Excel)을 사용했으며, 점차 데이터베이스에 수동으로 입력하는 방식으로 발전했다. 하지만 시간이 지나면서 이러한 작업을 자동화하고 싶었고, 결국 판타지 사이트로부터 데이터를 직접 가져와 자동으로 통계를 계산하는 코드를 작성하게 됐다. 이를 바탕으로 누구든 사용할 수 있는 파이썬 SDK를 만들게 됐다. 그것이 Leeger의 시작이었다. 개발 과정에서 일부 판타지 사이트에는 아예 SDK가 없거나 오래돼 유지 관리되지 않는 경우가 많다는 사실을 알게 됐고, 직접 만드는 것이 낫겠다고 판단했다.

Leeger에서 구현한 사용자 정의 측정 지표 중 가장 좋아하는 측정 지표는 무엇인가?

내가 가장 애착을 갖는 측정 지표는 '리그 대비 조정 승리 수(AWAL, Adjusted Wins Against the League)'다. 이 측정 지표는 한 팀이 경기 일정의 영향을 받지 않았다면 실제로 몇 승을 기록했어야 하는지를 보여 주는 간단하면서도 유용한 측정 지표다. 각 주차별로 팀의 득점 순위를 기준으로 점수를 할당하며, 시즌 전체를 통해 이 점수를 누적하면 팀이 과소평가됐는지, 과대평가됐는지를 한눈에 파악할 수 있다. 이 외에도 팀 점수(Team Score), 팀 성공(Team Success), 팀 운(Team Luck)과 같은 다양한 측정 지표를 개발했으며, 항상 판타지 통계를 새로운 방식으로 바라보고 그 안에서 더 많은 의미를 끌어낼 수 있는 방법을 고민하고 있다. 이 점이 내가 이 작업을 즐겁게 계속할 수 있는 이유이기도 하다.

Leeger 애플리케이션에는 어떤 기능들이 있는가?

Leeger는 판타지 리그 웹사이트의 API에서 데이터를 자동으로 수집하고, 그 데이터를 바탕으로 수십 가지의 사용자 정의 측정 지표를 계산해 주는 오픈 소스 파이썬 라이브러리다. 조정된 팀 운(Adjusted Team Luck), 스마트 승리(Smart Wins) 등 다양한 재미있는 이름의 지표들이 포함돼 있으며, 모든 계산은 반복 가능하고 일관되게 수행하도록 설계됐다.

AWAL 지표는 어떻게 계산되는가?

AWAL 지표의 계산식은 다음과 같고, 이 식에서 L은 해당 주의 리그 팀 수다. 이 지표는 경기 일정이라는 외부 요인의 영향을 제거하고 팀의 상대적 성과를 공정하게 비교하는 데 유용하다.

AWAL = (teams_outscored_in_week(해당 주에 이긴 팀 수) × (1/possible_opponents_in_week(해당 주에 상대 가능한 팀 수))) + (teams_tied_in_week(해당 주에 비긴 팀 수) × (0.5/L))

샤크 리그 점수 사용자 정의 측정 지표 만들기

9장에서는 샤크 리그 점수Shark League Score[5]라는 사용자 정의 지표를 만든다. 그림 9-1은 이번 프로젝트의 전체적인 아키텍처를 보여 준다.

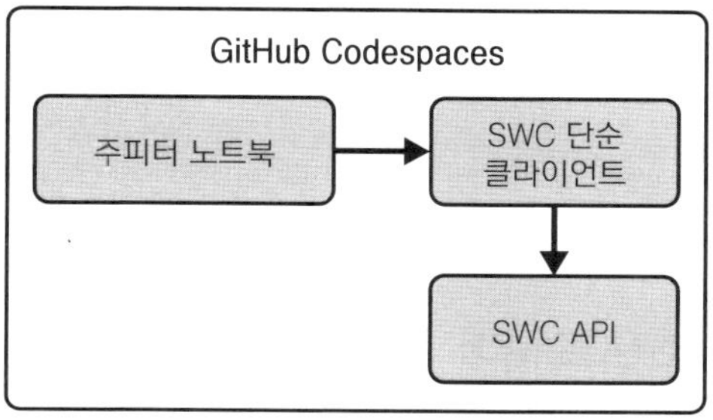

그림 9-1 상위 수준 아키텍처

이 지표는 '우리 판타지 리그는 얼마나 강한가?'라는 질문에 답하고자 설계됐다. 여기서 말하는 '샤크'란 드래프트 준비에 철저하고, 웨이버 와이어waiver wire[6]에서 최고의 선수를 발굴하며, 항상 최적의 라인업을 선택하는 뛰어난 매니저를 뜻한다. 이런 오너들로 가득한 리그를 샤크 리그라고 한다. 이러한 리그에서 플레이오프에 진출하는 것만으로도 큰 명예가 되고, 우승은 평생 자랑거리가 된다.

샤크 리그 점수의 이론적 배경은 효율적인 매니저들이 모인 리그가 갖춘 두 가지 특성에 기반을 둔다.

- 첫째 (리그 균형), 리그 내 상위 팀과 하위 팀 간의 실력 차이가 크지 않아 매주 쉬운 상대가 없는 균형 잡힌 경쟁이 이뤄져야 한다.
- 둘째 (득점 극대화), 리그 전체가 최고의 선수들을 적극 영입해 로스터에 포함시킴으로써 리그의 총체적인 득점을 극대화해야 한다.

이러한 특성, 특히 두 번째 '득점 극대화'를 측정하기 위해서는, 일부 팀만 경쟁하는 플

5 고수들이 있는 리그에서의 평가 점수. 판타지 리그의 전반적인 경쟁 수준이나 강도를 나타내는 사용자 지정 측정 지표로 리그 경쟁력을 나타낸다. – 옮긴이

6 판타지 스포츠 리그에서 새로운 선수를 영입하는 주요 메커니즘 중 하나로, 버려지거나 드래프트되지 않아 소속이 없는 선수들이 다른 팀에게 청구(claim)될 기회를 얻는 대기 풀(pool) 또는 절차를 말한다. – 옮긴이

레이오프 기록보다 모든 팀이 참여하는 판타지 정규 시즌(보통 1~14주차)의 기록을 활용하는 것이 더 타당하다는 이론을 따른다.

다만, 주간 선발 라인업의 빈자리 여부나 '핫한' 자유 계약 선수를 남들보다 빨리 영입하는 능력 등은 SWC API에서 지원하지 않아 이번 실습에는 포함되지 않는다.

9장의 실습에서는 샤크 리그 점수와 더불어 리그 균형 점수League Balance Score[7], 라인업 효율성 점수League Juice Score[8] 등도 함께 구현한다.

9장에서 사용하는 소프트웨어

표 9-1은 9장에서 활용하는 주요 소프트웨어와 라이브러리 목록이다.

표 9-1 9장에서 사용하는 주요 도구 및 서비스

소프트웨어 이름	목적
백오프	API 호출에 백오프(지수 백오프 및 재시도) 로직을 추가하는 파이썬 라이브러리
httpx	비동기 API 호출을 지원하는 파이썬 HTTP 클라이언트 라이브러리
주피터 노트북	코드, 마크다운, 결과를 함께 관리할 수 있는 대화형 데이터 분석 환경
pandas	표 형태의 데이터 분석과 정제, 데이터프레임(DataFrame) 제공

httpx

API 호출에 사용할 파이썬 라이브러리는 httpx다. 이 라이브러리는 인기 있는 requests 라이브러리와 매우 유사하지만, 비동기 API 호출도 지원한다. httpx에 대한 자세한 내용은 4장을 참고한다. 1부에서 사용된 버전과의 일관성을 유지하기 위해 httpx 버전 0.27.x를 사용한다.

7 판타지 리그 내 팀들의 정규 시즌 총 득점 간 변동성이 얼마나 적은지(즉, 얼마나 균형 잡혀 있는지)를 측정하는 측정 지표로 팀 간 격차를 나타낸다. 주로 각 리그 정규 시즌 총 득점의 변동 계수(CV, Coefficient of Variation)를 기반으로 계산해 리그가 얼마나 균형이 잡혀 있는지를 보여 준다. 점수가 높을수록 리그가 소수 팀에 의해 지배되지 않고 모든 팀이 고르게 경쟁하는, 더 균형 잡힌 리그다. – 옮긴이

8 팀이 가진 잠재력을 얼마나 효율적으로 짜서 실제로 점수로 연결했는지, 라인업 효율성을 보여 주는 측정 지표다. 시즌 동안 판타지 리그가 최대로 얻을 수 있었던 잠재적 점수 대비 실제로 획득한 점수의 백분율로 계산하며, 각 팀의 구단주들이 선발 라인업을 얼마나 효율적으로 구성해 선수들이 가진 득점 잠재력을 최대한 끌어냈는지를 보여 준다. 점수가 높을수록 팀의 잠재력을 잘 활용해 최적의 라인업을 운영했음을 의미한다. – 옮긴이

주피터 노트북

주피터 노트북은 데이터 사이언스를 수행하는 독특한 방식을 지원한다. 이 방식을 대화형 컴퓨팅interactive computing이라고 하며, 코드 셀code cell과 마크다운 주석 셀Markdown comment cell, 그리고 실행 결과를 하나의 문서 안에서 혼합해 사용할 수 있다. 노트북에서 셀은 위에서 아래로 순차적으로 실행되는 구조를 가진다. 한 번 실행한 변수와 라이브러리는 이후에 실행하는 다른 셀에서 계속 사용할 수 있다. 셀을 반드시 순서대로 실행할 필요는 없으며, 사용자가 원하는 순서대로 실행할 수도 있다. 대화형 모드 외에도 주피터 노트북은 코드 셀 사이에 마크다운 셀을 삽입할 수 있다. 이를 통해 코드, 결과, 그리고 설명이 풍부하게 섞인 문서를 작성할 수 있다. 데이터 사이언티스트들은 특히 이런 노트북 방식의 프로그래밍을 선호한다. 코드와 함께 이전 작업의 결과까지 문서화해 저장할 수 있기 때문이다.

주피터 노트북은 GitHub Codespace의 기본 VS Code 환경에 바로 통합돼 있어, 별도의 설치 없이 사용할 수 있다. .ipynb 확장자를 가진 파일을 생성해 바로 실행할 수 있으며, 이때 실습에 필요한 모든 기능이 포함돼 있다. 주피터 프로젝트는 여기서 다루는 내용 외에도 매우 다양한 기능을 제공한다. 더 많은 정보는 주피터 공식 홈페이지[9]에서 확인할 수 있다.

9장에서는 Codespace에 기본 제공되는 주피터의 표준 버전을 사용한다.

pandas

파이썬을 사용하는 데이터 사이언티스트에게 가장 신뢰받는 라이브러리 중 하나는 pandas다. pandas는 거의 모든 데이터 분석 프로젝트에서 가장 먼저 임포트하는 라이브러리 중 하나로, 행과 열로 구성된 2차원 구조인 `DataFrame`을 제공한다. `DataFrame`은 스프레드시트처럼 표 형태로 데이터를 다룰 수 있게 해주며, 데이터의 조작, 필터링, 포맷 변환 등 다양한 작업을 손쉽게 처리할 수 있는 여러 기능을 갖추고 있다. 1장에서 언급한 대로, 데이터 사이언티스트는 전체 작업 시간의 3분의 1 이상을 데이터 정제와 준비에 사용한다. pandas는 이러한 데이터 준비와 처리 과정에서 매우 강력한 도구로 자리 잡고

9 https://jupyter.org

있다. pandas 라이브러리 활용에 참고할 만한 자료는 공식 사용자 가이드[10]다. 9장에서는 GitHub Codespace에 기본으로 설치된 pandas 버전을 그대로 사용한다.

Codespace에 새 라이브러리 설치하기

9장에서 실습에 사용할 라이브러리를 설치하려면 먼저 chapter9/requirements.txt 파일을 만든다. 그리고 터미널에서 다음과 같이 입력한다.

```
.../analytics-project (main) $ cd chapter9
.../chapter9 (main) $ touch requirements.txt
```

requirements.txt 파일에 다음 내용을 추가한다.

```
logging ❶
httpx>=0.27.0
backoff>=2.2.1 ❷
```

❶ logging은 표준 파이썬 로깅 모듈이다.
❷ backoff는 API 호출에서 지수 백오프와 재시도 기능을 제공한다.

다음 명령어를 실행해 Codespace에서 새 라이브러리를 설치한다.

```
.../chapter9 (main) $ pip3 install -r requirements.txt
```

설치가 정상적으로 완료되면, 이 라이브러리가 모두 설치됐다는 메시지가 표시된다.

Codespace에서 API 실행하기

API 데이터를 활용하려면 터미널에서 SWC API 버전 0.2를 실행해야 한다. 구체적인 실행 방법은 259쪽의 '로컬에서 SWC API 실행하기' 절을 참고한다. 실행이 완료되면 브라우저 주소창에서 API의 URL을 복사해 9장의 base URL로 활용한다.

10 https://pandas.pydata.org/docs/user_guide/basics.html

API 클라이언트 파일 만들기

API 호출을 담당할 별도의 파이썬 파일을 만들어 관리한다. 주피터 노트북과 코드를 분리해 두면 API 관련 로직을 한 곳에 집중시킬 수 있어 여러 노트북에서 재사용이 가능하다.

이 파일에서는 backoff 라이브러리를 이용해 지수 백오프와 재시도(지터 포함)를 구현하고, HTTPX 클라이언트는 콘텍스트 매니저 스타일로 사용한다. 7장에서 소개한 파이썬 SDK 작성 방식과 유사하지만, 9장에서는 대부분의 기능을 직접 구현한다.

> API 버전 0.2에는 1부에서 다루지 않은 새로운 엔드포인트도 포함돼 있으니, /docs 엔드포인트의 Swagger UI로 새로운 API 형식을 미리 확인해 두면 좋다.

터미널에서 새로운 파이썬 파일을 만드는 과정은 다음과 같다.

```
.../analytics-project (main) $ cd chapter9
.../chapter9 (main) $ mkdir notebooks
.../chapter9 (main) $ touch notebooks/swc_simple_client.py
```

swc_simple_client.py 파일에 다음과 같은 코드를 추가한다.

```
import backoff
import logging
import httpx

HEALTH_CHECK_ENDPOINT = "/"  ❶
LIST_LEAGUES_ENDPOINT = "/v0/leagues/"
LIST_PLAYERS_ENDPOINT = "/v0/players/"
LIST_PERFORMANCES_ENDPOINT = "/v0/performances/"
LIST_TEAMS_ENDPOINT = "/v0/teams/"
LIST_WEEKS_ENDPOINT = "/v0/weeks/"
GET_COUNTS_ENDPOINT = "/v0/counts/"

logger = logging.getLogger(__name__)  ❷

@backoff.on_exception(  ❸
    wait_gen=backoff.expo,
```

```
    exception=(httpx.RequestError, httpx.HTTPStatusError),
    max_time=5,
    jitter=backoff.random_jitter
)
def call_api_endpoint(
    base_url: str,
    api_endpoint: str,
    api_params: dict = None  ❹
) -> httpx.Response:

    try:
        with httpx.Client(base_url=base_url) as client:  ❺
            logger.debug(f"base_url: {base_url}, api_endpoint: {api_endpoint}")
            response = client.get(api_endpoint, params=api_params)
            response.raise_for_status()
            logger.debug(f"Response JSON: {response.json()}")  ❻
            return response
    except httpx.HTTPStatusError as e:
        logger.error(f"HTTP 상태 오류 발생: {e.response.text}")  ❼
return httpx.Response(status_code=e.response.status_code,
                      content=b"API error")  ❽
    except httpx.RequestError as e:
        logger.error(f"요청 오류 발생: {str(e)}")
        return httpx.Response(status_code=500, content=b"Network error")
    except Exception as e:
        logger.error(f"예기치 못한 오류 발생: {str(e)}")
        return httpx.Response(status_code=500, content=b"Unexpected error")
```

❶ 각 API 엔드포인트는 함수 호출 시 사용할 수 있도록 변수로 선언한다.

❷ logger 객체를 통해 로그 파일을 관리한다.

❸ 데코레이터를 활용해 `call_api_endpoint` 함수에 백오프 및 재시도 기능을 추가한다(자세한 설정은 백오프 공식 문서[11]를 참고한다).

❹ API 호출 시 매개 변수를 전달할 수 있도록 함수 인자를 구성한다.

❺ HTTPX 클라이언트는 `with` 문을 활용한 콘텍스트 매니저 방식으로 사용하며, API 호출 후 자동으로 리소스를 정리한다.

❻ API 응답 데이터는 디버깅을 위해 로그에 기록한다.

❼ 오류가 발생하면 `ERROR` 수준으로 로그에 남긴다.

❽ 예외 상황에서는 `httpx.Response` 객체를 반환하며, 이 객체에는 오류 코드와 메시지가 포함된다.

11 https://pypi.org/project/backoff/

주피터 노트북 생성 및 환경 설정

실습에 사용할 주피터 노트북 파일을 만들려면 터미널에서 다음 명령어를 차례로 실행한다.

```
.../analytics-project (main) $ cd chapter9
.../chapter9 (main) $ mkdir notebooks
.../notebooks (main) $ touch notebooks/shark_league_notebook.ipynb
```

왼쪽 탐색기 창에서 chapter9/notebooks 디렉터리를 열면 shark_league_notebook.ipynb 파일이 보인다. 이를 클릭해 열면 빈 셀이 표시된다. 주피터 노트북은 코드 실행용 셀과 설명을 위한 마크다운 셀로 구성돼 있다. 파일 오른쪽 상단의 **커널 선택**Select Kernel 버튼을 클릭하면(그림 9-2 참조), **추천 확장 설치/사용** Python + Jupyter 메시지가 나타나는데, 이 메시지를 선택해 설치한다(그림 9-3 참조).

그림 9-2 새 노트북 파일

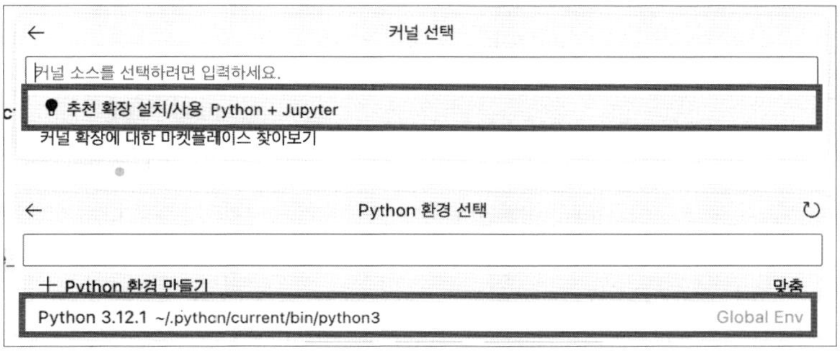

그림 9-3 추천 확장 설치/사용

설치가 완료되면 창 제목이 **다른 커널 선택**Select Another Kernel으로 변경되고 **Python 환경**Python Environments 옵션이 나타난다. 여기서 **Python 환경**을 선택한다. 창 제목이 **Python 환경 선택**Select a Python Environment으로 변경된 후, **+ Python 환경 만들기**와 하나의 파이썬 버전이 표시된다. 이 파이썬 버전을 선택한다.

노트북 설정하기

노트북의 첫 부분에서는 실습에 필요한 환경을 설정한다. 먼저, 빈 파이썬 셀 위에서 **+Markdown** 버튼을 클릭해 마크다운 셀을 추가한 뒤, 다음과 같이 제목을 입력한다.

```
# 샤크 리그 점수
## 파이썬 라이브러리 임포트
```

이 셀을 실행하면 제목이 지정한 형식으로 표시된다. 이어서 마크다운 셀 아래에 **+Code** 버튼을 클릭해 파이썬 코드 셀을 만들고 다음과 같이 입력한다.

```
import pandas as pd
import logging
import swc_simple_client as swc ❶
```

❶ swc_simple_client는 별도로 작성한 swc_simple_client.py 파일을 참조한다.

모든 `import` 문을 노트북 상단에 모아두면 사용 중인 라이브러리를 한눈에 확인할 수 있고, 임포트한 라이브러리는 이 주피터 노트북의 전체 셀에서 사용할 수 있다.

> 주피터 노트북은 셀을 위에서 아래로 실행한다. 실행 결과(출력)는 세션 간에 저장되지만, 변수나 임포트된 라이브러리는 저장되지 않으므로, 새로운 코딩 세션을 시작할 때에는 위의 셀 실행(Execute Above Cells) 기능을 활용해 현재 셀 위의 모든 코드를 다시 실행하는 것이 좋다.

8장에서 언급한 것처럼 API 작업에서는 로깅 설정이 중요하다. 실습에서는 로깅 메시지를 저장하기 위해 shark_notebook.log라는 로그 파일을 설정한다. 이 파일은 저장소의 .gitignore에 등록돼 있어, Git 저장소에 커밋되지 않는다. 이는 실무에서 권장되는 관리 방법이다.

마크다운 셀에 다음과 같이 입력한다.

```
## 로깅 설정
```

다음 파이썬 코드 셀에 아래와 같이 입력하고 실행한다.

```
for handler in logging.root.handlers[:]:  ❶
    logging.root.removeHandler(handler)

logging.basicConfig(
    filename='shark_notebook.log',
    level=logging.INFO,  ❷
)
```

❶ 여기서 `for handler in logging.root.handlers[:]` 반복문은 Codespace 환경에서 이미 설정된 기존 로깅 핸들러를 모두 제거한다. 만약 핸들러가 중복 등록될 경우 로그가 여러 번 출력되는 현상이 발생할 수 있으므로, 사전에 이를 제거해 환경을 초기화한다.

❷ `logging.basicConfig()` 함수는 로그 파일 이름을 지정하고 로그 수준을 `INFO`로 설정한다. 즉, 노트북 내에서 발생하는 정보성 메시지부터 오류 메시지까지 모두 기록하도록 한다.

`import` 문 다음에는 공통적으로 사용할 변수를 정의하는 것이 좋다. 예를 들어, API의 기본 URL이나 각종 엔드포인트 문자열 상수 등을 미리 정의해 두면, API 호출 목적이 명확해지고 오타 발생을 미연에 방지할 수 있다. 이 변수들은 노트북 전체 셀에서 재사용할 수 있으므로, 코드의 일관성과 유지 보수성이 높아진다.

먼저, 마크다운 셀에 아래와 같이 입력한다.

```
## 노트북 변수 설정
```

다음 파이썬 코드 셀에 아래와 같이 입력하고 실행한다.

```
base_url = "[insert your API base URL]"  ❶
```

❶ 큰따옴표 안에는 Codespace에서 실행 중인 API의 기본 주소를 입력한다. 예를 들어, https://fluffy-lemur-12345-8000.app.github.dev와 같이 작성하면 된다. 마지막에 슬래시는 제외한다.

API 데이터 활용하기

이제부터는 앞서 구현한 `call_api_endpoint()` 함수를 이용해 실제로 API 데이터를 불러와 pandas DataFrame으로 변환하고, 다양한 분석에 활용하는 방법을 알아본다.

마크다운 셀에 아래와 같이 입력한다.

```
## 최대 득점 조회
### 엔드포인트: LIST_WEEKS_ENDPOINT
```

가장 먼저, SWC 리그의 맞춤 점수 체계[12]에 따라 라인업 효율성 점수 계산에 사용되는 최대 득점maximum score[13] 데이터를 조회한다. 이와 같이 고도로 사용자 정의된 최대 점수 값은 웹사이트 API에서 직접 조회하는 것이 가장 신뢰할 수 있는 방법이다. NFL의 공개 데이터를 활용해 직접 득점을 추정하는 것도 가능하지만, 공식 API에서 제공하는 값을 활용해야 웹사이트가 실제로 집계한 합계와 정확히 일치하는 결과를 얻을 수 있다.

이 시점부터 코드 셀의 내용과 출력을 함께 표시한다. 코드는 상단에 표시되고 출력은 OUTPUT 문 뒤에 이어서 표시한다.

다음 파이썬 코드 셀에 아래와 같이 입력하고 실행한다.

```
week_api_response = swc.call_api_endpoint(base_url,swc.LIST_WEEKS_ENDPOINT)
weeks_df = pd.DataFrame(week_api_response.json())  ❶
weeks_df['year'] = weeks_df['week_number'].str.slice(0, 4).astype(int)  ❷

max_totals_grouped_df = weeks_df.groupby('year').agg(  ❸
```

12 여기서 '점수' 또는 '판타지 점수'는 판타지 스포츠 리그에서 매니저(구단주)가 해당 주차의 경기를 위해 구성한 라인업을 기반으로, 그 라인업에 포함된 실제 선수들의 경기 결과에 따라 얻게 되는 점수를 의미한다. 매주 실제 경기가 끝나면, 라인업에 배치된 선수들이 기록한 스탯(예: 미식축구에서는 터치다운, 야드, 리셉션 등)이 리그의 득점 방식에 따라 판타지 점수로 변환돼 매니저의 팀 점수에 합산된다. 이 주간 점수들이 쌓여 '리그 정규 시즌 총 득점'의 기초가 되는 개별 팀의 시즌 총 득점을 구성한다. '최대 점수'는 바로 이 '점수'가 이론적으로 최고로 높았을 때의 값을 의미한다. – 옮긴이

13 특정 리그의 시즌 동안(정규 시즌 기준) 이론적으로 달성할 수 있었던 가장 높은 총 득점이다. 개별 팀이나 리그 전체가 해당 주차에 최적의 라인업을 구성하고, 선수들이 낼 수 있는 가장 높은 점수를 모두 냈다고 가정했을 때 달성 가능한 점수다. 이는 실제 팀 점수나 리그 총 득점과는 다르며, SWC가 자체적으로 해당 리그의 특정 득점 방식과 규모에 따라 정의한 '정규 시즌 전체'에 대한 이론적인 최고 득점 잠재력을 의미한다. – 옮긴이

```
    ppr_12_max_points=('ppr_12_max_points', 'sum'),
    half_ppr_8_max_points=('half_ppr_8_max_points', 'sum'))

display(max_totals_grouped_df)

OUTPUT:
      ppr_12_max_points  half_ppr_8_max_points
year
2023            16716.0                12304.0
```

❶ 이 코드는 API에서 받아온 JSON 데이터를 딕셔너리 형식으로 추출해 DataFrame으로 변환한다.

❷ pandas의 `str.slice` 메서드를 사용해 `week_number` 필드에서 연도 정보를 분리해 낸다.

❸ `groupby().agg()` 메서드를 활용해 연도별로 데이터를 묶고, PPR(12인 리그), Half-PPR(8인 리그) 두 가지 리그 유형에 대한 최대 득점 합계를 계산한다.

이어서 각 리그의 채점 방식과 팀 수 등 추가 정보를 조회하고 분석에 활용한다. 마크다운 셀에 다음과 같이 입력한다.

```
## 리그 득점 유형 조회
### 엔드포인트: LIST_LEAGUES_ENDPOINT
```

다음 파이썬 코드 셀에 아래와 같이 입력하고 실행한다.

```
league_api_response = swc.call_api_endpoint(base_url,swc.LIST_LEAGUES_ENDPOINT)
leagues_df = pd.DataFrame(league_api_response.json())
leagues_df = leagues_df.drop(columns=['teams','last_changed_date'])  ❶
display(leagues_df)

OUTPUT:
   league_id                      league_name scoring_type  league_size
0       5001  Pigskin Prodigal Fantasy League          PPR           12
1       5002       Recurring Champions League     Half-PPR            8
2       5003                      AHAHFZZFFFL     Half-PPR            8
3       5004    Gridiron Gurus Fantasy League          PPR           12
4       5005                 Best League Ever          PPR           12
```

❶ pandas의 `drop` 메서드를 사용해 DataFrame에서 열을 제거하고 리그명(`league_name`), 점수 유형(`scoring_type`), 팀 수(`league_size`) 등 핵심 정보만 남긴다.

마지막으로, 각 팀의 정규 시즌 총 득점total scoring[14]을 계산한다. 마크다운 셀에 다음과 같이 입력한다.

```
## 정규 시즌 총 득점 조회 - 팀별
### 엔드포인트: LIST_TEAMS_ENDPOINT
```

이 코드 예제에서는 pandas로 API 데이터를 처리할 때 실무적으로 매우 유용한 두 가지 기법을 소개한다. SWC API는 `weekly_scores` 항목에 여러 개의 중첩된 딕셔너리 구조가 있는 JSON 데이터를 반환한다. 하지만 분석 목적상 각 주week별로 한 행row씩 데이터를 만들고, 동시에 이 중첩된 필드에서 여러 열(예: 득점, 주차 등)을 추출해야 할 때가 많다. 이러한 작업에는 pandas의 `json_normalize()` 함수를 활용하면, 복잡한 JSON 데이터도 행 단위로 평탄화해 쉽게 DataFrame으로 변환할 수 있다.

또한, 이 코드에서는 SQL의 GROUP BY와 유사한 pandas의 `groupby().sum()` 메서드를 함께 사용한다. 이를 통해 각 팀의 주간 득점 데이터를 합산해, 한 시즌(정규 시즌) 동안의 총 득점을 구할 수 있다. 참고로, NFL은 공식적으로 18주 경기를 치르지만, SWC에서는 1~14주까지를 판타지 정규 시즌으로, 이후는 플레이오프로 간주한다.

다음 파이썬 코드 셀에 아래와 같이 입력하고 실행한다.

```
team_api_response = swc.call_api_endpoint(base_url,swc.LIST_TEAMS_ENDPOINT)

teams_parsed_df = pd.json_normalize(team_api_response.json(), 'weekly_scores',
                                    ['league_id', 'team_id', 'team_name'])  ❶

teams_parsed_df['year'] = (teams_parsed_df['week_number']
                           .str.slice(0, 4).astype(int))  ❷
teams_parsed_df['week'] = (teams_parsed_df['week_number']
                           .str.slice(4, 6).astype(int))

#정규 시즌 팀만 조회
teams_regular_season_df = teams_parsed_df.query('week <= 14')
```

14 score의 의미로 수치나 총계를 의미하는 점수가 맞지만, 판타지 스포츠에서는 매니저가 라인업을 통해 선수들이 실제 경기에서 '점수를 획득'하고 이를 합산하는 것이므로 총 득점으로 옮겨 적는다. – 옮긴이

```
#팀 시즌 총 득점 조회
team_totals_df = teams_regular_season_df.groupby(
    ['league_id', 'team_id', 'year'], as_index = False
    )['fantasy_points'].sum()  ❸

team_totals_df.head()
```

이 코드에서는 pandas의 다양한 기능을 조합해 판타지 리그 데이터의 구조적 처리를 수행한다.

❶ json_normalize() 함수는 중첩된 JSON 구조로 돼 있는 weekly_scores 데이터를 여러 개의 행으로 평탄화하면서, 동시에 필요한 정보를 별도의 열로 분리한다.

❷ str.slice() 메서드를 활용해 week_number 필드에서 연도와 주차 정보를 각각 분리해 새로운 열에 저장한다.

❸ groupby()와 sum() 메서드를 조합해 리그, 팀, 연도별로 판타지 득점을 모두 합산해 팀 단위의 정규 시즌 총 득점 데이터를 완성한다.

리그 균형 점수 계산

데이터를 모두 불러오고 정리했다면, 가장 먼저 리그 균형 점수를 계산할 수 있다. 이 지표의 핵심 개념은 '한두 개의 상위 팀이 독식하지 않고, 모든 팀이 균형 있게 경쟁하는 리그가 이상적'이라는 점에 있다.

균형 잡힌 리그는 팀별 정규 시즌 득점의 변동성이 적다. 변동성을 단순히 표준 편차로 측정하면, 리그별 득점 체계가 달라 비교가 어렵다. 이 문제를 보정하기 위해 변동 계수 CV, Coefficient of Variation를 사용한다. 변동 계수는 '표준 편차를 평균으로 나눈 값'으로, 여기서는 리그 점수 체계나 득점 규모가 달라도 상대적인 변동성을 비교할 수 있다는 장점이 있다.

변동 계수가 낮을수록 팀 간 점수 차이가 적어 균형 잡힌 리그라고 할 수 있지만, 사용자가 더 높은 숫자를 '좋은 점수'로 인식할 수 있도록 `100 - (CV × 100)` 계산식으로 환산한다. 이렇게 하면 라인업 효율성 점수(최대 100점)와 척도scale를 맞출 수 있다. 마크다운 셀에 다음과 같이 입력한다.

```
## 리그 균형 점수
### 정규 시즌 총 득점의 변동계수 사용
```

이 코드에서는 집계aggregation 과정에서 lambda 함수를 사용해 파이썬 코드를 직접 실행하는 방식을 사용한다. 이 방법은 이후 여러 곳에서도 반복적으로 사용되니 익혀 두는 것이 좋다.

다음 파이썬 코드 셀에 아래와 같이 입력하고 실행한다.

```
league_stats_df = team_totals_df.groupby(['league_id','year']).agg(
    league_points_sum=('fantasy_points', 'sum'),  ❶
    league_points_mean=('fantasy_points', 'mean'),
    league_points_stdev=('fantasy_points', 'std'),  ❷
    league_balance_score=('fantasy_points',
    lambda x: (100 -(x.std() / x.mean()) * 100))  ❸
).reset_index()

display(league_stats_df.sort_values(by='league_balance_score',
                                    ascending=False))  ❹
```

❶ 각 리그가 정규 시즌 동안 실제로 획득한 전체 득점의 합계인 sum은 다음 단계 측정 지표(라인업 효율성) 계산에 사용된다.

❷ pandas의 GroupBy.std 메서드를 사용해 리그 전체 득점의 표준 편차를 계산한다.

❸ lambda 함수를 사용해 집계된 통계량인 총 득점과 표준 편차로 변동 계수를 계산하고, 리그 득점을 라인업 효율성 점수와 동일한 척도로 환산한다.

❹ sort_values는 결과를 정렬할 뿐 데이터의 본질적 구조는 바뀌지 않는다(그림 9-4 참조).

이 셀의 실행 결과는 그림 9-4와 같다.

	league_id	year	league_points_sum	league_points_mean	league_points_stdev	league_balance_score
1	5002	2023	9126.0	1140.750000	58.801725	94.845345
0	5001	2023	14052.0	1171.000000	128.872735	88.994643
3	5004	2023	13752.0	1146.000000	148.203177	87.067786
4	5005	2023	13313.0	1109.416667	145.786555	86.859170
2	5003	2023	8599.0	1074.875000	157.835753	85.315897

그림 9-4 리그 균형 점수

라인업 효율성 점수 계산

두 번째로 계산할 지표는 라인업 효율성 점수League Juice Score다. 이 값은 시즌 동안 리그가 실제로 기록한 총 득점이 최대 가능 득점의 몇 퍼센트인지 나타낸다. 즉, 각 팀이 내보낸 선발 라인업이 이론상 얻을 수 있는 최고 득점 대비 얼마나 많은 득점을 얻었는지를 보여 준다. 판타지 풋볼에서는 고득점 선수가 벤치에 머물러 있다면, 리그 전체적으로 선수를 제대로 활용하지 못했다는 것, 즉 선수 활용이 비효율적이라는 의미가 된다. 이를 주스juice를 짜내는 것에 빗대어 리그 주스 점수라는 이름이 붙은 것이다.

리그별 최대 득점은 득점 체계와 팀 수에 따라 다르므로 3개의 DataFrame을 병합해 계산한다.

league_stats_df

팀별 · 연도별 실제 총 득점, 균형 점수

max_totals_grouped_df

연도별 리그 사용자 정의 최대 득점

leagues_df

리그별 득점 방식, 팀 수 등 메타 정보

사용할 정확한 공식은 아래와 같다.

```
LeagueJuiceScore = 100 * LeagueTotalPoints /MaxPotentialPoints
```

마크다운 셀에 다음과 같이 입력한다.

```
## 라인업 효율성 점수
### 실제 득점과 최대 가능 득점 비교
```

다음 파이썬 코드 셀에 아래와 같이 입력하고 실행한다.

```
league_stats_with_league_max_df = (league_stats_df[
    ['league_id','year', 'league_points_sum','league_balance_score']]
            .merge(max_totals_grouped_df,left_on = 'year', right_on='year'))  ❶
```

```python
combined_metrics_df = (leagues_df[
    ['league_id','league_name','scoring_type', 'league_size']]  ❷
.merge(league_stats_with_league_max_df,
       left_on = 'league_id', right_on = 'league_id'))

combined_metrics_df['league_juice_score'] = combined_metrics_df.apply(  ❸
    lambda row: (
        100 * (row['league_points_sum'] / row['ppr_12_max_points'])  ❹
        if (row['scoring_type'] == 'PPR' and row['league_size'] == 12)
        else (
            100 * (row['league_points_sum'] / row['half_ppr_8_max_points'])
            if (row['scoring_type'] == 'Half-PPR' and row['league_size'] == 8)
           else None
        )
    ),
    axis=1
)

combined_metrics_df = combined_metrics_df.drop(
    columns=['scoring_type','league_size','league_points_sum',
    'ppr_12_max_points','half_ppr_8_max_points',]
)
display(combined_metrics_df)
```

❶ league_stats_df와 max_totals_grouped_df를 병합한다.

❷ leagues_df를 이전 단계의 출력과 병합한다.

❸ apply() 메서드를 사용해 각 행에 대해 lambda 함수를 실행해 사용자 정의 league_juice_score 값을 계산한다.

❹ 비율에 100을 곱해 백분율로 만들고, 리그 균형 점수와 일치하도록 척도를 조정한다.

이 셀의 실행 결과는 그림 9-5와 같다.

	league_id	league_name	year	league_balance_score	league_juice_score
0	5001	Pigskin Prodigal Fantasy League	2023	88.994643	84.063173
1	5002	Recurring Champions League	2023	94.845345	74.171001
2	5003	AHAHFZZFFFL	2023	85.315897	69.887841
3	5004	Gridiron Gurus Fantasy League	2023	87.067786	82.268485
4	5005	Best League Ever	2023	86.859170	79.642259

그림 9-5 라인업 효율성 점수

샤크 리그 점수 계산

지금까지 API 데이터를 가공하고, 리그 균형 점수, 라인업 효율성 점수와 같은 다양한 측정 지표를 계산했으며, 이제 그 결실로 샤크 리그 점수를 계산한다. 이 점수는 라인업 효율성 점수에 2배의 가중치를 두고, 여기에 그 균형 점수를 더하는 방식으로 산출한다.

마크다운 셀에 아래와 같이 입력해 수식을 명확히 안내할 수 있다.

```
# 샤크 리그 점수 계산
## 샤크 리그 점수 = (2 * 라인업 효율성 점수) + 리그 균형 점수
```

다음 파이썬 코드 셀에 아래와 같이 입력하고 실행한다.

```
combined_metrics_df['shark_league_score'] = combined_metrics_df.apply(
    lambda league: (2 * league['league_juice_score']) + league['league_balance_score'],
    axis=1
)
display(combined_metrics_df.sort_values(by='shark_league_score', ascending=False))
```

이 셀을 실행하면 샤크 리그 점수가 높은 리그부터 내림차순으로 정렬된 결과를 확인할 수 있다(그림 9-6 참조).

	league_id	league_name	year	league_balance_score	league_juice_score	shark_league_score
0	5001	Pigskin Prodigal Fantasy League	2023	88.994643	84.063173	257.120989
3	5004	Gridiron Gurus Fantasy League	2023	87.067786	82.268485	251.604756
4	5005	Best League Ever	2023	86.859170	79.642259	246.143688
1	5002	Recurring Champions League	2023	94.845345	74.171001	243.187348
2	5003	AHAHFZZFFFL	2023	85.315897	69.887841	225.091580

그림 9-6 샤크 리그 점수

지금까지 SWC API에서 가져온 사용자 정의 데이터를 기반으로 샤크 리그 점수를 직접 계산했다.

참고 자료

농구 통계의 가치와 해석에 대한 논의는 '숫자 혹은 재능? NBA 통계의 사실과 허구 가려내기Numbers or Talent? Sorting Fact, Fiction in NBA Stats Wave'[15]를 참고한다.

pandas에 대한 지식을 계속 쌓으려면 pandas의 개발자인 웨스 맥키니Wes McKinney가 저술한 『파이썬 라이브러리를 활용한 데이터 분석Python for Data Analysis: Data Wrangling with pandas, NumPy, and Jupyter』(한빛미디어, 2023)을 추천한다.

`nfl_data_py`를 사용해 미식축구 데이터로 생성할 수 있는 더 자세한 차트에 대해 알아보려면, 『Football Analytics with Python & R: Learning Data Science Through the Lens of Sports』(O'Reilly, 2023)를 추천한다.

노트북용 마크다운 서식 지정에 대한 더 많은 팁은 '마크다운 가이드Markdown Guide'[16]를 참고한다.

다른 분야에서의 변동 계수에 대해 더 알아보려면 '변동 계수: 의미와 활용법Coefficient of Variation: Meaning and How to Use It'[17]을 추천한다.

판타지 풋볼에서 파이썬을 사용한 데이터 분석의 더 많은 활용 사례를 알아보고 싶다면, 네이선 브라운Nathan Braun의 강좌와 서적을 다음 사이트(https://fantasycoding.com)에서 확인할 수 있다.

요약

9장에서는 API 데이터를 활용해 사용자 정의 측정 지표를 설계하고, 실제로 샤크 리그 점수를 계산하는 과정을 다뤘다. 이를 통해 pandas, 주피터 노트북을 실전 데이터 분석에 어떻게 적용할 수 있는지 경험할 수 있었다.

다음 10장에서는 Apache Airflow로 구축한 데이터 파이프라인에서 API를 호출해 데이터 사이언스 실무 역량을 한 단계 더 높이는 내용을 다룬다.

15 https://bleacherreport.com/articles/2378041-nba-insider-is-it-numbers-or-talent-sorting-fact-fiction-in-nba-stats-wave

16 https://markdownguide.offshoot.io/basic-syntax/

17 https://www.investopedia.com/terms/c/coefficientofvariation.asp

10장

데이터 파이프라인에서 API 활용하기

> 가장 단순한 형태의 파이프라인은 REST API와 같은 하나의 소스에서 데이터만 추출해 데이터 웨어하우스의 SQL 테이블과 같은 목적지에 적재하는 작업으로 구성된다. 하지만 실제로는 여러 단계의 전처리, 가공, 적재 과정을 거친 후 데이터를 최종 목적지에 전달하는 경우가 대부분이다.
>
> — 제임스 댄스모어James Densmore, 『Data Pipelines Pocket Reference』(O'Reilly, 2021)

데이터 파이프라인data pipeline이란, 원본 데이터가 여러 단계의 변환과 저장 과정을 거쳐 분석에 적합한 형태로 가공되고, 최종적으로 원하는 목적지에 적재되는 일련의 절차를 의미한다. 9장에서는 주피터 노트북을 사용해 API를 직접 쿼리하고 데이터를 분석했지만, 이 방식은 반복적으로 API를 조회해야 하므로 실무 환경에서는 자동화된 파이프라인이 필요하다. 데이터 팀이 실제 분석 제품을 운영할 때는 예약된 프로세스scheduled processes를 통해 소스 데이터의 최신 복사본을 필요한 형식으로 유지한다. 이러한 구조화된 프로세스를 데이터 파이프라인이라 부르며, 구현 방법에 따라 ETLExtract, Transform, Load 또는 ELTExtract, Load, Transform라고도 한다. 데이터 엔지니어가 이를 주로 담당하지만, 데이터 사이언티스트, 데이터 분석가, 인프라 엔지니어도 실무에서 자주 다룬다.

10장에서는 파이썬 기반 오픈 소스 파이프라인 관리 도구인 Apache Airflow를 사용해 SWC 판타지 풋볼 선수 데이터를 자동으로 수집하고 관리하는 데이터 파이프라인을 직접 구축해 본다.

데이터 파이프라인의 데이터 소스 유형

데이터 파이프라인은 매우 다양한 소스에서 데이터를 받아올 수 있다. 대표적인 유형은 다음과 같다.

APIs

이 책에서 중점적으로 다루는 REST API는 데이터 파이프라인에서 중요한 데이터 소스다. REST API는 전체 데이터를 한 번에 불러오는 것보다는, 변경된 데이터만 증분 업데이트incremental update로 불러오는 데에 최적화돼 있다. GraphQL, SOAP 등 다른 형태의 API도 데이터 파이프라인에서 흔히 사용된다.

대용량 파일

대규모 데이터셋은 종종 CSV, Parquet 등 대용량 파일 형태로 제공돼 내려받아 처리하는 경우가 많다. 이러한 방식은 매우 큰 데이터 소스를 효율적으로 다루는 데 적합하다.

스트리밍 데이터 및 메시지 큐

실시간 또는 준실시간 데이터 업데이트가 필요한 경우, Apache Kafka, AWS AWS Kinesis와 같은 스트리밍 소스를 통해 연속적으로 변경되는 데이터를 받아올 수 있다.

메시지 큐

RabbitMQ, AWS SQS 등 메시지 큐message queue 소프트웨어는 비동기 메시징을 지원한다. 트랜잭션 데이터가 일시적으로 큐에 저장됐다가, 구독자가 필요할 때 데이터를 받아가는 방식으로 작동한다.

데이터베이스 직접 연결

원본 데이터베이스에 직접 연결해 데이터를 읽어 올 수도 있다. 이런 방식은 외부보다는 조직 내부에서 데이터를 공유할 때 자주 쓰인다.

10장에서는 REST API와 대용량 파일을 활용한 데이터 파이프라인 구축을 실습한다.

데이터 파이프라인 구축 계획

10장의 실습 목표는 SWC의 데이터를 항상 최신 상태로 관리할 수 있는 로컬 데이터베이스에 저장하는 것이다. 이렇게 저장된 데이터는 대시보드, 보고서 등 다양한 분석 제품을 만드는 데 활용된다. 이 시나리오에서는 API가 데이터의 전체 다운로드를 허용하지 않는다고 가정하고, 초기 데이터 적재에는 대용량 파일을 사용한다. 그 후로는 새로운 레코드나 수정된 레코드만을 증분 방식으로 매일 업데이트한다. 이렇게 변경된 레코드들은 델타delta라고 부른다. 델타만 처리하면 전체 데이터를 다시 적재하는 것에 비해 훨씬 빠르고, 시스템 리소스와 비용도 절감할 수 있다.

그림 10-1은 데이터 파이프라인의 전체 구조를 보여 준다.

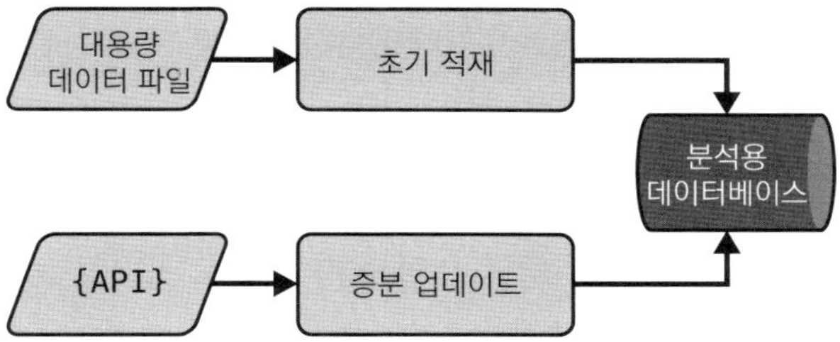

그림 10-1 데이터 파이프라인 구축 계획

이 파이프라인에는 대용량 파일과 API라는 두 가지 데이터 소스가 있다. 둥근 사각형으로 표현된 2개의 ETL 프로세스는 모두 분석용 데이터베이스를 업데이트하며, 이 데이터베이스는 리포트, 대시보드 등 다양한 분석 제품을 만드는 데 활용된다.

Apache Airflow로 데이터 파이프라인 오케스트레이션하기

> Airflow는 거미줄 한가운데 앉아 있는 거미와 같다. 데이터 처리의 중심에 위치해, 분산된 여러 시스템에서 진행되는 작업을 조율하기 때문이다.
>
> — 율리안 더라위터르Julian de Ruiter, 바스 하렌슬락Bas Harenslak,
> 『Apache Airflow 기반의 데이터 파이프라인Data Pipelines with Apache Airflo』(제이펍, 2022)

실제 운영 환경에서 여러 데이터 처리 작업 스트림을 동시에 실행하는 것은 생각보다 복잡하다. 스케줄링, 오류 처리, 실패한 작업의 재시작 등은 상당한 계획과 설계를 요구한다. 이러한 작업들을 오케스트레이션orchestration이라고 하며, Apache Airflow가 바로 이 역할을 담당한다. 데이터 파이프라인의 수가 증가할수록 이러한 모든 작업을 직접 코딩해 관리하기보다는 오케스트레이션 소프트웨어를 활용하는 것이 훨씬 효율적이다.

Airflow는 파이썬 기반으로 워크플로 정의와 구성이 가능하며, 데이터 파이프라인에서 반복적으로 발생하는 다양한 작업을 자동으로 처리할 수 있다. 즉, Airflow는 강력한 오픈 소스 오케스트레이션 엔진으로, 파이썬을 통해 다양한 데이터 처리 흐름을 손쉽게 정의하고 관리할 수 있다.

Airflow에는 데이터 사이언스 일반 프로그래밍에서는 접하기 어려운 몇 가지 특화된 용어들이 사용된다. 아스트로노머Astronomer의 Airflow 용어집[1]에서 자세히 확인할 수 있지만, 10장에서는 가장 핵심적인 부분만 소개한다.

Airflow는 수학의 그래프 이론graph theory 용어를 차용한다. 여기서 노드node는 하나의 작업(프로세스 또는 태스크task)을, 에지edge는 노드 간의 데이터 흐름(의존성)을 의미한다. 이러한 개념을 바탕으로, 비순환 유향 그래프DAG, Directed Acyclic Graph라는 최상위 구조로 워크플로를 설계한다. DAG는 방향이 있지만 순환이나 반복이 없는 그래프로, 여러 개의 개별 작업task이 한 방향으로만 순차적으로 진행된다.

그림 10-2는 DAG에서 노드와 에지가 어떻게 연결돼 있는지 보여 준다.

각 DAG는 하나의 파이썬 파일을 만든다. DAG의 각 단계(작업)를 태스크라고 하며, 태스크는 Airflow의 기본 실행 단위다. 각 태스크는 DAG의 그래프 다이어그램에서 단일 상자로 표시한다.

1 https://www.astronomer.io/docs/learn/glossary/

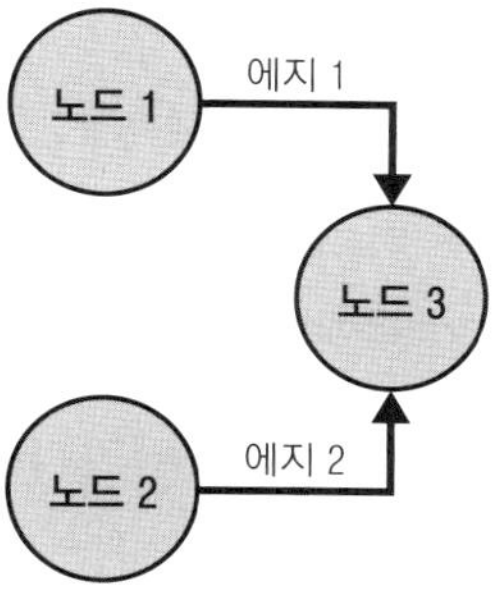

그림 10-2 비순환 유향 그래프

Airflow에서 오퍼레이터operator란 태스크의 유형별로 미리 정의된 템플릿을 의미한다. 예를 들어, API 호출에는 `HttpOperator`를, 분석용 데이터베이스 업데이트에는 `PythonOperator`를 활용할 수 있다. Airflow는 기본적으로 데이터베이스, S3 등 다양한 외부 시스템과 연동할 수 있는 내장 오퍼레이터를 제공하며, 커뮤니티에서 추가로 개발된 수십 종의 오퍼레이터와 훅Hook은 공식 문서[2]에서 확인할 수 있다.

마지막으로 알아야 할 개념은 XComCross-Communications이다. XCom은 태스크 간 정보와 데이터를 교환하기 위해 사용되는 메커니즘으로, 데이터 파이프라인의 복잡도가 높아질수록 반드시 필요한 기술이다.

GitHub Codespace에 Apache Airflow 설치하기

10장에서 실습할 데이터 파이프라인 프로젝트의 전체 구조는 그림 10-3과 같다.

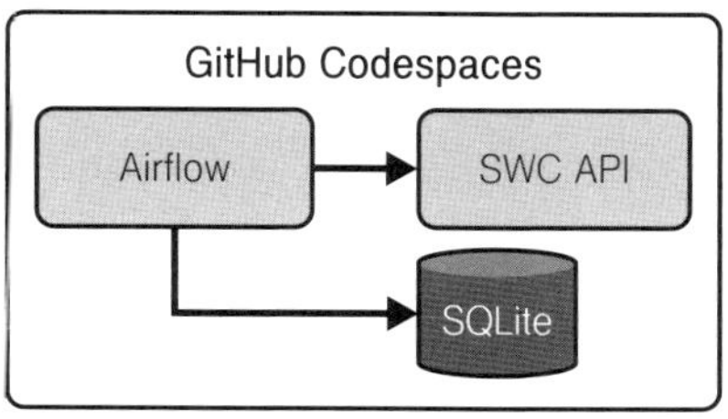

그림 10-3 Airflow 프로젝트 아키텍처

2 https://airflow.apache.org/docs/apache-airflow-providers/operators-and-hooks-ref/index.html

실습은 9장에서 만든 2부 GitHub Codespace 환경에서 진행한다. 아직 Codespace를 만들지 않았다면 Codespace를 먼저 만들어야 한다. Airflow는 여러 서비스를 동시에 실행하므로, Codespace 실행 전에 머신 유형을 4코어 머신으로 변경해야 한다. 'Your codespaces' 페이지에서 **Change machine type**을 클릭하고 머신 유형을 바꾼다.

Airflow는 도커 또는 `pip`로 설치할 수 있는데, 여기서는 도커 방식을 사용한다. 공식 문서[3]의 안내에 따라 docker-compose를 활용한다.

Codespace의 chapter10 디렉터리에 airflow 디렉터리를 만들고 해당 디렉터리로 이동한다.

```
.../chapter10 (main) $ mkdir airflow
.../chapter10 (main) $ cd airflow
.../airflow (main) $
```

다음으로, `curl` 명령어를 사용해 도커 버전의 Airflow를 실행하는 데 사용되는 docker-compose.yaml 파일의 복사본을 가져온다. 공식 Airflow 웹사이트[4]에서 이를 가져오고 버전을 지정한다. 10장에서는 버전 2.9.3을 시연하지만, 공식 문서[5]에 나열된 최신 안정 버전 2.10.0을 사용해도 된다.

```
.../airflow (main) $ curl -LfO \
'https://airflow.apache.org/docs/apache-airflow/2.10.0/docker-compose.yaml'
% Total    % Received % Xferd  Average Speed   Time    Time     Time  Current
                                 Dload  Upload   Total   Spent    Left  Speed
100 11342  100 11342    0     0  21841      0 --:--:-- --:--:-- --:--:-- 21853
```

docker-compose.yaml 파일에는 Docker Hub[6]에서 다운로드할 이미지에 대한 지침과 소프트웨어를 구성하기 위한 환경 옵션이 들어 있다.

3 https://airflow.apache.org/docs/apache-airflow/stable/howto/docker-compose/index.html

4 https://airflow.apache.org

5 https://airflow.apache.org/docs/apache-airflow/stable/howto/docker-compose/index.html

6 https://hub.docker.com/r/apache/airflow

docker-compose.yaml을 열고 `volumes:` 부분을 살펴보자.

```
volumes:
  - ${AIRFLOW_PROJ_DIR:-.}/dags:/opt/airflow/dags
  - ${AIRFLOW_PROJ_DIR:-.}/logs:/opt/airflow/logs
  - ${AIRFLOW_PROJ_DIR:-.}/config:/opt/airflow/config
  - ${AIRFLOW_PROJ_DIR:-.}/plugins:/opt/airflow/plugins
```

이 부분은 도커 볼륨volumes을 만든다. 도커 볼륨은 도커 컨테이너 내부에서 사용할 수 있으며, Codespace 저장소의 파일에 매핑되는 가상 드라이브다. 이들은 Codespace의 Airflow 프로젝트 디렉터리(여기서는 airflow)를 기준으로 한다. 예를 들어, Codespace의 airflow/dags는 도커에서 실행되는 Airflow 애플리케이션에 /opt/airflow/dags로 참조될 것이다(이 부분은 10장 뒷부분에서 연결을 만들 때 중요한 역할을 한다).

이러한 볼륨에 매핑되는 디렉터리들을 만든 다음, Airflow 사용자 ID에 대한 환경 변수를 구성한다.

```
.../airflow (main) $ mkdir -p ./dags ./logs ./plugins ./config
.../airflow (main) $ echo -e "AIRFLOW_UID=$(id -u)" > .env
```

docker-compose.override.yaml 파일을 만든다.

```
.../airflow (main) $ touch docker-compose.override.yaml
```

이 파일을 사용해 다운로드한 docker-compose.yaml 파일의 일부 표준 구성 설정을 재정의한다. 오버라이드over-ide 파일을 사용하면 docker-compose.yaml 파일을 다운로드한 그대로 유지하고, 모든 사용자 정의 설정을 한곳에 모을 수 있어 문제 해결이 더 쉬워진다. 또한 Airflow가 업그레이드될 때 docker-compose.yaml을 새 버전으로 업데이트할 수 있다. docker-compose.override.yaml을 다음 내용으로 업데이트한다.

```
#these are overrides to the default docker  compose
x-airflow-common:
  &airflow-common
  environment:
```

```
    &airflow-common-env
    AIRFLOW CORE LOAD_EXAMPLES: 'false'  ❶

services:
  airflow-webserver:
    <<: *airflow-common
    command: webserver
    environment:
      <<: *airflow-common-env
      AIRFLOW WEBSERVER ENABLE_PROXY_FIX: 'True'  ❷
  airflow-scheduler:
    <<: *airflow-common command: scheduler environment:
      <<: *airflow-common-env
      AIRFLOW SCHEDULER MIN_FILE_PROCESS_INTERVAL: '30'  ❸
```

❶ 이 설정은 내장 Airflow 예제를 숨겨 10장에서 방해되지 않도록 한다.

❷ 이 설정은 Codespace에서 Airflow 웹 인터페이스를 사용할 수 있도록 한다.

❸ 이 설정은 개발 중에 Airflow가 코드 변경을 더 자주 확인하도록 지시한다.

이제 docker-compose.yaml 및 docker-compose.override.yaml 파일을 사용해 `docker compose up airflow-init` 명령어로 도커 환경을 초기화할 준비가 됐다. 이 명령어는 Airflow 소프트웨어를 다운로드하고 사용자 ID 및 기타 구성 세부 정보를 프로비저닝한다. 다음 명령을 실행한다.

```
.../airflow (main) $ docker compose up airflow-init
[+] Running 43/45
    redis Pulled                                                          20.2s
    postgres Pulled                                                       33.5s
    airflow-init Pulled[+] Running 5/5
    Network airflow_default                Created                         0.1s
    Volume "airflow_postgres-db-volume"    Created                         0.0s
    Container airflow-redis-1              Created                         0.1s
    Container airflow-postgres-1           Created                         0.1s
    Container airflow-airflow-init-1       Created                         0.0s
...
airflow-init-1  | 2.10.0
airflow-init-1 exited with code 0
```

이 명령어를 실행하면 여러 명령어가 실행되면서 몇 분 정도 초기화가 진행된다. 출력이 `exited with code 0`으로 끝나면 성공한 것이다. 환경이 초기화됐으며, 이 명령어를 다시 실행할 필요는 없다.

이제 Airflow를 실행할 준비가 됐다. 다음 명령어를 실행해 Airflow 웹 인터페이스를 시작한다.

```
.../airflow (main) $ docker compose up -d
[+] Running 7/7
   Container airflow-redis-1                Healthy                                1.3s
   Container airflow-postgres-1             Healthy                                1.3s
   Container airflow-airflow-init-1         Exited                                11.8s
   Container airflow-airflow-scheduler-1    Started                               12.4s
   Container airflow-airflow-worker-1       Started                               12.4s
   Container airflow-airflow-triggerer-1    Started                               12.3s
   Container airflow-airflow-webserver-1    Started
```

웹 UI를 시작하라는 팝업 창이 나타나지만, 웹 UI를 준비하는 데 몇 분이 걸릴 수 있으므로 브라우저에서 **열기**를 클릭하지 않는다. 대신, 몇 분 기다린 다음 Codespace의 **포트** 탭을 선택한다. 그러면 웹 인터페이스의 주소를 볼 수 있다. 그림 10-4에 표시된 것처럼 **지구본 아이콘**을 클릭해 브라우저에서 UI를 연다.

그림 10-4 Airflow 웹 인터페이스 열기

로그인 페이지가 나타나면 사용자 이름에 `airflow`, 비밀번호에 `airflow`를 입력하고 **로그인**Sign in을 클릭한다(이 시작 자격 증명은 데모용으로만 사용된다). 그러면 Codespace에서 실행되는 Airflow 애플리케이션의 웹 인터페이스를 볼 수 있다(그림 10-5 참조). 처음에는 나열된 DAG가 없다. 데이터 파이프라인 요구 사항을 완료하기 위해 DAG를 만들면서 Airflow의 기능을 하나씩 알아본다.

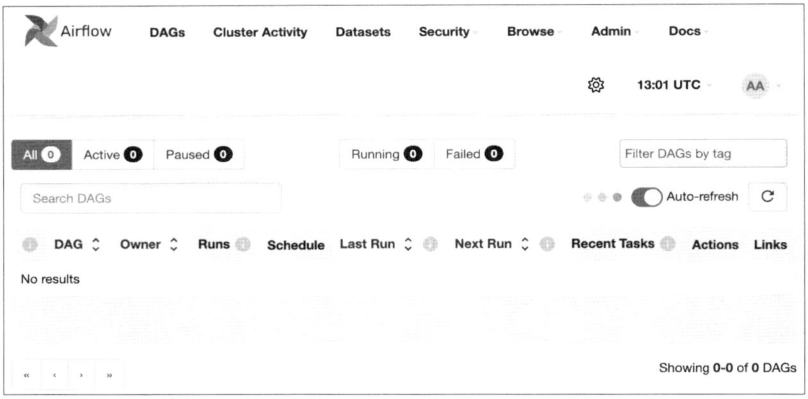

그림 10-5 Airflow 홈 페이지

로컬 분석용 데이터베이스 만들기

데이터 파이프라인은 선수 성적player records을 로컬 데이터베이스에 삽입하고 업데이트하는 데 사용된다. 이 방식은 데이터 사이언스에서 널리 사용되는 패턴으로, 원천 데이터로 데이터베이스를 업데이트한 뒤, 해당 데이터베이스로부터 모델, 지표, 리포트를 만든다.

다음 코드처럼 작업 디렉터리를 dags로 이동한 뒤 데이터베이스와 `player` 테이블을 만든다.

```
.../airflow (main) $ cd dags
.../dags (main) $ sqlite3 analytics_database.db
SQLite version 3.45.3 2024-04-15 13:34:05
Enter ".help" for usage hints.
sqlite> CREATE TABLE player (
    player_id INTEGER PRIMARY KEY,
    gsis_id TEXT,
    first_name TEXT,
    last_name TEXT,
    position TEXT,
    last_changed_date DATE
);
sqlite> .exit
```

Codespace에서 API 실행하기

Apache Airflow 파이프라인이 정상적으로 동작하려면, 업데이트 정보를 가져올 수 있도록 SWC API가 실행되고 있어야 한다. 259쪽의 '로컬에서 SWC API 실행하기' 절을 참고해 별도 터미널 창에서 API를 실행하고, 브라우저 주소창에 나타나는 기본 URL을 복사해 둔다. 이 URL은 다음 단계의 Airflow 연결 설정에서 사용된다.

Airflow 연결 설정

Airflow의 연결connections 기능을 활용하면, 데이터 소스 정보를 코드에 직접 하드코딩하지 않고도 서버에 안전하게 저장하고 관리할 수 있다. 이는 개발, 테스트, 운영 등 환경별로 독립적으로 파이프라인을 관리하는 데 매우 유용하다. 이 예제에서는 API와 분석용 데이터베이스 각각에 대한 연결을 등록한다.

Airflow UI에서 **Admin > Connections** 메뉴로 이동한다. 왼쪽 **+** 버튼(Add a new record)을 눌러 새 연결을 추가한다. 그리고 다음과 같이 각각 등록한다.

- Connection ID: `analytics_database`
- Connection Type: `Sqlite`
- Description: 분석 데이터를 저장하는 로컬 데이터베이스
- Schema: `/opt/airflow/dags/analytics_database.db`

나머지 항목은 비워 둔 채로 저장한다.

다음으로 API 연결을 추가한다.

- Connection ID: `sportsworldcentral_url`
- Connection Type: `HTTP`
- Description: SportsWorldCentral API 호출을 위한 URL
- Host: Codespace에서 실행 중인 API의 URL을 입력

나머지 항목은 비워둔 채로 저장한다. 설정이 완료되면 그림 10-6과 같이 2개의 연결이 목록에 나타난다.

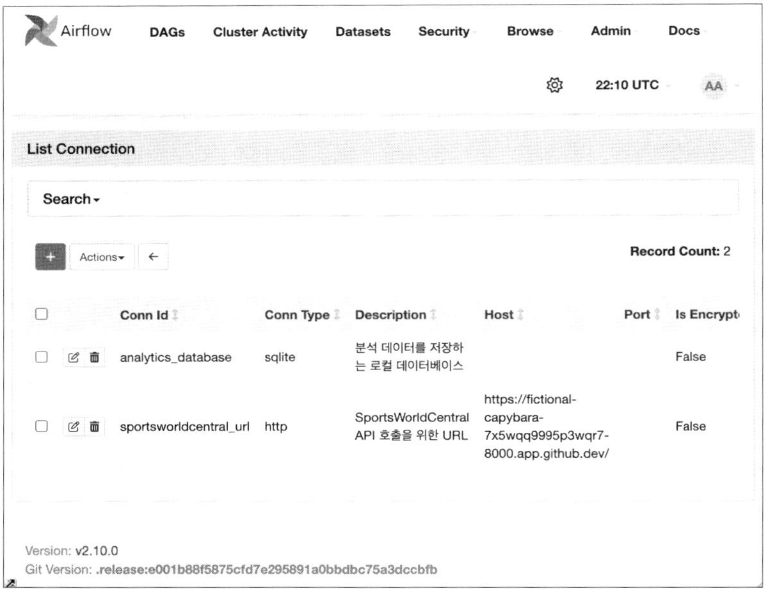

그림 10-6 구성된 Airflow 연결

첫 번째 DAG 만들기

그림 10-7은 2개의 DAG를 사용해 Airflow로 파이프라인을 구현한 것을 보여 준다. bulk_player_file_load.py DAG는 1부에서 제공한 대용량 파일로부터 분석용 데이터베이스로의 초기 적재[load]를 수행한다. 해당 파일은 저장소의 chapter10/complete 폴더에서 사용할 수 있지만, 10장에서는 공간 제약으로 인해 자세히 설명하지 않는다.

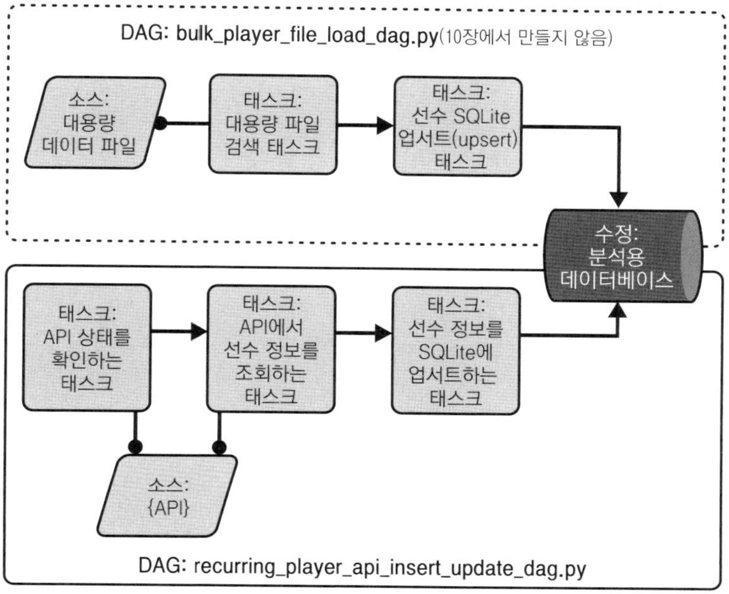

그림 10-7 데이터 파이프라인의 Airflow 구성 요소

API 데이터를 사용하는 DAG인 recurring_player_api_insert_update_dag.py를 만든다. 이 DAG는 SWC API를 사용해 데이터베이스의 증분 업데이트를 수행한다. dags 디렉터리로 이동해 recurring_player_api_insert_update_dag.py 파일을 만든다.

```
.../airflow (main) $ cd dags
.../dags (main) $ touch recurring_player_api_insert_update_dag.py
```

다음 내용을 recurring_player_api_insert_update_dag.py 파일에 추가한다.

```
import datetime
import logging
from airflow.decorators import dag  ❶
from airflow.providers.http.operators.http import HttpOperator  ❷
from airflow.operators.python import PythonOperator
from shared_functions import upsert_player_data  ❸

def health_check_response(response):  ❹
    logging.info(f"Respcnse status code: {response.status_code}")
```

```
    logging.info(f"Response body: {response.text}")
    return response.status_code == 200 and response.json() == {
        "message": "API 상태 확인 성공"
}

def insert_update_player_data(**context): ❺

    player_json = context["ti"].xcom_pull(task_ids="api_player_query") ❻

    if player_json:
        upsert_player_data(player_json) ❼
    else:
        logging.warning("선수 데이터를 찾지 못했습니다.")

@dag(schedule_interval=None) ❽
def recurring_player_api_insert_update_dag():

    api_health_check_task = HttpOperator( ❾
        task_id="check_api_health_check_endpoint",
        http_conn_id="sportsworldcentral_url",
        endpoint="/",
        method="GET",
        headers={"Content-Type": "application/json"},
        response_check=health_check_response,
    )

    temp_min_last_change_date = "2024-04-01" ❿

    api_player_query_task = HttpOperator( ⓫
        task_id="api_player_query",
        http_conn_id="sportsworldcentral_url",
        endpoint=(
            f"/v0/players/?skip=0&limit=100000&minimum_last_changed_date="
            f"{temp_min_last_change_date}"
        ),
        method="GET",
        headers={"Content-Type": "application/json"},
    )

    player_sqlite_upsert_task = PythonOperator( ⓬
        task_id="player_sqlite_upsert",
```

```
        python_callable=insert_update_player_data,
        provide_context=True,
)

    # 태스크 실행 순서 지정
    api_health_check_task >> api_player_query_task >> player_sqlite_upsert_task  ⓭

# DAG 인스턴스화
dag_instance = recurring_player_api_insert_update_dag()  ⓮
```

❶ @dag 데코레이터로 DAG를 선언하기 위해 dag를 임포트한다.

❷ Airflow의 내장 오퍼레이터를 활용해 태스크를 정의하기 위해 HttpOperator, PythonOperator를 임포트한다.

❸ 두 DAG가 공유하는 함수로 파이썬 파일을 분리한다.

❹ api_health_check_task의 응답을 검증하는 코드. 이는 첫 번째 태스크로, 다른 태스크로 진행하기 전에 API 상태를 확인한다.

❺ 태스크에서 호출할 함수를 정의한다.

❻ XCom을 사용해 두 번째 태스크의 데이터를 가져온다.

❼ 데이터를 별도 파일에 정의된 upsert_player_data 함수에 전달한다.

❽ @dag 데코레이터를 사용해 DAG를 정의하는 메인 함수. 태스크는 이 메서드 내에서 정의된다.

❾ HttpOperator 템플릿을 사용하는 첫 번째 태스크. API의 상태 확인 엔드포인트를 호출하고 response_check 메서드를 추가해 응답을 확인한다.

❿ 데이터가 마지막으로 변경된 시점의 최소 기준일을 의미하는 최소 최종 변경일(minimum last changed date)이 이 예제에서는 하드코딩돼 있다. 운영 환경에서는 Airflow 템플릿 변수[7]를 사용해 전날 업데이트된 데이터를 가져올 수 있다.

⓫ HttpOperator를 사용하는 두 번째 태스크로, players 엔드포인트를 호출해 반환되는 레코드를 쿼리 매개 변수로 제한한다.

⓬ PythonOperator를 사용하는 세 번째 태스크로, insert_update_player_data 함수를 호출한다.

⓭ 비트 시프트(bitshift) 연산자 >>를 사용해 태스크 간 의존성을 설정한다.

⓮ @dag 데코레이터로 정의한 DAG를 인스턴스화한다.

이 코드를 그림 10-7과 비교해 보자. DAG 파일의 핵심은 파일 아랫 부분에 있다. @dag 데코레이터는 메인 DAG 래퍼wrapper를 정의한다. DAG 내부에는 API 연결을 위한 2개의 HttpOperator 태스크와 SQLite 데이터베이스 연결을 위한 하나의 PythonOperator 태스크가 있다. api_health_check_task >> api_player_query_task >> player_sqlite_upsert_task 문장은 오른쪽 시프트right-shift 연산자 >>를 사용해 태스크 간 의존성을 설

7 https://airflow.apache.org/docs/apache-airflow/stable/templates-ref.html

정한다. 이러한 태스크는 매우 간단한 순차적 종속성을 갖지만, Airflow는 태스크 간에 매우 복잡한 종속성을 구현할 수 있다. 이 기능에 대한 자세한 정보는 Astronomer의 'Airflow에서 태스크 및 태스크 그룹 종속성 관리하기Manage task and task group dependencies in Airflow'[8]를 참고한다.

공유 함수 만들기

두 DAG의 소스는 다르지만, 둘 다 분석용 데이터베이스에 삽입insert과 갱신update 연산인 업서트upsert 연산을 수행한다. 즉, 소스 레코드가 데이터베이스에 이미 존재하면 해당 레코드를 갱신하고, 없으면 새로 삽입한다. 이 작업은 여러 DAG에서 공통적으로 필요하므로 별도의 파이썬 파일에 함수로 구현해 관리한다.

다음과 같이 shared_functions.py 파일을 만든다.

```
.../dags (main) $ touch shared_functions.py
```

다음 내용을 shared_functions.py 파일에 추가한다.

```
import logging
import json
from airflow.hooks.base import BaseHook

def upsert_player_data(player_json):
    import sqlite3  ❶
    import pandas as pd

    # Airflow UI에서 정의한 데이터베이스 연결 정보 가져오기
    database_conn_id = 'analytics_database'
    connection = BaseHook.get_connection(database_conn_id)  ❷

    sqlite_db_path = connection.schema

    if player_json:
```

8 https://www.astronomer.io/docs/learn/managing-dependencies/

```
        player_data = json.loads(player_json)

        # SQLite 연결은 콘텍스트 매니저로 관리한다
        with sqlite3.connect(sqlite_db_path) as conn:
            cursor = conn.cursor()  ❸

            # 각 선수 성적을 'player' 테이블에 삽입 또는 갱신
            for player in player_data:
                try:
                    cursor.execute("""  ❹
                        INSERT INTO player (
                            player_id,
                            gsis_id,
                            first_name,
                            last_name,
                            position,
                            last_changed_date
                        )
                        VALUES (?, ?, ?, ?, ?, ?)
                        ON CONFLICT(player_id) DO UPDATE  ❺
                        SET
                            gsis_id = excluded.gsis_id,
                            first_name = excluded.first_name,
                            last_name = excluded.last_name,
                            position = excluded.position,
                            last_changed_date = excluded.last_changed_date
                    """, (
                        player['player_id'],
                        player['gsis_id'],
                        player['first_name'],
                        player['last_name'],
                        player['position'],
                        player['last_changed_date']
                ))
                except Exception as e:
                    logging.error(
                        f"Failed to insert player {player['player_id']}: {e}")
                    raise

    else:
        logging.warning("선수 데이터를 찾을 수 없습니다.")
        raise ValueError(
          "선수 데이터를 찾을 수 없습니다. 데이터 누락으로 태스크가 실패했습니다.")
```

❶ `sqlite3`와 `pandas`는 Airflow DAG 파싱 특성상 함수 내부에 임포트된다. Airflow가 DAG 코드를 자주 파싱하며, 파일 첫 부분에서 임포트된 라이브러리들을 다시 로드하기 때문이다.
❷ Airflow 훅(hook)을 통해 UI에서 등록한 연결 정보를 안전하게 불러온다.
❸ 데이터베이스 커서를 사용해 분석용 데이터베이스에 SQL 쿼리를 실행한다.
❹ 매개 변수화된 SQL 쿼리(parameterized SQL query)를 실행하기 위해 데이터베이스 커서를 사용한다.
❺ 이 SQL 문은 업서트 기능을 제공한다. 즉, 레코드가 이미 존재하면 업데이트하고, 존재하지 않으면 삽입한다.

이 함수는 API로부터 데이터를 매개 변수로 받아와, Airflow UI에서 정의한 연결을 사용해 SQLite 데이터베이스에 데이터를 적재한다. 쿼리는 `VALUES (?, ?, ?, ?, ?, ?)`와 같이 매개 변수화된 SQL 쿼리를 사용하며, 이는 악의적인 행위자가 데이터 입력이 예상되는 원본 데이터 필드에 코드를 삽입해 발생할 수 있는 SQL 인젝션 공격으로부터 보호하기 위한 중요한 조치다.

DAG 실행하기

DAG를 실행하기 전에 API가 정상적으로 작동 중인지 반드시 확인한다. 이후 Airflow UI로 돌아가면 그림 10-8처럼 작성한 DAG가 목록에 표시된다. UI의 기능은 10장에서 모두 다루기에는 내용이 너무 방대하므로 UI Overview 페이지[9]를 참고한다.

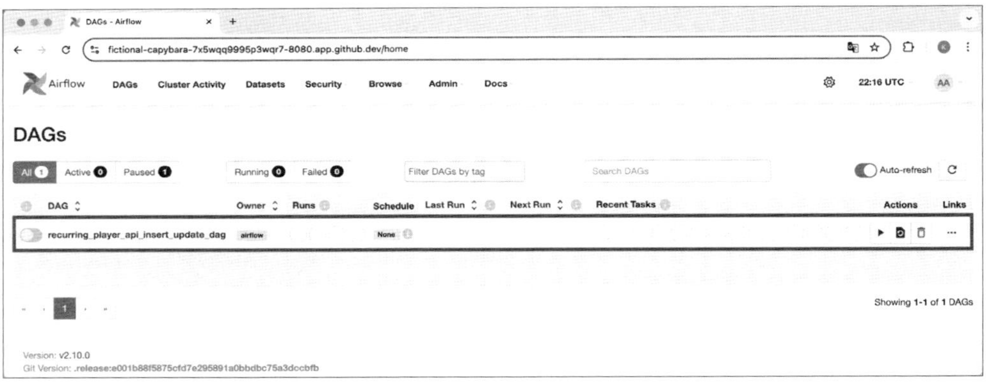

그림 10-8 Airflow 홈페이지에 나열된 DAG

9 https://airflow.apache.org/docs/apache-airflow/stable/ui.html

recurring_player_api_insert_update_dag를 클릭한 다음, Graph를 클릭한다. 그러면 그림 10-9와 같이 코드에 할당한 task_id 이름이 있는 Airflow 태스크들의 순서를 볼 수 있다.

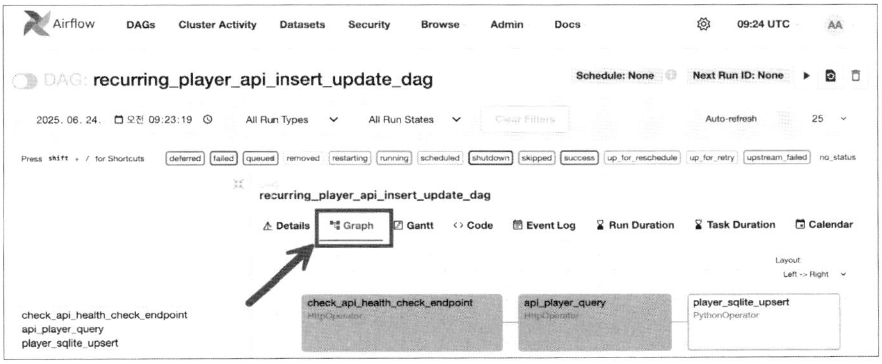

그림 10-9 첫 번째 DAG의 그래프

DAG의 삼각형 아이콘인 Trigger DAG 버튼을 클릭한다(그림 10-10 참조). 코드와 연결이 모두 올바르게 구성됐다면 DAG의 각 태스크는 1분 이내에 녹색 상자로 완료된다. check_api_health_check_endpoint라고 표시된 첫 번째 상자를 클릭한다(그림 10-10 참조). 오류가 발생하면 오류가 있는 태스크를 클릭하고, Logs를 클릭해 문제를 진단한다.

그림 10-10 성공적인 DAG 실행

분석용 데이터베이스가 성공적으로 업서트됐는지 확인하려면 터미널로 돌아가 SQLite로 데이터베이스를 연다. 그리고 Player 테이블을 쿼리해 테이블에 1,018개의 선수 성적이 존재하는지 확인한다. 이들은 API에서 검색된 성적이다.

```
.../dags (main) $ sqlite3 analytics_database.db
SQLite version 3.45.3 2024-04-15 13:34:05
Enter ".help" for usage hints.
sqlite> select count(*) from player;
1018
```

이로써 API 데이터를 활용해 데이터베이스를 최신 상태로 유지하는 데이터 파이프라인을 성공적으로 구축했다.

포트폴리오 프로젝트 확장하기

10장에서 익힌 내용을 바탕으로 포트폴리오 프로젝트를 다음과 같은 방향으로 확장해 볼 수 있다.

- recurring_player_api_insert_update_dag.py를 업데이트하고, Airflow의 스케줄링 변수[10]를 사용해 최소 최종 변경 날짜를 동적으로 전달해 본다.
- bulk_player_file_load_dag.py DAG는 chapter10/complete 디렉터리에 있다. 이 DAG에 필요한 Airflow HTTP 연결을 생성하고 동작하도록 설정한다.
- 다른 모든 API 엔드포인트를 처리하는 DAG를 추가로 구현해 본다.

요약

10장에서는 API를 호출해 분석 제품용 최신 데이터를 유지하는 데이터 파이프라인을 생성하는 방법을 알아봤다. Apache Airflow를 설치하고 구성했으며, API에서 데이터베이스를 업데이트하기 위해 여러 태스크로 구성된 DAG를 만들었다.

11장에서는 API 데이터를 사용해 Streamlit 데이터 애플리케이션을 만들어 본다.

10 https://airflow.apache.org/docs/apache-airflow/stable/templates-ref.html

11장

Streamlit 데이터 애플리케이션에서 API 사용하기

오늘 만든 간단한 애플리케이션이 석 달 뒤 완성된 복잡한 애플리케이션보다 낫다.

— 티아고 테이세이라Thiago Teixeira, Streamlit 공동 창립자

데이터 사이언스 기술을 다른 사람에게 선보이고 싶을 때, 웹 애플리케이션 형태로 모델, 그래프, 차트, 스프레드시트 등을 보여 주는 데이터 애플리케이션만큼 강력한 도구는 없다. 채용 담당자나 잠재 고객에게 여러분이 직접 만든 데이터 애플리케이션 링크를 보내는 것은 그들의 주목을 끌 수 있는 확실한 방법이다.

11장에서는 Streamlit이라는 오픈 소스 파이썬 라이브러리를 사용해 다채롭고 상호 작용 가능한 웹 애플리케이션을 만든다. Streamlit은 웹 인터페이스의 복잡한 요소를 자동으로 처리해 주기 때문에 pandas 데이터프레임, 데이터 파일, API 등 데이터 백엔드 코드에만 집중하면 된다. 완성된 애플리케이션은 Streamlit 커뮤니티 클라우드에서 제한적으로 무료 배포할 수 있으며, 유료 웹 호스팅 서비스에 배포하는 것도 가능하다.

대화형 시각화로 사용자 참여 유도하기

분석 결과물을 전달하는 방식은 일반적으로 두 가지다. 표 형식 보고서tabular report는 데이터를 스프레드시트 형식으로 보여 주며, 세부 정보를 확인할 수 있도록 돕는다. 반면 시각화visualization는 데이터를 차트, 그래프, 지도 등으로 시각적으로 표현해, 데이터에 맥

락과 생명력을 불어넣는다. 시각화는 스프레드시트에서 드러나기 어려운 인사이트를 명확하게 전달할 수 있는 장점이 있다.

Streamlit은 이 두 방식을 모두 지원하며, 특히 슬라이더slider, 선택 상자select box 같은 내장 위젯을 통해 사용자가 데이터를 실시간으로 필터링하고 조작할 수 있다.

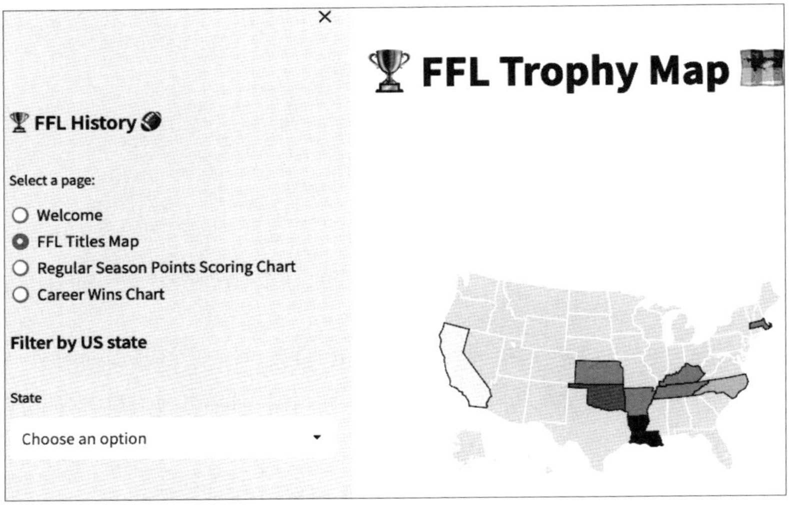

그림 11-1 판타지 리그 데이터 애플리케이션

Streamlit은 데이터 사이언티스트에게는 정확한 데이터를 제공하는 데 집중할 수 있도록 해주고, 애플리케이션 외형은 Streamlit 컴포넌트가 알아서 멋지게 만들어 준다. Streamlit은 간단한 기본값을 통해 빠른 시작을 유도하는 전진 진행 설계 원칙forward progress[1]을 따른다.

11장에서 사용하는 소프트웨어

11장은 앞에서 다룬 도구, 특히 pandas를 주로 사용하며, 표 11-1과 같이 새로운 도구들도 함께 사용한다.

1 https://blog.streamlit.io/just-build-it-streamlit-opinionated-framework/#intentional-design

표 11-1 11장에서 사용하는 새로운 도구 및 서비스

소프트웨어 이름	목적
Nfl_data_py	NFL 데이터 분석용 라이브러리
Streamlit	웹 기반 분석 애플리케이션 프레임워크

nfl_data_py

분석을 더 풍부하고 맥락 있게 만들기 위해 다양한 소스의 데이터를 결합하는 경우가 많다. NFL 관련 데이터는 nflverse[2]라는 오픈 소스 프로젝트에서 제공하는 방대한 데이터셋과 라이브러리를 활용할 수 있다. 이 데이터를 파이썬에서 다루기 위한 라이브러리가 바로 nfl_data_py[3]이며, 11장에서는 최신 버전을 사용한다.

Streamlit

Streamlit은 `pip3`를 사용해 다운로드할 수 있는 오픈 소스 파이썬 라이브러리다. 이 라이브러리를 포함하면 하나의 파이썬 파일이 `streamlit run your_script.py` 명령을 사용해 애플리케이션을 만들 수 있다. 이 라이브러리의 사용법은 시작 가이드[4]를 참고한다.

Streamlit 및 nfl_data_py 설치하기

11장에서 사용하는 라이브러리를 설치하기 위해 chapter11/requirements.txt 파일을 만든다.

```
.../analytics-project (main) $ cd chapter11
.../chapter11 (main) $ touch requirements.txt
```

chapter11/requirements.txt 파일에 다음 내용을 추가한다.

2 https://github.com/nflverse

3 https://github.com/nflverse/nfl_data_py

4 https://docs.streamlit.io/get-started

```
streamlit>=1.38.0
httpx>=0.27.0
nfl_data_py
matplotlib
backoff>=2.2.1
```

다음 명령어를 실행해 Codespace에서 새 라이브러리를 설치한다.

```
.../chapter11 (main) $ pip3 install -r requirements.txt
```

이 라이브러리들이 성공적으로 설치됐다는 메시지를 확인한다.

Codespace에서 API 실행하기

그림 11-2는 11장에서 만드는 프로젝트의 상위 수준 아키텍처를 보여 준다.

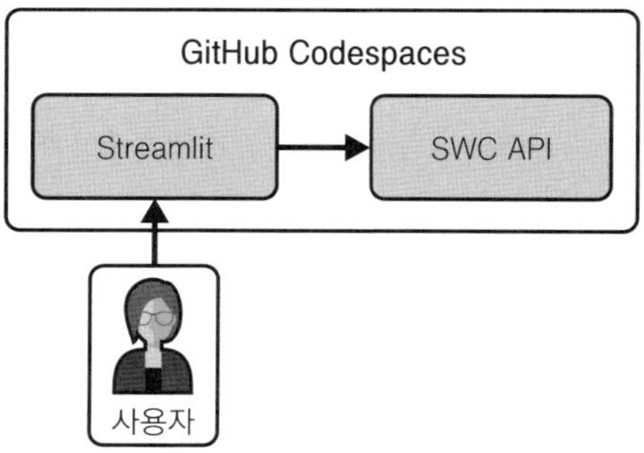

그림 11-2 Streamlit 프로젝트의 아키텍처

API 데이터에 접근하려면 터미널에서 API v0.2를 실행해야 한다. API 실행 방법은 259쪽의 '로컬에서 SWC API 실행하기' 절을 참고한다. API가 실행 중이면 브라우저 주소 표시줄에서 API의 URL을 복사해 11장에서 기본 URL로 사용한다.

> 터미널에서 실행 중인 API나 Streamlit 애플리케이션을 중지하려면 **Ctrl+C**를 누른다.

9장 API 클라이언트 재사용하기

9장에서 API 호출을 수행하기 위해 로깅, 오류 처리, 백오프-재시도 기능을 추가하면서 독립적으로 실행할 수 있는 파이썬 클라이언트 파일을 만들었다. 이 파일을 Streamlit 애플리케이션에서 재사용한다. Streamlit 애플리케이션 외부에 API 클라이언트를 유지하면 재사용성을 확보할 수 있다.

chapter9/notebooks 디렉터리(또는 9장을 아직 완료하지 않았다면 chapter9/complete/notebooks 디렉터리)에서 클라이언트 파일을 chapter11/streamlit 디렉터리로 복사한다.

```
.../chapter11 (main) $ mkdir streamlit
.../chapter11 (main) $ cp ../chapter9/notebooks/swc_simple_client.py streamlit
```

Streamlit 애플리케이션 만들기

Streamlit 애플리케이션에는 Streamlit이 가장 먼저 로드하는 파일인 진입점 파일 entrypoint file이 있어야 한다. 이 애플리케이션에서는 진입점 파일을 사용해 초기 구성을 설정하고 페이지를 탐색한다. 애플리케이션에는 작업을 수행하는 개별 페이지 파일도 있어야 한다. API가 터미널 창에서 실행 중이므로 다른 터미널 창을 열고 다음 명령어를 실행한다.

```
.../chapter11 (main) $ mkdir streamlit
.../chapter11 (main) $ cd streamlit
.../streamlit (main) $ touch streamlit_football_app.py
.../streamlit (main) $ touch page1.py
.../streamlit (main) $ touch page2.py
```

진입점 파일 업데이트

Streamlit 애플리케이션의 진입점 파일에는 반드시 포함돼야 할 몇 가지 핵심 요소가 있다. 첫 번째는 `st.session_state`로, 이는 애플리케이션의 여러 페이지 간 정보를 공유할 수 있게 해주는 메커니즘이다. 두 번째는 `st.navigation`으로, 이 기능을 활용하면 공유 내비게이션 바를 통해 다중 페이지 애플리케이션을 손쉽게 만들 수 있다.

다음 코드를 streamlit_football_app.py 파일에 추가한다. 이때 `[insert your API base URL]` 부분은 반드시 로컬에서 실행 중인 API의 실제 URL로 바꿔야 한다.

```
import streamlit as st
import logging
import pandas as pd

if 'base_url' not in st.session_state:
    st.session_state['base_url'] = "실행 중인 API 주소"  ❶

logging.basicConfig(  ❷
    filename='football_app.log',
    level=logging.INFO,
)

st.set_page_config(page_title="Football App",
                   page_icon=":material/sports_football:")  ❸

page_1 = st.Page("page1.py", title="팀 선수 명단", icon=":material/trophy:")  ❹

page_2 = st.Page("page2.py", title="팀 통계", icon=":material/star_border:")

pg = st.navigation([page_1, page_2])  ❺
pg.run()  ❻
```

❶ `[실행 중인 API 주소]` 부분을 로컬에서 실행 중인 API의 실제 URL을 입력한다.
❷ `logging.basicConfig()`로 애플리케이션의 로깅 설정을 구성한다. `INFO` 수준 이상의 모든 로그는 football_app.log 파일에 저장된다.
❸ `st.set_page_config()`를 통해 브라우저 탭의 제목과 아이콘 등 전체 애플리케이션의 설정을 지정한다.
❹ 각 하위 페이지(`Team Rosters`, `Team Stats`)의 제목과 아이콘을 지정한다.
❺ 내비게이션 바에 하위 페이지를 순서대로 배치한다.
❻ 마지막으로, 등록한 페이지 중 현재 페이지를 실행한다.

Streamlit 애플리케이션 실행하기

애플리케이션을 실행하려면 터미널에서 다음 명령어를 실행한다.

```
.../streamlit (main) $ streamlit run streamlit_football_app.py
```

애플리케이션 실행 후 **브라우저에서 열기**를 클릭하면 브라우저에 애플리케이션이 표시된다(그림 11-3 참조).

그림 11-3 Streamlit 애플리케이션 실행하기

'Source code changed(소스 코드가 변경됐습니다)' 메시지가 뜨면 'Always rerun(항상 다시 실행)'을 선택한다. 그러면 코드가 수정될 때마다 즉시 결과가 반영돼 효율적인 개발이 가능하다.

애플리케이션이 실행되면 그림 11-4와 같이 내비게이션 바가 포함된 빈 애플리케이션 화면이 표시된다. 오른쪽 위 세로 점(⋮) 메뉴에서 Settings설정에 들어가 Run on save저장 시 실행 기능을 활성화하면, 코드가 저장될 때마다 애플리케이션이 자동으로 새로고침된다.

그림 11-4 데이터 애플리케이션 초기 빈 화면

VS Code를 사용하는 경우, Simple Browser 기능을 활용해 코드 창 옆에 애플리케이션을 띄워 두고 바로바로 결과를 확인할 수 있다. **Ctrl+Shift+P**를 눌러 Command Palette를 열고, `Simple Browser: Show`를 입력한 뒤, 애플리케이션의 주소(예: app.github.dev로 끝나는 주소)를 입력하면 된다.

팀 선수 명단 페이지 만들기

팀 선수 명단 하위 페이지는 애플리케이션이 실행되면 가장 먼저 표시된다. 이 페이지에서는 SWC API를 호출해 팀 및 선수 명단 데이터를 받아오고, pandas 라이브러리로 데이터를 가공한 뒤, 표 형태로 화면에 표시한다. pandas를 활용하면 데이터를 효과적으로 변환, 필터링, 정렬할 수 있다.

다음 내용을 page1.py에 추가한다.

```
import streamlit as st
import swc_simple_client as swc
import pandas as pd
import logging

logger = logging.getLogger(__name__)  ❶

st.header("SportsWorldCentral 데이터 앱")  ❷
st.subheader("팀 선수 명단 페이지")

base_url = st.session_state['base_url']  ❸

try:  ❹
    team_api_response = swc.call_api_endpoint(base_url, swc.LIST_TEAMS_ENDPOINT)  ❺

    if team_api_response.status_code == 200:  ❻

        team_data = team_api_response.json()  ❼

        teams_df = pd.DataFrame.from_dict(team_data)  ❽

        unique_leagues = teams_df['league_id'].unique()  ❾
        unique_leagues = sorted(unique_leagues.astype(str))

        if 'unique_leagues' not in st.session_state:  ❿
            st.session_state['unique_leagues'] = unique_leagues
```

❶ 진입점 파일에서 구성된 로깅 파일에 대한 참조를 만든다.
❷ 페이지 제목들이 페이지 상단에 출력된다.
❸ 세션 상태(session state)에서 `base_url` 변수를 검색한다.

❹ 페이지의 모든 코드는 try...except 구조로 래핑된다. 처리되지 않은 예외가 발생하면 오류를 로깅하고 화면에 오류 메시지를 출력한다.

❺ swc_simple_client.py를 사용해 API를 호출하고 httpx.response를 변수에 저장한다.

❻ status_code 값 200은 API 호출이 성공했음을 나타낸다. 이후 페이지를 채우는 작업을 진행한다.

❼ API의 JSON 데이터를 파이썬 데이터 표현으로 변환한다. .json()은 JSON 데이터를 반환하지 않기 때문에 다소 혼란스러울 수 있다. 이를 'JSON에서 변환하는' 메서드로 이해하는 것이 도움이 될 수 있다.

❽ from_dict 메서드를 사용해 pandas DataFrame으로 변환한다. pandas DataFrame은 데이터를 조작하기 편리한 데이터 구조다.

❾ 이 두 줄은 고유한 league_id 리스트를 가져와 문자열로 변환하고 정렬한다.

❿ 애플리케이션의 모든 페이지에서 사용할 수 있도록 고유한 리그 리스트를 session_state 객체에 저장한다.

이 페이지에는 리그 ID 선택Pick league ID이라는 제목의 선택 상자select box가 있는 내비게이션 바가 있다. 사용자가 선수 명단이 있는 리그를 선택하면 팀 선수 명단 페이지는 해당 league_id 값에 해당하는 팀으로 필터링된다. 이 필터링은 DataFrame을 필터링하고 Streamlit이 표시를 업데이트하는 방식으로 이뤄진다.

나머지 코드는 내비게이션 바를 생성한 다음, pandas를 사용해 데이터의 형식을 변환하고 페이지에 표시한다. 또한 이전 코드와 일치하는 오류 처리 및 예외 처리 문을 포함한다.

다음 내용을 page1.py에 추가한다.

```
selected_league = st.sidebar.selectbox('리그 ID 선택',unique_leagues) ❶

st.sidebar.divider()
st.sidebar.subheader(":blue[Data sources]")
st.sidebar.text("SportsWorldCentral")

flat_team_df = pd.json_normalize(
team_data, 'players', ['team_id', 'team_name','league_id'])  ❷
column_order = ['league_id','team_id','team_name','position',
                'player_id', 'gsis_id', 'first_name', 'last_name']
flat_team_df_ordered = flat_team_df[column_order]

if 'flat_team_df_ordered' not in st.session_state:
    st.session_state['flat_team_df_ordered'] = flat_team_df_ordered

display_df = flat_team_df_ordered.drop(columns=['team_id','player_id'])
```

```
        display_df['league_id'] = display_df['league_id'].astype(str)
        display_df = display_df[display_df['league_id'] == selected_league]  ❸

        st.dataframe(display_df,hide_index=True)  ❹

    else:
        logger.error(f"Error encountered: {team_api_response.status_code} \
                     {team_api_response.text}")  ❺
        st.write("Error encountered while accessing data source.")

except Exception as e:
    logger.error(f"Exception encountered: {str(e)}")  ❻
    st.write(f"An unexpected error occurred.")
```

❶ 내비게이션 바에 `league_id` 값을 선택할 수 있는 선택 상자를 만든다.

❷ pandas의 `json_normalize()` 함수를 사용해 중첩된 JSON 데이터를 행과 열로 평탄화한다. 이후, 열 순서를 다르게 지정한 새로운 DataFrame 변수를 만든다.

❸ 사용자가 선택 상자에서 고른 `selected_league` 값과 일치하는 데이터만 있도록 필터링된 DataFrame을 만든다.

❹ Streamlit의 내장 `DataFrame()` 함수를 이용해, 필터링된 DataFrame을 페이지에 표로 표시한다.

❺ API 호출이 성공하지 않아 HTTP 상태 코드가 `200`이 아닐 경우, 오류 메시지를 표시한다.

❻ 페이지의 주요 처리 과정에서 문제가 발생할 때 실행되는 일반적인 예외 처리 블록이다.

이 페이지의 코드를 다시 실행하면, 그림 11-5와 같이 팀 선수 명단 페이지의 결과 화면이 표시되는 것을 확인할 수 있다.

그림 11-5 팀 선수 명단 페이지

팀 통계 페이지 만들기

팀 통계Team Stats 페이지는 사용자가 내비게이션 바에서 팀 통계를 선택하면 표시된다. 이 페이지는 SWC API를 새로 호출하지 않고, 이미 `SessionState`에 저장된 pandas DataFrame 데이터를 재활용한다.

파일의 첫 부분에서는 필요한 라이브러리를 임포트하고 로깅을 설정한다. 그다음, 사이드바에 데이터 소스를 안내하고, 사용자가 선택한 리그 ID에 해당하는 데이터만 필터링한다.

다음 내용을 page2.py에 추가한다.

```
import streamlit as st
import pandas as pd
import logging
import nfl_data_py as nfl
import matplotlib.pyplot as plt  ❶


logger = logging.getLogger(__name__)

st.header("SportsWorldCentral 데이터 앱 ")
st.subheader("팀 터치다운 통계")

try:
    flat_team_df_ordered = st.session_state['flat_team_df_ordered']  ❷

    unique_leagues = st.session_state['unique_leagues']  ❸
    selected_league = st.sidebar.selectbox('Pick league ID',unique_leagues)

    st.sidebar.divider()
    st.sidebar.subheader(":blue[Data sources]")
    st.sidebar.text("SportsWorldCentral")
    st.sidebar.text("NFLDataPy")

    flat_team_df_ordered['league_id'] = flat_team_df_ordered[
        'league_id'].astype(str)  ❹
    flat_team_df_ordered = flat_team_df_ordered[
        flat_team_df_ordered['league_id'] == selected_league]
```

❶ 이 라이브러리는 이 페이지에서 막대 그래프를 그리는 데 사용된다.
❷ 팀 선수 명단 페이지에서 세션 상태(`SessionState`)에 저장된 API 데이터(`flat_team_df_ordered`)를 불러온다.
❸ 팀 선수 명단 페이지에서 저장된 고유한 리그 리스트(`unique_leagues`)를 사용해 사이드 바에 리그 ID 선택 상자를 추가한다.
❹ 사용자가 사이드바에서 선택한 리그 ID(`league_id`)에 해당하는 데이터만 DataFrame에서 필터링한다.

SWC API에서 제공하는 데이터에만 한정할 필요는 없다. 팀 통계 페이지에서는 `GSIS_ID` 값을 기준으로 nfl_data_py 라이브러리의 데이터를 결합해 활용할 수 있다. 이를 통해 기존 API에서는 제공되지 않던 터치다운 데이터까지 포함해 막대 그래프로 시각화할 수 있다.

1부에서는 API에 `gsis_id`(NFL 공식 게임 통계 시스템의 선수 식별자)를 포함하도록 설계했다. 이는 내부 운영에는 직접적으로 필요하지 않지만, 데이터 사이언스 사용자가 외부 데이터와 결합할 수 있도록 고려한 결정이었다. 덕분에 지금처럼 `nfl_data_py` 라이브러리의 외부 데이터와 손쉽게 결합해 API에 없는 터치다운 통계까지 시각화할 수 있다.

이 페이지의 나머지 코드는 먼저 nfl_data_py 라이브러리에서 데이터를 불러와 pandas DataFrame으로 변환한다. 그다음, 필요한 4개의 열만 선택하고, 각 선수별 터치다운 합계를 나타내는 `total_tds`라는 새 열을 만든다. 이후, `merge` 명령어를 활용해 API 데이터와 nfl_data_py 데이터를 결합[join]하고, 팀별로 집계한 뒤, 그 결과를 그래프로 시각화한다.

다음 내용을 page2.py에 추가한다.

```
nfl_data_2023_df = nfl.import_seasonal_data([2023], 'REG')  ❶

columns_to_select = ['player_id', 'passing_tds', 'rushing_tds', 'receiving_tds'] ❷
nfl_data_2023_subset_df = nfl_data_2023_df[columns_to_select].copy()

nfl_data_2023_subset_df['total_tds'] = (  ❸
    nfl_data_2023_subset_df['passing_tds'] +
        nfl_data_2023_subset_df['rushing_tds'] +
    nfl_data_2023_subset_df['receiving_tds']
)
```

```
    merged_df = pd.merge(  ❹
        flat_team_df_ordered,
        nfl_data_2023_subset_df,
        how='left',
        left_on='gsis_id',
            right_on='player_id'
    )

    grouped_df = merged_df.groupby('team_name')['total_tds'].sum()  ❺
    fig, ax = plt.subplots()  ❻

    grouped_df.plot(kind="barh", xlabel='Total TDs',
                    ylabel="Team Name", title="Total TDs - 2023", ax=ax)

    st.pyplot(fig)  ❼

except Exception as e:
    st.write(f"An unexpected error occurred: {str(e)}")
```

❶ `nfl_data_py` 라이브러리의 `import_seasonal_data` 메서드를 호출해 2023년 정규 시즌 데이터를 불러온다.

❷ 필요한 열만 지정해 새로운 DataFrame을 만든다.

❸ 각 선수별로 패싱 터치다운[5](`passing_tds`), 러싱[6](`rushing_tds`), 리시빙 터치다운[7](`receiving_tds`)을 모두 더해 총 터치다운(`total_tds`) 열을 만든다.

❹ API에서 불러온 데이터와 NFL 데이터를 선수 식별자(`gsis_id`) 기준으로 병합한다.

❺ 팀 이름별로 그룹화해 팀별 터치다운 합계(`total_tds`)를 집계한다.

❻ pandas와 matplotlib을 이용해 팀별 터치다운 합계 막대 그래프를 그리고, Streamlit의 `st.pyplot()`으로 표시한다.

❼ 예외 발생 시, 사용자에게 오류 메시지를 화면에 출력한다.

팀 통계 페이지의 화면은 그림 11-6과 같다.

---

5 쿼터백(quarterback) 등 공격 선수가 던진 패스를 동료 선수가 받아 엔드존(end zone) 안으로 들어가거나 엔드존 안에서 공을 잡음으로써 획득하는 터치다운이다. 이 경우 공을 던진 선수(passer)에게 '패싱 터치다운(passing touchdown)'이 기록된다. – 옮긴이

6 공격 선수가 공을 들고 직접 달려 엔드존 안으로 들어가거나 엔드존 내에서 공을 갖고 있는 상태로 땅에 닿아 획득하는 터치다운이다. 이 경우 공을 들고 달린 선수에게 '러싱 터치다운(rushing touchdown)'이 기록된다. – 옮긴이

7 공격 선수가 던져진 패스를 받아 엔드존 안으로 들어가거나 엔드존 안에서 공을 잡음으로써 획득하는 터치다운이다. 이 경우 공을 받은 선수(receiver)에게 '리시빙 터치다운(receiving touchdown)'이 기록된다. – 옮긴이

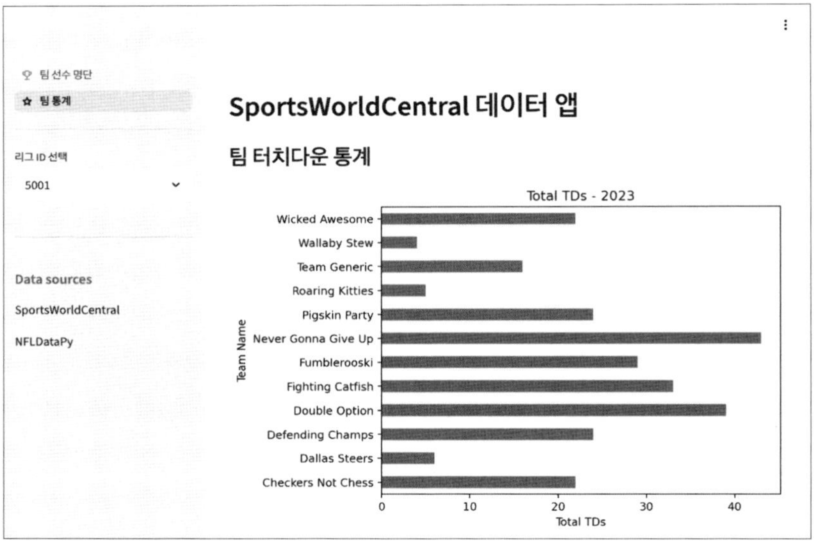

그림 11-6 팀 통계 페이지

지금까지 만든 Streamlit 애플리케이션의 구조를 tree 명령어로 확인해 보자.

```
.../streamlit (main) $ tree --prune -I 'build|*.egg-info|__pycache__'
.
├── football_app.log
├── page1.py
├── page2.py
├── streamlit_football_app.py
└── swc_simple_client.py

1 directory, 5 files
```

지금까지 Streamlit을 사용해 SWC API를 호출하고, nfl_data_py 라이브러리의 NFL 데이터와 결합한 데이터 애플리케이션을 만들었다.

Streamlit 애플리케이션 배포하기

데이터 사이언스 애플리케이션을 자랑하려면 웹에 배포해야 한다. Streamlit Community Cloud는 GitHub 저장소에서 애플리케이션을 무료로 배포할 수 있는 호스팅 옵션이다. 단점은 애플리케이션이 지속적으로 실행되지 않고, 주기적으로 비활성화되며 사용자가 다시 실행해야 한다는 점이다. Streamlit Community Cloud에 배포하려면 지침[8]을 따른다.

이 외에도 Streamlit은 다른 배포 튜토리얼[9] 링크를 제공한다. 대부분의 경우 호스팅은 유료다.

2부 프로젝트를 마무리하며

2부를 마쳤다. 이후, 1부에서 했던 것처럼 포트폴리오 프로젝트를 정리하고 공유할 준비를 한다. 장별 폴더에서 코드를 기능별 폴더로 이동한다.

변경을 적용하기 전, 파일을 별도의 GitHub 브랜치인 learning-branch에 백업한다. 이렇게 하면 코드를 계속 작업하고 싶을 때 파일을 복구할 수 있다.

명령줄에서 새 브랜치를 다음과 같이 만든다.

```
.../analytics-project/ (main) $ git checkout -b learning-branch  ❶
Switched to a new branch 'learning-branch'
.../analytics-project/ (main) $ git push -u origin learning-branch  ❷
* [new branch]   learning-branch -> learning-branch
branch 'learning-branch' set up to track 'origin/learning-branch'.
```

❶ main 브랜치를 기반으로 learning-branch라는 새 브랜치를 로컬에 만든다.

❷ GitHub.com의 원격 저장소에 푸시한다.

8 https://docs.streamlit.io/deploy/streamlit-community-cloud/deploy-your-app

9 https://docs.streamlit.io/deploy/tutorials

다음으로 디렉터리 구조를 변경한다. 다음 명령어를 입력한다.

```
.../analytics-project/ (learning-branch) $ git checkout main ❶ Switched to branch 'main'
Your branch is up to date with 'origin/main'.
.../analytics-project/ (main) $ rm -rf chapter9/complete
.../analytics-project/ (main) $ rm -rf chapter10/complete
.../analytics-project/ (main) $ rm -rf chapter11/complete
.../analytics-project/ (main) $ mv chapter9/notebooks .
.../analytics-project/ (main) $ mkdir airflow ❷
.../analytics-project/ (main) $ mv chapter10/* airflow ❸
.../analytics-project/ (main) $ mv chapter11/streamlit ❹
.../analytics-project/ (main) $ rm -rf chapter9 ❺
.../analytics-project/ (main) $ rm -rf chapter10
.../analytics-project/ (main) $ rm -rf chapter11
```

❶ Codespace를 저장소의 main 브랜치로 전환한다.
❷ 10장의 파일을 위한 새 디렉터리를 만든다.
❸ 10장의 airflow 파일들을 새 폴더로 이동한다.
❹ 11장의 streamlit 폴더를 루트 디렉터리로 이동한다.
❺ 모든 하위 디렉터리와 파일을 삭제한다.

완료된 프로젝트의 디렉터리 구조를 확인하려면 다음 명령어를 실행한다.

```
.../portfolio-project (main) $ tree -d --prune -I 'build|*.egg-info|__pycache__'
.
├── airflow
├── api
├── notebooks
└── streamlit

4 directories
```

README.md 파일을 최소한 다음 내용으로 업데이트한 후, 프로젝트에서 배운 내용과 사용자 정의 방법에 대한 여러분의 생각을 추가한다.

```
# 분석 포트폴리오 프로젝트
이 저장소에는 라이언 데이(Ryan Day)가 저술한 _『Hands-on APIs for AI and Data Science』_
책의 프로젝트를 기반으로 업계 표준 파이썬 프레임워크를 사용하는 프로그램이 있습니다.
```

이제 이 변경 사항들을 GitHub에 커밋하면, 2부 포트폴리오 프로젝트를 다른 사람들과 공유할 준비가 완료된다. 2부 최종 프로젝트를 완료한 것을 축하한다!

포트폴리오 프로젝트 확장하기

Streamlit 프로젝트를 확장할 수 있는 몇 가지 아이디어는 다음과 같다.

- 애플리케이션의 성능을 향상시키기 위해 API 호출에 Streamlit 캐싱[10]을 구현한다.
- 내장된 Streamlit 차트 요소[11]를 사용해 다양한 차트를 추가한다.

참고 자료

Streamlit의 구성 요소에 대해 더 자세히 알고 싶다면, 잘 작성돼 사용하기 쉬운 공식 문서[12]를 참고한다.

데이터 사이언스 애플리케이션에서 Streamlit을 사용하는 방법에 관해서는 타일러 리처드Tyler Richards의 『Streamlit for Data Science』(Packt Publishing, 2023)를 참고한다.

Streamlit 명령어에 대한 빠른 참조를 원한다면 Streamlit 공식 치트 시트Cheat Sheet[13]를 참고한다.

요약

11장에서는 Streamlit으로 대화형 데이터 애플리케이션을 만들었고, SWC API에서 가져온 데이터를 애플리케이션에 표시했다. 그런 다음, `nfl_data_py` 라이브러리의 NFL 데이터와 결합해 막대 그래프를 그렸다.

12장에서는 AI와 함께 API를 사용하는 방법을 알아본다.

10 https://docs.streamlit.io/develop/concepts/architecture/caching

11 https://docs.streamlit.io/develop/api-reference/charts

12 https://docs.streamlit.io/

13 https://docs.streamlit.io/develop/api-reference/charts

3부

API로 AI 활용하기

3부에서는 AI, 머신러닝, LangChain 프레임워크, 챗GPT 등 다양한 AI 기술에서 API를 활용하는 방법을 구체적으로 알아본다.

- 12장: AI와 API의 관계를 살펴보고, 세 번째 포트폴리오 프로젝트를 소개한다.
- 13장: 머신러닝 모델을 만들고 이를 API로 배포하는 방법을 실습한다.
- 14장: LangChain 및 LangGraph 프레임워크를 사용해 API를 호출하는 과정을 알아본다.
- 15장: OpenAI의 챗GPT를 활용하고 맞춤형 GPT와 사용자 정의 액션custom action 을 만들어 API 데이터와 상호 작용하는 방법을 실습한다.

12장

API로 AI 활용하기

> 더 많은 AI는 더 많은 API를 의미한다.
>
> — 프랭크 킬커민스Frank Kilcommins, Head of Enterprise Architecture

기술 분야에서는 AI와 API를 서로 별개의 전문 영역으로 다루는 경우가 많다. 하지만 두 영역은 밀접하게 연결돼 있으며, 그 관계는 점점 더 가까워지고 있다. 12장에서는 AI와 API가 어떻게 겹치는지, 개발자가 갖춰야 할 핵심 역량에는 무엇이 있는지, 그리고 AI와 호환되는 API를 어떻게 설계할 수 있는지 구체적으로 살펴본다. 이후, 3부 전체에서 활용할 포트폴리오 프로젝트의 기반을 마련한다.

AI와 API의 접점

API는 데이터베이스, 파일 등과 함께 AI 모델 학습에 필요한 중요한 데이터 소스로 활용된다. 모델 학습을 마친 후에는 REST API를 통해 해당 모델을 사용자에게 제공하는 것이 업계 표준 방식이다. 13장에서는 머신러닝 모델을 학습시키고 REST API로 배포하는 전 과정을 실습한다.

최신 클라우드 기반 AI 도구들도 고도화된 머신러닝 모델을 API 형태로 제공한다. 생성형 AI, 자연어 처리 등 다양한 AI 서비스는 대부분 클라우드 환경에 호스팅돼 API를 통해 제공된다. 14장에서는 REST API를 활용해 Anthropic의 LLM을 호출하는 방법을 알아본다.

최근 들어, LLM을 기반으로 자연어로 사용자와 상호 작용하는 생성형 AI 애플리케이션에서 API를 직접 호출하는 방식이 각광받고 있다. 대표적인 예로 검색 증강 생성RAG, Retrieval Augmented Generation이 있다. RAG 애플리케이션은 API와 같은 다양한 데이터 소스에서 정보를 불러와 사용자 프롬프트와 함께 LLM에 입력한다. 이렇게 하면 LLM이 학습 데이터에만 갇혀 학습 시점 이후의 지식을 다루지 못하는 한계를 효과적으로 극복할 수 있다.

또 다른 생성형 AI 애플리케이션 유형은 LLM이 어떤 API 엔드포인트를 사용할지 스스로 결정하는, 에이전트형 애플리케이션agentic application이다. LLM은 OAS 파일, 파이썬 코드, API 문서 등에서 엔드포인트 정보를 해석해 동적으로 의사결정을 내린다. 14장에서는 LangChain을 활용하고, 15장에서는 챗GPT를 활용해 이러한 에이전트형 AI 애플리케이션을 만들어 본다.

API 전문가의 시각: 빌 도어필드가 말하는 AI와 API의 접점

빌 도어필드(Bill Doerrfield)는 국제 API 커뮤니티인 Nordic APIs[1]의 편집장으로, 10년 넘게 API 생태계를 취재해 온 전문가다. 그가 바라본 최근 AI와 API의 관계, 그리고 앞으로의 변화는 다음과 같다.

최근 몇 년간 AI는 API 분야에 어떤 영향을 미쳤는가?

AI와 API의 발전은 본질적으로 서로 맞물려 있다. 이는 챗GPT나 LLM 시대 이전부터 존재했던 현상이다. 이미 이미지 인식, 객체 분류, 자연어 처리, 음성-텍스트 변환(speech-to-text), 텍스트-음성 변환(text-to-speech), 챗봇 프레임워크 등 다양한 서비스형 소프트웨어(SaaS, Software-as-a-Service) 제품에서 API가 AI의 동력으로 활용돼 왔다. 하지만 최근 들어 API가 새로운 AI 서비스의 표준 인터페이스로 자리 잡으면서 API 자체에 대한 관심도 더욱 커지고 있다.

앞으로 AI와 API의 교차점에서는 어떤 변화가 예상되는가?

AI 에이전트(AI agent)가 점차 API를 더 인식하고 활용하게 될 것이며, 앞으로 복잡한 사용자 워크플로(user-facing workflow)의 이면에서 API가 데이터와 기능을 연결하는 핵심 역할을 하게 될 것이다. 다음 단계는 AI 에이전트가 단순히 데이터를 읽거나 POST 요청을 보내는 것에서 나아가, 일반적으로 수익화되고 사용자 대신 거래를 수행하는 독점 데이터 및 기능에 접근할 수 있는 권한을 부여받도록 진화하는 것이다.

1 https://nordicapis.com

AI 시대를 맞아 API 개발자와 설계자는 어떤 역량을 갖춰야 하는가?

API 개발자와 설계자는 공개된 모든 API가 언젠가 AI의 호출 대상이 될 수 있음을 전제로 개발해야 한다. RAG 기반 AI 에이전트는 API가 없어도, 화면 스크래핑(screen scraping)[2]을 사용하는 로봇 프로세스 자동화(RPA, Robotic Process Automation)와 같은 방식으로 API를 사용하지 않을 수도 있다. 따라서 LLM이 API 문서를 탐색하고 이해할 수 있도록, API를 좀 더 명확히 정의하고 접근성을 높여야 한다. 그렇지 않으면 개발자들은 다른 비공식적 수단을 활용하게 될 것이다.

개발자들은 OAS, 그리고 Arazzo 사양(Arazzo Specification)과 같은 최신 동향에도 꾸준히 관심을 가져야 하며, AI를 통해 API 사용자 경험을 개선하는 방법도 적극적으로 고민해야 한다. 또한 API 설계자는 실제 개발자들이 작업하는 환경(예: IDE나 AI 어시스턴트)에서 API 서비스가 자연스럽게 활용될 수 있도록 설계해야 한다.

생성형 AI와 LLM이 사용할 API 설계하기

그렇다면 빌 도어필드가 권장하는 것처럼 생성형 AI 애플리케이션이 API를 활용할 수 있게 하려면 어떻게 설계해야 할까? 이 분야는 매우 빠르게 변화하고 있지만, LangChain(14장)과 챗GPT(15장)에 공통적으로 적용할 수 있는 주요 설계 팁은 다음과 같다.

첫째, 추가적인 안전장치 없이 에이전트형 생성형 AI 애플리케이션agentic generative AI application과 API 또는 엔드포인트를 사용하는 것이 적절한지 신중히 고려해야 한다. LLM 제공업체는 '고위험 상황에서 LLM을 단독으로 사용해서는 안 된다'(Anthropic Claude 3)거나 '때때로 부정확한 정보를 제공할 수 있다'(Google NotebookLM)와 같은 경고를 제공한다. 챗GPT 문서 역시 '중요한 정보를 확인하라'고 사용자에게 권고한다.

연구자와 머신러닝 엔지니어들은 LLM이 API를 호출하거나 비즈니스 작업을 수행할 때의 위험을 완화하기 위해 다양한 방식을 모색하고 있다. 예를 들어, LLM이 권장한 작업을 실제로 실행하기 전에 사람의 승인을 받게 하거나, 여러 AI 에이전트가 서로의 작업을 검토하게 하거나, 입력 및 출력 데이터를 필터링 및 검토하거나, 시스템 작동 로그를 별도로 점검하는 방법 등이 있다. 이때 기존 소프트웨어와 마찬가지로, LLM이 API를 사용할 때에도 'API 관리 및 보안의 기본 원칙'을 반드시 준수해야 한다. 그중 핵심은 LLM을 포함하는 시스템에 과도한 권한을 부여하지 않고, 꼭 필요한 권한만 제한적으로 허용하는 것이다.

2 컴퓨터 화면이나 웹페이지 등 사람이 볼 수 있는 형태의 출력 화면에서 데이터를 추출하는 기술을 말한다. – 옮긴이

적절한 API의 경우, 내 경험과 Blobr의 'Is Your API AI-ready? Our Guidelines and Best Practices'[3]에 기반한 몇 가지 설계 팁을 소개한다.

결과 데이터의 크기를 제한한다.

이 점은 비용과 정확도 모두에서 중요하다. 비용 측면에서 모델 제공자는 텍스트 조각인 토큰token 처리량에 따라 요금을 청구한다. 토큰 크기는 모델마다 다르지만, 핵심은 처리 데이터가 많아질수록 비용도 증가한다는 점이다. 또한 챗GPT와 같은 모델은 API에서 반환된 매우 큰 데이터셋을 활용해 계산을 수행할 때 성능이 떨어지는 문제가 있다. 따라서 모델이 계산 작업을 수행하도록 할 경우, 결과 데이터의 크기를 제한하면 정확도도 높아진다.

이 목표를 달성하는 방법에는 여러 가지가 있다. 예를 들어, 엔터티entity와 관련된 모든 필드를 반환하는 대신, 꼭 필요한 핵심 필드만 반환하도록 한다. API가 컬렉션(예: `product.orders`) 형태의 하위 레코드를 반환한다면, 이를 결과에서 제외하고 별도의 엔드포인트에서 제공한다. 또, 매개 변수, 필터, 페이지네이션pagination 기능을 추가해 API 호출 시 반환되는 레코드를 더욱 세분화해야 한다.

API 전체에서 데이터 구조를 일관되게 유지한다.

API의 동작을 예측할 수 있다면 AI가 더 정확하게 활용할 수 있다. API 내부에서 동일한 스키마를 반복적으로 사용하고, 이를 OAS 파일에 명확히 정의하면 LLM이 반환 결과를 예측하는 데 큰 도움이 된다. 1부에서 만든 API에서도 Pydantic을 사용해 표준 스키마를 적용했고, OAS 파일에 게시했다.

SDK를 제공한다.

SDK를 제공하면 생성형 AI 애플리케이션에 맞는 일부 엔드포인트와 맞춤형 API 호출 방식을 미리 정의할 수 있다. SDK에는 API 호출 예시와 각 매개 변수에 대한 상세한 설명도 함께 포함해 LLM이 사용법을 쉽게 파악할 수 있도록 해야 한다. 14장에서는 swcpy SDK를 LangChain 및 LangGraph와 함께 사용한다.

3 https://www.blobr.io/guide-build-ai-copilot/api-ai-ready-guidelines-best-practices

OAS를 사용자 정의한다.

생성형 AI에서 OAS 파일을 읽어 적합한 API 엔드포인트를 추론하는 기능을 지원하는 경우가 있다. 이런 경우, AI 애플리케이션에 최적화된 엔드포인트와 각 엔드포인트, 매개 변수의 세부 설명을 포함하는 맞춤 OAS 파일을 제작한다. 각 엔드포인트에는 고유하고 명확한 작업 ID^operation ID^를 반드시 부여해야 한다.

요약 통계를 위한 별도의 엔드포인트를 제공한다.

사용자가 요약 정보^summary information^나 전체 개수 등을 질문하면 LLM의 동작은 예측이 어렵다. 모든 레코드를 반복적으로 조회하거나, 단순히 레코드 식별자만 조회해 개수를 추론하려 하거나, 완전히 다른 방법을 시도할 수도 있다. 하지만 집계^aggregation^ 전용 엔드포인트를 별도로 제공하면 이러한 불확실성을 줄일 수 있다.

레코드 식별자에 의존하지 않는 검색 엔드포인트를 제공한다.

LLM은 숫자보다는 언어 기반 검색에 더 익숙하다. 따라서 사용자가 자연스럽게 질문하는 정보(예: 이름, 키워드 등)로 검색할 수 있는 엔드포인트를 마련하는 것이 효과적이다.

Arazzo를 활용한 다단계 프로세스 정의

AI 에이전트는 비결정적(nondeterministic)이므로 여러 API 호출이 필요한 비즈니스 프로세스에서는 API를 올바로 사용하도록 유도하는 것이 쉽지 않다. 지금까지는 각 API 엔드포인트의 OAS 파일 또는 도구 설명에 관련 정보를 추가해 엔드포인트 간 관계를 설명해 왔다. 하지만 이를 올바르게 조합하는 일은 LLM에 달려 있다.

빌 도어필드가 언급한 최신 트렌드인 Arazzo 사양[4]은 '호출 순서와 종속성(sequences of calls and their dependencies)'을 명확히 정의함으로써 여러 API 엔드포인트를 조합해 하나의 비즈니스 목적을 달성할 수 있게 해준다. Arazzo로 관련 호출 집합을 정의하면 AI 애플리케이션에서 결정론적(deterministic) 구성 요소(building block)로 활용할 수 있어 API 사용의 신뢰성을 높일 수 있다. Arazzo는 OpenAPI와 호환돼, 현재 OAS를 활용하는 각종 도구 및 애플리케이션과도 자연스럽게 통합할 수 있다.

앞으로 AI 프레임워크에서 Arazzo에 대한 공식 지원이 어떻게 될지 지켜봐야 하며, LLM이 Arazzo를 어떻게 활용할 수 있는지 실험해 볼 수 있다.

4 https://www.openapis.org/arazzo-specification

AI의 정의

> AI란, 컴퓨터와 기계가 인간의 학습, 이해, 문제 해결, 의사결정, 창의성, 자율성 등을 모방할 수 있게 하는 기술이다.
>
> — 'What Is Artificial Intelligence(AI)?', 콜 스트라이커Cole Stryker, 에다 카블라코을루Eda Kavlakoglu, IBM Co., 2024

공식적인 정의 외에도, 오늘날 'AI'란 일반적으로 사람과 자연스럽게 대화하거나 사람처럼 복잡한 작업을 수행할 수 있는 컴퓨터 프로그램을 의미한다. AI에는 수십 년 전부터 활용된 전문가 시스템expert system도 포함되는데, 전문가 시스템은 복잡한 규칙에 따라 사람과 비슷한 작업을 수행하는 시스템이다. 최근 AI는 연구자가 직접 프로그램을 작성하기보다는 모델이 스스로 학습하도록 설계하는 머신러닝을 중심으로 발전하고 있다. 특히 LLM을 활용한 생성형 AI는 머신러닝의 대표적 응용 분야다.

그림 12-1은 이 용어들 간의 관계를 시각적으로 보여 준다.

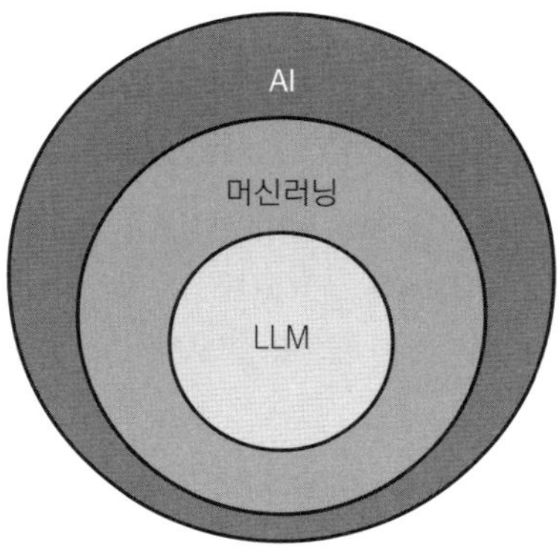

그림 12-1 AI 관련 용어들 간의 관계

생성형 AI와 LLM

머신러닝은 다양한 애플리케이션에서 사용되지만, 최근 일반 대중의 관심은 대부분 생성형 AIgenerative AI에 집중돼 있다. 텍스트 프롬프트text prompt를 기반으로 텍스트, 음악, 비디오를 생성하는 이러한 애플리케이션의 능력은 OpenAI의 챗GPT, 마이크로소프트의 Copilot, 구글의 Gemini와 같은 대표적 서비스뿐 아니라 수많은 소프트웨어 애플리케이션에 빠르게 도입되고 있다.

하지만 생성형 AI의 인상적인 성능과 편의성에도 불구하고, 여러 가지 위험과 한계가 존재한다는 점을 반드시 유념해야 한다. 일부 대표적인 모델 제공업체들은 편향bias, 환각hallucination, 오류mistake, 유해 콘텐츠와 같은 위험 요소에 대한 명확한 경고를 하고 있다. 이러한 위험들은 해당 기술을 실제로 활용하는 개발자라면 반드시 신중히 고려해야 할 중요한 부분이다. 각 모델이 지닌 위험과 한계에 대한 더 상세한 내용은 14장과 15장에서 구체적으로 설명한다.

에이전트형 AI 애플리케이션 만들기

빌 도어필드가 언급했듯이, AI 에이전트는 AI 연구 및 개발을 선도하고 있다. 에이전트는 LLM을 사용해 애플리케이션 흐름을 제어하는 소프트웨어다. LLM이 시스템을 자율적으로 제어할수록 시스템은 더 에이전트형이 된다.

LLM을 사용해 AI 에이전트를 만드는 것은 새로운 분야이며, 태스크를 수행하기 위해 하나의 에이전트만 운용하거나 여러 에이전트를 조합해 태스크를 분담 · 협업시키는 오케스트레이션orchestration[5] 도구가 다양한 오픈 소스 프레임워크로 출시됐다. 대표적인 AI 에이전트 및 LLM 기반 애플리케이션 개발 프레임워크를 표 12-1에 정리했다.

표 12-1 AI 에이전트 프레임워크

소프트웨어	지원하는 프로그래밍 언어	소프트웨어	지원하는 프로그래밍 언어
Autogen	파이썬, dotnet	LlamaIndex	파이썬, Typescript
CrewAI	파이썬	PydanticAI	파이썬
LangChain/LangGraph	파이썬	Vercel AI SDK	Typescript

5 여러 구성 요소를 조율하고 통합해 하나의 목표를 달성하도록 관리하는 것. 특히 IT 분야에서는 복잡한 시스템이나 프로세스에서 여러 서비스, 애플리케이션, 데이터 흐름 등을 효율적으로 연결하고 자동화하는 것을 지칭할 때 많이 사용된다. – 옮긴이

14장에서는 API를 호출하기 위해 LangChain과 LangGraph를 사용하는 방법을 설명한다.

AI 전문가의 시각: 사무엘 콜빈이 말하는 에이전트형 AI

사무엘 콜빈(Samuel Colvin)은 이 책 전반에서 데이터 유효성 검사와 직렬화를 위해 사용한 오픈 소스 파이썬 라이브러리 Pydantic의 창립자다. Pydantic은 데이터 유효성 검증과 직렬화에 특화돼 있으며, 주요 모델 제공업체의 SDK 및 파이썬 기반 AI 에이전트 프레임워크에 폭넓게 사용되고 있다. 다음은 콜빈과의 인터뷰를 요약한 내용이다.

앞으로 AI 개발에서 에이전트와 에이전트 프레임워크가 갖는 중요성은 무엇이라 생각하는가?

시간이 흐르면 사람들이 더 이상 AI 공급업체의 SDK를 직접 사용하는 일이 드물어질 것이라 확신한다. 그 위에서 '실제 사용자 요구를 효율적으로 해결해 주는 고수준 라이브러리'가 등장해 표준이 될 것이다. 웹 프레임워크도 개발에 제약이 있지만, 모두가 그 제약을 기꺼이 받아들이는 이유는 훨씬 효율적으로 높은 수준의 코드를 작성할 수 있기 때문이다. PydanticAI가 이러한 변화의 중심에서 큰 역할을 하길 희망한다.

PydanticAI가 AI 애플리케이션 개발에 어떤 역할을 하길 바라는가?

내 바람은, 생성형 AI를 실제 프로덕션 환경에 투입할 때 PydanticAI가 기본 도구가 되는 것이다. 이를 위해 더 많은 파이썬 경험뿐 아니라, 실제 서비스 운영을 위한 고수준 개발자 경험과 유형 검증 · 타입 안전성 · 의존성 관리 등 신뢰성 확보에 막대한 노력을 쏟았다.

AI 시대에 개발자가 꼭 익혀야 할 기술이나 프레임워크에는 무엇이 있을까?

LLM의 동작 방식과 그 미묘한 특성에 대한 '직관'을 갖는 것이 매우 중요하다. 그리고 기본적인 파이썬 프로그래밍 기술 역시 소홀히 해서는 안 된다. 생성형 AI만 다룬다고 기본기를 건너뛰면 오히려 위험하다. 비결정적 시스템을 다룰수록, 단위 테스트와 같이 결정적이어야 하는 부분이 더욱 견고해야 전체 시스템의 신뢰성이 높아진다.

개발자들이 익숙해져야 한다고 콜빈이 강조하는 두 가지 표준은 AI 애플리케이션의 관측성과 로깅을 위한 OpenTelemetry[6], 그리고 LLM에게 콘텍스트를 전달하기 위한 MCP(Model Context Protocol)[7]다.

6 https://opentelemetry.io/

7 https://modelcontextprotocol.io/introduction

3부 포트폴리오 프로젝트 소개

3부에서는 API와 AI 기술 역량을 보여 주는 포트폴리오 프로젝트를 직접 만들어 본다. 프로젝트에서 수행할 작업의 내용은 다음과 같다.

- 13장: 머신러닝 모델을 만들고, 이를 API 형태로 배포하는 과정을 실습한다.
- 14장: LangChain을 활용해 외부 API를 연동하고, 다양한 API 활용 시나리오를 구현한다.
- 15장: 챗GPT를 이용해 직접 API를 호출하고, 대화형 AI 서비스에서 API를 호출하는 방법을 알아본다.

이 세 가지 작업을 통해 API와 AI를 실제 업무에서 어떻게 활용할 수 있는지 다양한 관점에서 경험할 수 있다.

GitHub Codespace 시작하기

1부와 2부에서 했던 것처럼 3부에서도 GitHub Codespace 환경을 활용해 실습을 진행한다. 아직 GitHub 계정이 없다면 먼저 계정을 생성해야 하며, 다음 절차에 따라 저장소를 복제하고 Codespace를 설정하면 된다.

3부 저장소 복제하기

3부의 모든 코드 예제는 이 책의 GitHub 저장소[8]에 있다. 저장소를 복제하려면 GitHub에 로그인하고 GitHub Import Repository 페이지[9]로 이동한다. 그리고 이 페이지의 Your source repository details^소스 저장소 세부 정보^ 빈 칸에 다음 정보를 입력한다.

8 https://github.com/handsonapibook/api-book-part-three

9 https://github.com/new/import

- The URL for your source repository[소스 저장소의 URL]: https://github.com/handsonapibook/api-book-part-three
- Your username for your source repository[소스 저장소의 사용자 이름]: 비워 둔다.
- Your access token or password for your source repository[소스 저장소에 대한 액세스 토큰 또는 비밀번호]: 비워 둔다.
- Repository name[저장소 이름]: `ai-project`
- Public[공개]: 작업 결과를 공유할 수 있도록 '공개'를 선택한다.

Begin Import[가져오기 시작]를 클릭한다. 이후, 가져오기 과정이 시작되고 'Preparing your new repository[새 저장소가 준비 중입니다]'라는 메시지가 표시된다. 몇 분 후, 가져오기가 완료됐다는 이메일을 받게 된다. 그러면 이메일의 링크를 따라 새로 복제된 저장소로 이동한다.

GitHub Codespace 실행 및 설정

이 저장소에서 Code 버튼을 누른 다음, Codespace 탭을 선택한다. Create Codespace on main 탭을 클릭하면, 'Setting up your Codespace'라는 상태 메시지가 표시된다. 설정이 진행되는 동안 Codespace 창이 열린다. 설정이 완료되면 그림 12-2와 같은 화면이 나타난다.

그림 12-2 3부 GitHub Codespace

이제 복제된 저장소가 있는 Codespace가 생성됐다. 이 Codespace는 3부에서 사용할 개발 환경이다. 저장소를 살펴보기 전에, 잠시 GitHub Codespace 페이지[10]를 열어 몇 가지 설정을 변경한다. 페이지 아래로 스크롤해 새로 생성된 Codespace를 찾는다. 그리고 Codespace 이름 오른쪽의 점 3개를 클릭하고 **이름 변경**Rename을 선택한다. 'Part 2 Portfolio project codespace'를 입력한 후 save를 클릭한다.

'Portfolio project codespace가 업데이트됐습니다'라는 메시지가 표시된다. 다시 점 3개를 클릭하고 'Auto-delete codespace' 옆의 체크 표시를 클릭해 자동 삭제 기능을 끈다.

> 여기서는 화면을 최대로 활용하기 위해 Codespace 터미널 프롬프트의 경로를 간단히 표시했다. 이렇게 하려면 VS Code에서 /home/codespace/.bashrc 파일을 열고, `export PROMPT_DIRTRIM` 문을 `export PROMPT_DIRTRIM=1`로 설정한 뒤, 터미널에서 `source ~/.bashrc` 명령어를 실행하면 된다.

참고 자료

API의 AI 호환성을 위한 100점 점수표를 보려면 Blobr의 '당신의 API는 AI 활용 준비가 됐는가? 우리의 가이드라인과 모범 사례Is Your API AI-ready? Our Guidelines and Best Practices'[11]를 읽어 본다.

GPT의 한계를 해결하는 예시를 보려면 케이드 할라부자Kade Halabuza의 '문법 일요일: GPT를 위한 맞춤형 API 래퍼Syntax Sunday: Custom API Wrapper for GPTs'[12]를 참고한다.

AI와 API의 가능한 미래에 대해 더 자세히 알아보려면 피터 슈뢰더Peter Schroeder의 'AI + API — 12명의 전문가가 미래에 대해 생각하는 것AI + APIs — What 12 Experts Think The Future Holds'[13]을 참고한다.

---

10 https://github.com/codespaces

11 https://www.blobr.io/guide-build-ai-copilot/api-ai-ready-guidelines-best-practices

12 https://www.linkedin.com/pulse/syntax-sunday-custom-api-wrapper-gpts-kade-halabuza-pacde/

13 https://www.apifirst.tech/p/ai-and-apis-what-experts-think-the-future-holds

요약

12장에서는 AI의 기본적인 내용을 알아보고 API와의 관계를 설명했다.

13장에서는 머신러닝 모델을 만들고 모델을 API로 배포하는 과정을 알아본다.

13장

머신러닝 API 배포하기

> 미래는 항상 변한다.
>
> — 요다Yoda, 〈제국의 역습The Empire Strikes Back〉

판타지 풋볼 매니저들은 미래를 예측하고, 그 예측을 바탕으로 전략을 세우는 데 대부분의 시간을 사용한다. 시즌이 시작되기 전, 매니저들은 최고의 팀을 구성하기 위해 NFL 선수들이 다가오는 시즌에 어떤 성적을 낼지 미리 알고 싶어 한다. 판타지 드래프트가 진행될 때에는 다른 매니저들이 어떤 선수를 선택할지 예측해 경쟁자를 앞지르려 한다. 또, 매주 매니저들은 자신의 선수 중 누가 가장 많은 점수를 올릴지 예측해 라인업을 효율적으로 구성하려고 노력한다.

많은 판타지 스포츠 웹사이트와 플랫폼에서는 이런 매니저들을 위해 다양한 예측 기능을 제공한다. 이 플랫폼에서 핵심적으로 활용되는 도구 중 하나가 12장에서 소개한 머신러닝 모델이다. 플랫폼은 여러 모델을 학습시킨 뒤, 이를 바탕으로 매니저들에게 다양한 예측, 즉 추론을 제공한다.

모델이 한 번에 여러 개의 예측을 처리하는 것을 배치 추론batch inference이라 한다. 예를 들어, 한 주의 선수 성적을 한 번에 예측하는 것이 이에 해당하며, 이런 배치 추론은 예약된 스크립트나 작업을 통해 주기적으로 실행할 수 있다.

반대로, 경기 중 실시간 점수 예측 등 예측값이 계속 바뀌는 경우에는 실시간 추론real-time inference이 필요하다. 실시간 추론은 사용자의 요청에 따라 즉시 모델을 호출해 단일 예측값을 반환하는 방식이다. 바로 이럴 때, 모델을 API로 배포하는 것이 가장 효과적이다.

13장에서는 직접 머신러닝 모델을 만들고, 이를 API로 배포해 실시간 추론을 제공하는 방법을 소개한다. 13장에서 사용할 주요 용어는 다음과 같다.

분류classification

값이 어떤 범주에 속할지 예측하는 유형의 모델이다. 예를 들어, 분류 모델classification model은 선수가 드래프트에 지명될지 여부를 예측할 수 있다. 이러한 작업을 수행하는 모델을 분류기classifier라고 한다.

의사결정나무decision tree

분류나 회귀 작업을 위해 재귀적인 트리 구조recursive tree structure를 만들어 내는 머신러닝 알고리듬이다.

모델 평가evaluation

모델의 예측 결과를 테스트 데이터와 비교해 과거 데이터를 얼마나 잘 예측하는지 확인하는 과정이다.

그래디언트 부스팅gradient boosting

여러 개의 모델을 결합해 개별 모델보다 더 뛰어난 예측 성능을 내는 머신러닝 기법이다.

회귀regression

연속적인 숫자 값을 예측하는 유형의 모델이다. 예를 들어, 선수가 몇 점을 올릴지 예측하는 것이 여기에 해당한다. 이러한 작업을 수행하는 모델을 회귀 분석 모델이라고 한다.

모델 학습train

과거 데이터(학습 데이터)를 이용해 새로운 데이터에 대해 예측할 수 있는 모델을 만드는 과정이다.

머신러닝 모델 학습 과정

지도 학습supervised learning이란, 정답(예상 결과 값)이 주어진 기존 데이터를 이용해 모델을 만드는 방법이다(그림 13-1). 예를 들어, 금융 이상 거래 탐지financial fraud detection 모델을 만들 때는 이미 '부정 사용' 또는 '정상'으로 라벨링된 대량의 은행 거래 데이터를 학습에 활용한다. 이를 통해 모델은 미래의 새로운 거래 내역에서도 부정 사용 패턴을 인식할 수 있게 된다.

이러한 지도 학습을 통해 머신러닝 모델은 표 형식 데이터tabular data는 물론, 이미지, 오디오 파일 등 다양한 데이터 형식에 대해서도 예측 작업을 수행할 수 있다.

그림 13-1 머신러닝 모델 훈련 방법

그림 13-1은 과거 데이터 행(레코드)들의 집합을 보여 준다. 이 경우 머신러닝 모델의 목적은, 미래의 입력 데이터가 주어졌을 때 '출력 열'에 어떤 값이 나올지 예측하는 것이다. 모델 학습 과정에서는 소프트웨어가 입력 열에 해당하는 과거 데이터를 읽고, 입력과 출력 열 사이의 패턴 및 관계를 탐색한다.

이렇게 학습이 완료되면 모델은 새로운 데이터의 입력 열을 바탕으로 출력 열의 값을 예측할 수 있게 된다. 이 과정을 추론이라고 한다(그림 13-2).

그림 13-2 머신러닝 모델의 추론 방법

13장에서는 지도 학습 기반의 머신러닝 모델을 만드는 방법을 알아본다.

13장에서 사용하는 소프트웨어

표 13-1은 13장에서 활용하는 주요 소프트웨어 목록이다.

표 13-1 13장에서 사용하는 소프트웨어

소프트웨어 이름	목적
ONNX Runtime	다양한 프레임워크에서 개발된 모델을 실행할 수 있는 범용 실행 도구
scikit-learn	머신러닝 모델 학습을 위한 파이썬 기반 프레임워크
sklearn-onnx	scikit-learn 모델을 ONNX 형식으로 변환해 주는 라이브러리

ONNX Runtime

ONNX^Open Neural Network eXchange^는 머신러닝 모델을 위한 공개 표준 형식이다. 머신러닝 모델은 다양한 프로그래밍 언어와 라이브러리로 개발될 수 있으므로, 여러 종류의 모델을 동일한 환경에서 배포·실행하는 것이 쉽지 않다. ONNX는 이 모든 모델을 표준화된 형식으로 변환해, 서로 다른 언어나 프레임워크로 만든 모델도 ONNX Runtime을 통해 일관적으로 실행할 수 있게 해준다.

이렇게 ONNX로 변환하면 상호 운용성이 크게 향상되며, 다양한 환경에서 만들어진 모델도 ONNX Runtime을 활용해 손쉽게 배포하고, 실행할 수 있다. ONNX Runtime에는 모델 추론 속도를 높여 주는 가속 기능도 내장돼 있다. 따라서 13장에서는 scikit-learn에서 개발한 모델을 ONNX 포맷으로 변환한 후, 실제 API에서는 ONNX Runtime[1]을 사용해 실시간 예측을 구현한다.

scikit-learn

scikit-learn은 파이썬에서 분류, 회귀, 군집화clustering 등 다양한 머신러닝 모델을 손쉽게 구현할 수 있는 대표적인 프레임워크다. PyTorch, TensorFlow, XGBoost와 함께 파이썬 머신러닝 환경에서 가장 널리 쓰이고 있다.

sklearn-onnx

13장에서는 scikit-learn으로 모델을 학습한 뒤, 이를 ONNX 형식으로 변환하기 위해 sklearn-onnx 라이브러리를 사용한다. 이 과정이 모델 학습의 마지막 단계에 해당한다.

Codespace에 새 라이브러리 설치하기

12장에서 만든 'Part 3 GitHub Codespace'를 연다. 13장에서 사용할 라이브러리를 설치하려면 chapter13/requirements.txt 파일을 다음과 같이 만들고 내용을 추가한다.

```
.../ai-project (main) $ cd chapter13
.../chapter13 (main) $ touch requirements.txt
```

chapter13/requirements.txt 파일에 다음 내용을 추가한다.

1 https://onnxruntime.ai/getting-started

```
#model training
scikit-learn ❶
numpy ❷
pandas ❸
skl2onnx ❹
pydantic>=2.4.0
fastapi[standard]>=0.115.0
uvicorn>=0.23.0 ❺
onnxruntime ❻
```

❶ scikit-learn 라이브러리는 머신러닝 모델을 만드는 데 사용된다.
❷ numpy 라이브러리는 숫자 데이터를 효율적으로 다루는 데 사용된다.
❸ pandas 라이브러리는 입력 데이터 파일을 처리하는 데 사용된다.
❹ skl2onnx 라이브러리는 scikit-learn 모델을 ONNX 형식으로 변환하는 데 사용된다.
❺ uvicorn은 FastAPI를 호스팅하는 웹 서버다.
❻ onnxruntime 라이브러리는 저장된 ONNX 모델 파일을 이용해 추론하는 데 사용된다.

다음 명령어를 실행해 Codespace에서 새 라이브러리를 설치한다.

```
.../chapter13 (main) $ pip3 install -r requirements.txt
```

설치가 정상적으로 완료되면 이 라이브러리가 모두 설치됐다는 메시지가 표시된다.

CRISP-DM 프로세스 사용하기

머신러닝 프로젝트는 다양한 전문 기술이 요구되는 여러 단계를 거쳐야 한다. 이러한 프로젝트를 체계적으로 진행하기 위해, '데이터 마이닝을 위한 교차 산업 표준 프로세스 CRISP-DM, CRoss-Industry Standard Process for Data Mining'(Shearer, 2000)라는 데이터 마이닝 표준 프로세스가 널리 사용된다. 데이터 사이언스 업계에서 널리 사용되는 프로젝트 진행 방법론이다.

CRISP-DM의 각 단계별 정의는 다음과 같다.

비즈니스 이해

이 단계에서는 프로젝트의 비즈니스 목표를 식별하고, 활용 가능한 도구와 기법을 평가한다.

데이터 이해

이 단계에서는 문제를 해결하는 데 사용할 수 있는 데이터를 수집하고, 탐색하며, 데이터 품질을 검증한다.

데이터 준비

이 단계에서 데이터 사이언티스트는 사용할 데이터를 선택하고, 형식을 변환하며, 필요한 경우 다른 데이터 소스와 병합한다.

모델링

이 단계에서는 모델링 기법을 선택하고, 비즈니스 질문에 답할 수 있는 모델을 만든다.

평가

이 단계에서는 모델이 비즈니스 문제 해결에 적합한지, 실제 운영에 투입될 준비가 됐는지 검토한다.

배포

이 단계에서는 완성된 모델을 고객이 사용할 수 있는 환경에 배포하고, 운영 상태를 모니터링하며 유지 관리한다.

13장에서는 CRISP-DM의 전체 단계를 따라가되 특히 배포 단계에 중점을 둬 설명한다.

비즈니스 이해

프로젝트의 첫 단계는 해결하려는 문제를 명확히 이해하는 것이다. 13장에서는 판타지 풋볼 매니저들이 각자의 팀을 운영하는 실제 상황을 바탕으로, 매주 '이 선수를 웨이버로 영입하는 데 필요한 금액은 얼마인가?'라는 질문에 답할 수 있는 예측 모델을 만든다.

판타지 매니저들은 웨이버 요청을 통해 로스터에 새로운 선수를 추가할 수 있으며, 많은 리그에서는 블라인드 입찰 경매 방식을 사용한다. 즉, 각 매니저가 비공개로 입찰 금액을 입력하고, 매주 화요일이나 수요일에 최고가를 제시한 매니저가 그 선수를 영입하게 된다. 떨어진 매니저는 돈을 잃지 않는다.

각 매니저는 시즌 내내 사용할 수 있는 예산(예: 100달러의 판타지 머니)을 갖게 된다. 이는 실제 돈이 아니라 판타지 금액으로 '자유 계약 선수 영입 예산FAAB, Free Agent Acquisition Budget'이라고도 한다. 목표는 필요한 만큼 충분히 입찰해 선수를 영입하되 불필요한 과다 지출을 막는 것이다. 이상적인 상황은 최소한의 금액으로 선수를 영입하는 것이며, 이를 위해 10번째 백분위10th percentile(최저가), 50번째 백분위50th percentile(중간값), 90번째 백분위90th percentile(최고가)로 입찰 예측값을 제공하는 모델을 만든다.

데이터 이해

이 단계에서는 프로젝트에 사용할 데이터를 수집·탐색한다. 저장소에는 player_training_data_full.csv 파일이 포함돼 있으며, 이 파일에는 다음과 같은 실제 판타지 풋볼 트랜잭션 데이터가 들어 있다.

판타지 정규 시즌 잔여 주 수(`fantasy_regular_season_weeks_remaining`)

정규 시즌에 남은 주 수. 예를 들어, 시즌이 14주인 경우, 2주차에는 12가 된다.

리그 예산 잔액 비율(`league_budget_pct_remaining`)

리그에서 사용 가능한 총 예산의 비율. 예를 들어, 리그의 기본 예산이 1,200달러였고 900달러가 남아 있다면, 이 값은 75(=900÷1200)가 된다.

선수 시즌 수(`player_season_number`)

선수가 리그에서 활동한 시즌 수. 신인 선수인 경우 시즌 수는 1이다.

포지션(`position`)

영입된 선수의 판타지 풋볼 포지션이다.

웨이버 가치 등급(waiver_value_tier)

개별 선수의 가치를 질적으로 측정한 등급. 매주 어떤 선수들은 '최고 등급' 영입 대상이 돼 1을 얻고, 특별할 것 없는 선수들은 5를 얻는다. 선수들을 등급으로 분류하는 것은 질적인 판단이기 때문에 이것은 범주형 특성categorical feature이다(이 값은 판타지 웹사이트에서 얻거나 직접 할당할 수 있다).

데이터를 검토하고 모델에 활용할 데이터 필드를 선택하기 위해 터미널에서 다음과 같이 주피터 노트북 파일을 만든다.

```
.../ai-project (main) $ cd chapter13
.../chapter13 (main) $ touch player_acquisition_model.ipynb
```

player_acquisition_model.ipynb 파일을 열고, 파이썬 커널 및 주피터 확장 기능을 활성화한 후, 추천 파이썬 환경을 선택한다.

다음과 같이 마크다운 셀을 추가한다.

```
# 선수 영입 모델
*이 노트북은 scikit-learn을 활용해 머신러닝 모델을 학습하고, ONNX 포맷으로 저장하는 데 사용됩니다.*
```

이제 필요한 파이썬 라이브러리를 임포트한다. 다음 마크다운 셀을 만들어 실행한다.

```
## 라이브러리 임포트
```

파이썬 셀에 다음 코드를 추가한 후 실행한다.

```
import logging
import numpy as np
import pandas as pd
from sklearn.model_selection import train_test_split ❶
from sklearn.ensemble import GradientBoostingRegressor ❷

from skl2onnx import to_onnx
import onnxruntime as rt
```

❶ train_test_split 함수는 데이터를 학습/테스트 데이터셋으로 분할하는 데 사용된다.

❷ 모델은 GradientBoostingRegressor 알고리듬을 사용한다.

마크다운 셀에 다음과 같이 입력한다.

```
## 로깅 설정
```

파이썬 셀에 다음 코드를 추가한 후 실행한다.

```
for handler in logging.root.handlers[:]:  ❶
    logging.root.removeHandler(handler)

logging.basicConfig(
    filename='player_acquisition_notebook.log',
    level=logging.INFO,  ❷
)
```

❶ 기존에 등록된 로깅 핸들러(logging handler)를 제거한다.

❷ 로그 파일을 생성하고 로그에 기록할 로깅 수준을 설정한다.

학습 데이터를 가져오기 위해 마크다운 셀에 다음과 같이 입력한다.

```
## 데이터 불러오기
```

파이썬 셀에 다음 코드를 추가한 후 실행한다.

```
dataset=pd.read_csv("player_training_data_full.csv")
```

데이터 준비

이제 모델에 들어갈 변수를 신중하게 선택한다. 무작정 모든 변수를 사용하기보다 각 변수마다 예측에 기여할 수 있는 이유나 이론적 배경을 고려해야 한다. 이번 프로젝트에서는 다음 세 가지 칼럼column을 모델에 사용한다.

리그 예산 잔액 비율

직관적으로 남은 예산이 많을수록 입찰가가 높아지는 경향이 있다. 이로 인해 출력 변수가 이 값에 따라 일정한 비율로 오르거나 내려가는 선형 특성linear feature이 있을 가능성이 있다.

판타지 정규 시즌 잔여 주 수

시즌 초반, 중후반 등 시점에 따라 선수 영입 비용이 달라진다. 예를 들어, 시즌 초반 스타팅 라인업 확정, 시즌 중 부상, 시즌 말 예산 소진 등 다양한 시점에 입찰가가 높아지는 패턴이 있다. 완전히 선형적이지는 않을 수 있다.

웨이버 가치 등급

가치가 높은 선수일수록 더 많은 비용이 들 것이라는 점은 명확하지만, 등급별로 실제로 얼마나 차이 나는지는 모델이 데이터를 통해 학습하게 된다.

모델링

이제 본격적으로 모델링을 해보자. 우선, 모델에 사용할 알고리듬과 머신러닝 프레임워크를 선택해야 한다. 이 선택 과정에는 기술적 제약과 모델링 요소를 모두 반영해야 한다. 기술적 제약 사항은 다음과 같다.

- 파이썬 기반 프레임워크를 사용해야 한다.
- 추론 환경에서 사용할 수 있도록 모델을 ONNX 형식으로 변환해야 한다.
- 10번째, 50번째, 90번째 백분위수에 대해 예측해야 하므로 이를 지원하는 알고리듬을 선택해야 한다.

고려해야 할 두 가지 모델링 요소는 출력값의 타입과 선택한 입력 특성feature이다. 이 프로젝트에서 출력값은 달러 단위의 숫자이므로 회귀 모델을 사용해야 한다. 만약 모든 입력 특성이 선형이었다면(입력이 증가하거나 감소할 때 예측값도 일정하게 변하는 경우), 선형 회귀 모델로도 충분하겠지만, 여기서는 남은 예산(선형 특성linear feature), 가치 등급(범주형 특성categorical feature), 남은 시즌 주 수(복합 특성complicated feature) 등 다양한 특성이 혼합돼 있으므로 의사결정 나무 계열의 회귀 모델이 더 적합하다.

이 조건을 모두 충족하기 위해 scikit-learn 라이브러리의 `GradientBoostingRegressor` 알고리듬[2]을 사용한다. Gradient Boosting 알고리듬은 여러 개의 의사결정 나무를 조합해, 하나의 나무만 사용할 때보다 더 뛰어난 예측력을 갖는 앙상블 모델ensemble model을 만든다. 이 알고리듬은 백분위수별 다중 예측quantile regression을 지원하며, ONNX 포맷으로 모델을 저장할 수 있다.

모델링 프로세스를 시작하기에 앞서 전체 데이터를 학습 데이터(80%)와 테스트 데이터(20%)로 나눠야 한다. 데이터 과학 분야에서는 관례적으로 표 13-2와 같은 변수명을 사용하며, 이에 따라 코드를 작성한다.

표 13-2 모델 학습을 위한 일반적인 변수명

변수명	목적	포함된 열	포함된 데이터
X (대문자)	전체 데이터 입력 열	입력	전체
y (소문자)	전체 데이터 출력 열	출력	전체
X_train	훈련 데이터 입력 열	입력	학습 데이터(80%)
y_train	훈련 데이터 출력 열	출력	학습 데이터(80%)
X_test	테스트 데이터 입력 열	입력	테스트 데이터(20%)
y_test	테스트 데이터 출력 열	출력	테스트 데이터(20%)

마크다운 셀에 다음과 같이 입력한다.

```
## 데이터 준비 및 분할
```

파이썬 셀에 다음 코드를 추가한 후 실행한다.

```
X = dataset[['waiver_value_tier','fantasy_regular_season_weeks_remaining',
            'league_budget_pct_remaining']] ❶
y = dataset['winning_bid_dollars'] ❷
```

2 https://scikit-learn.org/stable/modules/generated/sklearn.ensemble.GradientBoostingRegressor.html#sklearn.ensemble.GradientBoostingRegressor

```python
X_train, X_test, y_train, y_test = train_test_split(X,  ❸
                                                    y,
                                                    test_size = 0.20,  ❹
                                                    random_state = 0)  ❺
```

❶ X 변수에는 3개의 입력 열을 선택한다.

❷ y 변수에는 출력 열만 들어간다.

❸ train_test_split 함수는 X와 y 변수를 읽은 다음, 표 13-2에서 설명한 변수들을 출력한다.

❹ test_size = 0.20 매개 변수는 데이터의 20%가 테스트 데이터셋에, 80%가 훈련 데이터셋에 포함되도록 결정한다.

❺ random_state 값을 고정하면 이 메서드를 호출할 때마다 훈련 및 테스트 데이터 분할 결과가 항상 동일하게 재현된다.

이제 데이터를 나눴으므로 모델을 만들 준비가 됐다. 입찰 예측 범위(10번째, 50번째, 90번째 백분위수)를 모두 제공하기 위해 각 범위에 해당하는 모델을 3개 만든다. 실제 API를 구현할 때 이 모델들의 결과를 한 번의 API 호출로 받을 수 있도록 한다.

모델을 훈련하는 과정을 적합fitting이라고 한다. 여기서 라이브러리는 일반적인 알고리듬을 가져와 훈련 데이터에 맞춰 적합하는 방식으로 특화된 모델을 만든다.

마크다운 셀에 다음과 같이 입력한다.

```
## 모델 생성 및 적합
```

파이썬 셀에 다음 코드를 추가한 후 실행한다.

```python
model_10th_percentile = GradientBoostingRegressor(loss="quantile", alpha=0.1)  ❶
model_50th_percentile = GradientBoostingRegressor(loss="quantile", alpha=0.5)
model_90th_percentile = GradientBoostingRegressor(loss="quantile", alpha=0.9)

model_10th_percentile.fit(X_train, y_train)  ❷
model_50th_percentile.fit(X_train, y_train)
model_90th_percentile.fit(X_train, y_train)
```

❶ 첫 번째 GradientBoostingRegressor 모델은 10번째 백분위수(전체 입찰가 중 90%보다 낮은 금액)를 예측하는 모델을 만든다. 다음 두 모델은 각각 50번째, 90번째 백분위수를 예측하는 모델이다.

❷ fit() 메서드를 사용해 제공된 훈련 데이터를 기반으로 예측을 수행하도록 이 모델을 학습시킨다.

이 시점에서 모델은 scikit-learn 형식이며, 주피터 노트북에서만 사용할 수 있다. 이러한 모델을 배포하고 플랫폼 간 호환성을 높이기 위해 ONNX 형식으로 변환한 후 저장해야 한다. 이를 수행하기 전에 변환기가 요구하는 2차원 배열 형식으로 X 변수의 특성을 결합해야 한다. 마크다운 셀에 다음과 같이 입력한다.

```
## 모델을 ONNX 형식으로 변환하고 저장한다
```

파이썬 셀에 다음 코드를 추가한 후 실행한다.

```
X_array = np.column_stack((X['waiver_value_tier'],  ❶
                           X['fantasy_regular_season_weeks_remaining'],
                           X['league_budget_pct_remaining']))

onx = to_onnx(model_10th_percentile, X_array[:1])  ❷
with open("acquisition_model_10.onnx", "wb") as f:  ❸
    f.write(onx.SerializeToString())

onx = to_onnx(model_50th_percentile, X_array[:1])
with open("acquisition_model_50.onnx", "wb") as f:
    f.write(onx.SerializeToString())

onx = to_onnx(model_90th_percentile, X_array[:1])
with open("acquisition_model_90.onnx", "wb") as f:
    f.write(onx.SerializeToString())
```

❶ X 변수의 입력 특성을 변환기가 요구하는 2차원 배열 형식으로 결합한다.

❷ 첫 번째 모델을 ONNX 형식으로 변환한다. X_array의 첫 번째 행을 읽어 모델의 입력 및 출력 속성 이름을 설정한다.

❸ 각 모델을 로컬 파일 시스템에 ONNX 형식의 onnx 파일로 저장해, 다양한 환경에서 추론에 사용할 수 있도록 한다.

평가

머신러닝 모델을 설계하고 학습하는 과정은 반복적이다. 실제 프로젝트에서는 정확도accuracy, 공정성fairness, 실제 운영 적합성 등 다양한 공식 측정 지표로 모델을 평가하며,

필요에 따라 특성을 조합하거나 하이퍼파라미터hyperparameter를 바꿔 가면서 튜닝을 여러 번 반복한다.

하지만 13장에서는 모델 배포 과정에 초점을 맞추고 있으므로 세부적인 평가와 반복 최적화 과정은 생략한다. 모델 평가 및 개선에 대한 자세한 내용은 칩 후옌Chip Huyen의 『Designing Machine Learning Systems』(O'Reilly, 2022)를 참고한다.

배포

이제 실시간 추론을 위해 모델을 배포할 준비가 됐다. 한 번의 API 호출로 세 가지 모델의 결과를 통합해 예측값을 반환하는 구조로 구현한다.

그림 13-3은 이 API를 구성하는 주요 컴포넌트들을 보여 준다. 1부에서 구현했던 API 구성 요소와 비교해 보면 비슷한 부분이 많다. 여전히 FastAPI가 컨트롤러로 사용되며, Pydantic은 데이터 전송 및 유효성 검사에 활용된다. 하지만 1부의 API가 데이터베이스에서 데이터를 조회했던 것과는 달리, 이 API는 ONNX Runtime을 이용해 훈련하고 저장한 모델로부터 직접 추론을 수행한다.

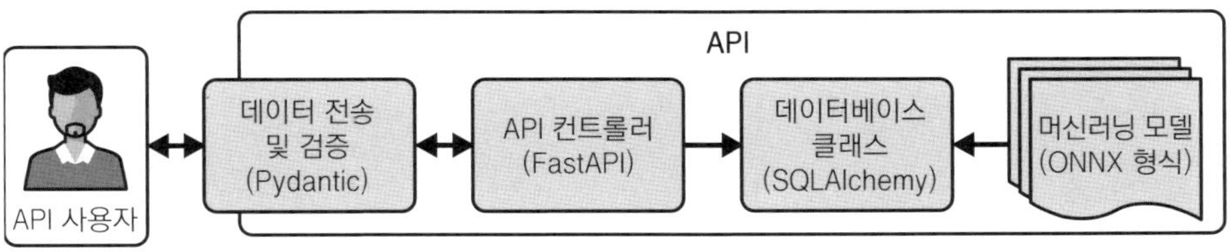

그림 13-3 모델 서빙 API 구성 요소

먼저, API의 입력과 출력을 정의할 Pydantic 파일 schemas.py를 만든다. FastAPI는 이 스키마를 기반으로 OAS 파일을 자동으로 만든다.

```
.../chapter13 (main) $ touch schemas.py
```

다음 내용을 schemas.py 파일에 추가한다.

```
"""Pydantic 스키마"""
from pydantic import BaseModel ❶

class FantasyAcquisitionFeatures(BaseModel): ❷
    waiver_value_tier: int
    fantasy_regular_season_weeks_remaining: int
    league_budget_pct_remaining: int

class PredictionOutput(BaseModel): ❸
    winning_bid_10th_percentile: float
    winning_bid_50th_percentile: float
    winning_bid_90th_percentile: float
```

❶ Pydantic 라이브러리의 `BaseModel`은 데이터 유효성 검사 로직과 자동 문서화 기능을 제공한다.

❷ `FantasyAcquisitionFeatures` 클래스는 사용자가 예측을 요청할 때 보내는 입력값(모델 입력 특성)을 정의한다.

❸ `PredictionOutput` 클래스는 모델이 반환할 예측 결과(각 백분위수별 예측값)를 정의한다.

이제 API의 주요 동작을 담당할 main.py 파일을 만든다.

```
.../chapter13 (main) $ touch main.py
```

파일 앞부분에 API 설명 및 라이브러리를 임포트하는 코드를 추가한다. 이 설명은 OAS 파일에 활용돼 Swagger UI 문서에서 표시된다. 다음 코드를 추가한다.

```
"""Fantasy 영입 API"""

from fastapi import FastAPI
import onnxruntime as rt ❶
import numpy as np
from schemas import FantasyAcquisitionFeatures, PredictionOutput ❷

api_description = """
이 API는 판타지 풋볼에서 선수를 영입하는 데 필요한 비용 범위를 예측한다.

엔드포인트는 다음과 같이 분류된다.

## 분석
API의 상태 정보 제공
```

```
## 예측
선수 영입 비용 예측
"""
```

❶ onnxruntime 라이브러리는 저장된 ONNX 모델 파일을 불러와 추론을 수행하는 데 사용된다.
❷ schemas 모듈은 API의 입출력을 정의하는 데 사용되는 Pydantic 스키마를 임포트한다.

다음으로, 학습된 3개의 모델을 ONNX Runtime 세션으로 불러온다. 각 세션에서는 모델이 기대하는 입력/출력 이름을 미리 추출해 사용한다. scikit-learn에서 모델을 생성하고 ONNX 형식으로 변환할 때 3개의 입력과 하나의 출력을 정의했다.

main.py에 다음 코드를 추가한다.

```
# ONNX 모델 불러오기
sess_10 = rt.InferenceSession("acquisition_model_10.onnx",
                              providers=["CPUExecutionProvider"])  ❶
sess_50 = rt.InferenceSession("acquisition_model_50.onnx",
                              providers=["CPUExecutionProvider"])
sess_90 = rt.InferenceSession("acquisition_model_90.onnx",
                              providers=["CPUExecutionProvider"])

# 모델별 입력 및 출력 이름 추출
input_name_10 = sess_10.get_inputs()[0].name  ❷
label_name_10 = sess_10.get_outputs()[0].name  ❸
input_name_50 = sess_50.get_inputs()[0].name
label_name_50 = sess_50.get_outputs()[0].name
input_name_90 = sess_90.get_inputs()[0].name
label_name_90 = sess_90.get_outputs()[0].name
```

❶ 각 모델 파일을 불러와 별도의 추론 세션을 만든다.
❷ get_inputs()[0].name은 세션 객체에서 입력 특성의 이름을 가져온다. 이 이름들은 추론을 수행할 때 사용된다. 입력과 출력의 이름은 추론할 때 사용되므로 변수로 저장한다.
❸ get_outputs()[0].name은 세션 객체에서 출력 특징의 이름을 가져온다. 이 이름들은 추론을 수행할 때 사용된다.

이 코드는 main.py의 전역 범위에 있으므로 API가 시작될 때 한 번만 실행된다.

다음 FastAPI 코드는 1부에서 API를 만들어 봤다면 익숙할 것이다. 첫 번째 문은 앞에서 정의한 `api_description`을 사용해 FastAPI 애플리케이션 객체를 만든다. 그런 다음 `@app.get()` 메서드는 상태 확인 엔드포인트를 정의한다. 이 엔드포인트는 사용자가 다른 API 호출을 하기 전에 API가 현재 정상적으로 작동하는지 확인할 수 있게 해주는 유용한 기능이다.

main.py 파일에 다음 코드를 추가한다.

```
# OpenAPI 명세에 필요한 추가 정보와 함께 FastAPI 애플리케이션 객체를 초기화한다.

app = FastAPI(  ❶
    description=api_description,
    title="Fantasy 영입 API",
    version="0.1",
)

@app.get(  ❷
    "/",
    summary="Fantasy 영입 API 상태 확인",
    description=""" API가 정상적으로 동작 중인지 확인하는 엔드포인트다.
    이 엔드포인트를 통해 서비스 상태를 미리 점검할 수 있다.""",
    response_description="""메시지가 포함된 JSON 레코드.
    "API가 실행 중이면 메시지는 '성공'이라고 표시된다.""",
    operation_id="v0_health_check",
    tags=["분석"],
)

def root():  ❸
    return {"message": "API 상태 확인 성공"}
```

❶ 이 코드는 앞에서 정의한 `api_description`을 사용해 주요 FastAPI 애플리케이션 객체를 만든다.

❷ `@app.get("/")`은 루트 주소(/)에 GET 엔드포인트를 정의하는 FastAPI 데코레이터다.

❸ `root()` 함수는 이 엔드포인트가 호출될 때 실행되는 함수다. API가 실행 중임을 나타내는 간단한 파이썬 딕셔너리를 반환한다.

다음 코드에서 사용자에게 예측 기능을 제공하는 API 엔드포인트를 정의한다. 먼저 파이썬 데코레이터를 통해 엔드포인트와 관련된 정보를 추가해 OAS 파일 및 문서에 반영되도록 한다. 그리고 `predict()` 메서드에서는 ONNX Runtime을 활용해 각각의 모델을 호출하고, 그 예측 결과를 하나로 묶어 API 응답으로 반환한다.

main.py 파일에 다음 코드를 추가한다.

```
# 예측 경로 정의
@app.post("/predict/",  ❶
          response_model=PredictionOutput,  ❷
          summary="선수 영입 비용 예측",
          description="""이 엔드포인트를 사용해 판타지 풋볼에서 선수를
          영입하는 데 드는 비용 범위를 예측한다.""",
          response_description="""각 백분위수별 예측 금액이 포함된 JSON 레코드를 반환한다.
          이들은 함께 선수 영입 비용의 가능한 범위를 제공한다.""",
          operation_id="v0_predict",
          tags=["예측"],
)

def predict(features: FantasyAcquisitionFeatures):  ❸
      # Pydantic 모델을 NumPy 배열로 변환
      input_data = np.array([[features.waiver_value_tier,  ❹
                            features.fantasy_regular_season_weeks_remaining,
                            features.league_budget_pct_remaining]],
                            dtype=np.int64)
    # ONNX 추론 실행
    pred_onx_10 = sess_10.run([label_name_10], {input_name_10: input_data})[0]  ❺
    pred_onx_50 = sess_50.run([label_name_50], {input_name_50: input_data})[0]
    pred_onx_90 = sess_90.run([label_name_90], {input_name_90: input_data})[0]


    # 예측을 Pydantic 응답 모델로 반환
    return PredictionOutput(winning_bid_10th_percentile=round(
                                float(pred_onx_10[0]),2),  ❻
                            winning_bid_50th_percentile=round(
                                float(pred_onx_50[0]),2),
                            winning_bid_90th_percentile=round(
                                float(pred_onx_90[0]), 2))
```

❶ `@app.post("/predict/")` 데코레이터는 `/predict` 주소에 POST 엔드포인트를 만든다. 이 엔드포인트는 추론을 수행하는 데 사용된다.

❷ FastAPI는 `response_model`로 지정된 `PredictionOutput` 스키마를 바탕으로 OAS 파일을 자동으로 만든다.

❸ `predict(features: FantasyAcquisitionFeatures)` 함수는 이 엔드포인트가 호출될 때 실행된다.

❹ `input_data = np.array(...)`는 입력 변수를 ONNX Runtime이 모델 호출 시 기대하는 NumPy 배열 형식으로 재구성한다.

❺ `pred_onx_10 = sess_10.run(...)`은 ONNX Runtime을 이용해 10번째 백분위수 모델을 호출하고, API 호출의 입력을 사용해 추론값을 얻는다. 다음 두 줄의 코드도 같은 입력을 사용해 다른 두 모델을 호출한다.

❻ 마지막 `return` 문은 추론 값으로 `PredictionOutput` 객체를 만들어 API 호출에 반환한다. 값들은 표시를 위해 소수점 둘째 자리까지 반올림된다.

모든 API 코드가 완성됐으므로 이제 API를 실행하고 머신러닝 모델을 테스트할 준비가 됐다. 명령줄에서 다음 명령어를 입력한다.

```
.../chapter13 (main) $ fastapi run main.py
```

그림 13-4에 표시된 것처럼 애플리케이션이 시작되는 것을 볼 수 있다.

```
FastAPI  Starting production server 🚀

         Searching for package file structure from directories with __init__.py files
         Importing from /workspaces/ai-project/chapter13/complete

 module  🐍 main.py

   code  Importing the FastAPI app object from the module with the following code:

         from main import app

    app  Using import string: main:app

 server  Server started at http://0.0.0.0:8000
 server  Documentation at http://0.0.0.0:8000/docs

         Logs:

   INFO  Started server process [8179]
   INFO  Waiting for application startup.
   INFO  Application startup complete.
   INFO  Uvicorn running on http://0.0.0.0:8000 (Press CTRL+C to quit)
```

그림 13-4 머신러닝 모델 API 실행

Codespace 환경에서는 그림 13-5와 같이 '포트 8000에서 실행되는 애플리케이션을 사용할 수 있습니다Your application running on port 8000 is available'라는 알림 창이 뜬다.

그림 13-5 Codespace 브라우저 창 팝업 메시지

브라우저에서 열기 Open in Browser를 클릭하면 Codespace 외부에 새로운 브라우저 탭이 열린다. 이 탭에는 app.github.dev로 끝나는 기본 URL이 표시되며, 실행 중인 API로부터의 응답이 나타난다. 정상적으로 실행됐다면 웹 브라우저에서 다음과 같은 상태 확인 메시지를 볼 수 있다.

```
{"message":"API 상태 확인 성공"}
```

이 메시지는 API가 정상적으로 실행되고 있다는 것을 보여 준다. API에 대한 Swagger UI 대화형 문서를 확인하려면 브라우저의 기본 URL 끝에 /docs를 붙여 접속하면 된다. 예를 들어, 전체 URL은 https://happy-pine-tree-1234-8000.app.github.dev/docs와 같은 형태이며, 이 URL로 접속하면 그림 13-6과 같이 Swagger UI 초기 화면이 표시된다.

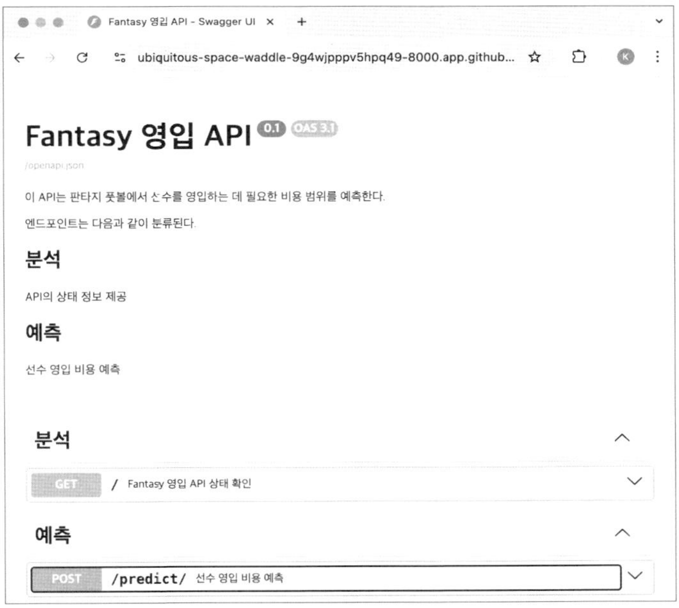

그림 13-6 머신러닝 API 문서

머신러닝 API를 호출하려면 POST /predict 엔드포인트를 선택한 다음 Try it out 버튼을 누르면 실시간으로 테스트할 수 있다(그림 13-7).

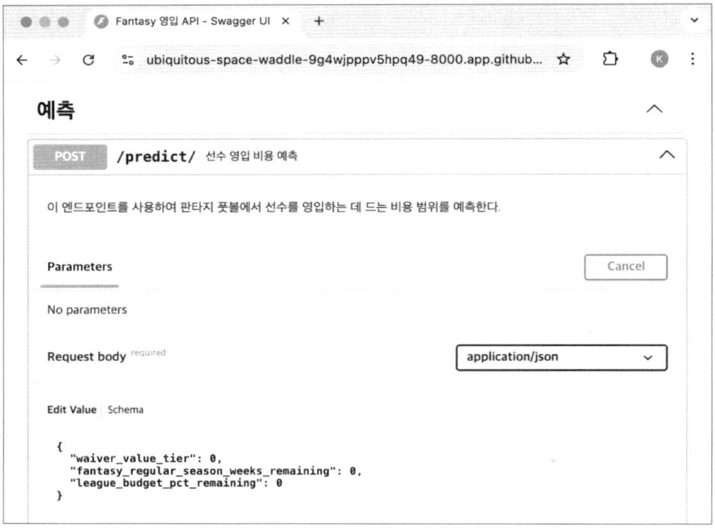

그림 13-7 /predict 엔드포인트 테스트

이 엔드포인트는 1부에서 만들었던 API와 큰 차이점이 하나 있다. GET 엔드포인트 대신 POST 엔드포인트를 사용하고 있다는 점이다. POST 엔드포인트로 호출하려면 JSON 형식의 HTTP 요청 본문을 제공해야 하므로, 이 본문에 API로 보낼 입력값을 입력한다. 그림 13-7의 값은 앞에서 정의한 `FantasyAcquisitionFeatures` Pydantic 클래스를 기반으로 자동 생성된 값이다. 요청 본문을 다음 값으로 업데이트한다.

```
{
    "waiver_value_tier": 1,
    "fantasy_regular_season_weeks_remaining": 12,
    "league_budget_pct_remaining": 88
}
```

`Execute`를 클릭해 이 값을 API로 보낸다. 아래로 스크롤하면 Code 값이 `200`인 서버 응답을 볼 수 있다. 이는 성공을 나타낸다. 예측값은 `PredictionOutput` Pydantic 클래스의 정의와 일치하는 HTTP 응답 본문을 통해 반환된다. 예측값은 다를 수 있지만, 그림 13-8과 같은 출력을 볼 수 있다.

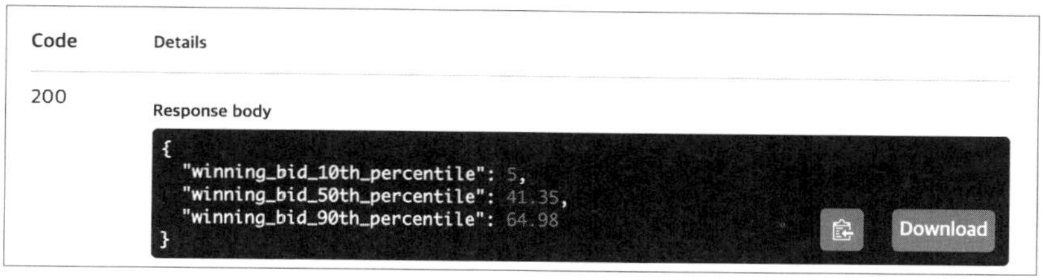

그림 13-8 예측값이 포함된 API 응답

이제 지금까지 만든 프로젝트 구조를 tree 명령어로 확인해 보자.

```
.../chapter13 (main) $ tree --prune -I 'build|*.egg-info|__pycache__'
.
├── acquisition_model_10.onnx
├── acquisition_model_50.onnx
├── acquisition_model_90.onnx
├── main.py
├── player_acquisition_model.ipynb
├── player_acquisition_notebook.log
├── player_training_data_full.csv
├── requirements.txt
└── schemas.py

0 directories, 9 files
```

이로써 머신러닝 모델을 개발하고, REST API로 서빙하는 전체 과정을 성공적으로 완성했다.

머신러닝 모델 문서화

머신러닝 모델은 명시적으로 프로그래밍되는 방식이 아니기 때문에 모델을 직접 훈련시킨 사람조차도 그 작동 원리를 완전히 이해하지 못하는 경우가 많다. 이처럼 모델이 어떻게 예측을 내리는지, 또는 왜 특정 결과를 도출했는지 개별적으로 해석하는 것은 쉽지 않다. 따라서 모델 제공자는 모델이 의도한 목적, 알려진 문제점, 한계 등을 설명하는 문서를 함께 제공하는 것이 보통이다. 최근에는 머신러닝 모델 및 관련 애플리케이션을 문서화하는 기법이 빠르게 진화하고 있다. 내가 직접 접한 대표적인 문서화 방법에는 '모델 카드(model card)'와 '시스템 카드(system card)'가 있다.

모델 카드란, 구글에서 제안한 문서화 방식으로, 머신러닝 모델의 동작 원리, 잠재적 위험, 편향성 등을 투명하게 공개하기 위한 목적을 갖는다. 구글의 모델 카드 제안[3]에서 이 방법론의 자세한 설명과 다양한 예시를 확인할 수 있다.

시스템 카드는 Meta에서 여러 모델로 구성된 전체 AI 시스템을 문서화하기 위해 제안한 개념이다. Meta의 공식 설명[4]에 따르면, 시스템 카드는 '단일 모델이 아니라 AI 시스템 전체를 총체적으로 바라보는 문서화 방식'이라 할 수 있다.

참고 자료

데이터 사이언스 프로젝트에 대해 더 깊이 알고 싶다면, 네이선 조지Nathan George의 『Practical Data Science with Python』(Packt Publishing, 2021)을 참고한다.

scikit-learn을 비롯한 다양한 머신러닝 라이브러리 활용 경험을 쌓고 싶다면, 오렐리앙 제롱Aurélien Géron의 『Hands-On Machine Learning with Scikit-Learn, Keras, and Tensorflow』(O'Reilly, 2022)를 참고한다.

예측 모델 배포에 대해 더 알고 싶다면, 칩 후옌의 『핸즈온 머신러닝Designing Machine Learning Systems』(한빛미디어, 2023)을 참고한다.

포트폴리오 프로젝트 확장하기

이제 머신러닝 모델을 서빙하는 API 템플릿을 완성했으니 다음과 같이 프로젝트를 확장할 수 있을 것이다.

우리가 만든 모델의 예측력이 실제로 얼마나 효과적인지 평가해 보자. 매개 변수를 조정하거나 특성을 바꿔가면서 성능을 개선할 수 있는지 탐구해 볼 수 있다.

scikit-learn을 활용해 다른 유형의 모델을 만들고, 이를 ONNX 포맷으로 변환한 뒤 API로 배포해 본다.

ONNX 포맷은 scikit-learn 이외에도 다양한 라이브러리를 지원한다. PyTorch나 XGBoost와 같은 라이브러리로도 모델을 생성해 ONNX로 변환한 뒤, 동일한 방식으로 API에서 서비스할 수 있다.

3 https://modelcards.withgoogle.com/

4 https://ai.meta.com/blog/system-cards-a-new-resource-for-understanding-how-ai-systems-work/

요약

13장에서는 머신러닝 라이프사이클의 흐름을 이해하고, scikit-learn으로 머신러닝 모델을 개발한 후 ONNX 포맷으로 변환해 다양한 프레임워크와 호환되도록 만드는 방법을 배웠다. 마지막으로, FastAPI를 이용해 모델을 서비스에 배포하고 실시간 추론까지 구현하는 과정을 살펴봤다.

14장에서는 생성형 AI와 LangChain을 활용해 API를 자동으로 호출하는 방법을 알아본다.

14장

LangChain을 활용해 API 사용하기

LLM이 시스템의 동작 방식을 더 많이 결정할수록, 그 시스템은 더욱 '에이전트형'이 된다.

— 해리슨 체이스Harrison Chase, LangChain 창시자

AI 애플리케이션은 LLM을 사용자와 자연어로 소통하는 인터페이스로 활용한다. 최근에는 LLM을 이용해 다단계 작업을 자동으로 수행하는 방법이 활발히 연구되고 있다. 14장에서는 API와 LLM을 결합해 AI 애플리케이션을 만드는 두 가지 주요 방법을 살펴본다. 첫 번째는 API를 이용해 LLM을 호출하는 방법이고, 두 번째는 LLM을 통해 외부 API를 호출하는 방법이다. 두 방법 모두 LangChain을 활용해 실습한다.

LangChain과 이와 관련된 프로젝트인 LangGraph는 오픈 소스 프레임워크로, LLM이 시스템의 동작을 제어하는 '에이전트형' 애플리케이션을 만들 수 있도록 지원한다. 기존에는 개발자가 LLM API를 직접 호출하며 사용자 정의 코드를 작성해 애플리케이션을 개발해야 했지만, LangChain과 LangGraph는 이런 개발 과정에서 필요한 여러 작업을 표준화한다. 쉽게 말해, 이들은 API나 모델 위에 올라가는 상위 프레임워크라 할 수 있다.

몇 가지 새로운 용어는 다음과 같다.

에이전트

해리슨 체이스Harrison Chase는 에이전트를 'LLM을 사용해 애플리케이션의 제어 흐름을 결정하는 시스템'이라고 정의했다. 에이전트는 기존 소프트웨어처럼 미리 프로그래

밍되는 것이 아니라, 모델의 추론을 바탕으로 대화 흐름과 실행 경로를 스스로 결정한다. 함수 호출이 가능한 모델이 제안하는 도구 호출tool call을 실제로 실행할 수 있다.

함수 호출 모델

함수 호출 모델function-calling model은 사용 가능한 함수 또는 도구를 언제 사용할지 제안하는 특수한 모델이다. 이름과 달리 모델이 직접 함수를 호출하지 않고, 사용할 함수를 에이전트에 제안하는 역할을 한다.

모델

LangChain 사용자가 호출하는 AI 모델이다. 로컬에 다운로드해서 쓰거나 모델 제공 업체의 웹 API를 통해 호출할 수 있다.

모델 패밀리

같은 이름과 아키텍처를 공유하는 여러 모델을 의미한다.

툴킷

에이전트가 작업을 수행하는 데 사용하는 여러 도구 모음이다.

도구 또는 함수

에이전트에게 추가 기능을 제공하는 코드 블록이다. 예를 들어, 파이썬 함수로 수학 연산을 할 수도 있다. 14장에서는 직접 SWC API를 호출하는 도구를 만든다.

14장에서 소개하는 소프트웨어는 API와 함께 LangChain 생태계를 사용하는 데 중점을 둔다. 14장에서 사용하는 주요 도구 목록을 표 14-1에 정리했다.

표 14-1 14장에서 사용하는 도구

소프트웨어 이름	버전	목적
LangChain	0.3	에이전트가 API를 사용할 수 있도록 도구와 툴킷을 만드는 파이썬 라이브러리
LangGraph	0.2	에이전트 애플리케이션을 구성할 수 있게 하는 파이썬 라이브러리
Anthropic Claude	3.5 Sonnet	LangGraph 에이전트에 추론 기능을 제공하는 LLM 모델
Pydantic	2	툴킷에서 데이터 유효성 검사를 담당하는 파이썬 라이브러리
swcpy	없음	7장에서 만든 SWC API용 SDK

AI를 사용해 API 호출하기(LangChain 활용)

그림 14-1은 14장에서 구축할 프로젝트의 상위 수준 아키텍처를 보여 준다.

LangChain이 어떤 API와 상호 작용하는지 이해하려면 LangChain이 지원하는 다양한 모델 API를 살펴보는 것이 도움이 된다. LangChain의 Chat Models 페이지[1]에는 60개 이상의 챗 모델chat model 제공업체가 나와 있으며, 이 중 일부는 함수 호출 기능을 지원한다. 이 기능은 도구를 사용해 외부 API를 호출할 수 있기 때문에 14장에서 중요하게 다룬다.

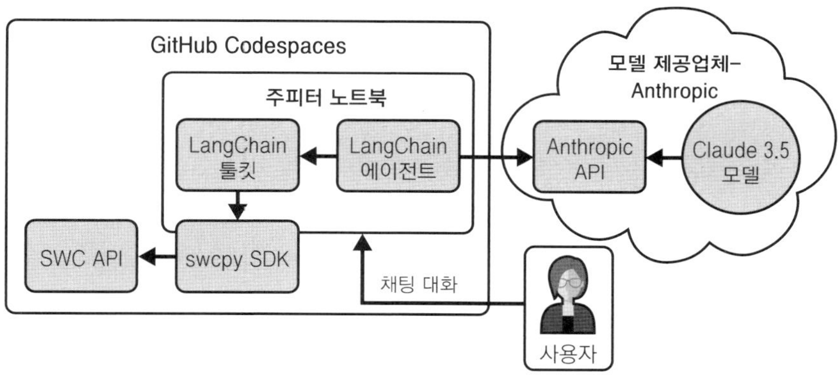

그림 14-1 상위 수준 아키텍처

이 모델 제공업체의 문서를 살펴보면, 일반적으로 API에 대한 문서를 제공하고 API 키 등록(유료)을 허용한다. 여기에는 API 키 발급, 다양한 언어의 SDK, 인터랙티브 문서, 지원 서비스 등, 6장에서 다룬 모범 사례를 대부분 따르고 있음을 알 수 있다. 이들에게 API 사업은 부가적인 것이 아니라 핵심 사업 그 자체다.

1 https://python.langchain.com/docs/integrations/chat/

모델 제공업체는 LLM의 잠재력을 강조하는 장점뿐만 아니라, 반드시 숙지해야 할 중요한 경고도 함께 안내하고 있다. 실제로 주요 LLM의 모델 카드나 시스템 카드에는 편향, 환각, 오류, 유해 콘텐츠 등 다양한 위험 요소와 한계가 명시돼 있다. 예를 들어, Anthropic은 '클로드 3 모델 패밀리(The Claude 3 Model Family): Opus, Sonnet, Haiku' 기사[2]에서 '이 모델들은 중요한 상황에서 단독으로 사용해서는 안 된다'고 명확히 안내하고 있다.

14장에서는 판타지 풋볼을 위한 읽기 전용 API만 사용하므로 위험도가 낮은 환경에서 실습할 수 있다.

LangGraph 에이전트 만들기

> LLM이 애플리케이션의 제어 흐름(즉, 에이전트)을 결정하게 하는 것은 다양한 작업의 자동화 가능성을 여는 매력적인 방법이다. 하지만 실제로 이러한 시스템을 신뢰성 있게 구축하는 것은 매우 어려운 일이다.
>
> — LangChain 블로그, 'LangGraph v0.1 및 LangGraph 클라우드 발표: 에이전트를 대규모로, 안정적으로 실행하기Announcing LangGraph v0.1 & LangGraph Cloud: Running agents at scale, reliably'[3], 2024년 6월

LangGraph는 여러 에이전트가 협력하는 애플리케이션을 만드는 데 중점을 둔 LangChain 관련 프로젝트다. LangChain 자체에도 에이전트를 사용하는 메서드들이 있지만, 최근에는 레거시legacy 방식으로 분류되고 있다. LangGraph는 이러한 기존 방식을 개선해, 개발자에게 더 많은 제어권을 부여하고 멀티에이전트 환경도 지원한다.

LangGraph에서는 수학 그래프 이론의 용어를 빌려 논리적 흐름을 정의한다. LangGraph 에이전트의 논리적 흐름은 마디점 또는 노드라고 하며, 애플리케이션의 상태state를 업데이트하는 프로세스를 나타낸다. 노드는 변 또는 에지로 연결되며, 에지는 한 노드에서 다른 노드로 가는 일방향 흐름one-way flow이다. Airflow가 시작 노드start node에서 시작해 끝 노드end node까지 한 방향으로 가는 비순환 그래프acyclic graph였던 것과는 달리 LangGraph는 노드와 에지가 여러 번 반복될 수 있는 순환 그래프cyclic graph를 허용

2 https://www-cdn.anthropic.com/f2986af8d052f26236f6251da62d16172cfabd6e/claude-3-model-card.pdf

3 https://blog.langchain.com/langgraph-cloud/

한다. 그리고 닫힌 곡선loop을 통해 사용자는 최종 답변을 얻기 전에 모델에 여러 질문을 할 수 있다.

그림 14-2는 순환 유향 그래프directed cyclic graph에서 노드와 에지가 어떻게 연결되는지 시각적으로 보여 준다.

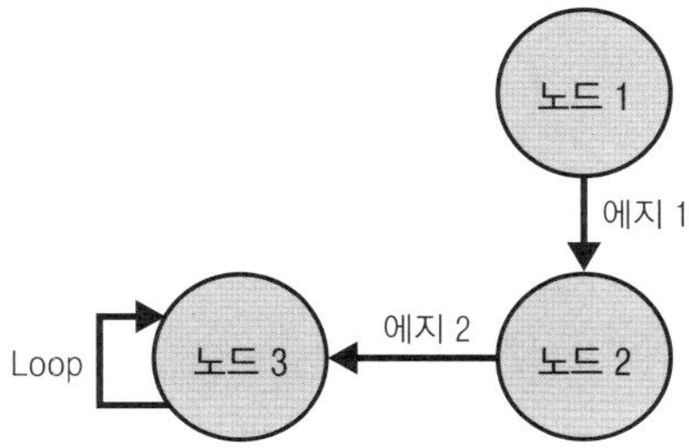

그림 14-2 순환 유향 그래프

14장에서는 순환 유향 그래프로 표현할 수 있는 에이전트를 만든다.

Anthropic 가입하기

Anthropic 모델을 사용할 것이므로 클로드로 구축하기Build with Claude 웹 페이지[4]에서 Anthropic 계정을 만들어야 한다.

Anthropic API를 사용하려면 초기 계정을 구축 플랜Build Plan으로 업그레이드하고 계정에 결제 수단을 추가해야 한다. 과도한 비용 청구를 막기 위해 처음에는 5달러만 충전하고 자동 충전 기능을 비활성화하는 것이 좋다. 이렇게 하면 API 키가 잘못 사용되더라도 최대 5달러까지만 비용이 청구된다.

다음으로, Anthropic API 키 페이지[5]로 이동해 Create API key키 생성를 클릭해 새 키를 발급받는다. `secret-api-key`와 같은 이름을 지정하고 작업 공간을 Default기본로 선택한다(그림 14-3).

4 https://console.anthropic.com/login

5 https://console.anthropic.com/settings/keys

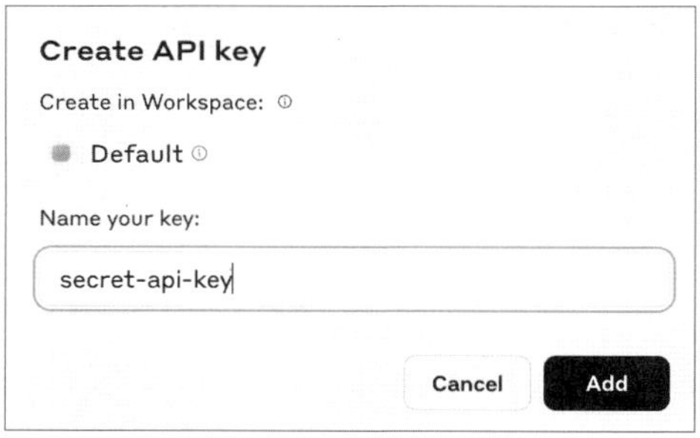

그림 14-3 Anthropic API 키 만들기

키 발급이 완료되면 'Save Your API key[API 키 저장하기]'라는 메시지가 표시된다. 이 API 키는 한 번만 보여지므로 반드시 안전한 곳에 저장해야 한다.

만약 Anthropic API 키를 분실하거나 노출됐다고 판단된다면, 키 관리 페이지에서 해당 키를 삭제한 뒤 새 키를 만들어야 한다. 이런 키 교체(credential rotation) 방식은 API 키 오남용 위험을 줄이는 효과적인 방법이다.

GitHub Codespace 실행하기

실습을 진행하기 전, Anthropic API 키를 Codespace의 시크릿[secret]으로 등록해야 한다. 이 과정을 거치면 LangGraph에서 Anthropic 모델을 바로 사용할 수 있다.

시크릿 추가하기[Adding a secret][6] 안내에 따라 다음 정보를 입력해 새로운 시크릿을 등록한다.

- Name: ANTHROPIC_API_KEY
- Secret: 앞서 발급받은 Anthropic API 키

시크릿이 등록되면 그림 14-4와 같이 키가 저장된 것을 확인할 수 있다.

6 https://docs.github.com/en/codespaces/managing-your-codespaces/managing-your-account-specific-secrets-for-github-codespaces#adding-a-secret

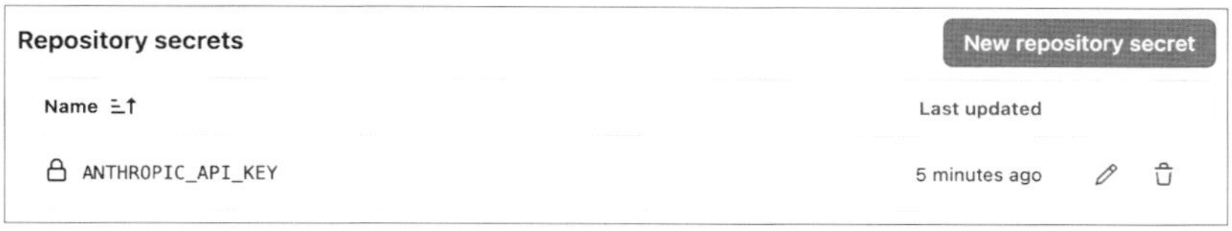

그림 14-4 Codespace 시크릿

Codespace에 새 라이브러리 설치하기

이제 Codespace를 실행한다. 14장에서는 333쪽의 '3부 저장소 복제하기' 절에서 만든 Part 3 GitHub Codespace를 사용한다. 아직 해당 Codespace를 만들지 않았다면 Codespace를 먼저 만들어야 한다. 14장에서 사용할 라이브러리를 설치하기 위해 chapter14/requirements.txt 파일을 만든다.

```
.../analytics-project (main) $ cd chapter14
.../chapter14 (main) $ touch requirements.txt
```

chapter14/requirements.txt 파일에 다음 내용을 추가한다.

```
langchain_core>=0.3.0,<0.4.0 ❶
langchain_anthropic>=0.2.0,<0.3.0 ❷
langgraph>=0.2.0,<0.3.0 ❸
```

❶ LangChain의 기본 라이브러리와 종속성을 설치한다.
❷ 14장에서 사용할 Anthropic 모델용 라이브러리를 설치한다.
❸ 에이전트 정의에 필요한 LangGraph 라이브러리를 설치한다.

다음 명령어를 실행해 Codespace에 새로운 라이브러리를 설치하고, 최신 버전으로 업그레이드한다.

```
.../chapter14 (main) $ pip3 install --upgrade -r requirements.txt
```

정상적으로 설치가 완료되면, 라이브러리들이 성공적으로 설치됐다는 메시지가 나타난다.

주피터 노트북 만들기

14장에서는 LangChain GitHub 저장소[7]에 공개된 예제를 참고해 주피터 노트북 환경에서 대화형 챗 에이전트를 구현한다.

먼저 터미널 창에서 다음 명령어를 입력해 14장에 사용할 노트북 파일을 만든다.

```
.../chapter14 (main) $ touch langgraph_notebook.ipynb
```

이후, langgraph_notebook.ipynb 파일을 클릭해 열고, 파일 우측 상단의 Select Kernel 커널 선택을 클릭한다. Codespace에서 'Install/Enable suggested extensions Python + Jupyter'라는 안내가 뜨면 선택한 후, 추가로 나타나는 창에서 Install설치을 클릭해 확장 기능을 설치한다. 설치가 끝나면 창 제목이 Select Another Kernel다른 커널 선택로 바뀐다. 이때, Python Environments파이썬 환경를 선택하고, 별표(*)가 붙은 파이썬 버전을 클릭한다.

마크다운 셀을 새로 만들고 다음과 같이 입력한다.

```
# LangGraph 에이전트
## 도구 없음
```

새 마크다운 셀에 다음과 같이 입력한다.

```
## 라이브러리 임포트
```

파이썬 셀에 다음 코드를 추가한 후 실행한다.

```
from langchain_core.messages import HumanMessage  ❶
from langchain_anthropic import ChatAnthropic  ❷
from langgraph.checkpoint.memory import MemorySaver  ❸
from langgraph.graph import END, START, StateGraph, MessagesState
import logging
from IPython.display import Image, Markdown, display  ❹
from langchain_core.runnables.graph import CurveStyle,
MermaidDrawMethod, NodeStyles  ❺
```

7 https://langchain-ai.github.io/langgraph/

❶ 에이전트와 통신하는 데 사용할 메시지를 정의하는 라이브러리를 추가한다.
❷ Anthropic 모델을 사용하는 라이브러리를 추가한다.
❸ LangGraph 프레임워크의 여러 부분을 활성화하는 라이브러리를 추가한다.
❹ 에이전트가 반환하는 메시지의 서식 지정을 위해 사용되는 라이브러리를 추가한다.
❺ 그래프를 시각화하는 데 사용되는 라이브러리를 추가한다.

모든 임포트를 노트북 앞부분에 배치하면 사용 중인 라이브러리를 추적하는 데 도움이 된다. 이 임포트들은 주피터 노트북의 모든 셀에서 작동한다.

마크다운 셀에 다음과 같이 입력한다.

```
## 로깅 설정
```

파이썬 셀에 다음 코드를 추가한 후 실행한다.

```
for handler in logging.root.handlers[:]:  ❶
logging.root.removeHandler(handler)

logging.basicConfig(
    filename='langgraph_notebook.log',
    level=logging.INFO,  ❷
)
```

❶ 기존에 등록된 로깅 핸들러(logging handler)를 제거한다.
❷ 로그 기록 수준을 INFO로 설정한다. 자세한 로깅 활용법은 표 7-1을 참조한다.

마크다운 셀에 다음과 같이 입력한다.

```
## 에이전트와 모델 설정
```

파이썬 셀에 다음 코드를 추가한 후 실행한다.

```
model = ChatAnthropic(model="claude-3-5-sonnet-20240620", temperature=0)  ❶

def call_model(state: MessagesState):  ❷
    messages = state['messages']
    response = model.invoke(messages)
```

```
    return {"messages": [response]}

workflow = StateGraph(MessagesState)  ❸

workflow.add_node("agent", call_model)  ❹

workflow.add_edge(START, "agent")  ❺


checkpointer = MemorySaver()

app = workflow.compile(checkpointer=checkpointer)  ❻
```

❶ Anthropic 모델을 초기화한다. `temperature` 값은 응답의 창의성을 조절하며, 값이 낮을수록 더 예측 가능한 답변을 만든다.
❷ `call_model` 함수는 `state` 객체의 메시지를 모델에 전달한다.
❸ `workflow`는 에이전트가 처리할 태스크를 정의한다.
❹ 위에서 정의한 `call_model` 함수를 `agent` 노드로 연결한다.
❺ 시작점은 바로 `agent` 노드로 이어지도록 설계돼 있다.
❻ `workflow`를 LangChain의 `Runnable` 객체인 `app`으로 컴파일한다(Runnable 인터페이스에 관한 자세한 내용은 공식 문서[8]를 참조). `app`이 곧 에이전트 역할을 수행한다.

그래프를 시각화하면 이 코드에서 생성된 노드와 에지, 그리고 생성된 에이전트의 흐름을 파악하는 데 도움이 된다. 마크다운 셀에 다음과 같이 입력한다.

```
## 그래프 시각화하기
```

파이썬 셀에 다음 코드를 추가한 후 실행한다.

```
display(
    Image(
        app.get_graph().draw_mermaid_png(
            draw_method=MermaidDrawMethod.API,
        )
    )
)
```

8 https://python.langchain.com/v0.2/docs/concepts/#runnable-interface

앞의 코드는 그래프의 흐름을 시각적으로 보여 준다(그림 14-5). 정상적으로 실행되면 그래프는 다른 노드를 참조하지 않고 메시지가 기본 에이전트로 전송된다.

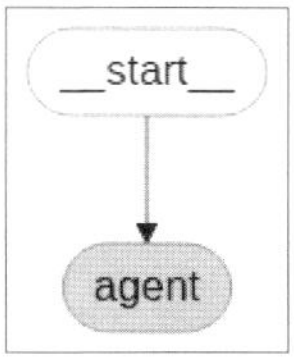

그림 14-5 기본 에이전트의 그래프

LangGraph 에이전트와 대화하기

생성한 에이전트와 대화할 준비가 됐다. `app.invoke()` 메서드와 메시지 객체를 사용해 대화를 진행한다. `invoke()` 메서드 호출 시 `thread_id` 값이 있는 `config` 객체도 전달되며, 에이전트는 `thread_id`를 통해 대화의 이전 메시지를 기억할 수 있다. 다음 텍스트가 포함된 또 다른 마크다운 셀을 추가한다.

마크다운 셀에 다음과 같이 입력한다.

```
## 에이전트와 대화하기
```

파이썬 셀에 다음 코드를 추가한 후 실행한다.

```
final_state = app.invoke(
    {"messages": [HumanMessage(content="What teams did Joe Montana play for?")]},
    config={"configurable": {"thread_id": 99}}
)
display(Markdown(final_state["messages"][-1].content))
```

위와 같은 방식으로 에이전트와 대화할 수 있다. `app.invoke` 명령은 메시지 객체를 보내고 질문을 `HumanMessage`로 추가한다. `config` 객체는 `thread_id`를 전달해 에이전트가 같은 대화의 맥락을 기억하도록 한다. 이 `thread_id`를 사용하는 동안 에이전트는 같은 대화의 이전 메시지를 기억하게 된다. 각 `invoke()` 문장 뒤의 `final_state` 객체에는 모델과 사람 사이의 메시지 목록이 저장된다.

대화에서 가장 마지막 메시지는 `final_state["messages"][-1].content`로 확인할 수 있으며, 메시지는 마크다운 서식이므로 `display(Markdown())` 문장을 사용해 출력하면 깔끔하게 결과를 확인할 수 있다.

모델은 `temperature` 설정을 `0`으로 해도 비결정적이라는 점을 명심한다. 이는 각 상호 작용이 매번 다를 수 있다는 것을 의미한다. 다음과 같은 메시지가 출력되면 그래프 호출이 정상적으로 이뤄진 것이다.

```
Joe Montana played for two NFL teams during his professional career:

1. San Francisco 49ers (1979-1992)
2. Kansas City Chiefs (1993-1994)
He spent the majority of his career with the 49ers, where he achieved his
greatest success, before finishing his career with two seasons in Kansas City.
```

> 만약 이 단계에서 API 키 관련 오류가 발생한다면, Anthropic 계정에 자금이 충분한지, API 키를 생성했는지, Codespace의 시크릿을 제대로 설정했는지 다시 확인해야 한다. 이 단계 중 하나라도 누락되면 Anthropic 모델을 사용할 수 없다.

이 Anthropic 모델은 NFL 관련 역사적 정보를 잘 반영하고 있다. 이번에는 SWC 애플리케이션에 대해 질문해 보자. 파이썬 셀에 다음 코드를 추가한 후 실행한다.

```
final_state = app.invoke(
    {"messages": [HumanMessage(content="What are the leagues in the
    SportsWorldCentral fantasy football platform?")]},
    config={"configurable": {"thread_id": 99}}
)
display(Markdown(final_state["messages"][-1].content))
```

다음과 같은 메시지가 표시된다.

```
I apologize, but I don't have any specific information about leagues in a
platform called "SportsWorldCentral" for fantasy football. Fantasy football
```

```
platforms can vary widely in their league structures and offerings, and I'm not
familiar with this particular one. If this is a real platform, you might
need to check their website or contact their customer support
for accurate information about their league types and structures.
If you have more general questions about fantasy football leagues,
I'd be happy to help with those.
```

모델은 SWC가 실제 플랫폼이 아닐 수 있다고 추측하고 있다. 참고로, Sleeper나 MyFantasyLeague.com과 같은 실제 플랫폼에 대해서도 이 모델은 특정 리그 및 팀에 대한 정보를 갖고 있지 않다. 따라서 이러한 정보 격차를 해소하기 위해, SWC API에 직접 접근할 수 있는 툴킷을 만들어야 한다.

로컬에서 SWC API 실행하기

SWC API의 코드와 데이터베이스 파일은 Codespace의 /api 폴더에 있다. 터미널에서 두 번째 세션을 시작하고, 제공된 requirements.txt 파일을 사용해 API에 필요한 라이브러리를 Codespace에 다음과 같이 설치한다.

```
.../ai-project (main) $ cd api
.../api (main) $ pip3 install -r requirements.txt
```

`fastapi run main.py` 명령어로 API 서버를 실행한다.

```
.../api (main) $ fastapi run main.py
```

그러면 FastAPI CLI에서 다음과 같은 메시지가 출력된다.

```
INFO:     Started server process [19192]
INFO:     Waiting for application startup.
INFO:     Application startup complete.
INFO:     Uvicorn running on http://0.0.0.0:8000 (Press CTRL+C to quit)
```

이제 API가 Codespace에서 실행된다. 터미널에 출력된 URL(예: http://0.0.0.0:8000)을 복사한다.

기본 터미널 세션에서 프로젝트의 루트 디렉터리에 .env라는 파일을 만든다.

```
chapter14 (main) $ touch ../.env
```

.env라는 파일에 다음 내용을 추가한다.

```
SWC_API_BASE_URL="http://0.0.0.0:8000"
```

이 설정은 추후 주피터 노트북에서 활용한다.

swcpy SDK 설치하기

API를 활용하기 위한 툴킷을 만들려면, 7장에서 만든 swcpy SDK를 설치해야 한다. 이미 해당 프로젝트를 마쳤다면 코드를 현재 저장소의 /sdk 디렉터리로 복사한 뒤 `pip3 install -e .` 명령어로 로컬 설치할 수 있다. 아직 완료하지 않았다면 다음과 같이 1부 GitHub 저장소에서 바로 설치할 수 있다.

```
.../api (main) $ pip install swcpy@git+https://github.com/handsonapibook/api-book-
part-one#subdirectory=chapter7/complete/sdk
```

설치가 성공적으로 완료되면 다음과 같은 메시지가 표시된다.

```
Successfully built swcpy
Installing collected packages: pyarrow, backoff, swcpy
Successfully installed backoff-2.2.1 pyarrow-16.1.0 swcpy-0.0.2
```

앞으로 여러분은 swcpy SDK를 활용하는 도구를 만들게 된다. 이 방식이 API와 가장 안정적으로 상호 작용할 수 있는 방법이다. 물론, 9장에서 만든 간단한 API 클라이언트를 기반으로 하거나, httpx 또는 requests와 같이 각 API 엔드포인트를 직접 호출하는 도구를 별도로 만들 수도 있다. 여러 방식으로 실험해 보고 자신에게 가장 맞는 방법을 선택하면 된다.

LangChain 툴킷 만들기

LangChain 툴킷은 여러 개의 도구를 하나로 묶어 관리할 수 있도록 지원한다. 공식 문서 '도구 만드는 방법How to Create Tools'[9]에서 소개하듯이 LangChain에서는 다양한 방식으로 도구를 만들 수 있다. 여기서는 `BaseTool` 클래스를 상속받아 직접 도구를 구현한다. 공식 문서에 따르면 이 방식은 '도구 정의를 가장 세밀하게 제어'할 수 있는 방법이다.

먼저, 다음과 같이 swc_toolkit.py 파일을 만든다.

```
chapter14 (main) $ touch swc_toolkit.py
```

swc_toolkit.py 파일 앞부분에 필요한 라이브러리와 Codespace 시크릿을 로드하는 코드를 추가한다.

```
import os
from typing import Optional, Type, List

from pydantic import BaseModel, Field

from langchain_core.callbacks import CallbackManagerForToolRun ❶
from langchain_core.tools import BaseTool, BaseToolkit

try: ❷
    from swcpy import SWCClient
    from swcpy import SWCConfig
    from swcpy.schemas import League, Team
except ImportError:
    raise ImportError(
        "swcpy가 설치돼 있지 않습니다. 설치 후 진행하세요."
    )

config = SWCConfig(backoff=False) ❸
local_swc_client = SWCClient(config)
```

9 https://python.langchain.com/docs/how_to/custom_tools/

❶ `CallbackManagerForToolRun` 라이브러리는 LangChain에서 도구와 툴킷을 정의하는 데 사용된다.
❷ SDK가 설치돼 있지 않을 경우 `ImportError`를 발생시켜 설치를 유도한다.
❸ SDK 인스턴스를 만든다. 자세한 내용은 7장을 참고한다.

swcpy SDK에는 다양한 API 엔드포인트를 호출하는 함수들이 있다. 에이전트가 활용할 수 있도록 각 SDK 함수마다 입력값을 위한 Pydantic `BaseModel` 하위 클래스와, 실제 동작을 담당하는 LangChain `BaseTool` 하위 클래스를 정의해야 한다.

14장에서는 다음 세 가지 도구를 구현한다.

- `HealthCheckTool`: API가 정상적으로 동작 중인지 확인한다.
- `ListLeaguesTool`: 리그 정보를 조회한다.
- `ListTeamsTool`: 팀 정보를 조회한다.

swc_toolkit.py 파일에 다음 내용을 추가한다.

```
class HealthCheckInput(BaseModel):  ❶
    pass

class HealthCheckTool(BaseTool):  ❷
    name: str = "HealthCheck"
    description: str = (
        "다른 API 호출 전에 API가 정상적으로 동작하는지 확인할 때 사용합니다."
    args_schema: Type[HealthCheckInput] = HealthCheckInput  ❸
    return_direct: bool = False

    def _run(
        self, run_manager: Optional[CallbackManagerForToolRun] = None
    ) -> str:
        """API의 상태를 확인합니다."""
        health_check_response = local_swc_client.get_health_check()  ❹
        return health_check_response.text

class LeaguesInput(BaseModel):  ❺
    league_name: Optional[str] = Field(
        default=None,
        description="리그 이름입니다. 전체 리그를 조회하려면 비워 두거나 None으로 설정하세요.")
```

```
class ListLeaguesTool(BaseTool): ❻
    name: str = "ListLeagues"
    description: str = (
        "SportsWorldCentral에서 리그 정보를 조회합니다."
        "리그에 팀이 있는 경우 함께 반환됩니다."
    )
    args_schema: Type[LeaguesInput] = LeaguesInput
    return_direct: bool = False

    def _run(
        self, league_name: Optional[str] = None,
        run_manager: Optional[CallbackManagerForToolRun] = None
    ) -> List[League]:
        """ SportsWorldCentral에서 리그 정보를 가져옵니다."""
        # 리그 이름으로 API를 호출한다. None도 가능하다.
        list_leagues_response = local_swc_client.list_leagues(league_name=league_name)
        return list_leagues_response
```

❶ 각 도구별로 Pydantic의 `BaseModel`을 상속받는 입력 객체를 정의한다. 예를 들어, `HealthCheckTool`은 별도의 입력 매개 변수가 필요 없으므로 빈 입력 객체를 만든다.

❷ `HealthCheckTool`은 API의 상태를 확인한다. 이 도구는 LangChain의 `BaseTool`을 상속해 구현한다. 여기에 제공되는 정보는 이 도구를 언제, 어떻게 사용할지를 결정하는 데 사용된다.

❸ `args_schema`는 해당 도구가 기대하는 입력값의 구조를 정의하며, 모델은 이를 참고해 적절한 입력을 도구로 전달한다.

❹ 실제 동작이 이뤄지는 부분은 `_run()` 메서드다. 이 메서드에서는 SDK의 `get_health_check()` 함수를 호출해 API의 상태를 확인한다.

❺ `ListLeaguesTool`의 입력값을 정의하며, 이 클래스에는 해당 도구가 사용할 매개 변수가 있다.

❻ `ListLeaguesTool` 역시 별도의 도구 클래스로 구현하며, 실제로 SDK의 `list_leagues()` 함수를 호출해 리그 정보를 조회한다.

이제 `ListTeamsTool`을 추가하고, 우리가 만든 모든 도구를 하나로 모아 관리할 수 있는 `BaseToolkit` 객체를 만든다. swc_toolkit.py 파일에 다음 내용을 추가한다.

```
class TeamsInput(BaseModel): ❶
    team_name: Optional[str] = Field(
        default=None,
        description="조회할 팀 이름입니다." \
        "전체 팀을 조회하려면 비워 두거나 None으로 두세요.")
```

```
    league_id: Optional[int] = Field(
        default=None,
        description=(
            "리그의 ID(숫자)입니다. 전체 리그의 팀을 조회하려면 비워 두세요."
            ))


class ListTeamsTool(BaseTool):  ❷
    name: str = "ListTeams"
    description: str = (
        "SportsWorldCentral에서 팀 목록을 조회합니다."
        "팀 내에 선수가 있는 경우 함께 반환됩니다."
        "특정 리그의 팀만 조회하려면 리그 ID를 입력할 수 있습니다.")
    args_schema: Type[TeamsInput] = TeamsInput
    return_direct: bool = False

    def _run(
        self,
        team_name: Optional[str] = None,
        league_id: Optional[int] = None,
        run_manager: Optional[CallbackManagerForToolRun] = None
    ) -> List[Team]:
        """SportsWorldCentral에서 팀 목록을 조회합니다."""
        list_teams_response = local_swc_client.list_teams(
            team_name=team_name, league_id= league_id)
        return list_teams_response

class SportsWorldCentralToolkit(BaseToolkit):  ❸
    def get_tools(self) -> List[BaseTool]:  ❹
        """툴킷에 포함된 도구 목록을 반환합니다."""
        return [HealthCheckTool(), ListLeaguesTool(), ListTeamsTool()]  ❺
```

❶ `ListTeamsTool`에서 사용하는 입력값을 정의한 부분으로, `ListTeamsTool`이 사용하는 매개 변수가 포함돼 있다.

❷ `ListTeamsTool` 클래스는 SDK의 `list_teams()` 함수를 실제로 호출하는 도구를 정의한다.

❸ `SportsWorldCentralToolkit` 클래스는 LangChain의 `BaseToolkit` 클래스를 상속받아 구현된다.

❹ `get_tools()` 메서드는 이 툴킷에 포함된 모든 도구의 목록을 반환한다.

❺ 각 도구의 인스턴스를 생성한 후 리스트로 묶어 반환한다.

AI를 사용해 API 호출하기(LangGraph 활용)

langgraph_notebook.ipynb 노트북에서 대화는 가능하지만 SWC API의 질문에는 답변할 수 없는 에이전트를 만들었다. 이제 도구를 사용해 SWC API를 호출할 수 있는 향상된 버전을 만든다. 먼저 다음 명령어를 사용해 주피터 노트북 파일을 복사한다.

```
.../chapter14 (main) $ cp langgraph_notebook.ipynb \ langgraph_notebook_with_
toolkit.ipynb
```

복사한 langgraph_notebook_with_toolkit.ipynb 파일을 열고, 파이썬 커널을 선택한 뒤, 첫 번째 마크다운 셀에 다음 내용을 입력해 이 파일이 도구가 추가된 버전임을 명확히 표시한다.

```
# LangGraph 에이전트
## 도구 추가 버전
```

가장 첫 번째 파이썬 셀에 다음 코드를 추가한 후 셀을 실행한다.

```
from swc_toolkit import SportsWorldCentralToolkit ❶
from langchain_core.tools import tool ❷
from langgraph.prebuilt import ToolNode ❸
from typing import Literal
```

❶ 우리가 직접 만든 SWC 툴킷을 임포트한다.
❷ LangChain의 도구 기능을 임포트한다.
❸ LangGraph에서 툴킷을 지원하는 기능을 임포트한다.

로깅 설정을 위한 파이썬 셀을 찾은 뒤, 마크다운 셀을 추가하고 다음과 같이 입력한다.

```
## 툴킷 생성
```

이제 앞에서 만들고 임포트했던 툴킷을 실제로 사용할 준비를 한다. 파이썬 셀에 다음 코드를 추가한 후 실행한다.

```
swc_toolkit = SportsWorldCentralToolkit()
tools = swc_toolkit.get_tools()
```

이 코드는 SWC 툴킷의 인스턴스를 생성하고, `get_tools()`를 통해 포함된 모든 도구 객체를 리스트 형태로 불러와 `tools` 객체에 저장한다.

이제 에이전트의 본체에 여러 변화가 필요하다. 모델이 사용할 수 있는 도구를 명확히 인식하도록 `bind_tools()`로 연결하며, 그래프에 ToolNode를 추가해 필요시 도구를 호출하도록 만든다. '에이전트와 모델 설정Configure Agent and Model' 제목 아래에 위치한 파이썬 셀 전체를 다음 코드로 바꾸고 실행한다.

```
tool_node = ToolNode(tools)

model = ChatAnthropic(model="claude-3-5-sonnet-20240620",
                      temperature=0).bind_tools(tools)  ❶

def should_continue(state: MessagesState) -> Literal["tools", END]:  ❷
    messages = state['messages']
    last_message = messages[-1]
    if last_message.tool_calls:
        return "tools"
    return END

def call_model(state: MessagesState):
    messages = state['messages']
    response = model.invoke(messages)
    return {"messages": [response]}

workflow = StateGraph(MessagesState)

workflow.add_node("agent", call_model)
workflow.add_node("tools", tool_node)  ❸

workflow.add_edge(START, "agent")

workflow.add_conditional_edges(  ❹
    "agent",
    should_continue,
)

workflow.add_edge("tools", 'agent')
```

```
checkpointer = MemorySaver()

app = workflow.compile(checkpointer=checkpointer)
```

❶ 모델 초기화 시 bind_tools()를 사용해 모델이 생성한 툴킷을 사용할 수 있도록 한다.

❷ should_continue 함수는 조건부 에지(conditional edge)로 사용돼 결과에 따라 진행 방식을 결정하는 워크플로다. 모델이 도구 호출로 응답하면 tools로 분기하고, 그렇지 않으면 END로 흐름을 종료한다.

❸ 그래프에 도구 노드를 추가해, 필요에 따라 실제 도구를 호출한다.

❹ 앞에서 정의한 should_continue 함수를 사용하는 조건부 에지를 추가한다.

도구 노드를 추가하기 위해 흐름flow이 어떻게 업데이트됐는지 확인하려면 '그래프 시각화하기Visualize the Graph' 제목 아래의 파이썬 셀을 다시 실행한다.

그림 14-6과 같은 그래프가 표시된다. 이 그래프는 에이전트와 사용 가능한 도구들 간의 닫힌 곡선loop을 보여 준다.

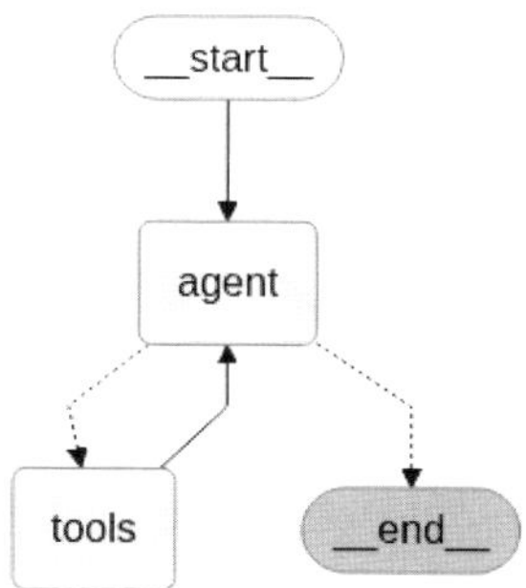

그림 14-6 도구가 포함된 에이전트 그래프

에이전트는 질문에 따라 도구를 한 번, 여러 번, 혹은 아예 호출하지 않고 답변할 수도 있다. 또한 질문과 에이전트의 추론에 따라, 한 번의 API 호출, 여러 번의 API 호출, 또는 API 호출 없음으로 이어질 수 있다.

에이전트와 대화하기(도구 사용)

이제 실제로 에이전트가 SWC API에 질문을 던져 답변을 받을 수 있는지 확인해 보자. 이전에 에이전트를 당황하게 만들었던 질문부터 시작해 보자. 파이썬 셀에 다음 코드를 추가한 후 셀을 실행한다.

```
final_state = app.invoke(
    {"messages": [HumanMessage(content="What are the leagues in the " \
    "SportsWorldCentral fantasy football platform? Keep the response simple.")]},
    config={"configurable": {"thread_id": 99}}
)
display(Markdown(final_state["messages"][-1].content))
```

그러면 다음과 같이 간단하게 정리된 리그 목록을 반환받을 수 있다.

```
Here's a simple list of the leagues in the SportsWorldCentral fantasy
football platform:

1. Pigskin Prodigal Fantasy League
2. Recurring Champions League
3. AHAHFZZFFFL
4. Gridiron Gurus Fantasy League
5. Best League Ever

These are the five leagues currently available in the platform.
```

터미널에서 다음과 같은 로그가 함께 출력된다면, 에이전트가 툴킷의 `ListLeaguesTool`을 실제로 호출했다는 것을 의미한다.

```
INFO: 0.0.0.0:8000 - "GET /v0/leagues/?skip=0&limit=100 HTTP/1.1" 200 OK
```

지금까지 LangGraph 에이전트를 생성하고 사용자 지정 API를 호출하기 위한 툴킷을 제공했다.

시간을 들여 `HealthCheckTool`과 `ListTeamsTool`을 사용하도록 에이전트를 유도하는 질문을 해보자. 터미널 출력이나 로그 파일을 확인해 생성된 API 호출을 살펴본다. 이는 도구 사용에 어떻게 영향을 미칠 수 있을까? 도구를 사용해 더 어려운 질문에 답하도록 하려면 어떻게 해야 할까? 어떻게 하면 에이전트를 곤란하게 만들 수 있을까?

포트폴리오 프로젝트 확장하기

14장에서는 LangGraph와 LangChain을 활용해 AI 에이전트를 직접 구현했다. 보다 더 많은 학습과 실전 적용을 위해 다음과 같은 도전 과제를 시도해 볼 수 있다.

- 6장에서 API를 클라우드에 배포했다면, 14장의 코드를 수정해 Codespace에서 API를 실행하는 대신 클라우드 호스팅 API를 사용한다.
- 직접 만든 API의 더 많은 엔드포인트를 툴킷에 추가하고, 도구 정의와 제공하는 프롬프트에 따라 에이전트의 동작이 어떻게 달라지는지 알아본다.
- 14장에서는 Anthropic 모델을 사용했지만, LangChain Chat Model[10]이 지원하는 다른 함수 호출 기반 모델도 사용해 본다.
- 에이전트에 추가 도구를 제공하고, 이 도구들을 조합해 문제를 해결하도록 시도해 본다. 예를 들어, 307쪽의 'Streamlit 및 nfl_data_py 설치하기' 절에서 사용했던 `nfl_data_py` 라이브러리에 대한 별도의 툴킷을 만들어 본다.

참고 자료

LangChain은 비교적 최근에 등장한 프레임워크이므로 출판된 자료들이 최신 정보를 따라가지 못하는 경우가 많다. 따라서 온라인 자료 및 데모를 참고할 때에는 반드시 해당 자료에서 다루는 라이브러리 버전을 확인해야 한다. 이 책을 집필하는 시점에도 일부 자료에 '더 이상 사용되지 않는 코드deprecated code'가 포함돼 있었다.

이 점을 염두에 두자. 가장 최신 자료는 LangChain 공식 문서 페이지[11]에서 확인할 수 있다.

LangGraph는 LangChain보다 더 최근에 등장한 프레임워크로, 가장 자세한 내용은 LangGraph 문서[12]에서 확인할 수 있다.

10 https://python.langchain.com/docs/integrations/chat/

11 https://python.langchain.com/docs/introduction/

12 https://langchain-ai.github.io/langgraph/

에이전트 설계에 대한 Anthropic의 조언과 여러 추천 워크플로를 확인하고 싶다면 '효과적인 에이전트 만들기Building Effective Agents'[13]를 참고한다.

또한, 구글은 완벽하게 작동하는 에이전트의 주요 구성 요소를 설명하는 에이전트 백서Agents Whitepaper[14]를 발표했다. 이 백서는 에이전트가 API를 포함한 도구를 어떻게 효과적으로 사용할 수 있는지에 대한 중요성을 강조한다.

요약

14장에서는 LangChain과 LangGraph 프레임워크를 활용해, AI 모델과 SWC API가 연동되는 지능형 에이전트를 주피터 노트북에서 직접 구현했다. 이번 과정에서 우리는 자연어 질문이 API 호출로 이어져 실제 데이터를 가져오는, AI 애플리케이션 연동의 첫 단계를 완성했다.

15장에서는 챗GPT와 같은 LLM과 API를 실제로 결합한 완성형 애플리케이션을 구현하는 방법을 알아본다. SWC API와 직접 상호 작용할 수 있는 사용자 정의 액션과 GPT 설계 방안도 함께 학습한다.

13 https://python.langchain.com/docs/integrations/chat/

14 https://oreil.ly/M5hV_

15장

챗GPT를 사용해 API 호출하기

14장에서는 자연어로 대화할 수 있는 생성형 AI 애플리케이션을 직접 구현하며, SWC API에서 데이터를 조회하는 모델을 만들었다. 이 과정에서 상당한 분량의 파이썬 코드를 작성해야 했다.

15장에서는 OpenAI의 사용자 정의 GPT^custom GPT^를 활용해, SWC API 이외에 별도의 파이썬 코드를 작성하지 않고도 동일한 작업을 수행하는 방법을 설명한다. 사용자 정의 GPT란 별도의 프로그래밍 없이도 API와 연동하는 생성형 AI 애플리케이션을 손쉽게 만들 수 있는 로-코드^low-code^ 방식이라고 할 수 있다.

애플리케이션 아키텍처

그림 15-1은 15장에서 만들 프로젝트의 상위 수준 아키텍처를 보여 준다. 그림 14-1과 비교해 보면 두 구조 모두 사용자가 자연어 채팅을 통해 SWC API로부터 데이터를 조회한다는 점, 그리고 함수 호출 기능이 내장된 LLM이 사용자와 대화하면서 필요할 때 API를 호출한다는 점은 같다. 그러나 14장에서는 Anthropic의 모델을 사용했지만, 15장에서는 OpenAI GPT-4o 모델을 사용한다.

이 외에도, 14장의 아키텍처와 중요한 차이점이 있다. 14장에서는 여러 파이썬 컴포넌트를 직접 개발해 GitHub Codespace에서 실행해야 했지만, 15장에서는 SWC API만 Codespace에서 실행하면 된다. 14장과 15장의 차이점에 대해서는 필요할 때마다 본문에서 자세히 소개하겠다.

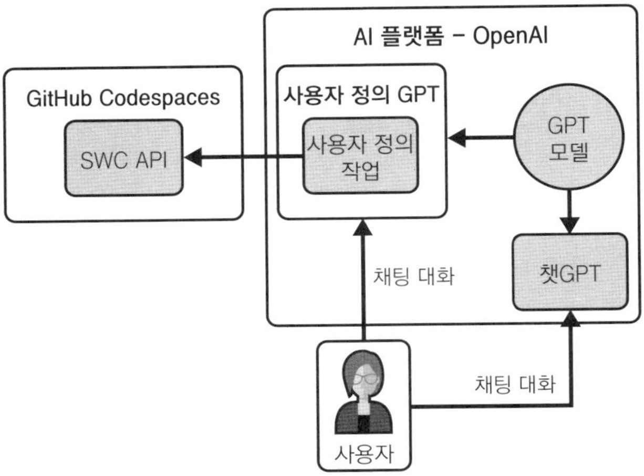

그림 15-1 상위 수준 아키텍처

14장에서 사용한 모델과 마찬가지로, AI 모델을 활용할 때는 항상 한계와 위험성을 인지해야 한다. OpenAI 모델 카드[1]에서 명시된 허위 정보, 폭력적 언어 등 다양한 위험 요소를 참고한다.

챗GPT 시작하기

가장 먼저 해야 할 일은 OpenAI 홈페이지[2]에서 챗GPT 계정을 만드는 것이다. GPT 생성 기능이 포함된 요금제를 선택해야 하며, 2024년 기준으로 Plus, Team, Enterprise 요금제가 해당 기능을 지원한다(자세한 사항은 챗GPT 요금 안내[3] 참조). 회원 가입을 마친 뒤 로그인하면, 다시 챗GPT 홈페이지로 돌아온다.

OpenAI가 여러분의 채팅 기록을 모델 학습에 활용하지 않도록 하려면 OpenAI 개인 정보 포털[4]에서 이를 비활성화할 수 있다(Do not train on my data 옵션). 이 설정을 통해 챗GPT 또는 사용자 정의 GPT에 입력한 정보가 다른 사용자에게 노출될 위험을 줄일 수 있다.

---

1 https://openai.com/index/gpt-4o-system-card/

2 https://chatgpt.com/

3 https://openai.com/chatgpt/pricing/

4 https://privacy.openai.com/policies

사용자 정의 GPT 만들기

첫 번째 GPT를 만들려면, 왼쪽 사이드바에서 GPT를 선택한 후 **내 GPT**My GPTs를 선택한다. 그러면 그림 15-2와 같이 내 GPT 페이지가 나타난다.

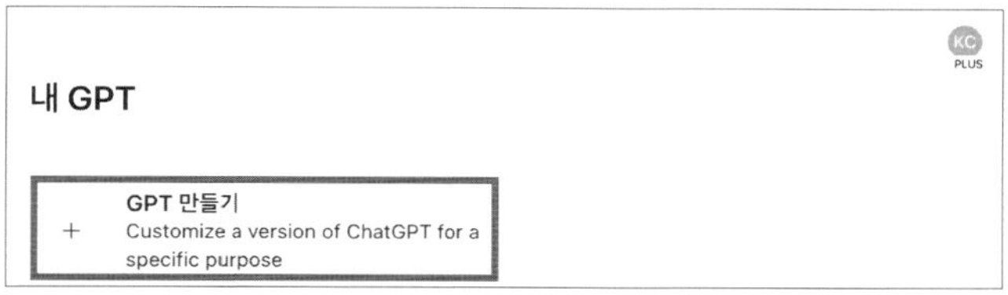

그림 15-2 내 GPT 페이지

GPT 만들기 Create a GPT 버튼을 클릭한 후 **구성**Configure 탭을 선택하면, 그림 15-3과 같이 새 GPT의 구성 옵션 페이지가 나타난다.

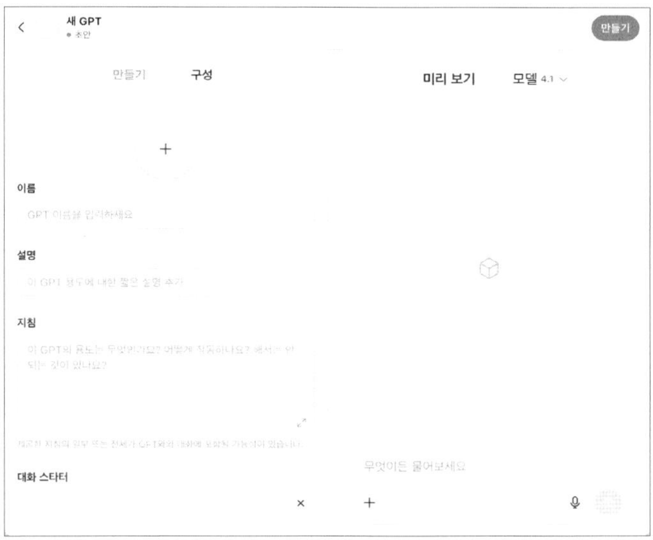

그림 15-3 새 GPT 만들기 페이지의 구성 탭

여기서 더하기(+) 아이콘이 있는 큰 버튼을 클릭해 사용자 정의 GPT에 사용할 이미지를 선택할 수 있다. 공개된 이미지를 다운로드한 다음, **사진 업로드**Upload Photo 메뉴를 통해

사진을 업로드하면 된다. 이 책에서 사용한 이미지는 다음 URL(https://oreil.ly/dItdO)에서 다운로드할 수 있다.

새 GPT의 구성을 마치기 위해 새 GPT 구성 페이지의 항목을 그림 15-4와 같이 입력한다.

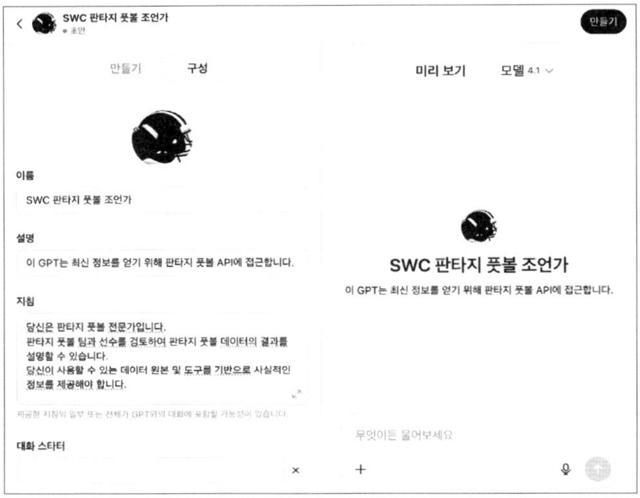

그림 15-4 새 GPT 구성 정보

페이지를 아래로 스크롤하면 추가 옵션이 나오는데, **대화 스타터**conversation starters 문구는 지금은 비워 둔다. **기능**Capabilities 항목에서는 아무 옵션도 선택하지 않는다. 화면은 그림 15-5와 같이 보여야 한다.

이제 커스텀 GPT가 현재까지 어떤 응답을 할 수 있는지 미리 확인해 보자. 오른쪽 **미리보기**Preview 창에 다음과 같이 프롬프트를 입력한다. 'SportsWorldCentral 판타지 풋볼 플랫폼에 있는 구체적인 리그 이름은 무엇인가요?What are the specific league names from the SportsWorldCentral fantasy football platform?'

생성형 AI의 답변은 비결정적이므로 여러분과 다른 사용자가 똑같은 질문을 하더라도 결과가 달라질 수 있다. 만약 너무 포괄적인 질문을 하면, GPT가 실제로 존재하지 않는 내용을 만들어 내는 환각을 일으킬 수도 있으니 주의해야 한다.

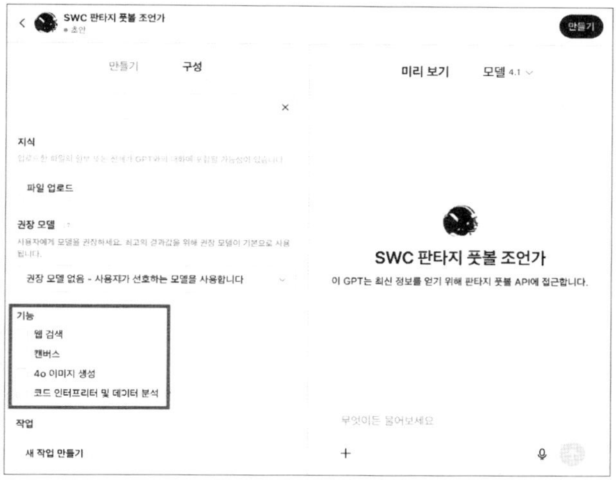

그림 15-5 새 GPT 구성 페이지의 기능 항목

그림 15-6은 GPT가 '공식 문서나 공개적으로 확인된 SWC 플랫폼의 구체적인 리그 이름에 대한 정보가 없어 답변할 수 없다'고 응답하는 예시다. 해당 정보를 얻으려면 반드시 API 호출이 필요하기 때문이다.

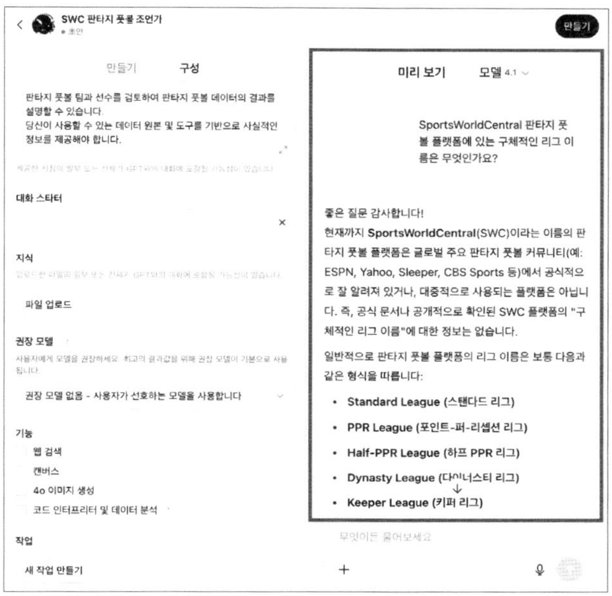

그림 15-6 사용자 정의 GPT의 프롬프트와 응답

이처럼 모델이 필요한 정보를 충분히 학습하지 못해 생기는 '지식의 공백knowledge gap'을 극복하기 위해 사용자 정의 작업custom action을 만들어 GPT가 SWC API를 직접 호출할 수 있도록 설정해 보자.

이제부터 333쪽의 '3부 저장소 복제하기' 절에서 만들었던 Part 3 GitHub Codespace를 사용한다.

GitHub Codespace 실행하기

1부와 2부에서 했던 것처럼 3부에서도 GitHub Codespace 환경을 활용해 실습을 진행한다. '3부 저장소 복제하기' 절에서 만든 Codespace를 사용한다. 아직 Codespace를 만들지 않았다면 '3부 저장소 복제하기' 절의 절차를 따라 Codespace를 복제한 후에 진행해야 한다.

GitHub Codespace에서 SWC API 실행하기

Codespace의 터미널에서 /api 디렉터리로 이동한 후, `pip3 install -r requirements.txt` 명령어로 필요한 라이브러리를 설치한다.

```
.../ai-project (main) $ cd api
.../api (main) $ pip3 install -r requirements.txt
```

`fastapi run main.py` 명령어로 API 서버를 실행한다.

```
.../api (main) $ fastapi run main.py
```

명령어를 실행하면 다음과 같은 메시지가 출력된다.

```
INFO:     Started server process [19192]
INFO:     Waiting for application startup.
INFO:     Application startup complete.
INFO:     Uvicorn running on http://0.0.0.0:8000 (Press CTRL+C to quit)
```

잠시 후, '포트 8000에서 실행되는 애플리케이션을 사용할 수 있습니다'라는 알림 창이 뜬다. **퍼블릭으로 만들기**Make Public를 클릭해 외부에서도 접근 가능한 API 로 설정한다(그림 15-7 참조).

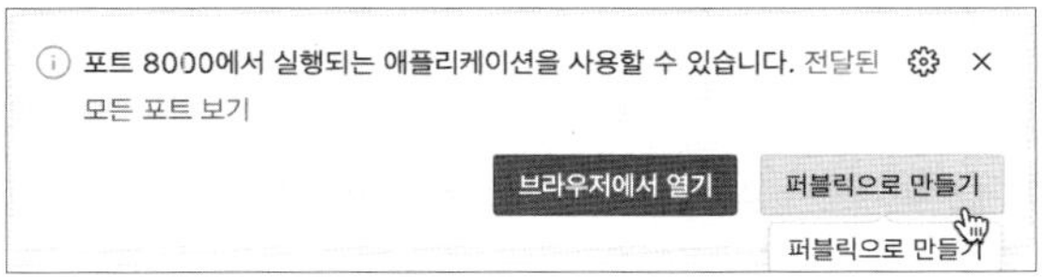

그림 15-7 API를 퍼블릭으로 만들기

이제 API가 Codespace에서 퍼블릭 포트로 실행된다. 웹 브라우저에서 실행 중인 API를 확인하려면 터미널 하단의 **포트** 탭을 클릭한 후, 8000번 포트 줄에 마우스를 올리고 **지구본 아이콘**을 선택하면 된다(그림 15-8 참조).

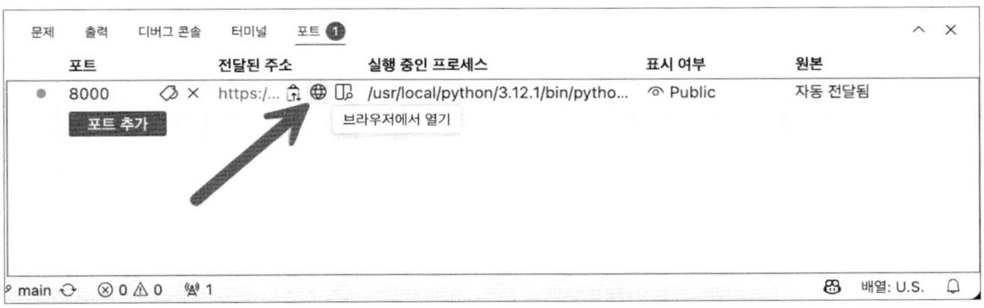

그림 15-8 공개된 주소로 API 접속하기

브라우저 주소창에는 app.github.dev로 끝나는 URL이 표시되며, 상태 확인 엔드포인트를 통해 다음과 같은 메시지를 확인할 수 있다.

```
{"message":"API 상태 확인 성공"}
```

이 메시지를 통해 API가 클라우드 환경에서 공개적으로 실행되고 있음을 알 수 있다. 브라우저 주소창의 전체 URL을 복사해, 다음 단계에서 사용할 수 있도록 따로 저장해 둔다. API를 종료하려면 터미널에서 Ctrl+C를 누른다.

OAS 파일에 서버 정보 추가하기

OAS 파일을 업데이트하려면 FastAPI의 코드를 수정해야 한다. main.py 파일의 생성자 부분을 다음과 같이 변경한다.

```
app = FastAPI(
    description=api_description,
    title="Sports World Central (SWC) 판타지 풋볼 API",
    version="0.2",
    servers=[
        {"url": "[앞에서 복사한 API 서버의 기본 URL]",
         "description": "Main server"}  ❶
    ]
)
```

❶ 큰따옴표("") 안에는 반드시 앞 단계에서 복사한 전체 공개 URL을 입력해야 한다.

Adding this section in the code makes two changes that you can verify:

- OAS 파일에 `Servers` 항목이 추가되고,
- API 문서(자동 생성되는 Swagger UI)에도 `Servers` 항목이 나타난다.

변경된 내용을 확인하기 위해 터미널에서 다시 API를 실행한다.

```
.../api (main) $ fastapi run main.py
```

브라우저의 기본 URL 끝에 /docs를 붙여 접속하면 그림 15-9와 같이 Swagger 문서의 General 항목에 Servers 선택 상자가 추가된 것을 볼 수 있다.

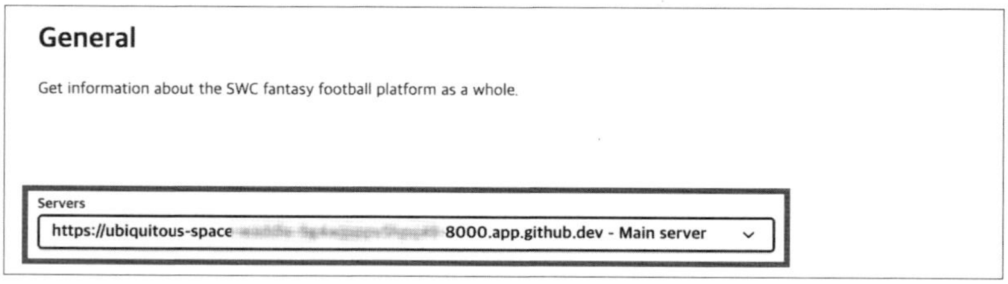

그림 15-9 API 문서에 추가된 Servers 항목

문서 상단의 openapi.json 링크를 클릭하면 OAS 파일 전체를 볼 수 있다(가독성을 위해 JSON 포맷터 확장 프로그램을 활용하는 것이 좋다). `info` 항목 아래에는 다음과 같이 새로운 `servers` 항목이 포함돼 있어야 한다.

```
  "servers": [
      {
          "url": "[your base URL]",
          "description": "Main server"
      }
]
```

다음 단계 진행을 위해 openapi.json 전체 경로도 복사해 둔다.

GPT 작업 만들기

그림 15-1에서 확인할 수 있듯이 사용자 정의 GPT는 우리 API를 호출하는 사용자 정의 작업 기능을 제공한다.

구성 탭의 맨 아래로 스크롤해 **새 작업 만들기**Create new action 버튼을 클릭한다(그림 15-3 참조). 이후, **작업 추가**Add Actions 페이지가 열리면, **인증**Authentication 항목은 **없음**None으로 그대로 둔다(우리가 만든 API는 인증이 필요하지 않다).

URL에서 가져오기 Import URL 버튼을 클릭한 뒤, 앞서 복사해 둔 openapi.json의 전체 주소를 붙여 넣는다. 그림 15-10과 같이 화면에 입력한 주소가 표시돼야 한다.

그림 15-10 OAS 파일 가져오기

가져오기Import 버튼을 클릭하면, OAS 파일의 내용이 그림 15-11처럼 스키마Schema 항목에 자동으로 추가된다.

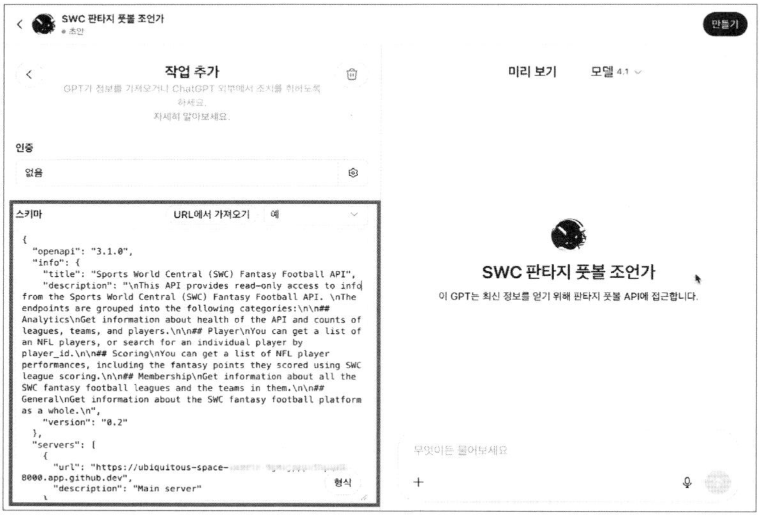

그림 15-11 OAS 파일이 반영된 화면

OAS 파일의 텍스트 아래로 스크롤하면, 사용 가능한 작업 목록이 표시된다(그림 15-12 참조).

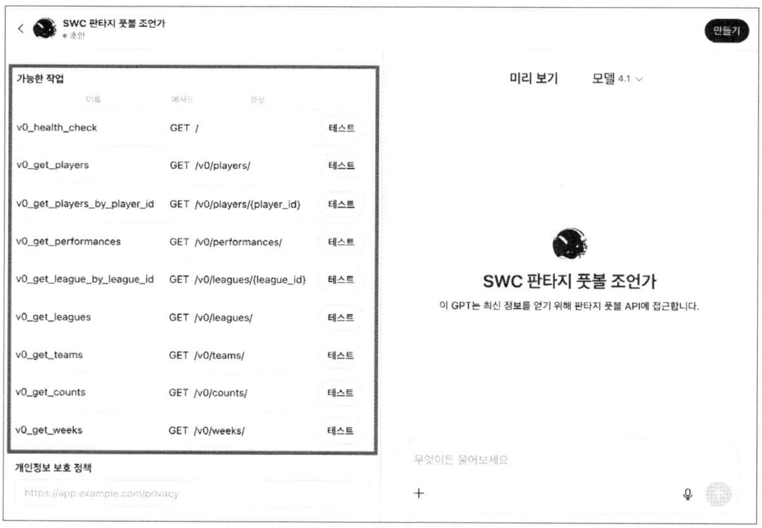

그림 15-12 사용 가능한 작업 목록

GPT에서 API 테스트하기

가능한 작업 Available actions 항목에 OAS 파일의 모든 엔드포인트가 나열된 것을 확인할 수 있다. 만약 GPT가 API의 일부 엔드포인트에만 접근하도록 제한하려면, 이 스키마를 수동으로 편집해 원하지 않는 엔드포인트를 제거할 수 있다. 우리의 모든 엔드포인트는 공개 읽기 전용이므로 스키마에 그대로 남겨 둔다.

> **챗GPT와 LangGraph 비교**
>
> 이 시점에서 15장의 사용자 정의 GPT에서 API를 제공하는 방식과 366쪽 'LangGraph 에이전트 만들기' 절의 방식을 비교해 보자. LangGraph에서는 파이썬 코드로 툴킷을 만들어 AI 애플리케이션에 도구를 제공하고, 함수 호출 모델이 툴킷의 함수 설명에 따라 사용할 함수를 결정했다. 반면, 15장의 사용자 정의 GPT에서는 OAS 파일을 제공하면 사용자 인터페이스가 모든 경로 항목을 자동으로 도구로 등록하고, 필요 시 사용하지 않을 엔드포인트를 수동으로 삭제할 수 있다. 최종적으로 사용자 정의 GPT는 OAS `path` 객체의 설명에 따라 사용할 작업을 스스로 결정한다.

API 연결이 올바르게 설정됐는지 확인하려면 `v0_health_check` 옆에 있는 **테스트**Test 버튼을 클릭한다(그림 15-13 참조). 그러면 GPT가 API의 상태 확인 엔드포인트를 호출하고, 그림 15-13처럼 API의 상태를 출력한다.

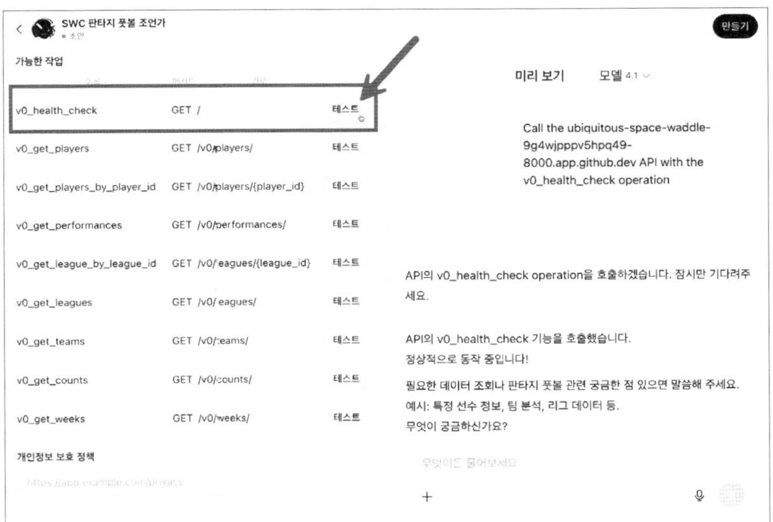

그림 15-13 GPT가 상태 확인 엔드포인트를 호출한 결과

이제 이 작업을 GPT에 추가할 준비가 마쳤다. 화면 오른쪽 위 **만들기**Save 버튼을 클릭하면 그림 15-14와 같이 GPT 공유Share GPT 대화 상자가 표시된다.

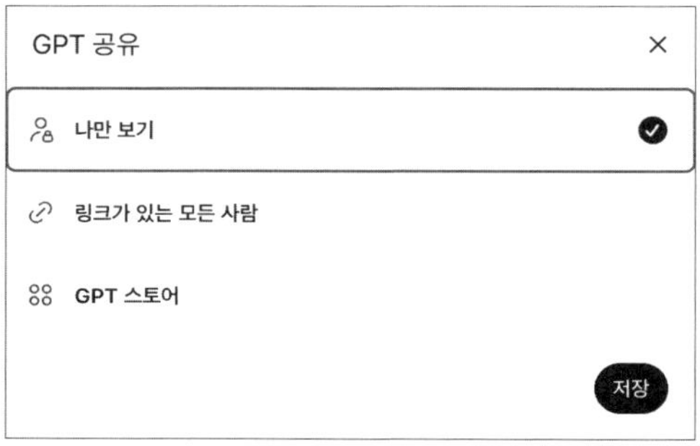

그림 15-14 GPT 공유 대화 상자

이 GPT를 비공개로 하려면 **나만 보기**Only me 옵션을 선택한 후 **저장**Save 버튼을 클릭한다 (그림 15-14 참조).

그러면 **설정 저장됨**Settings Saved 대화 상자가 표시되고, GPT로 이동할 수 있는 바로가기 링크가 표시된다. 여기서 **GPT 보기**View GPT 버튼을 클릭하면 GPT로 이동할 수 있다.

사용자 정의 GPT와 대화하기

사용자 정의 GPT가 만들어지면 **내 GPT** 항목(그림 15-2 참조)에 새로 만든 GPT가 표시된다. 그림 15-1에서처럼 이 GPT는 챗GPT와는 별도의 독립된 애플리케이션으로, SWC 판타지 풋볼 API에 직접 접근해 정보를 조회할 수 있다.

내 GPT에서 **SWC 판타지 풋볼 조언가**를 선택하면, 그림 15-15와 같이 대화 준비가 완료된 화면이 나타난다.

이제 이전에 입력했던 질문 'SportsWorldCentral 판타지 풋볼 플랫폼에 있는 구체적인 리그 이름은 무엇인가요?'를 다시 입력해 보자.

그림 15-15 대화 준비가 완료된 판타지 풋볼 조언가

GPT는 API 호출 권한이 필요하다고 안내하며, **항상 허용**Always Allow 버튼을 클릭하도록 요청할 수 있다. 이후 GPT는 API와 통신했음을 안내하고, 리그 정보를 5개만 반환한다. `limit` 매개 변수가 `10`으로 설정돼 있지만, 우리 데이터베이스에 등록된 리그가 5개뿐이기 때문이다. 이후 GPT는 API에서 받은 정보를 바탕으로 질문에 답변하며, 그림 15-16처럼 실제 API 응답 데이터를 출력한다.

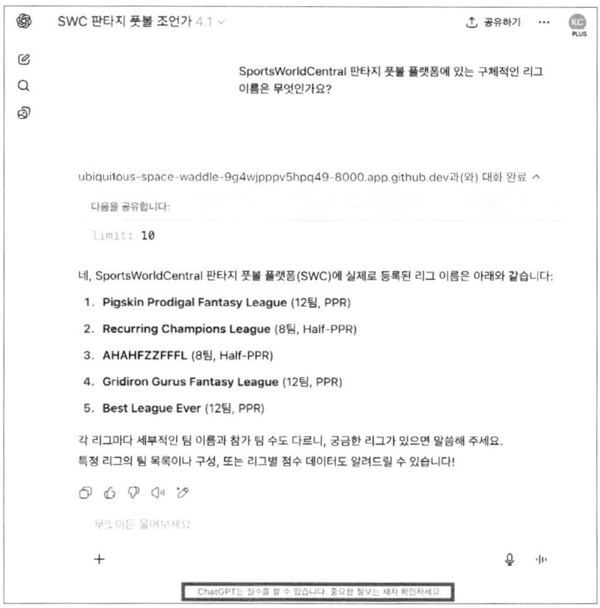

그림 15-16 Results from API call

> 화면 하단의 'ChatGPT는 실수를 할 수 있습니다. 중요한 정보는 재차 확인하세요(ChatGPT can make mistakes. Check important info)'라는 문구를 주의 깊게 봐야 한다. OpenAI는 LLM이 때때로 잘못된 정보(환각)를 제공할 수 있으며, 대화가 자연스럽고 설득력 있게 보일지라도 신뢰성을 보장할 수 없다는 점을 투명하게 안내하고 있다. 일부 개발자들은 GPT가 대용량 데이터를 반환하는 API의 통계 데이터를 정확하게 처리하지 못하는 경우가 있다고 보고하기도 했다.[5]

API 호출 내역은 Codespace의 터미널에서 다음과 같이 확인할 수 있다.

```
INFO    68.154.28.110:0 - "GET /v0/leagues/?limit=10 HTTP/1.1" 200 ❶
```

❶ 이 로그는 사용자 정의 GPT가 SWC 판타지 풋볼 API의 `/v0/leagues` 엔드포인트를 호출하며, 리그 목록을 10개로 제한(`limit=10`)해서 요청했다는 뜻이다. 여기서 `limit=10`은, 앞서 GPT가 자동으로 결과 개수를 10개로 제한하는 매개 변수를 사용했다는 것을 보여 준다. 응답 코드 200은 요청이 정상적으로 처리됐음을 나타낸다.

지금까지 사용자 지정 GPT를 만들고, 사용자 정의 작업을 통해 API와 직접 연동하는 데 성공했다. 여러분만의 질문을 더 다양하게 시도해 보고, 터미널의 API 호출 결과를 관찰하면서 어떤 질문이 어떤 API 엔드포인트를 활용하는지 확인해 보는 것도 좋은 학습이 될 것이다.

3부 포트폴리오 프로젝트 마무리

이제 3부 마지막 단계에 이르렀다. 포트폴리오 프로젝트를 공유하기 위해 1부와 2부에서 했던 것처럼 몇 가지 정리 작업이 필요하다. 디렉터리 구조를 기능별 디렉터리 구조로 정리하고, README.md 파일을 업데이트해야 한다. 작업 전에 learning-branch라는 별도의 브랜치로 코드를 복사해 두면 추후에 계속 학습을 이어갈 때 유용하다.

명령줄에서 새 브랜치를 다음과 같이 만든다.

```
.../ai-project/ (main) $ git checkout -b learning-branch ❶
Switched to a new branch 'learning-branch'
```

5 https://www.linkedin.com/pulse/syntax-sunday-custom-api-wrapper-gpts-kade-halabuza-pacde/

```
.../ai-project/ (main) $ git push -u origin learning-branch ❷
* [new branch]    learning-branch -> learning-branch
branch 'learning-branch' set up to track 'origin/learning-branch'.
```

❶ main 브랜치를 기반으로 learning-branch라는 새 브랜치를 로컬에 만든다.
❷ GitHub.com의 원격 저장소에 푸시한다.

다음으로 디렉터리 구조를 변경한다. 다음 명령어를 입력한다.

```
.../ai-project/ (learning-branch) $ git checkout main ❶
Switched to branch 'main'
Your branch is up to date with 'origin/main'.
.../ai-project/ (main) $ rm -rf chapter13/complete
.../ai-project/ (main) $ rm -rf chapter14/complete
.../ai-project/ (main) $ mkdir model-training ❷
.../ai-project/ (main) $ mv chapter13/* model-training ❸
.../ai-project/ (main) $ mkdir langchain ❹
.../ai-project/ (main) $ mv chapter14/* langchain ❺
.../ai-project/ (main) $ rm -rf chapter13 ❻
.../ai-project/ (main) $ rm -rf chapter14
```

❶ Codespace를 저장소의 main 브랜치로 전환한다.
❷ 13장의 파일을 위한 새 디렉터리를 만든다.
❸ 13장의 파일들을 새 디렉터리로 이동한다.
❹ 14장의 파일을 위한 새 디렉터리를 만든다.
❺ 14장의 파일들을 새 디렉터리로 이동한다.
❻ 모든 하위 디렉터리와 파일을 삭제한다.

완료된 프로젝트의 디렉터리 구조를 확인하려면 다음 명령어를 실행한다.

```
.../ai-project (main) $ tree -d --prune -I 'build|*.egg-info|__pycache__'
.
├── api
├── langchain
└── model-training

3 directories
```

README.md 파일을 최소한 다음 내용으로 업데이트한 후, 프로젝트에서 배운 내용과 사용자 정의 방법에 대한 여러분의 생각을 추가한다.

```
# AI 포트폴리오 프로젝트

이 저장소에는 라이언 데이가 저술한 _『Hands-on APIs for AI and Data Science』_ 책의 프로젝트를
기반으로 업계 표준 파이썬 프레임워크를 사용하는 프로그램이 있습니다.
```

이제 이 변경 사항들을 GitHub에 커밋하면 3부 포트폴리오 프로젝트를 다른 사람들과 공유할 준비가 완료된다. 3부 최종 프로젝트를 완료한 것을 축하한다!

포트폴리오 프로젝트 확장하기

챗GPT의 사용자 정의 작업 기능을 더 폭넓게 활용할 수 있는 몇 가지 아이디어는 다음과 같다.

- 더 크고 복잡한 데이터셋을 가진 API를 호출해 GPT의 한계를 테스트해 본다.
- GPT 만들기 기능을 활용해, 사전 질문 및 권장 사항을 직접 제안·적용하는 업데이트 방식을 시도해 본다.
- 1부에서 개발한 다른 API가 있다면, 15장의 절차에 따라 데이터 탐색을 연습해 본다.
- 사용자 정의 GPT의 모델 카드 또는 시스템 카드를 만들어 프로젝트 저장소에 추가해 본다.
- 학습 결과를 영상, 블로그 등 다양한 방식으로 포트폴리오 사이트에 올린다.

요약

15장에서는 OpenAI의 챗GPT를 활용해 외부 API와 연동하는 전 과정을 실습했다.

- 사용자 정의 GPT를 만들었다.
- GPT가 SWC API에 직접 접근할 수 있도록 사용자 정의 작업을 만들었다.
- 3부 포트폴리오 프로젝트의 구조와 문서를 실전용으로 정리했다.

찾아보기

ㄱ

개발자 경험 137, 140
개발자 경험 지표 167
개발자 지원 및 협력 196
개발자 지원 전문가 196
개발자 포털 58, 166
개발 컨테이너 37
객체-관계 매핑 73, 82
검색 증강 생성 326
경기 통계 및 정보 시스템 78
경로 124
경로 매개 변수 125, 148
계약 테스트 253
골격 코드 200
공정성 350
관계형 데이터베이스 55
관련 테이블 80
관심사의 분리 251
구성 91
군집 태클 정확도 264
군집화 341
그래디언트 부스팅 338
그래프 이론 288
금융 이상 거래 탐지 339
기대 득점 263
기본 이미지 181
기본 주소 206
기본 키 78
기본 URL 208

ㄴ

노드 288, 366

ㄷ

다단계 인증 185
다대다 관계 80
단위 테스트 71, 74, 253
닫힌 곡선 367
대규모 언어 모델 53
대체 선수 대비 승리 기여도 263
대화형 문서 141
대화형 컴퓨팅 269
대화형 API 문서 109
더 이상 사용되지 않는 코드 385
데이터 마이닝을 위한 교차 산업 표준 프로세스 342
데이터베이스 클래스 72
데이터 사이언티스트 35
데이터 애널리스트 36
데이터 애플리케이션 305
데이터 엔지니어 36
데이터 유효성 검사 110
데이터 유효성 검사기 154
데이터 전송 객체 113
데이터 전송 및 검증 72
데이터 파이프라인 36, 285
데코레이터 123
델타 39, 287
도구 호출 364
도우미 함수 93

도커 37
도커 이미지 179
도커 컨테이너 291
도커파일 179
독스트링 226
독스트링 규약 205
동기 처리 111
동기 호출 110

ㄹ

라인업 효율성 점수 268, 276, 281
래퍼 299
레거시 366
로봇 프로세스 자동화 327
로스터 조언 46
로-코드 387
리그 균형 점수 268, 279
리소스 50
리소스 풀링 219
리스트 컴프리헨션 205
릴리스 노트 143

ㅁ

마디점 366
마크다운 65
마크다운 주석 셀 269
매개 변수화된 SQL 쿼리 302
머신러닝 330, 337
머신러닝 엔지니어 36
메시지 큐 286
메타데이터 156
모델 카드 359
모델 평가 338
모델 학습 338
모의 서버 154
목적과 작성 지침 204
무료 요금제 170

ㅂ

배치 추론 337
배포 255
백분위수별 다중 예측 348
백오프 210
범용 속성 160
범주형 특성 345, 347
변동 계수 279
변환 138
보조 스키마 115
복제 60
복합 특성 348
볼륨 291
부모 테이블 79
부 버전 160
부하 분산 214
부하 테스트 253
분류 338
분류기 338
분류 모델 338
분산 서비스 거부 215
분석 36
비결정적 329
비동기 서버 게이트웨이 인터페이스 111
비동기 요청 110
비동기 처리 111
비밀 관리자 250
비밀 키 250
빌드 백엔드 203
빌드 시스템 요구 사항 205

ㅅ

사실상 표준 154
사용자 36

사용자 스토리 46
사용자 워크플로 326
사용자 정의 액션 154
사용자 정의 작업 392
사용자 정의 측정 지표 252, 263
사용자 정의 GPT 387
산업 표준 식별자 38
상대 경로 156
상태 366
상태를 확인 123
상태 애플리케이션 아키텍처 56
상태 전이 표현 50
상태 코드 248
샌드박스 환경 141, 208
생산자 36
생성자 159, 206
생성형 AI 330
생성형 AI 애플리케이션 327
샤크 267
샤크 리그 267
샤크 리그 점수 267, 283
서버 응답 151
서비스 수준 계약 253
선수 효율성 지수 264
선형 특성 347
설정 클래스 208
세션 92
셀 269
순환 유향 그래프 367
쉼표로 구분된 값 223
스니펫 140
스마트 승리 266
스코프 101
스키마 50
스테이징 67
시각화 305
시스템 카드 359
시작 크레딧 170
실시간 추론 337
실용적 REST 50

ㅇ

앙상블 모델 348
애자일 테스트 사분면 254
애플리케이션 외부 테스트 230
액세스 자격 증명 187
에이전트 331, 363
에이전트형 331
에이전트형 애플리케이션 326
에지 288, 366
엔드투엔드 테스트 253
엔터티 328
역방향 관계 89
역직렬화 114
연결 78, 295
연결 테이블 88
열 지향 데이터 파일 포맷 224
예약된 프로세스 285
오류 331, 366
오케스트레이션 288, 331
오퍼레이터 289
외래 키 관계 88
외래 키 제약 조건 80
요청 제한 249
운영 환경 27
운영 API 208
워크플로 288
원격 프로시저 호출 52, 246
웹 스크래퍼 43
웹 프레임워크 109
응답 본문 151
응답 헤더 151
의사결정나무 338
이용 약관 249
이중 인증 59

이진 파일 225
인사이트 36
인증 정보 187
일방향 흐름 366
읽기 복제본 데이터베이스 73

ㅈ

자식 테이블 79
자연스럽고 파이썬스러운 코드 스타일 204
작업 ID 329
저장소 179
적재 138
적합 349
전담 개발자 관계 141
전문가 시스템 330
전진 진행 설계 원칙 306
정적 파일 223
정형화된 코드 197
정확도 350
제품 관리자 45
제품 책임자 43
조정된 팀 운 266
조정 득점 창출력 플러스 263
주 버전 160
주 스키마 115
주요 버전 84
준비 단계 101
즉시 로딩 97
증분 업데이트 286
지도 학습 339
지속적 통합 172
지수 백오프 215, 249
지식의 공백 392
지연 시간 52
지터 215
직렬화 114
집계 280, 329

ㅊ

챗 모델 365
처리할 수 없는 콘텐츠 149
척도 279
초기 전체 로드 39
최대 득점 276
최소 기능 SDK 201
최소 실행 가능 포털 167
추론 337, 339
추론 엔드포인트 252
추출 138

ㅋ

컨테이너 179
컨테이너 기반 배포 172
컨테이너 런타임 180
컨테이너 이미지 179
컨테이너화 255
코드 생성기 154
코드 셀 269
콘텍스트 181
콘텍스트 관리자 205
콘텍스트 매니저 219
쿼리 매개 변수 39
쿼리 실행 엔진 51
클라우드 169
클라이언트 측 캐싱 211
키 교체 368

ㅌ

타입 힌트 205
탐색적 데이터 분석 35
태그 160
태스크 288
태클 기회 전환율 264
터미널 분할 232
토큰 250, 328

팀 성공 266
팀 운 266
팀 점수 266

ㅍ

페이징 처리 96
편향 331, 366
평균 자책점 263
포크 60
표준적인 사용 흐름 208
표 형식 데이터 339
표 형식 보고서 305
푸시 67
풀 67
프로토콜 버퍼 53, 246
픽스처 101

ㅎ

하이퍼파라미터 351
학습 데이터 338
함수 호출 모델 364
합리적인 기본값 208
호출 흐름 155
호환성 문제가 발생할 수 있는 변경 사항 107
환각 331, 366, 390
환경 변수 250
회귀 338
회귀 분석 모델 338
회귀 테스트 74, 84, 164
훅 289
흐름 383

A

accuracy 350
Adjusted Team Luck 266
agentic application 326
agentic generative AI application 327
aggregation 280, 329
agile testing quadrants 254
AI 에이전트 326, 331
API 35
API 엔드포인트 38
API 자격 증명 250
API 컨트롤러 72
API credentials 250
Arazzo 사양 327
arrange phase 101
association table 80
asynchronous process 111
asynchronous request 110
AWS 리전 186

B

backoff 210
base URL 208
batch inference 337
bias 331
binary file 225
boilerplate code 197
breaking change 107
build backend 203
Build System Requirements 205

C

call workflow 155
categorical feature 345, 348
chat model 365
child table 79
CI(Continuous Integration) 172
classification 338
classification model 338

classifier 338
client-side caching 211
clone 60
cloud 169
clustering 341
code cell 269
code generators 154
column-oriented data file format 224
comma-separated values 223
complicated feature 348
configuration class 208
connections 295
constructor 159
consumer 36
container image 179
containerization 172, 255
container runtime 180
Context Managers 205
contract testing 253
controller 72
credential rotation 368
custom action 154, 392
custom GPT 387
custom metric 252
CV(Coefficient of Variation) 279

D

DAG 288
data analyst 36
database class 72
data engineer 36
data pipeline 36, 285
data transfer and validation 72
data validation 110
data validators 154
DDoS(Distributed Denial-of-Service) 215
decision tree 338
delta 39, 287
deprecated code 385
de-serialization 114
dev container 37
developer advocate 196
developer portal 166
developer relations 196
DevRel(Developer Relations) 141
directed cyclic graph 367
Dockerfile 179
docstring 226
Docstrings Conventions 205
DTO(Data Transfer Object) 113
DX(Developer eXperience) 137
DX metrics 167

E

eager loading 97
EDA(Exploratory Data Analysis) 35
edge 288
ELT(Extract, Load, Transform) 285
end-to-end testing 253
ensemble model 348
entity 328
environment variables 250
ERA(Earned Run Average) 263
ETL(Extract, Transform, Load) 285
evaluation 338
expert system 330
exponential backoff 215
Extract 138

F

fairness 350
financial fraud detection 339
fitting 349

fixture 101
flow 383
foreign key constraint 80
fork 60
forward progress 306
free tier 170
function-calling model 364

G

general-purpose attribute 160
generative AI 330
GitHub Pages 59
gradient boosting 338
GraphQL 51
graph theory 288
gRPC 52
GSIS(Game Statistics and Information System) 78

H

hallucination 331
happy path 208
helper function 93
Hook 289
HTTP 메서드 50, 247
HTTP 메시지 본문 248
HTTP 상태 코드 247
HTTP 응답 248
HTTP verb 247
hyperparameter 351

I

idiomatic 204
incremental update 286
inference endpoint 252
initial full load 39
insight 36
interactive computing 269

K

knowledge gap 392

L

League Balance Score 268
League Juice Score 268, 281
legacy 366
linear feature 347
List Comprehensions 205
LLM 325
LLM(Large Language Model) 53
Load 138
load-balancing 214
load testing 253
loop 367
low-code 387

M

machine learning engineer 36
many-to-many relationship 80
Markdown comment cell 269
maximum score 276
message que 286
MFA(MultiFactor Authentication) 185
minimum viable SDK 201
mirror relationship 89
mistake 331
mock servers 154
model card 359
MVP(Minimum Viable Portal) 167

N

node 288
nondeterministic 329

O

OAS 139
OAS(OpenAPI Specification) 38
one-way flow 366
ONNX(Open Neural Network eXchange) 340
OpenAPI 명세 38
operator 289
orchestration 288, 331
ORM(Object-Relational Mapping) 82

P

pagination 96
parent table 79
path parameter 125
PER(Player Efficiency Rating) 264
primary schema 115
producer 36
production API 208
production environment 27
product manager 45
product owner 43
protocol buffer 53
Protocol Buffers 246
Pythonic 204

Q

quantile regression 348
query parameter 39
query runtime engine 51

R

RAG(Retrieval Augmented Generation) 326
rate limiting 249
read replica database 73
real-time inference 337
regression 338
relational database 55
release note 143
Render 174
repository 179
resource pooling 219
Response body 151
Response headers 151
RESTful 50
REST(REpresentational State Transfer) 50
roster advice 46
RPA(Robotic Process Automation) 327
RPC(Remote Procedure Call) 52, 246

S

sandbox environment 208
sane default 208
scale 279
scheduled processes 285
scope 101
SDK 생성기 154
secondary schema 115
secret key 250
secrets manager 250
serialization 114
Server response 151
session 92
Shark League Score 267
Smart Wins 266
snippet 140
SoC(Separation of Concerns) 251
split terminal 232

SQL 75
SQL 인젝션 74, 250
staging 67
state application architecture 56
stater credit 170
Static Files 223
status code 248
stub code 200
supervised learning 339
Swagger 명세 154
synchronous call 110
synchronous process 111
system card 359

T

tabular data 339
tabular report 305
tag 160
task 288
Team Luck 266
Team Score 266
Team Success 266
terms of service 249
tests outside application 230
token 250, 328
tool call 364
train 338
Transform 138
Type Hints 205

U

unit test 71
unit testing 253
user-facing workflow 326

V

visualization 305
volumes 291

W

WAR(Wins Against Replacement) 263
web framework 109
web scraper 43
wrapper 299
wRC+(weighted Runs Created plus) 263

X

xG(expected Goals) 263

AI와 데이터 사이언스 API

FastAPI를 활용한 실전 예제로 배우는 파이썬 개발

발행 · 2026년 1월 7일

지은이 · 라이언 데이
옮긴이 · 이한우, 김경환, 장기식, 정인화, 허옥

발행인 · 황영주
펴낸곳 · 에이콘출판 주식회사

주소 · 서울시 양천구 국회대로 287 (목동)
전화 · 02)2653-7600 | **팩스** · 02)2653-0433
홈페이지 · www.acornpub.co.kr | **독자문의** · www.acornpub.co.kr/contact/errata

책임편집 · 임승경 | **편집** · 강승훈, 임지원 | **디자인** · 윤서빈
홍보 · 박혜경, 백경화 | **경영지원** · 최하늘, 김희지

함께 만든 사람들
교정 · 교열 · 배규호 | **전산편집** · 남은순

깊이 있는 콘텐츠로 미래를 준비하는 지식 플랫폼, 에이콘출판사

인스타그램 · instagram.com/acorn_pub
페이스북 · facebook.com/acornpub
유튜브 · youtube.com/@acornpub_official

ISBN 979-11-6175-837-4
http://www.acornpub.co.kr/book/9791161758374

책값은 뒤표지에 있습니다.